国家社会科学基金
博士论文出版项目概要
（2019）

全国哲学社会科学工作办公室　编

中国社会科学出版社

图书在版编目(CIP)数据

国家社会科学基金博士论文出版项目概要.2019／全国哲学社会科学工作办公室编.—北京：中国社会科学出版社，2020.7

ISBN 978-7-5203-6524-6

Ⅰ.①国… Ⅱ.①全… Ⅲ.①社会科学—文集 Ⅳ.①C53

中国版本图书馆CIP数据核字（2020）第086785号

出 版 人	赵剑英
责任编辑	张冰洁
责任校对	王丽媛
责任印制	王 超

出　　版	中国社会科学出版社
社　　址	北京鼓楼西大街甲158号
邮　　编	100720
网　　址	http://www.csspw.cn
发 行 部	010-84083685
门 市 部	010-84029450
经　　销	新华书店及其他书店

印刷装订	北京君升印刷有限公司
版　　次	2020年7月第1版
印　　次	2020年7月第1次印刷

开　　本	710×1000 1/16
印　　张	26.25
字　　数	366千字
定　　价	169.00元

凡购买中国社会科学出版社图书，如有质量问题请与本社营销中心联系调换
电话：010-84083683

版权所有　侵权必究

出版说明

为进一步加大对哲学社会科学领域青年人才扶持力度，促进优秀青年学者更快更好成长，国家社科基金设立博士论文出版项目，重点资助学术基础扎实、具有创新意识和发展潜力的青年学者。2019年经组织申报、专家评审、社会公示，评选出首批博士论文项目。按照"统一标识、统一封面、统一版式、统一标准"的总体要求，现予出版，以飨读者。全国哲学社会科学工作办公室同时编辑出版《国家社会科学基金博士论文出版项目概要（2019）》，由入选成果作者撰写，重点介绍入选成果内容。

全国哲学社会科学工作办公室
2020年7月

目 录

《批判与建构：马克思共同体思想研究》概要 ………… 刘　睿（1）

《基于"英国实践"的马克思现代性社会批判思想研究》
　　概要 ………………………………………………… 毛振阳（8）

《中国民生经济协调发展论》概要 …………………………… 孙　贺（15）

《中国城镇化进程中的土地级差收入研究》概要 ……… 金栋昌（23）

《网络意识形态话语权研究》概要 ………………………… 黄冬霞（30）

《高校意识形态话语权建设研究》概要 …………………… 唐登然（38）

《新理性直觉主义作为道德形而上学的奠基》概要 …… 陈　海（45）

《论魏斯曼对"中期"维特根斯坦语言哲学的阐释与发展》
　　概要 ………………………………………………… 徐　强（52）

《干涉主义框架下的心灵因果性问题》概要 …………… 董　心（59）

《身体与世界的共构：胡塞尔〈观念2〉中的身体问题》
　　概要 ………………………………………………… 王　继（66）

《柏拉图论正义与幸福——〈理想国〉第一卷研究》
　　概要 ………………………………………………… 张波波（69）

《梁漱溟、马一浮、熊十力教育思想与实践研究》
　　概要 ………………………………………………… 刘莉莎（75）

《性善何以行不善——孟子论道德失败》概要 ………… 刘旻娇（82）

《金融摩擦与中国经济波动：基于金融经济周期视角的
　　研究》概要 ………………………………………… 高　然（88）

《中国城市技术转移的空间演化研究》概要 …………… 段德忠（91）

《中国对外直接投资对出口增加值的影响研究》
　　概要 ………………………………………… 毛海欧（97）
《技术获取型海外并购整合与目标方自主性研究》
　　概要 ………………………………………… 陈　珧（104）
《出口退税的资源再配置效应研究》概要 ………… 王　胜（112）
《农业面源污染的环境损害经济评估研究》概要 …… 刘朝阳（118）
《中国广义价格指数编制与货币政策应用研究》
　　概要 ………………………………………… 丁　慧（125）
《分离运动的政治学——亚齐、魁北克、南苏丹和瑞士的
　　比较分析》概要 …………………………… 周光俊（132）
《公共资源合作治理机制研究》概要 ……………… 何　雷（139）
《复合治理：产权分置与社会秩序的建构——基于洞庭湖区
　　湖村的深度调查》概要 …………………… 史亚峰（147）
《预防性犯罪化及其限度研究》概要 ……………… 张永强（154）
《论量刑事实的证明》概要 ………………………… 单子洪（161）
《论被遗忘权的法律保护》概要 …………………… 于　靓（168）
《司法裁判中的道德判断——德沃金整全法理论辩护》
　　概要 ………………………………………… 王　琳（174）
《环境标准法律制度研究》概要 …………………… 周骁然（180）
《比较法视角下中国判决效力体系化研究》概要 … 陈晓彤（186）
《界定公海保护区的国际法概念》概要 …………… 邢望望（193）
《经济刑法的法益研究》概要 ……………………… 马春晓（200）
《债券违约处置中的政府定位》概要 ……………… 段丙华（206）
《数据产权的私法构造》概要 ……………………… 文禹衡（212）
《单位组织边界形塑与单位共同体变迁》概要 …… 李珮瑶（219）
《煤炭业包工制的运行及其制度困境》概要 ……… 王　勇（226）
《迈向优质优价：中国出口企业加成率决定因素及动态
　　演进》概要 ………………………………… 诸竹君（233）
《民国西安城市道路系统演变研究》概要 ………… 郭世强（240）

《皇权与教化：清代武英殿修书处研究》概要 ……… 项　旋（247）
《词学文献东传与日藏词籍》概要 …………………… 刘宏辉（255）
《唐代教坊考论》概要 ………………………………… 张丹阳（262）
《苏轼的自我认识与文学书写》概要 ………………… 宁　雯（269）
《文学团体"谢拉皮翁兄弟"研究》概要 ……………… 张　煦（276）
《跨媒介的审美现代性：石黑一雄三部小说与电影
　　的关联》概要 …………………………………… 沈安妮（283）
《中英语码转换加工机制的多层面研究：来自眼动的证据》
　　概要 ……………………………………………… 李　锐（291）
《"名词动用"与上古汉语名词和动词的语义属性》
　　概要 ……………………………………………… 任　荷（295）
《科研主题演化过程中的词语迁移研究》概要 ……… 陈柏彤（302）
《中国图书馆转型风险研究》概要 …………………… 陈　一（308）
《全民健身公共服务绩效模型构建与实证研究》
　　概要 ……………………………………………… 史小强（313）
《空间规划有效性评价：理论、方法与案例》概要 … 沈孝强（320）
《城市居民垃圾分类行为驱动机理及引导政策》
　　概要 ……………………………………………… 陈飞宇（327）
《中国农业知识产权协同创新机制优化研究》概要 …… 陈祺琪（333）
《消费者行为视角下的渠道管理研究》概要 ………… 田　晨（340）
《中小企业能力对供应链融资绩效的影响：基于信息的
　　视角》概要 ……………………………………… 卢　强（347）
《自我威胁情境下的消费者行为研究》概要 ………… 赵太阳（352）
《全球治理机制复合体的演变：人类基因信息议题探析》
　　概要 ……………………………………………… 俞晗之（359）
《美国公立研究型大学内部质量改进的实证研究》
　　概要 ……………………………………………… 王名扬（366）

《被默许的误认——当代大学教师对教育者身份的理解与
　　建构的质性研究》概要 ………………………… 曾　妮（373）
《幼儿园教师观察能力结构模型与评价标准》
　　概要 …………………………………………… 高宏钰（380）
《清末民国都市戏曲人文生态研究》概要 …………… 赵丹荣（387）
《从外来杂耍到本土影业：中国电影发生史研究（1897—
　　1921）》概要 ………………………………… 张隽隽（394）
《〈说文解字〉的设计解读》概要 …………………… 王　璇（401）
《身体・空间・时间——德勒兹艺术理论研究》
　　概要 ……………………………………………… 张　晨（408）

《批判与建构：马克思共同体思想研究》概要

刘 睿[*]

  自由与发展是人类社会历史进程中经久不息的价值诉求，如何获取人的自由、促进人的发展是由来已久的理论关注点和尚待解决的现实性问题。对自由与发展的关注就是对人的现实生存境遇的关切，而人作为一种社会存在，其现实生存境遇就是人在其所身处的共同体中的境遇，如此一来，对人的自由与发展的关注和研究，就是对共同体的关注和研究。可见，个人是共同体中的个人，共同体是个人具体的存在形式。

  共同体作为人的存在方式向来受到思想家们的密切关注，不同历史时期的思想家们都尝试通过"完美"共同体的构建，实现个人的发展与社会的稳定，这些思想资源是马克思共同体思想萌芽、形成和发展所根植的肥沃土壤，它们共同构成马克思共同体思想的理论渊源。古希腊时期苏格拉底、柏拉图和亚里士多德思想中蕴含的"城邦共同体"思想，源自于他们对"德性"的向往、对"正义"的追求以及对"至善"的遐思；中世纪时期奥古斯丁和阿奎那思想中体现的"神圣共同体"思想，向世人宣告了教会权力的至高无上，神圣共同体的权力在一定条件下将会使个体生命甚至自由成为其维

---

[*] 刘睿，吉林大学哲学博士，现就职于兰州大学。

护自身统治的牺牲品；文艺复兴和宗教改革为共同体思想的发展带来了人文主义精神，马基雅维利将道德从政治中剥离，使得伦理的和神学的束缚在共同体思想中被解除，哲学家们的理论关注点从神圣天国逐渐降落人间，开始关注人及其主体性，启蒙运动时期洛克、霍布斯和卢梭共同追求的"契约共同体"拉开了以"人的发现"为主题的近代哲学的帷幕；德国古典哲学时期关于共同体的探讨既有以往共同体思想中崇尚理性、追求自由的主要内容，也受思想传统的影响，将对自由和理性的探索隐含在思想领域中，康德、黑格尔和费尔巴哈等思想家通过理论探索，从哲学角度构建了一个以崇尚理性、追寻自由为主题的"自由共同体"。

马克思的共同体思想是他从共同体角度出发，揭示不同形式共同体条件下人的现实命运和生存境况而得出的一系列思想观点的总和，其中不仅有对人的全面发展和自由解放的价值关怀，而且有基于社会历史发展的唯物史观的正确指引，更有深入政治经济学研究的科学剖析和严谨论证，因而是具有全面性、科学性和深刻性的思想体系。本书以人的自由和发展为基本视角，以马克思、恩格斯不同时期的经典文本为主要依据，结合国内外相关研究成果，向前考察不同历史时期共同体思想的发展与演变；重点分析马克思的"虚幻共同体"思想、"抽象共同体"思想和"真正共同体"思想；而后探析该思想的理论回响和当代价值。在此基础上试图对马克思的共同体思想进行系统的梳理和深入的挖掘。

马克思对"虚幻共同体"的批判集中地表现为对资本主义国家的批判，这一批判是以通过对资本主义条件下个人与国家关系的论述展开的。在马克思看来，资本主义国家从表面上看是代表普遍利益的共同体，倡导每个人的自由与平等、解放与发展，但实际上它只代表资产阶级的特殊利益，这种应然和实然的落差显现出了资本主义国家共同体的虚幻性质。马克思对"虚幻共同体"的分析和批判经历了一个很长的阶段，主要有：早期受黑格尔理性主义国家观的影响而表现出的理性主义国家观及扬弃，受人本主义影响而从道德出发对资本主义国家的批判，没在唯物史观指引下深入政治经济学研究而对资本主义国家虚幻性的批判。

就对黑格尔理性主义国家观的批判而言，马克思经历了如下的思想历程：一是深受黑格尔理性主义国家观的影响而认为国家应该是政治理性和法的理性的实现，国家赖以存在的依据是自由理性，因此要建构符合理性的国家来达到改变个人非理性的天然本性的目的。二是现实的物质利益难事对其理性主义国家观的颠覆，马克思的理性主义国家观表现出的"应该"的美好在国家理性与现实利益的矛盾面前变得不堪一击，他"第一次遇到要对所谓物质利益发表意见的难事"，这一阶段现实的利益与理性的碰撞越来越让马克思从政治和法律方面看穿了普鲁士专制政府把私人利益的形态宣布为国家准则的伪善，他用理论辩论的方式维护贫苦大众的合法利益。三是批判黑格尔理性主义国家观中的逻辑神秘主义和粗陋的经验主义，他首先批判黑格尔关于国家论述的抽象思辨基础，揭示黑格尔对市民社会与国家关系理解上的主谓颠倒和头足倒置，他从前提、动力和必要条件三个方面证明了家庭和市民社会决定国家，而不是国家决定家庭和市民社会，接着批判了黑格尔粗陋的经验主义，即批判黑格尔关于立法权、行政权和王权的相关思想。

就对资本主义国家本质的揭示而言，马克思认为资本主义国家是资产阶级利益的代言人，它将统治阶级最狭隘的阶级利益扩大为社会的普遍利益，因此资产阶级国家的存在限制了现实的个人的自由发展，这主要表现在：第一，异化劳动对自主活动的制约，马克思认为人的类特性就是自由的有意识的活动，但现实中劳动产品的异化、工人劳动本身的异化、工人与其类本质的异化以及人与人的四重异化，使得人的实际存在却成为对人的本质的自我否定。第二，分工对全面发展的羁绊，一方面，日趋扩大化和专业化的分工不断推动着"现实的个人"的发展，推动着屈从于分工的、阶级的个人的发展；另一方面，分工使个人的实践活动日益专门化，其活动领域和发展空间日益固定化，而对分工的屈从又消解了人的全面发展的可能性。第三，私有制对真正自由的阻碍，私有制是异化劳动的原因，私有制存在的前提是私有财产在一定社会历史发展中的普遍存在，而私有财产的普遍存在则离不开交换与分工的历史作用。

可见，在资产阶级国家中，人们得到的是形式上的虚幻的自由和片面的异化的发展。然而，人本主义的批判和同情并不能根除资本主义社会的主要矛盾、消灭资产阶级对无产阶级的压榨，只有面向革命的实践才能彻底解决这些问题。在革命的实践中，无产阶级作为革命的主体要推翻所有使自身丧失尊严、自由和发展的关系，只有这样才能推翻和消解作为虚幻共同体的资本主义国家。

在"抽象共同体"思想论述中，马克思深入政治经济学研究，完成了对资本、资本逻辑乃至整个资本主义的政治经济批判。他认为在"抽象共同体"中，现实的人与人的社会关系被抽象的物与物的关系遮蔽了，人们丧失了独立性和个性，而货币和资本却获得了独立性和个性，这种人与物的颠倒使得"个人现在受抽象统治"。

他首先论述了作为"抽象共同体"的现实前阶的"货币共同体"。在人们的生活世界中，货币随着其媒介作用的普遍化而成为在人间行进的物神，它由手段上升为具有真正权力的至高的目的，由交换媒介而跃迁为真正的上帝。货币也因此从属于人的造物一跃而成为凌驾于人之上的力量，人在货币面前丧失了自身，货币僭越了人的价值从而成为了抽象的"货币共同体"；在人们的生产领域中，随着劳动力成为能够创造价值的特殊的商品，货币完成了向资本的罗陀斯跳跃，资本作为"普照光"为资产阶级照亮了财富之路，但其"对无酬劳动的支配权"的本质、与劳动不平等的交换内在地包含了资本与工人的对抗，使得它作为工人的对立面而为无产阶级带来了无尽的灾难，这也是马克思对资本主义剥削本质的揭示。

究其实质，商品、货币、资本都是作为资本的货币的不同形式，换言之，资本通过商品和货币的具体形式出现在人们的生活世界中，"个人受抽象统治"具体地表现在商品、货币、资本之三重拜物教中。资本的增殖逻辑形成了资本主义社会财富增殖的幻象和拜物教的狂热，三大拜物教即商品拜物教、货币拜物教和资本拜物教，所揭示和表征的正是"抽象"对现实的个人的统治，这具体地表现为庞大的商品堆积对人的淹没、行进的货币物神对人的布道、人化的资本对人的社会关系的颠倒，以及拜物教意识和资本主义意识形态对人的双重掌控。无论资本家还是工人，都无一幸免地受到了抽象的"资本共同体"的统治，从而陷入了拜物教的重重泥沼，并且深受拜物教意识和虚幻的资本主义意识形态的双重掌控。

在这一思想阶段，马克思分析了资本主义生产以前的三种自然共同体形式：亚细亚所有制形式、古典古代所有制形式以及日耳曼所有制形式。马克思对三种具体形式的自然共同体的研究的展开，实际上是为了探索和寻找哪一类型的自然共同体内蕴着市民社会和资本主义的萌芽，他通过分析指出日耳曼形式的自然共同体孕育了资本主义，以此完成了对资本主义的必要追溯和对"抽象共同体"的自省自察。从总体上说，马克思关于"抽象共同体"的论述体现了他对资本主义生产关系的深刻揭示和对现代性的整体批判。

马克思的资本主义国家观批判和资本主义政治经济批判中内在地蕴含着它的共同体思想的动态发展趋势，即走向"真正的共同体"。本书作者从马克思主义发展史角度出发，认为"真正共同体"思想的发展经历了如下三个阶段：一是人道主义影响下的抽象论述，这可以追溯至马克思在《〈科隆日报〉第179号社论》中谈及公共教育时第一次提出"自由人联合体"概念；《德法年鉴》时期马克思在多篇著作中批判资本主义制度，探索政治解放与人类解放的关系；在《〈黑格尔法哲学批判〉导言》中，他在对宗教、德国国家制度和国家哲学、法哲学的批判中得出无产阶级是人类解放的物质力量的结论；在《1844年经济学哲学手稿》中，马克思在人的本质和异化劳动中探索人的解放何以可能，并首次较为系统地论述了共产主义思想。二是唯物史观指引下的具体论述，在《神圣家族》中，马克思具体论述了实践的物质性和无产阶级的能动性，指出尘世中粗糙的物质生产才是人类历史的发源地；在《德意志意识形态》中，马克思、恩格斯首次系统论述了唯物史观，指出共产主义是消灭现存状况的现实运动，以此为基础指出"在真正的共同体的条件下，各个人在自己的联合中并通过这种联合获得自己的自由"；在《共产党宣言》中，马克思从不同角度论证了共产主义必然战胜资本主义，并从消灭阶级和阶级对立的角度论述了"自由人联合体"。三是政治经济学批判中的科学论述，在《1857—1858年经济学手稿》中，马克思提出了人类社会发展"三形态"说，并将社会历史发展的第三个形态称为"建立在人的全面发展基础上的自由个性"；在《资本论》中，马克思通过对相互联系的商品、货币、资本、雇佣劳动等范畴和因素的分析，揭示了剩余价值的来源和资本逻辑的演绎，使得马克思对人类解放道路的探索作为"总的结果"呈现在世人面前。

"真正共同体"思想虽是马克思基于资本主义批判而对人类社会发展所作的预测，但它并非纯粹的乌托邦构想：第一，从其具体内容来说，现实的资本主义社会长期积累和高度发展的生产力为它奠定了物质基础，只有丰裕的物质条件"才能为一个更高级的、以每一个个人的全面而自由的发展为基本原则的社会形式建立现实基础"。第二，在一定社会历史条件下从事不同生产实践活动的"现实的个人"是其逻辑前提，马克思将"现实的个人"确立为唯物史观的前提，依此分析人类社会活动、把握横向社会结构、分析纵向社会历史形态，建构了具有革命性意义的新世界观。第三，体现个人原则与社会原则的一致性的"自由人联合体"是其具体实现形式，是"自由人"与"联合体"的辩证统一。第四，通过现实的革命运动才得以实现的人的全面解放与自由发展是其价值旨归。

从其实现机制来说，"自由时间"的获得不仅延长了人的生命长度，而且拓展了人的发展空间；"个人所有制"的重建使未来社会劳动产品一方面作为维持和扩大生产的资料被社会占有，另一方面作为生活和享乐的资料被个人占有，个人在社会中的主体地位得以恢复；超越"政治国家"的社会革命使得先前"虚幻共同体"的政治外壳和一切陈旧的东西被摧毁和消灭，建构"真正共同体"的地基得以清理;"自由个性"的生成则使人既摆脱了对"人"的依赖,又打破了"物"的束缚,从而自主创造并支配自己所有的社会联系。由此,马克思得出的结论是:只有在"真正共同体"中,每个个人在自己的联合中并且通过这种联合获得真正的自由和全面的发展。

马克思关于共同体的思想源于对不同共同体条件下人的发展状况的关注,他从人的自由和发展角度出发,经过"虚幻共同体"批判,得出国家和市民社会的二元对立终将被克服,人的异化终将被扬弃的结论;经过"抽象共同体"揭秘,认为"个人受抽象统治"的现状也将随着生产方式的变革和生产关系的发展而被颠覆;只有以"自由人联合体"为实现形式的"真正共同体"才是个人与共同体之间矛盾的真正解决。马克思的共同体思想作为时代的产物,也将随着时代的变化和发展而做出相应的变化与发展。中国国家领导人把握世界发展趋势、基于国际关系和全球战略所提出的"人类命运共同体"重要理念,提倡合作共赢、相互尊重、和衷共济,在一定程度上是马克思共同体思想的当代中国阐释。

《基于"英国实践"的马克思现代性社会批判思想研究》概要

毛振阳[*]

长久以来，关于马克思现代性思想的研究始终拘泥于德国古典哲学之中，然而仅仅从对黑格尔、费尔巴哈的批判与超越来解读马克思现代性思想显然是片面的。这种研究路径的缺陷就在于，基于德国古典哲学的马克思现代性批判只是社会意识领域的批判而忽视了社会存在领域的批判。德国古典哲学只是为马克思现代性批判提供了方法论启示而无法为马克思现代性批判提供现实依据。本书以"英国实践"作为切入点，将现代性问题置于马克思社会批判理论之中加以审视，试图还原马克思现代性思想形成的历史过程，克服基于德国古典哲学研究马克思现代性思想的片面性，实现社会意识批判与社会存在批判的有机结合，进一步拓展马克思现代性思想的研究视域，彰显马克思现代性社会批判的整体性、科学性、实践性。

在马克思语境中，现代性社会批判既是对包括政治法律意识、道德、哲学等社会意识批判，更是对基于社会生产方式的社会存在批判。就马克思现代性社会批判的逻辑进路而言，其现代性社会批判经历了一个由社会意识批判到社会存在批判的逻辑转向，而"物质利益"是激发这一转向的内在根源。马克思的现代性社会批判始

---

[*] 毛振阳，山西大学哲学博士，现就职于山西大学。

于黑格尔的法哲学批判，聚焦于法、人、国家之间的相互关系。而德国落后的社会现实并不能作为马克思法哲学批判的现实依据，"物质利益"的困惑最终促使马克思跳出德国古典哲学的藩篱，到"英国实践"中探寻问题的答案。"英国实践"清晰地展现了现代性社会的历史生成、内在危机及其历史走向，客观地反映了现代性社会是一个由自我肯定走向自我否定，最终实现自我超越的历史发展过程。基于"英国实践"的马克思现代性社会批判不仅揭示了剩余价值的真正来源，而且奠定了社会存在决定社会意识的唯物史观基础。本书旨在通过马克思对"英国实践"的批判性分析，揭示现代性社会异化的物质根源，阐明现代性社会发展的一般性规律，探索现代性社会的重建路径。

以下从现代性社会动力机制批判、现代性社会运行机制批判、现代性社会意识形态批判、社会主义现代性社会的建构四方面介绍本书讨论的主要问题。

现代性社会的动力机制批判旨在通过对"英国实践"的剖析揭露现代性社会生产方式的内在矛盾性，即工业文明抑制人的发展。英国工业革命是人类社会历史进程中的一大壮举。伴随着一系列技术发明与理论创新，机器大生产的浪潮很快在整个英伦三岛蔓延开来，紧随其后的法国、普鲁士等欧洲大陆国家以及新生的北美地区也纷纷效仿英国，步入了资本主义工业化的轨道。工业革命是人类历史上生产力的一次重大飞跃，它极大地改变了欧洲乃至世界的面貌，以蒸汽机为动力的机械化工厂成为这个时代的主要标志。马克思充分肯定了现代工业文明所取得的辉煌成果，认为这是资本主义对人类历史做出的最伟大贡献。

虽然机器大工业极大地提高了社会生产力，打破了时间空间对人社会交往活动的限制，从根本上改变了人的生活方式，但是也造就了一个异化扭曲的工业社会。早在马克思之前，以斯密、弗格森、李嘉图为代表的英国启蒙学者就对现代工业文明提出了质疑。机器的使用完全漠视劳动者的劳动技能对劳动产品的决定性作用，"活劳动"所蕴含的精湛技艺与创造力在"死劳动"面前沦为一系列单一的手脚动作,严重阻碍了劳动者智力与技能的发展。除了劳动技能退化以外,现代工业文明掀起了一股追名逐利、唯利是图的社会不正之风,处于现代工业文明中的人们不再拥有古代斯巴达人的勇气与美德,不再是节俭的政治家和英勇的战士,而是一群自私自利的商人,造成了严重的社会道德危机。更引人注目的是,启蒙学者已经意识到了现代工业文明引发的各种社会冲突。启蒙理性所宣扬的公平正义在工业社会中荡然无存,有的只是体力劳动与脑力劳动之间的对立,劳动所得的分配不均,职业歧视等。面对现代工业社会的异化现实,英国启蒙学者或是从教育、道德等外部因素入手思考根治工业弊病的良方或是认为这种异化是不可避免,所能做的只是缓解危机而无法根除。可见,英国启蒙学者对现代工业文明的反思还是没有跳出形而上学的藩篱,没有意识到机器大工业异化的本质,因此在治疗方案上也只能诉诸外因论、宿命论。

而在马克思看来,机器大工业之所以在提高社会生产力的同时又造成了一系列社会危机,究其根源,不在于机器本身而在于机器的资本主义运用。马克思认为,机器只是一种生产工具,本身不具有阶级性,机器的使用则是资本主义生产方式的体现,是资本无限增殖本性的彻底暴露。在资本的挟持下,机器沦为实现资本本性的工具,异化为与人发展相悖的异己力量。马克思将机器的使用置于唯物史观的语境中加以审视,指出根除工业社会异化不能仅仅依赖于教育、道德等社会改良途径,而应将其上升到制度层面,变革社会制度才是走出现代工业困境的唯一出路。因此,在马克思看来,只有废除资本主义私有制才能彻底打破束缚机器的枷锁,使得机器的使用不再以资本增值为目的,而是成为实现人全面自由发展的工具,这才是机器大工业解放的必由之路。

现代性社会的运行机制批判旨在从法律、民主、市场、殖民、资本五个方面深度剖析现代性社会的内在组织模式,全面揭露现代性社会的一切制度设计都以实现资产阶级利益为根本目的。马克思在现代性社会批判过程中,以社会运行机制为突破口,抓住了"英国实践"的精髓,充分论证了资本机制在现代性社会中所起的主导作用,由此深刻揭示了现代性社会运行的内在规律。

第一,法律是资产阶级实行阶级统治的政治武器。英国的司法体系表明,资产阶级立法的目的就在于捍卫资本主义私有制,其宗旨就是为资本主义剥削制度作合法性辩护。第二,资本主义民主是少数人对多数人的专制。英国所实现的代议制民主仅局限于资产阶级内部,工人阶级却被排除在民主之外。而人权只是资产阶级的特权,其实质就是资产阶级所有权。第三,市场是资本增值的沃土。在马克思看来,市场并非斯密所谓的人类交换天性的产物,而是社会生产力发展到特定水平的产物,具有鲜明的社会历史性。随着资本主义固有矛盾的不断激化,市场机制也将逐渐否定资本主义生产方式,社会主义市场经济是市场机制的历史走向。第四,殖民掠夺是资本原始积累的必要手段。殖民运动的本质并不是为了传播现代文明,而是将资本主义生产关系移植到殖民地,将其改造成适合资本增值的沃土。殖民运动也激化了殖民地社会内部矛盾,推动了殖民地社会革命的进程,同时也将引发宗主国的社会革命。第五,资本机制是现代性社会的主导机制,是现代性社会发展的驱动力。马克思通过对资本机制内在矛盾性的剖释,充分论证了资本自我否定的内在本质将彻底瓦解现代性社会,进而引发社会制度的根本性变革,有力地回击了历史终结论。

马克思基于"英国实践"的现代性社会运行机制批判深刻揭露了资产阶级发家致富的奥秘,论证了超越资本主义现代性社会的必然性,否定了资本主义是人类社会历史终点的结论,阐明了现代性社会的历史发展趋向。

现代性社会的意识形态批判旨在通过对个人意识、国家意识、道德意识的批判揭示自由主义阶级意识的本质,阐明自由主义形成的社会物质根源。在英国现代性社会中,自由主义阶级意识主要表现为三个方面,即自由主义的个人意识、自由主义的国家意识、自由主义的道德意识。马克思通过对英国工业社会实践的考察，揭示了自由主义阶级意识的经济根源，实现了现代性社会存在批判与社会意识批判的辩证统一。

个人主义是自由主义个人意识的本质内涵，集中体现在英国启蒙学者的经济、政治学说之中，是启蒙理性的出发点与落脚点。究其理论渊源，个人主义源于启蒙学者的抽象人性论。先验主义是英国启蒙学者人性学说的鲜明特色，将人性视为既定的、永恒的是其共同特征。英国启蒙学者人性学说的另一普遍特征就是把资产阶级狭隘的人性论上升为适用于一切阶级的普遍真理，将人性的共性与个性混为一谈，这也是资产阶级意识形态的通病。在马克思看来，人性是社会历史的产物，只有在特定的社会经济关系中才能正确把握人性的本真。马克思通过对现代性社会现实的考察，揭示了个人主义本质，即资本主义私有制在资产阶级意志中的客观反映。

自由主义国家意识表现为国家与市民社会的二元对立，将个人意志凌驾于共同体意志之上，试图通过限制国家权力来实现个人利益。将马克思国家观与自由主义国家观比较，似乎两种理论都蕴含着消灭国家的倾向，但是马克思国家消亡论的核心是消灭国家的阶级属性，恢复国家的社会性，而自由主义者鼓吹的有限政府理论却恰恰相反，企图剥夺国家作为社会公共管理机构的职能，而仅仅将国家视为阶级统治的工具。因此，马克思的国家消亡理论导向共产主义社会而自由主义有限政府论则导向无政府主义。

自由主义作为资产阶级意识也造成了社会道德领域的异化与扭曲。启蒙理性所蕴含的自由平等与现代性社会所表现出的异化现实格格不入。人的自由沦落为资本的自由。自由对于资产阶级而言就是自由剥削、自由攫取剩余价值，而对于工人阶级而言只是获得了出卖劳动力的自由。资产阶级的平等局限于狭隘的政治平等，而在经济领域则表现出巨大的不公平。在马克思看来，资本主义私有制是造成一切不平等的罪魁祸首。而拜物教也是现代性社会文化的典型特征。马克思对商品、货币、资本拜物教的批判，揭去了资本主义私有制的宗教外衣，揭示了拜物教现象的本质。

马克思从自由主义个人意识、国家意识、道德意识三个方面展开了对现代性社会意识形态的批判，论证了自由主义阶级意识是资本主义生产方式在社会意识领域的客观反映的事实，实现了现代性社会批判中社会存在批判与社会意识批判的有机融合，进一步明确了超越资本主义现代性社会的现实路径。

基于对技术、社会运行机制、意识形态的三重批判，马克思开出了根治现代性社会弊病的药方。马克思指出，资本主义制度与现代性结合具有历史必然性，而二者的分离同样也是社会基本矛盾运动的必然结果。所谓超越现代性社会并不是对现代性所蕴含的现代生产力的否定，而是对资本主义制度的否定。因此，所要扬弃的是资本主义生产方式，而作为现代性社会所创造的人类物质文明成果则应当保留与传承。以社会主义现代性社会取代资本主义现代性社会是超越现代性社会的现实路径。

英国空想社会主义与英国工人运动对马克思创立科学社会主义学说具有重要的理论价值与实践意义，为马克思重构现代性社会提供了宝贵的实践经验。以莫尔、欧文、汤普森为代表的英国空想社会主义者虽然都意识到了现代性社会异化的根源在于资本主义私有制，但是他们对现代性社会的重构方案仅仅止步于社会改良层面，并不期望从根本上变革社会制度。更重要的是，他们的方案中缺失了工人阶级这一革命主体，其社会主义理论的空想性就在于割裂社会主义运动与工人阶级之间的联系。以宪章派、社会民主联盟、社会主义同盟、费边社为代表的英国工人团体在与资产阶级的长期斗争中取得了一定的成果，迫使资产阶级做出了一定让步，马克思、恩格斯也对此给予了充分的肯定。但是，这些工人团体都存着一个通病，那就是无法与形形色色的资产阶级意识撇清关系，这最终导致了工人团体内部统一战线的破裂。

马克思重建现代性社会的核心就在于科学社会主义与现代性的结合。现代性与资本主义制度的分离是历史的必然，超越资本主义现代性社会的内在动力在于资本主义生产方式的内在矛盾性，因此这种超越是内在超越而非外在超越。所要超越的只是资本主义制度而非现代性本身，而以公有制为本质特征的社会主义取代以私有制为本质特征的资本主义与现代性所内含的现代生产力结合是马克思重构现代性社会的具体路径。在马克思看来，现代性与科学社会主义结合的物质基础就在于社会化生产与所有制的重建。社会化生产是资本主义生产方式的历史走向，也是社会主义生产方式的本质特征。而重建个人所有制是马克思消灭私有制的具体实施方案，是实现共同生产、共同占有的历史前提。现代性与科学社会主义结合的目标就在于人的自由全面发展。人的自由全面发展即是个体发展与共同体发展的统一，又是自由发展与全面发展的统一，也是人的发展与社会发展的统一。科学的无产阶级革命是现代性与科学社会主义结合的根本途径。各国无产阶级革命实践为马克思创立科学的无产阶级革命理论奠定了实践基础，而《共产党宣言》作为科学的无产阶级革命纲领为社会主义运动指明了方向。

马克思对德国古典哲学的借鉴，尤其是批判性的吸收了黑格尔的辩证法及其市民社会思想，为现代性社会批判奠定了方法论基础。但马克思的现代性社会批判并不局限于社会意识批判，而是将关注的焦点转向社会现实，转向最具现代性特征的"英国实践"。唯有"英国实践"能为马克思的"物质利益"难题解惑，唯有"英国实践"能够全景展示现代性社会的历史生成与历史走向，唯有"英国实践"能为马克思现代性社会批判提供现实依据。基于"英国实践"的马克思现代性社会批判拓展了马克思现代性思想的研究视域，丰富了马克思主义哲学的内涵，彰显了马克思唯物史观思想强大的生命力、解释力、创造力。

《中国民生经济协调发展论》概要

孙 贺[*]

民生与经济都属于宏大的概念。民生直接联系人的发展，是社会建设的根本旨趣所在。经济是一切人类生存的首要前提，是推动人类发展和社会进步的物质基础。从马克思主义唯物史观的维度看，民生和经济同属于历史范畴，它们的存在不因民生和经济话语上的存在而存在，而是随着人类的存在而存在、人类的不存在而不存在，是以人的存在为前提的"客观存在"。一言以蔽之，有人类活动的地方，就有民生和经济，民生和经济贯穿于人类发展过程的始终。

民生与经济不是孤立的存在，而是彼此联系、相互作用。民生和经济作为人类社会的两维，如车之两轮、鸟之两翼，以合力的形式共同推动着人类社会的发展。民生和经济任何一方的缺失，抑或民生与经济互动的中断，都会把人类从一个极端推向另一个极端。人类社会发展的历史，就是民生与经济互动发展的历史。人类的存续和发展出现问题必然以民生经济问题的凸显为前提，民生经济问题解决得好，人类社会就会发展得好，民生经济问题解决得不好，人类社会的发展就会出现问题。人类历史上的历次社会动荡、社会形态转换的背后，都能找到民生经济的"问题"因由。

民生与经济都是具象的存在，为了研究需要，本书把民生与经

---

[*] 孙贺，吉林大学法学博士，现就职于吉林大学。

济抽象化，探讨作为"一般"的民生与经济的关系问题。因此，从关系的视域看，对民生经济关系的研究属于宏大概念的微观阐发。

本书立足于马克思主义理论分析视域，主要从理论与实践的两重维度展开探讨。理论部分，分别从供给需求论、决定依存论、共生协同论和内需动力论等四个维度对民生与经济的逻辑关系、存在形态等内容进行了学理上的考察和论证，厘清了民生与经济的范畴和边界，分析了民生经济互动的基本机理以及实现机制，总结了民生经济互动的一般运行规律。实践部分，把民生经济互动失衡的实践形态划分为高福利民生陷阱和民生缺失陷阱两种形式，并从历时性和共时性维度考察了民生经济发展失衡陷阱的成因及表现形式，进而分析了高福利民生陷阱与民生缺失陷阱的形成路径、本质、危害及启示等。本书在理顺民生经济的基本理论基础上，把研究视角转到我国，对中华人民共和国成立以来民生经济发展历程进行了实证分析，尝试性提出中国"民生—经济"曲线的概念，据此把我国民生经济发展划分为三个阶段，依次分析了每一阶段民生经济互动发展的理论逻辑、实践逻辑和历史逻辑，进而提出新时代民生经济协调发展的实现进路。主要内容和观点如下：

从历史大视角看，人类一直面临着民生经济的困扰，也一直在探索民生经济难题背后的逻辑以及破解民生经济难题的"药方"。无论是充满思辨、理性的"西学"，还是主张中庸、民本的"中学"，民生和经济都是它们的"宠儿"，但又都始终找不到民生经济科学发展的有效依托和实现形式，直至马克思主义的诞生和发展，实现民生经济协调发展才在理论上有了可能。马克思主义民生经济理论是包括民生经济运行原理、规律等内容在内的，系统化、理论化、科学化的理论体系，它不仅从根本上终结了民生经济困境的历史难题，而且建构了民生经济协调发展的理论框架，找到了民生经济有序、协同、共生发展的有效载体和实现路径。中国共产党不仅继承和发展了马克思主义民生经济理论，而且还把马克思主义民生经济理论与中国的具体国情相结合，创造性地开辟了中国化的马克思主义民生经济理论，这不仅是对马克思主义民生经济理论的新贡献和新发展，也是指导中国特色社会主义民生实践的重要理论指南。马克思主义之所以能化解民生经济之困，究其原因在于坚持群众的观点、人民的立场以及民本的逻辑。

民生与经济始终在以固有的媒介保持互动，并在互动的作用下推动人类社会的发展。民生与经济有效互动的次数愈加频繁，人类社会发展的步伐就愈加快速。从理论上认识和把握民生与经济互动的机理、机制等本质性问题，有利于整体掌握民生经济的互动规律，从而宏观动态地驾驭人类的发展趋势，推进社会朝着预设的理想轨道发展。从学理层面看，民生与经济的关系是一种辩证的关系，强调的是民生与经济的相互作用和运动的基本形式及规律。本书从四个维度对民生与经济的逻辑关系、存在形态等内容进行了学理上的考察和论证，厘清了静态维度下民生与经济的辩证关系。

从供给需求维度看，政府单一模式主导下的民生供给量小于并持续接近民生需求量。随着中国进入市场经济阶段，民生产品的供给路径发生了转变，市场需求信号逐渐成为民生产品供给的重要指南。当前中国民生产品正在经历由供给创造需求向需求引导供给的转化。人民群众对民生产品需求呈螺旋式上升的趋势，因此民生需求没有终点，只有连续不断的新起点。同理，民生产品供给也没有终点，只有不断升级的新增长点。

从决定依存维度看，民生具有物质属性，民生的保障和改善是建立在物质基础之上的，民生效果的衡量和评估最终也要落实到物质的生产、分配上，经济在民生实现过程中起着决定性支配作用，历史上从来就不存在无物质支撑的民生。经济决定论不仅指出了解决民生问题的经济路径，而且蕴含了"经济在破解民生难题中的第一位"的命题。从民生问题的破解顺序看，只有首先解决民生的物质问题，而后才能接续解决制度、体制、文化等方面的问题，所有民生问题的解决，所有国家和地区民生问题的破解都是首先从解决物质问题着手推进的，都是遵循先物质而后其它的民生破解路径。

从共生协同维度看，民生与经济耦合互构、同步推进。既有物流的互动，又有能量的转化，既有分工协作，又有资源整合，整体实现了目标、过程和能量三者的有机统一，有利于促进共生效果的最大化。虽然化解民生问题必须发展经济，但发展经济不能以牺牲民生为代价，要重视经济发展的民生导向，树立经济边界理念和意识。同时，经济发展的成果要及时反馈到民生改善上来，整体上确保经济与民生同步发展、同步推进、协同共生，防范和杜绝民生与经济的差距过大。

从内需动力维度看，在经济发展水平高度发达阶段，切实推进民生事业发展的最优路径是把民生纳入经济发展的轨道，改进经济对民生的作用着力点，缩短经济作用民生的半径，延展经济覆盖民生的范畴。当经济发展处于高危阶段，无论是经济危机，还是经济转轨、改革中出现的失灵问题，可以跳出狭隘的经济边界，把民生作为缓解矛盾的重要场域，大力发展民生经济，通过改善民生拉动经济发展，以此作为寻找经济复苏和降低群众矛盾的着力点。

民生问题的生成主要源于民生与经济互动上的认识误区及由此引致的互动陷阱。因此，经济意义上所谓的民生问题，本质上是经济与民生互动异化引致的二者反向偏离。根据民生与经济的组合，可以把民生与经济的运行关系划归为三种表现形式，即改善民生经济先行、经济与民生同步发展和民生先导下的经济运行。民生与经济的三种形态在同一时间内可以横向并存，亦可以在同一空间内顺序更迭。除此之外的存在方式都有悖民生经济的基本运行规律。当然，经济与民生的运行形态并不是随机组合的，也不是无序排列的。其中，顺序性是民生与经济运行的重要规律。民生与经济的发展遵循一定的顺序性，民生与经济的运行形态亦同样遵循顺序性。

民生经济是在互动过程中发生能量的交换和转化，从而推动民生与经济的交互式发展。具体实现机理如下：首先，经济发展成果中的一部分通过市场机制和政府干预流向群众手中，也就是民生经济系统中的"人"。其次，在人的主观能动性发挥以及政府和社会的支持下，经济发展成果流向民生领域，被用于解决民生问题和发展民生事业。此时的经济发展成果被转化成为人的生存和发展能力的提升。最后，伴随着民生改善，作为市场主体的人提高了参与市场发展的能力和水平，从而进一步提升了经济发展的水平和质量，由此完成一个完整链条的循环。这个过程，把经济发展成果用于民生改善是关键，这就需要打通并建立经济作用民生的渠道并将其固定化、机制化、常态化、科学化、秩序化。中国保障和改善民生机制体系渐进形成，一个是政府主导机制，集中解决民生保障问题；一个是市场调节机制，集中解决民生改善问题。政府主导机制是基础，市场调节机制是补充和完善。这两条机制各有侧重点，又相互交叉，没有主次轻重之分，不可偏废，必须同时发力，相互配合。

在社会运行过程中，经济发展与民生保障存在着相互促进与相互制约的互动关系，二者呈现出一种交替往复的螺旋上升过程，并由此推动着整个社会的进步与人类的发展。在这一过程中，民生保障的程度与经济发展的状况密切相关，民生保障的不足与过度都会对经济发展造成一定的损伤，并由此打破二者间的平衡关系，导致二者间的失衡。从世界范围看，民生经济失衡陷阱主要表现为经济让渡民生的高福利民生陷阱和民生建设滞后于经济发展的民生缺失陷阱两种形式，以及贫富分化陷阱和福利赶超陷阱等两个极端形式。从民生经济发展的历史维度看，失衡陷阱并不是常态化的存在形态，但是陷阱的影响却是深远的。每一种民生经济陷阱都会带来严重的灾难，这种灾难不仅仅局限于民生与经济本身，还包括政治、社会等方面。

规避民生经济陷阱对正处于快速崛起中的中国来说意义重大。虽然中国没有陷入民生高福利陷阱，也没有跌进民生缺失陷阱，但客观存在着民生福利赶超和中等收入陷阱的风险。规避民生经济陷阱，中国有其自身的优势：第一，有马克思主义民生经济理论的科学指导，有对民生经济运行机理和机制的科学把握，有近七十年的民生经济实践经验和教训；第二，有中国共产党的正确领导，有现代化的民生经济治理体系和治理能力,有制度化、科学化、体系化的民生经济运行体系,有广大人民群众的拥护和支持,等等。我们既要发挥自身的优势,又要发挥主动性,根据民生经济运行的新情况、新问题,适时、动态地调整、改进和预防,使民生经济在规律的框架下有序运行。

中国共产党是在马克思主义理论指导下成立的,自诞生之日起就以马克思主义思想为指导思想,把全心全意为人民服务作为党的根本宗旨,为工人和农民的利益计而上下求索。无论是在革命战争年代,还是社会主义建设、改革和发展的年代,最大程度上保障和改善民生始终是中国共产党的最终奋斗目标和最高价值追寻。由于缺少可供借鉴的成功经验,中国民生经济实践只能选择"摸着石头过河"的方法,这期间有曲折、有反复,有潮涨、有潮落,有机遇、有挑战,有经验、也有教训。本书对中华人民共和国成立以来民生经济发展历程进行了考察,综合实证分析结果,把我国民生经济发展划分为三个阶段,尝试性提出中国"民生—经济"曲线的概念,依次将民生与经济互动关系划分为同步均衡、滞后发展和重构再均衡三个历史阶段,并具体分析了每一阶段民生经济发展的背后逻辑。在历经均衡同步、滞后发展和重构再平衡三个阶段转换后,中国民生经济步入了发展的快车道。正是民生经济发展的阶段性转化,把中国民生经济实践推向了新的高度。从世界范围内看,中国民生经济实践堪称典范。

从 1950 至 1978 年,中国用较低的民生财政支出实现了较高的民生保障水平。这显然是违背民生经济的发展规律的。一个可能的解释是,在国家民生财政支出之外,存在一种国家制度安排下的隐性的经济供给,这种经济供给的"隐藏性"使其没有被统计到民生财政支出体系内。这种隐性的经济力量来自于计划经济的独特产物——单位制,包括农村的合作社、人民公社以及城市里的国有企业,等等。单位制最大的特征是高度的集体主义和成本内部化,也就是隐性的经济供给。由此,可以认为中国民生保障和改善的另一部分支出来自于单位制这种特殊的制度安排。本书把这种现象称之为民生的经济内卷化，即民生支出内化于单位制、集体制等特殊制度安排之中，从而形成了低经济投入条件下的高福利民生增长的现象。

中国70多年的民生经济互动实践带给人们一些启发，一是民生的刚性特征决定了增进民生福祉的不可逆性。人民群众对民生的刚性需求决定了一个政权得以稳定的最基本条件是保持民生投入的连续性和民生增长的刚性，政府在制定和实施民生政策上慎用"减法"，多做"加法"，少用或不用"乘法"。二是高福利民生发展道路有悖于民生的刚性特征。高福利民生将形成越来越高的民生投入、水涨船高的民生期望以及"边际递减"的民生效益，与之相匹配，高财政支出支撑下的、违背民生刚性特征的高福利民生存在滋生"民生赤字"风险，而我国特殊国情决定了高福利民生不是发展的方向。三是，适度的、均衡的、渐进式的民生是我国民生事业发展的基本方向。要坚持量入为出的适度原则，从民生的整体性高度把握民生的发展趋势，走渐进式民生改善道路，确保民生的发展速度可控、能控，确保民生与其赖以依存的物质基础协同发展、均衡推进，确保民生事业的可持续性和平稳性。要杜绝民生政策的短视化、媚俗化。

当前，中国正处于并将持续处于经济反哺民生阶段。重构民生经济再平衡，就技术和策略维度而言，可供实现的路径是多元的，但支撑民生经济发展的基础性要素不能缺位，而且要进一步改进和优化。第一，进一步丰富民生经济伦理内核，坚持协调发展的理念，在协调发展中推进民生改善和福祉增进；第二，坚持公有制的主体地位不动摇，扎实推进混合所有制改革，充分释放民生保障和改善的所有制红利；第三，深化民生经济协调发展的体制机制改革，突破民生经济改革的藩篱和禁锢，改善和优化民生经济协调发展的生态环境，完善民生经济协调发展的支撑体系建设，使民生政策朝着科学化、民主化、规范化、长效化、可持续化方向改进和发展；第四，发挥法律在经济反哺民生中的作用。把民生纳入法治化的轨道，加快推进民生法治化建设进程，全面协同推进包括民生立法、民生法治服务、民生法治实施在内的业务建设，为保障和改善民生提供完备的法治保障；第五，推动民生经济协调发展制度化，大力推进科学系统、运转高效的民生制度体系建设，确保民生制度体系不健全、制度机制呆板滞后以及制度冲突等局面得到有效的缓解，以及由制度自身问题引发的民生缺失、缺位、越位等现象得到有效的扭转；第六，综合运用政府和市场的宏观调控机制，在强化政府破解民生经济难题的同时，发挥市场在民生资源配置中的决定性作用。

《中国城镇化进程中的土地级差收入研究》概要

金栋昌[*]

改革开放以来，我国走出了一条有中国特色的城镇化之路，并借助土地出让金实现了城镇数量和规模的快速扩张，但同时也引发了"土地财政"现象，增加了城镇化的不可持续风险。破解土地出让金的短期效应，建构符合我国国情的土地利用与管理关系，需要从学理上回答"土地出让金的本质属性是什么？应该怎么分配？现实中的分配机制存在什么问题？如何完善与治理？"等问题。本书以马克思地租理论的科学方法论为指导，以丰富和完善中国特色社会主义政治经济学为导向，对包括土地出让金在内的土地级差收入及其基本意涵、属性特征、生成机制、发展趋势、计量逻辑、分配机制、治理体系等内容进行了系统论证，形成了观照中国国情和城镇化战略的土地级差收入分析框架，并对当前土地级差收入领域的热点问题、未来转型的方向和路径进行了回应。

在基本意涵上，我国土地级差收入是反映中国特色社会主义生产关系的土地有偿使用收入，是凭借土地所有权而取得的租赁性收入，公有共享是其核心特征，它有着中国特色的制度属性内涵，当前土地出让金是其主要形式。（1）从内涵来看，土地级差收入是我

---

[*] 金栋昌，西安交通大学马克思主义理论博士，现就职于长安大学。

国土地有偿使用收入的理论范畴，是对土地有偿使用的资本化表达，是贯穿于土地有偿使用全过程的经济产物，属于典型的租赁性收入、产权性收入、经济性收入。土地级差收入与马克思所揭示的资本主义地租（含级差地租）、土地收入、土地纯收益、土地税费、土地出让金之间存在本质区别和联系，但这不妨碍马克思地租理论的科学方法论对于土地级差收入的指导价值。（2）从外延来看，作为土地所有者凭借土地所有权而获得的收入形式，土地级差收入逻辑上包括一次性收入和级差收益两个部分；但事实上，以土地出让金为代表的一次性收入构成了当前土地级差收入的主要形式，级差收益整体未能纳入土地级差收入的范围。（3）从历史线索来看，新中国成立以来我国土地级差收入与土地权属制度呈现出一致性，它随着土地权属的制度变迁（即个体所有—社会主义集体化—社会主义公有制的变迁），而呈现出从没有土地级差收入到有土地级差收入再到重视土地级差收入的演进轨迹。特别是 20 世纪 90 年代以来，以土地出让金为主要形式的土地级差收入不断壮大，它在为我国城镇化不断积累资本的同时，也引发了诸多问题。

在属性特征上，我国城镇化进程中的土地级差收入主要表现出三层特质：（1）公有共享性，这是对土地领域社会主义生产关系的集中概括。一方面，土地级差收入是反映社会主义生产关系的土地有偿使用收入形式，是对土地社会主义公有制的所有制形式、土地级差收入所反映的社会共享关系的综合反映；另一方面，土地级差收入是彰显社会主义制度优势和制度自信的土地收入形式，是对土地级差收入增进社会效益、促进土地的可持续利用、实现土地级差收入代际公平的综合反映。（2）土地级差收入具有工具属性和制度属性，其中工具属性强调以土地出让金为媒介来调节和配置土地资源、影响国民收入分配关系，而制度属性则强调土地级差收入应该成为彰显中国特色社会主义制度优越性的重要手段。（3）土地级差收入贯穿于城镇化发展始终，具有客观性、增值性、长期性、衍生性、当下性和转型性特征。

在生成机制上，我国土地级差收入具备独特的生成条件和生成过程。当下我国土地级差收入的主要形式——土地出让金及其生成逻辑、生成条件和生成过程，成为我们理解城镇化进程中土地级差收入生成机制的重要窗口。我们看到，土地的资源资产属性得到市场的认可、土地权利实现分化并形成了土地权利束、土地使用权出让行为得到合法保护，构成了我国土地级差收入的生成逻辑；土地资源的资本化转向开辟了土地市场空间，土地的社会主义二元公有制决定了土地所有制的可转化性以及其在土地市场上的价值兑现差异性，一级市场垄断、二级市场竞争、一二级市场并存的独特土地市场体系，构成了土地级差收入生成的现实条件；土地所有权的制度性转换（从集体所有到国家所有）、土地使用权的市场化让渡、土地收益权的统筹配置构成了土地级差收入的"三步走"生成过程。与此同时，我们还看到在土地级差收入的生成机制中，原土地使用权持有者、城市政府、新的土地使用者存在不同的利益偏好，这些利益偏好客观上激发了他们对土地出让金的热情，并形成了土地级差收入的强化机制，即：（1）地方政府为纾解财政压力、以土地为工具招徕产业落户和提升区域竞争力等因素，成为强化土地级差收入的经济动力；（2）中央、地方博弈关系，唯 GDP 政绩考核制度，地方政府多角色合一的职能紊乱等因素，构成了强化土地级差收入的行政动力；（3）土地权利、土地权利主体、土地征收目的等关键法治范畴的模糊性，农地市场化渠道的封闭性设置、土地财政收支的结构性减弱等法制设置的不科学性，以及土地储备机构、功能和价值异化导致的法治执行的自由性等因素，构成了强化土地级差收入的法治动力。由此，多重因素对土地级差收入的强化，直接引发了"土地财政"现象，导致土地级差收入的工具价值超越于制度价值，引发了社会对土地级差收入的种种诟病。

在发展趋势上，土地级差收入与城镇化相伴相生，从长远来看，规模扩大化、发展可持续化、结构转型化是我国土地级差收入总的发展趋势，我国当前的土地级差收入模式也已经进入转型期——18

亿亩耕地红线、土地级差收入新形式的发展壮大、中央政府对土地级差收入治理力度的日趋强化，都带来了土地出让金的增长压力，都在将土地级差收入的土地出让金模式推向土地级差收入的"土地出让金+级差收益"组合模式。

在计量逻辑上，土地级差收入量的变化轨迹与我国城镇化进程总体保持一致，我们也可以从现实层面土地级差收入量计算办法的演变中透视我国城镇化的演变特征，并能够据此来理性分析二者的互动关系，这样的两相印证有利于加速土地级差收入的转型进度。（1）从城镇化对土地级差收入的正向影响来看，我国土地级差收入量伴随着城镇化的不断推进，总体上呈现出不断增长的态势，由此透射出我国城镇化的阶段性特征，即：土地城镇化增速显著高于人口城镇化，土地城镇化与人口城镇化发展失衡，这种土地城镇化的"偏好"不断刺激着土地级差收入量的持续增长，并引发了土地城镇化与土地级差收入量的"双增长"态势。（2）从土地级差收入量的计算逻辑映射城镇化的角度来看，土地有偿使用方式、计划用途、前期及后期投入规模、土地所处的交通区位构成了影响土地级差收入量的主体因素；农地补偿从农业生存型向保障发展型转变、农地价值从资源价值向资源和资产的双资价值转变、补偿形式从单一货币化向多元化转变，整体勾勒出新中国成立以来我国土地级差收入计量理念的形式变化。尽管我们看到土地级差收入量的计算逻辑日趋合理化，但时至今日仍存在诸多不合理之处，这就需要我们以马克思地租理论中关于地租量的计算办法为依据和借鉴，克服将土地级差收入量仅当作数字来看待、从单一学科单独解释土地级差收入量和教条式挪用马克思地租理论简单化处理土地级差收入量的三个认识误区，并从"为什么要进行理论测度""实体来源是什么"和"真实绩效如何"三个层面进行事实和价值分析，并探索构建涵盖合理性、公平性、效率性和发展性"四位一体"的指标体系，以此促成其计算逻辑转型，并促成城镇化发展逻辑的转型。

在分配机制上，我国城镇化进程中土地级差收入的分配机制体现了中国特色社会主义的生产关系，这种分配机制在我国城镇化起步阶段发挥了重要的积极作用，但在土地可持续利用背景下，这种分配机制也需要优化调整，以适应新时代发展需求。一是要树立土地级差收入利益共同体理念。由于土地级差收入的分配不是简单的数量划分问题，而是一道复杂的政治问题，关乎社会公平、发展稳定、制度伦理，考验着地方政府的治理智慧。基于土地的社会主义公有制特征，土地级差收入的分配应体现公有共享特性，这是对中国特色社会主义生产关系的重要彰显，这意味着土地级差收入分配要以利益共同体理念为观照，以"影响力—利益"矩阵为方法，将土地级差收入的利益相关者划分为四类，即以中央政府为代表的"高影响力＋低利益性"利益相关者，以地方政府为代表的"高影响力＋高利益性"利益相关者，以被征地农民、农村集体和纵向群体为代表的"低影响力＋高利益性"利益相关者，以其他部门和人员为代表的"低影响力＋低利益性"利益相关者，并倡导在土地级差收入的分配过程中充分体现利益共同体的合理诉求。二是要辩证区分土地级差收入的动态和静态分配关系。我国当前的土地级差收入的分配机制，表现出静态分配相对合理、动态分配不合理的分配关系，即从静态分配关系来看，失地农民的合理诉求和土地的社会公共价值属性得到了一定体现，总体合理；从动态分配关系来看，土地级差收入的两轮增值分配都具有狭隘性，不仅忽视了土地级差收入的增量发展机制，还引发了土地出让金的存量分配不公等问题。现行分配机制下，我国形成了土地级差收入的"城市优先"分配格局，其积极效应是为我国城镇化提供了资本积累，但其消极效应也在不断显现——地方政府过度依赖土地财政、逆向收入分配问题突出、城镇化失衡局面加剧。有鉴于此，当前我国土地级差收入的分配实践机制须调整，其调整的重点在于扭转"四重悖论"，即分配关系扭曲化、分配实体蒙昧化、分配过程竞争化和分配结果短期化，并应致力实现"三个回归"（即实现分配关系的市场化回归、分配主体的利益共同性回归、分配结果的可持续性回归）和"三个突破"(即实现土地级差收入分配实体从一次性获取到可持续性获取的突破、实现土地级差收入分配的价值导向从单一生产要素价值到双资价值的突破、实现土地级差收入分配方式从一次性分配到一次性分配与多元多次分配相结合的突破)。

在治理体系上,我们需要站在彰显中国特色社会主义制度特征的高度,对土地级差收入的治理体系进行整体性和全局性建构。这就要求:一是在土地级差收入的治理理念上,我们须做到坚守制度根本性(坚守土地的社会主义公有制)、价值引领性(坚持把对土地、土地相关收入的价值定位作为治理的前提,作为彰显中国特色社会主义制度优越性的依托)、发展规律性(契合我国城镇化进程中"产业—土地—人口"的三维互动规律)和视野整体性(从长远和系统角度对土地级差收入问题进行本质定位和阶段式把握)"四性统一"的治理理念,这四性统一的治理理念是推动土地级差收入可持续发展的核心理念。二是在设定土地级差收入的治理目标时,我们须坚持"渐进式改革路径",坚持"利益共同体"的治理思维,坚持法律、政策、实践的三位一体方法,以及建构新型土地级差收入范式。三是在探索治理土地级差收入的路径时,我们须抓住三个关键:(1)从"土地"功能的再认知中巩固治理之源——坚守土地的资源功能和资产功能;对"土地到底为谁所有为谁所用"进行制度和价值附加,也就是对土地及土地级差收入赋予中国特色社会主义制度属性。(2)从土地级差收入的属性确认中厘清治理之惑——坚持和强化土地级差收入这一反映社会主义生产关系的租金本质,划清与土地税、费的界限,并倡导"租税并举"的宏观土地收入机制;承认土地级差收入的结构多元性,厘清和兑现土地的资源价值和资产价值,强化土地级差收入中的主体公平和代际公平;明确不同土地权利对土地级差收入分割的正当性,承认各类利益相关者对土地级差收入的合理利益诉求并划定利益诉求边界。(3)从土地级差收入的转型中找寻可持续发展路径——坚持恰当的土地出让金制度,使其作为土地价值兑现的实体来源;开征土地级差收益,对依法有偿使用土地者按年征收一定比例的级差收益，捕获土地资产的部分增值；效仿中国香港的做法，开征房产税（此房产税与欧美国家的房产税不同，是对房地产所有者有偿租赁收入征收的税），作为政府公共服务的成本补偿机制。四是在土地级差收入治理工作的政策建议上，我们须做好三类政策的优化工作，即优化"产业—土地—人口"相融合的新型城镇化政策；转变政府土地管理职能的政策，主要体现在做好政府角色定位、优化政府职能、营造社会公有共享氛围三个方面；优化具体的土地管理政策，主要是优化土地产权管理、土地收储、土地市场建设、土地级差收入收支管理政策。

土地级差收入的时代转型彰显其历史逻辑、理论逻辑和实践逻辑相统一的必然趋势，也成为新时代我们优化中国特色社会主义土地生产关系的重要方向。我们坚信在马克思主义政治经济学理论的指引下，在土地级差收入利益共同体的协同努力下，这一转型将更加富有制度理性、科学品质、行动效率和社会效益。

《网络意识形态话语权研究》概要

黄冬霞[*]

随着网络信息技术的发展和移动终端设备的普及，人们的网络实践活动日益深入，人们的认识也发生了深刻的变化。基于网络信息技术的网络实践活动深刻影响着人类的思维方式和行为方式，重新架构着人们的生存方式，人类已经进入了网络化生存时代，并在网络化生存实践中生成了网络意识形态话语。一方面，多元的网络意识形态话语丰富着人们多样化的精神需求；另一方面，网络意识形态话语由于技术和规则的介入产生着巨大的效力，构成了国际社会、各阶级、各类组织和群体竞相争夺的重要政治资源，不同性质的网络意识形态话语相互交融、相互碰撞、相互激荡，不同程度地影响了网民的价值判断、价值选择和国家意识形态安全。显然，在网络意识形态话语纷杂的时代境遇中加强网络意识形态话语权建设，降低"杂音"音量，弘扬社会主旋律，以维护马克思主义在意识形态领域的主导地位，促进网民自由而全面的发展，是一项迫切的现实课题。

本书并不是单纯地针对网络意识形态激烈较量这一现实现象谈论网络意识形态话语权建构话题，而是把网络意识形态话语权作为当下人们一种生存方式的重要内容来探讨建构和发展话题。因为网

---

[*] 黄冬霞，电子科技大学法学博士，现就职于西南大学。

络的普及和发展，网络化生存方式成为人类生存方式的新样态。网络意识形态话语权研究的任何一个内容都不可忽视对人的网络化生存方式的深切把握和观照。网络意识形态话语权研究是基于深化理论研究和推动网络社会治理实践的需要，更是基于网络化生存方式下人的全面发展的诉求。基于上述理解和认识，本书在坚持马克思主义唯物辩证法的基础上，运用系统研究法、文献研究法、比较借鉴法等主要方法，对网络意识形态话语权的理论基础、思想资源、内涵、特征、结构、功能、生成机制、矛盾规律、发展历程、实践经验、域外借鉴、现实境遇和未来发展等话题展开了研究。

挖掘了网络意识形态话语权的理论基础和思想资源。意识形态话语权研究的"思想进程"可以在马克思主义经典作家那里找到清晰的痕迹。这些思想痕迹仍然是当今网络意识形态话语权研究的理论依据。本书对马克思主义经典作家关于意识形态理论的相关论述做了研究和梳理，确立了本书研究的马克思主义理论基础，其中，马克思主义意识形态理论是网络意识形态话语权研究的理论支撑，马克思主义权力关系思想是网络意识形态话语权研究的切入点，马克思主义共同体思想是网络意识形态话语权研究目标指向。本书对中国传统社会主流意识形态的传播手段和固化机制进行了剖析，为以辩的方式争夺话语权、以废的方式控制话语权、以化的方式扩大话语权、以释的方式损益话语权、以融的方式强化话语权等思想为网络意识形态话语权研究提供了深厚的思想资源。本书对西方社会话语理论、权力理论、场域理论等思想进行了考察，明晰了关系是话语权的前提，对话是话语权的关键，建构是话语权的动力系统，语境是话语权的变量，场域是话语权的寓所。

厘清了网络意识形态话语权的内涵和特征。网络意识形态话语权是在线上社会与线下社会、虚拟个体与现实个体高度融合的背景下，网民在网络场域中通过网络实践活动所逐步建构的、以价值观念为核心内容的话语权利和话语权力的总和。对于这一概念我们可以从以下几个方面进行理解：网络意识形态话语权是线下线上社会、现实虚拟个体高度融渗下的意识形态话语权崭新样态；网络意识形态话语权在网络场域生成；网络意识形态话语权在网络实践活动中建构和发展；网络意识形态话语权的话语以具有共享属性的价值观念为核心内容；网络意识形态话语权是话语权利和话语权力的总和。根据不同的标准，从不同的角度，网络意识形态话语权可分为不同的类型。其中，按照主体实力大小来分，网络意识形态话语权可以分为强势话语权和弱势话语权；按照性质和作用来分，网络意识形态话语权可以分为网络意识形态正向话语权和网络意识形态负向话语权；按照效果显现程度来分，网络意识形态话语权可以分为直接话语权和间接话语权；按照评价来分，网络意识形态话语权可以分为绝对话语权和相对话语权；按照实现的条件来分，网络意识形态话语权可以分为理想话语权和现实话语权。网络意识形态话语权有自身独具的特征，在生成过程中表现出技术性和人文性相统一的特征，处于运行状态表现出私人性和公共性相统一的特征、单一性和跨界性相统一的特征，从运行效果角度看表现出聚合性和离散性相统一的特征。

剖析了网络意识形态话语权的结构和功能。网络意识形态话语权的结构主要有内在结构、形态结构和层次结构。网络意识形态话语权内在结构包括主体、客体、载体、效果等要素；网络意识形态话语权形态结构主要有支配型形态和享有型形态；网络意识形态话语权层次结构主要包括个体话语权、群体话语权、国家话语权。在层次结构中，个体话语权处于基础层次，群体话语权处于中间层次，国家话语权处于最高层次。网络意识形态话语权的功能主要包括认同功能、引领功能、辩护功能、整合功能、激励功能等。通过对结构和功能的探讨，更全面地认识了网络意识形态话语权的内涵和外延，深化了网络意识形态话语权研究的基础理论。

探究了网络意识形态话语权的生成机制。明确网络意识形态话语权的生成机制，才能在网络意识形态话语权运行和发展中做到心中有数、有的放矢。首先，分析了网络意识形态话语权的生成根源，揭示了社会经济发展是其生成的根本基础，主体的价值需要和利益诉求是其生成的内在动因，网络实践是其生成的力量源泉。其次，分析了网络意识形态话语权生成的环节。网络意识形态话语权的生成是网民的承载意识形态、价值观的话语经过一定的传播链条对话语对象产生影响并取得效果的过程。这一过程的实质是价值观念传播，逻辑起点是网民的话语准备，逻辑过程是话语传播过程的三个重要环节，即"议程设置""构建框架"和"价值驱动"，逻辑结果就是话语效果，即传播者的话语对话语对象产生行为表达的影响。最后，分析了网络意识形态话语权的有效转化、无效转化和异化。其中，有效转化包括高度解读和低度解读；无效转化包括过度解读和无度解读；异化包括以商业代言、独白言说、跨界言说为内容的主体异化和以话语内容碎片化、话语表达方式戏谑化为表现的客体异化。

　　凝练了网络意识形态话语权生成过程的矛盾。网络意识形态话语权生成过程是话语主体、话语客体、话语载体、话语效果等内部要素之间以及内部要素与外部环境之间相互作用的复杂运动过程，这个过程始终贯穿着各式各样的矛盾。网络意识形态话语权生成过程的矛盾从宏观和微观两个层次进行考察和分析主要包括两个方面的矛盾：一是网络意识形态话语权生成过程与外部环境之间的矛盾；二是网络意识形态话语权生成过程的内部矛盾。在由外部矛盾和内部矛盾组成的矛盾系统中，有起支配作用的主要矛盾和服务于主要矛盾解决的具体矛盾。其中，网络意识形态话语传播者话语价值供给与话语对象话语价值需求之间的矛盾是网络意识形态话语权生成过程的主要矛盾。其确立的依据是：第一，这对矛盾规定了网络意识形态话语传播过程的性质和方向；第二，这对矛盾贯穿于网络意识形态话语传播过程的始终；第三，这对矛盾是产生其他矛盾的根源，规定和影响网络意识形态话语权生成过程的其他矛盾。除了主要矛盾外，网络意识形态话语权生成过程还有许多具体矛盾，如话语主体与网络社会环境之间的矛盾、话语主体自我角色和社会角色之间的矛盾、话语主体与话语载体之间的矛盾等。主要矛盾和具体矛盾共同构建了网络意识形态话语权自身的动力系统，推动其生成和转化。

揭示了网络意识形态话语权生成过程的规律。对网络意识形态话语权生成过程的规律研究，是网络意识形态话语权理论研究和实践探索的重要内容。只有准确把握了网络意识形态话语权生成过程的规律，才能为确定网络意识形态话语权正向发展的原则、方法、途径提供理论依据，才能为提高网络意识形态治理实效提供科学的方案。对事物规律的反映建立在对事物矛盾的揭示基础之上。网络意识形态话语权生成过程的规律就是指在网络意识形态话语权生成过程各要素之间的本质联系及其矛盾运动的必然趋势。根据网络意识形态话语权生成过程的矛盾运动来看，赋予价值意义的话语传播系统与价值意义建构的接受系统之间适应与超越是网络意识形态话语权生成过程的主要规律。这一主要规律具体包括两个方面的内容：第一，网络意识形态话语传播者的话语价值供给要适应话语对象的思想水平和接受水平。第二，网络意识形态话语传播者的价值供给要超越话语对象的思想水平和接受水平。把它作为主要规律的依据在于：第一，它揭示了网络意识形态话语权生成过程中主要矛盾的必然趋势；第二，它在网络意识形态话语权生成过程规律体系中居于支配层次；第三，它在网络意识形态话语权生成过程中居于主导地位。网络意识形态话语权生成过程中，除了主要规律外，还有很多具体的规律，各种规律在各自的位置上发挥作用，协同推动矛盾的解决，形成规律系统。这些规律具体包括：网络意识形态话语权与网络技术共生共在规律、网络意识形态话语信息"产消一体"规律、网络意识形态话语主体"自我同一"规律、网络意识形态话语过程"双向互动"规律等。

梳理了网络意识形态话语权建设的历程、经验和域外借鉴。当代中国网络意识形态话语权建设基于互联网的接入而开始，随后，中国共产党领导人民推进网络意识形态话语权建设经历了萌芽

(1994年—1999年)、初步发展(2000年—2006年)、快速发展(2007年—2011年)、深入发展(2012年至今)等阶段,并在这一进程中积累了丰富的经验,主要包括必须要认清网络意识形态话语权建设工作的重要性、注重发挥各类网络意识形态话语主体的作用、善于抓住网络传播载体发展的新机遇、注重以世界眼光审视网络意识形态话语权发展等。域外国家网络意识形态话语权建设的经验包括重视网络立法、重视利用网络社交平台发声、重视社会自律、重视发展网络技术、重视建立健全网络组织管理体系等。域外国家网络意识形态话语权建设的教训启示我们,网络意识形态话语权建设不能脱离党的领导、不能忽视经济的发展、不能放松政府对媒体的管控、不能忽视网络反腐力量。

描绘了网络意识形态话语权的现实境遇。当代中国在网络意识形态话语权发展历程中,尽管存在一些不足,但整体上是好的,取得了一些成绩,如网络培育和践行社会主义核心价值观收获明显成效;网络文化建设的精品工程得到高度重视;网络媒体管理进一步加强;中国在国际网络意识形态话语格局中的地位逐步提升等。当前,网络意识形态话语权发展的现存问题和挑战主要表现在:马克思主义传播存在一定程度的"失语""失踪""失声"现象,网络意识形态话语充满"杂音",媒介生态的变化加大了网络主流意识形态话语权建构的难度,网络红色地带、黑色地带和灰色地带"带宽"失调等。从主体、客体、载体、场域等角度对现存问题进行归因分析,不难发现,网络意识形态话语主体作用力较弱、话语内容亲和力不强、话语载体传播力欠缺、话语场域环境复杂是造成上述问题的主要原因。

提出了网络意识形态话语权正向发展的基本思路和举措。站在新的历史起点,当代中国网络意识形态话语权正向发展应该有目标牵引、理念指导和原则遵循,为此,在把握现实问题和归因分析的基础上,本书从愿景、理念、原则三个方面思考了网络意识形态话语权正向发展的基本思路。其中,网络意识形态话语权发展的愿景包括文化主体性愿景、同心圆愿景、共同体愿景。网络意识形态话语权发展的理念包括创新、共享、共建、共进理念。主导性与多样性相结合，以一元引领多样；批判性与包容性相结合，以包容促更新；民族性与世界性相结合，以开放促共享，是网络意识形态话语权正向发展必须坚持的原则。本书最后从话语主体建设、话语内容建设、话语载体建设和场域建设等四个方面提出了网络意识形态话语权正向发展的对策建议，由此增强话语主体的作用力、增强话语内容的亲和力、增强话语内容的传播力、增强话语传播的获得感。其中，主体建设主要从增强主体对网络主流意识形态话语权建构的自觉意识、增强主体的综合素养、增强话语主体之间的良性互动、不断往话语主体队伍注入"新鲜血液"等方面着力。内容建设主要从话语内容的理论创新、话语内容的利益关切、话语内容的逻辑转换等方面着力。载体建设主要从整合媒体资源实现网络主流意识形态话语的"大覆盖"、加强"微文化"建设实现网络主流意识形态话语的"微渗透"、加强在线课程建设实现网络主流意识形态话语的"直通车"等方面着力。场域建设主要从优化线下场域缓解社会利益矛盾、优化网络环境化解网络风险等方面着力。

分析了当代中国网络意识形态国际话语权建设的价值意蕴、生成条件和实现路径。当代中国网络意识形态国际话语权建设，不仅对国家的发展有着重要的价值，对世界的发展也有着重要的意义。其世界意义主要表现在它有利于解决全球网络空间安全问题、有利于推进国际网络话语新秩序的建立、为世界社会主义国家加强网络意识形态话语权建设树立了标杆。其国内价值主要表现在它有利于维护网络意识形态安全、有利于推进网络强国目标的实现、有利于提高网络文化产品和服务供给能力、有利于推进当代中国国际话语体系建设。当代中国网络意识形态的国际话语权不是天然存在的，而是在多方面因素的综合推动下实现的，它除了具备话语权生成的一般条件外，还有特定的条件。马克思主义理论是当代中国网络意识形态国际话语权生成的理论支撑，中国特色社会主义成功实践是当代中国网络意识形态国际话语权生成的实践根基，中华传统文化中的国际化思想是当代中国网络意识形态国际话语权生成的历史根基，中国网络意识形态话语权建设的成就是当代中国网络意识形态国际话语权生成的内在基础。最后，本书从构成要素和生成条件两个视角探讨了当代中国网络意识形态国际话语权建设路径。从构成要素来看，可以从培育国际化的网络话语主体、打造融通性的网络话语内容、搭建现代化的网络传播平台、营造清朗的网络话语环境等方面加强当代中国网络意识形态国际话语权建设。从生成条件来看，当代中国网络意识形态国际话语权建设可以从加强当代中国网络主流意识形态对外传播的理论自觉与自信、推进中国特色社会主义实践、推进中华优秀传统文化资源网络化转化、打造网络意识形态话语权建设的"中国模式"等方面着力。

《高校意识形态话语权建设研究》概要

唐登然[*]

能否做好意识形态工作，事关党的前途命运、事关国家长治久安、事关民族凝聚力和向心力，"三个事关"，即关乎旗帜、关乎道路、关乎方向。当前我国正处在改革发展的关键时期，旗帜问题至关重要。旗帜就是方向、就是道路，同时也就是主义、就是意识形态。在方向和道路问题上，我们必须旗帜鲜明、立场坚定。从国际大范围来看，我们必须以坚不可摧的理想信念、政治定力和理论功底做好打意识形态持久攻坚战的准备。以马克思主义为指导的社会主义意识形态是有史以来最先进的思想体系，但其成长的历史比较短，与剥削阶级意识形态的成熟程度、拥有的传播工具、控制的受众等传统优势相比，还需要经历一个成熟、完善与发展的过程。当前深刻严峻的国际形势、复杂多变的社会环境、日益多样的经济形态、纷繁复杂的舆论格局等都无形中造就了我国意识形态领域的复杂情况。意识形态安全问题更加凸显，并且越发成为我国重点关注的安全领域。在我国某些领域，意识形态斗争非常激烈而复杂，社会主义意识形态安全面临诸如"西化"图谋、"文化帝国主义"侵蚀、社会思潮干扰等现实挑战。而中国在走向强盛的同时，不时也有一些噪音、杂音纷至沓来，中国"威胁论""趋同论"等不绝于

---

[*] 唐登然，西南大学法学博士，现就职于武汉大学。

耳。提升国际话语权成为了摆在我们面前的一项重要课题。这些现实情况，都使得加强意识形态话语权建设刻不容缓。

党的十九大报告强调要"牢牢掌握意识形态工作领导权"，"不断增强意识形态领域主导权和话语权"。意识形态话语权建设是意识形态工作的重要构成，在思想文化建设中具有举足轻重的地位。党的十八大以来，以习近平同志为核心的党中央高度重视意识形态工作，明确提出"经济建设是党的中心工作，意识形态工作是党的一项极端重要的工作"，必须把意识形态工作的领导权、管理权、话语权牢牢掌握在手中，任何时候都不能旁落。高校肩负着人才培养、科学研究、社会服务、文化传承创新、国际交流合作的重要使命，肩负着学习研究宣传马克思主义、让社会主义主旋律唱得更响亮的重要职责，是意识形态工作的前沿阵地。可以说，高校在建设具有强大凝聚力和引领力的社会主义意识形态工作中，具有不可替代的特殊地位和作用。而高校之所以具有这样的独特性、不可替代性，就在于它对国家意识形态安全状况的影响是重大的、深远的。社会上的思想、风气、生活方式等稍有什么细微变化或新变化，总是会先向高校集聚和投射，从而不断传导到校园，传递到师生。因此，高校在当前国家意识形态安全格局中具有重要地位，是国内外社会思潮聚集、交汇、激荡乃至生成的重要场域，是国家意识形态工作的风向标和晴雨表。同时，高校青年师生是更易受到多样化社会思潮影响的特殊群体。高校作为知识分子的聚集地和思想交汇地，是确保国家意识形态安全的重要场所，其意识形态安全状况在一定程度上影响和决定着国家意识形态安全，高校意识形态工作自然成为党的意识形态工作的重要组成部分。如何继续有效坚持、维护和巩固以马克思主义为指导的社会主义意识形态在高校意识形态领域的话语主导权，已成为一项需要着力研究和解决的重大课题。因此，加强高校意识形态话语权建设，在当前具有极端重要性和现实紧迫性，事关高校的社会主义办学方向和培养合格建设者与可靠接班人的根本问题，对于维护高校意识形态安全、落实立德树人根本任务，具有十分重大而深远的意义。对此，我们要充分理解高校意识形态话语权建设的本质和地位，全面厘清高校意识形态话语权建设的要素和结构，清醒认识高校意识形态话语权建设面临的机遇和挑战，深刻分析高校意识形态话语权建设的实践路径，增强意识形态主动性，掌握意识形态主动权，打好意识形态主动仗，从而牢牢坚持、维护和巩固以马克思主义为指导的社会主义意识形态在高校意识形态领域的话语主导权。惟有如此，高校才能保持正确发展方向，成为安定团结的模范之地，肩负起培养担当民族复兴大任的时代新人的历史重任。

基于以上理解和认识，本书由导论、正文七章加结语组成。全书紧紧围绕坚持、维护和巩固以马克思主义为指导的社会主义意识形态在高校意识形态领域的话语主导权这一主线，聚焦建设什么样的高校意识形态话语权、如何建设高校意识形态话语权、由谁来建设高校意识形态话语权等问题，以对高校意识形态话语权建设科学内涵与战略要义的深刻阐释为逻辑起点，以对高校意识形态话语权建设理论基础与知识借鉴、原则遵循与经验启示的全面阐发为逻辑基础，以对高校意识形态话语权本体、载体、主体建设的深入厘清为逻辑展开，以对高校意识形态话语权建设"党管"要求的有效解析为逻辑归宿。本书落脚于高校意识形态话语权建设的"党管"要求，一方面呼应本研究从客观现实出发，植根现实土壤，从实践中提出问题；另一方面体现本研究源于现实又超越现实，源于实践又指导实践的理论追求。

导论主要分析了本书的选题缘由、研究现状、研究思路与方法、研究重难点与创新点。指出研究高校意识形态话语权建设，是回应高校意识形态领域复杂局势的现实需要，深化马克思主义意识形态理论研究的内在要求，赢得高校思想舆论宣传主动权的必然选择。在梳理目前学界关于高校意识形态话语权建设研究现状的基础上，指明本书的研究思路与方法、研究重难点与创新之处。

第一章内容为高校意识形态话语权建设的科学内涵与战略要义。

主要在对意识形态领导权、管理权、话语权的含义进行阐释的基础上，指明高校意识形态话语权的蕴义，而高校意识形态话语权建设的要义在于丰富高校意识形态话语权建设理论、推进高校意识形态话语权建设实践、拓展高校意识形态话语权建设路径等。同时，指出高校意识形态话语权建设的特殊重要性在于高校肩负着人才培养重要使命，高校是意识形态工作的前沿阵地；而高校意识形态话语权建设的现实紧迫性在于巩固马克思主义的指导地位、维护高校意识形态安全。从理论和实践层面厘清这些问题，为开展高校意识形态话语权建设研究奠定了学理基础。

第二章内容为高校意识形态话语权建设的理论基础与知识借鉴。主要阐明马克思、恩格斯、列宁、斯大林和中国共产党领导人关于意识形态话语权的思想论述奠定了高校意识形态话语权建设的理论基础。马克思主义关于社会存在与社会意识关系的原理、灌输社会主义意识的学说、社会主义精神文明和先进文化建设的理论以及执政党的建设理论等为高校意识形态话语权建设提供了理论依据。此外，"文化领导权"知识、"话语权力"知识、"言语的有效性"知识和"话语分析"知识等则为高校意识形态话语权建设提供了直接的知识借鉴。全面分析和解答这些问题，为开展高校意识形态话语权建设研究提供了理论支撑。

第三章内容为高校意识形态话语权建设的原则遵循与经验启示。主要指出高校意识形态话语权建设必须坚持以马克思主义为指导，必须坚持以问题为导向。归纳出新中国成立以来高校意识形态话语权建设经历了艰辛开拓、恢复发展、深化探索、创新发展四个阶段。其主要做法有：约束中强调政治规范，导向中强调价值引领，灌输中强调正面宣传，斗争中强调文明借鉴。其基本经验是：坚持党对高校的领导，坚持社会主义办学方向，坚持全员全过程全方位育人，坚持改革创新。这就要求高校意识形态话语权建设在实践中必须坚持党的领导、彰显中国特色、贴近高校实际和顺应世界潮流。系统分析和回答这些问题，为开展高校意识形态话语权建设研究提供了实践指南。

第四章内容为高校意识形态话语权的本体建设。主要论析了高校意识形态话语权本体有着丰富的蕴涵，其中理论指导是高校意识形态话语权之"基"，思想指引是高校意识形态话语权之"脉"，价值指示是高校意识形态话语权之"魂"。高校意识形态话语权本体有多种形态，话语创造权、话语表达权、话语传播权、话语批判权是其核心部分。提出从经典话语与时代话语相互辉映，政治话语与大众话语相互衔接，理论话语与生活话语相互映衬，现实话语与网络话语相互协调等方面推进高校意识形态话语权本体建设。对这些问题的研究，为准确把握高校意识形态话语权建设的目标方向，深入厘清高校意识形态话语权建设的使命任务提供了根本指导。

第五章内容为高校意识形态话语权的载体建设。主要论析了高校意识形态话语权载体的类型，即教学科研、讲座论坛、文化场所、网络传媒。指明高校意识形态话语权载体具有鲜明的广泛性、突出的复杂性、显著的开放性。提出从守住"红色地带"、压缩"黑色地带"和转化"灰色地带"三个方面推进高校意识形态话语权载体建设。对这些问题的深入分析，为系统探究高校意识形态话语权建设找到了突破口。

第六章内容为高校意识形态话语权的主体建设。主要论析了高校意识形态话语权主体的构成：高校党政干部和共青团干部、思想政治理论课教师和哲学社会科学教学科研人员、辅导员和班主任以及网络宣传工作人员。从宏观层面提出高校意识形态话语权主体建设的总体遵循，即以加强思想理论建设为根本，以配齐建强队伍为重点，以提高工作能力为核心，以改革完善激励机制为保障。从具体层面阐明高校意识形态话语权主体建设的实践举措，即守好"入口关"、把好"培养关"、做好"保障关"。对这些问题的深入探究，为不断加强高校意识形态话语权建设提供了抓手。

第七章内容为高校意识形态话语权建设的"党管"要求。主要阐明党管高校意识形态话语权建设的重大意义在于巩固中国共产党的执政基础、坚持马克思主义在意识形态领域的指导地位、推动意识形态领域落实全面从严治党的要求。其本真蕴义是：党管方向、党管大局、党管舆论、党管队伍。在实践中，党管高校意识形态话语权建设，必须落实高校党委的统一领导，健全党政工团齐抓共管的工作机制，保证党委宣传部门的牵头协调，推进有关部门和院（系）的共同参与。对这些问题的探讨，使得高校意识形态话语权建设有据可依、有章可循，为在新时代条件下加强高校意识形态话语权建设提供了思路举措。

结语主要阐明了本书的研究目标、研究结论、存在不足及进一步研究的思路。通过对本书主要研究内容的梳理，得出研究的具体结论。在分析不足之处的基础上，指明今后进一步研究的方向。

综上，本书遵循理论与实践、逻辑与历史相统一的思路，构成理论、历史与现实的逻辑思维整体。从研究的整体布局来讲，研究从实践出发，以对高校意识形态话语权的现实关注开篇立论，到最后归于实践而结束，落脚于高校意识形态话语权建设的"党管"要求，其间历经高校意识形态话语权建设的科学内涵与战略要义、理论基础与知识借鉴、原则遵循与经验启示、本体建设、载体建设、主体建设，在综合立体的理论框架中展开逻辑分析。本书立足马克思主义学科，以辩证唯物主义和历史唯物主义为根本指导，同时借鉴哲学、政治学、社会学、文化学、语言学、传播学等学科的理论，并综合运用相关学科的研究方法，对高校意识形态话语权建设进行立体、多维的分析。本书更多的不是研究意识形态话语权的存在样态，而是着眼于高校意识形态话语权的维护、巩固和提升，即更多的不是关注意识形态话语权是什么的问题，而是着眼于意识形态话语权怎样建设的问题。本书旨在根据高校宣传思想工作、高校思想政治工作的实际，立足内部要素与结构维度，从本体论、载体论、主体论三个方面论析高校意识形态话语权的维护、巩固和提升，力图深入把握高校意识形态话语权建设的前沿性和规律性问题。

《新理性直觉主义作为道德形而上学的奠基》概要

陈 海[*]

伦理直觉主义是道德哲学研究领域常被讨论的话题。本书的第一部分首先是对伦理直觉主义历史和含义的考察。从历史上看，伦理直觉主义从起初的被广为接受（以拉斐·卡德沃思、萨缪尔·卡拉克、约翰·巴尔盖、理查德·普莱斯等人为代表），到之后一段时间的沉寂，再到20世纪初的兴盛（以亨利·西季威克、G. E. 摩尔、H. A. 普理查德、W. D. 罗斯、C. D. 布罗德、A. C. 尤因等人为代表），再到第二次世界大战后的又一次式微（代表人物是约翰·罗尔斯），最后到近十几年的强势回归（以罗伯特·奥迪、迈克·休默尔、斯蒂芬·斯蒂奇、提摩西·威廉姆森、沃尔特·辛诺特－阿姆斯特朗、乔纳森·海特、约书亚·格林等人为代表），其走势呈现出一个大写的英文字母W形。从含义上看，伦理直觉主义大致可以被分为认识论直觉主义和方法论直觉主义两类，认识论伦理直觉主义又可以分为认知主义路径（还可以细分为以"自明理论"为代表的"先天伦理直觉主义"，和以"知觉理论"为代表的"后天伦理直觉主义"）和非认知路径（以"情感理论"为代表）两种理论路径，方法论伦理直觉主义则大致可以分为内在方法论直觉主义（以"反

---

[*] 陈海，华东师范大学哲学博士，现就职于上海大学。

思平衡"为代表)、外在方法论直觉主义(以"常识道德"为代表)和综合方法论直觉主义(以"道德专家法"为代表)三类。在考察了伦理直觉主义的历史和含义的基础上,本书提出了"新理性直觉主义"这一概念,即一种将具有方法论意义的道德直觉视为道德基础的伦理理论,并认为我们通过对道德直觉的反思可以获得道德知识。该理论的优势在于:首先,新理性直觉主义继承了理性直觉主义的衣钵,承认人们可以通过理性反思理解道德属性以及道德规范,所以理性直觉主义不会成为新理性直觉主义的挑战者;其次,新理性直觉主义可以合理地解释"不同人具有不同的道德直觉"这一现象,因为新理性直觉主义在承认理性反思作用的同时,指出每个人(受到不同因素的影响或干扰)的反思能力和反思结果会有差异,倘若受制于有限的反思能力,人们就难以实现从反思的起点到得到结果(即某一道德直觉,因为道德直觉不仅仅是指道德直觉的内容,或曰对道德直觉的命题化理解,也指人们的道德直觉的形成过程)这一过程,因此人们的非理性因素就承担起了完成道德直觉的任务,而每个人的情感、偏好、欲望等非理性因素又是存在差异的,所以"不同人具有不同的道德直觉"是非常正常的现象;再次,由于同样的原因,我们也可以解释为什么同一个人在不同的时期,会有不同的道德直觉;最后,新理性直觉主义可以摆脱哲学家们以往对于道德直觉两极分化的态度:要么过分信赖原初直觉,最后走向道德特殊主义,要么像大多数理性主义哲学家那样,对道德直觉嗤之以鼻。新理性直觉主义不是简单的折中主义,新理性直觉主义理解的道德直觉是一种反思平衡的状态,而且新理性直觉主义认为反思平衡不仅仅可以在融贯论框架内进行解释,也可以与基础主义兼容。

因此,在本书的第二部分中,我们首先从道德直觉入手,讨论了作为一种心理事实的道德直觉,认为道德直觉作为一种心理事实确确实实是存在的,并且,我们可以在道德直觉和道德判断两者之间建立相应的联系。劳伦斯·柯尔伯格等人发展出了一套完善的"道德推理阶段"理论,但海特等人通过实验研究的方式表明,人们做出道德判断是一个"双系统"发挥作用的过程。其中，海特、格林等人认为我们在做出道德判断的时候，是一个"直觉系统"和"推理系统"双系统发挥作用的过程，而"情感驱动的直觉"在整个判断中起引导和决定作用。艾德尼坎·德德克认为在双系统发挥作用的过程中，"推理"起到更为重要的作用。然后，由于我们的"道德直觉"可以给出"情感因素主导"和"认知因素主导"两种解释，因此我们将从情感主义和认知主义两条路径为线索，展开对作为一种心理事实的道德直觉的解释。沿着情感主义解释路径，本书引入了安提·考皮宁的休谟式道德直觉理论和弗兰克·亨德里克斯的情感理性主义，来尝试对"道德直觉"进行情感主义的解释，前者认为"道德直觉就是由道德情感构成的，道德直觉就是道德情操的情感显现"，后者认为"道德直觉由情感和认知因素共同构成，可以为道德信念做辩护"。沿着认知主义解释路径，本书引入了"道德直觉中存在认知渗透现象""道德直觉和情感的认知化"和"道德直觉是一种推理"三种解释尝试。经过以上探讨，我们确认了我们的道德直觉是由认知因素和非认知因素共同构成的，并由此转入作为道德判断方法论的道德直觉的讨论。直觉是在我们遇到某一情境时才向我们"呈现"的，虽然这个呈现过程可以很快，但"快"依然意味着需要时间，只是所需要的时间很短，虽然直觉"呈现"或形成的这个过程很"快"，但这个过程依然包含了一系列复杂的信息处理。作为一种试图统一"道德直觉"和"直觉主义"的理论，新理性直觉主义对"道德直觉"进行方法论意义上的阐释，是最有可能实现从多元的道德直觉向直觉主义汇聚的构想。因此，最后，我们把道德直觉作为一种道德判断的方法来进行研究，通过给道德直觉和反思平衡建立联系，以及对持基础主义立场的反思平衡的论证，来表明具有方法论意义的道德直觉作为道德探究的基础。迈克尔·R. 德保罗就致力于将道德直觉和反思平衡结合起来思考的尝试，他认为反思平衡是道德哲学研究中非常普遍被采用的方式，并且反思平衡承认直觉在哲学研究中的主导性地位，在大多数哲学家展开反思平衡时，直觉是反思得以展开的起点。反思平衡是道德探究的最好或最有效的方法，也是最可能达到正当的道德信念的方法，但是，诚如杰夫·麦克马汉所言，反思平衡并不一定要只在融贯论的框架内进行解释，它与道德证明的一个基础主义的概念是相容的。

然而，从道德判断的方法论过渡到道德认识论的工作依然充满挑战。因此在本书的第三部分中，我们首先利用现象保守主义理论对具有方法论意义的道德直觉进行认识论解释。上一章提到的反思平衡，其特点在于，我们进行的反思是一个过程，且会有反思的结果，而这个反思的结果在一定时间内是处在一个平衡状态的，但这并不意味着这种状态是永远不变的，在新的证据进来之后，反思的过程会再次启动，并通过再次的反思达到一个新的平衡状态。而能够为这样的阶段性的平衡状态做辩护的认识论理论就是休默尔所倡导的"现象保守主义"，即"如果对 S 来说呈现了 P，那么在不能合理否定 P 的情况下，S 就拥有了相信 P 的辩护"。然后，我们通过认识论伦理直觉主义的标准论证来确定下一步需要展开的工作：论证我们具有非推论性的道德知识。我们尝试通过先天伦理直觉主义的辩护进路和后天伦理直觉主义的辩护进路来证成伦理直觉主义。为先天伦理直觉主义进行辩护的主要是罗伯特·奥迪，他是伦理直觉主义在当代最著名的捍卫者之一，他认为我们的某些道德知识是非推理性的先天知识，这种先天知识是基于某些自明性命题，而反思是达到这种知识的适当方式。在奥迪看来，由于人们的道德直觉是对自明性伦理命题的理解，那么这本身就已经为伦理直觉主义提供了充分的辩护。但是，"自明性概念难以解释""自明性与先天性关系错综""反思方式难以界定"等问题，都构成了对奥迪理论的巨大挑战。为后天伦理直觉主义进行辩护的主要来自道德知觉理论，后天伦理直觉主义者认为，我们的道德知识是知觉性的知识，它是通过我们的道德知觉所获得的，因此后天伦理直觉主义者试图通过回答"我们有道德知觉吗？""我们能通过道德知觉获得的道德知识吗？""道德知觉是非推论性的吗？"这三个问题来为自己做辩护。

但是反对者也提出了因果性反驳和表征性反驳，对道德知觉理论带来了巨大的辩护困难，加上"无基之谈"和"循环困境"的挑战，后天伦理直觉主义者想要继续捍卫自己的观点，那么就必须要提供更为让人信服的论证。所以，先天伦理直觉主义和后天伦理直觉主义的努力似乎都不怎么成功。因此，我们提出一种新的理解模式，即所谓非推论性的道德知识就是非推论性推理的、正常的道德信念。巴特·斯特拉莫将"推论性推理"和"非推论性推理"进行了区分，而布莱恩·博尔认为，"所谓知识，就是正常的信念"。我们通过进一步分析，认为我们有正常的道德信念，并且这些道德信念可以是非推论性的。通过为"非推论性的道德知识就是非推论性推理的、正常的道德信念"进行辩护，我们终于证成了伦理直觉主义。

那么我们的非推论性的道德知识究竟是什么？在第四部分中，我们从多元论直觉主义和一元论直觉主义分别入手进行分析和重构，来探究新理性直觉主义是如何为道德形而上学奠基的。多元论直觉主义包括罗斯的直觉主义和海特的道德基础理论，一元论直觉主义则包括胡克式的直觉主义、康德式的直觉主义、摩尔式的直觉主义等。罗斯直觉主义的核心内容是七类"显见义务"的划分：1. 忠诚，2. 补偿，3. 感激，4. 正义，5. 仁慈，6. 自我提高，7. 不伤害他人。奥迪重新梳理了罗斯的"显见义务"，并将原本的七条显见义务重构为了十条，分别是：1. 正义，2. 不伤害，3. 诚实，4. 守信，5. 仁慈/仁爱，6. 自我提高/自我完善，7. 补偿，8. 感激/感恩，9. 尊重，10. 保护和促进自由。与罗斯的立场非常相仿，海特提出了"道德的六大基础"（即关爱/伤害、公平/欺骗、忠诚/背叛、权威/颠覆、圣洁/堕落、自由/压迫六大基础）理论，他和他的团队通过大量研究不同文化和人群所具有的道德矩阵来找出最有可能成为普世认知模块的备选项。但是我们进一步通过对罗斯的显见义务、奥迪的义务、海特所谈及的相关美德、六大道德基础、施韦德三种伦理理论进行比照、分析和还原，会发现我们似乎只留下了一条义务，那就是：不伤害。但是，多元直觉主义真的能收敛为一元论直觉主义吗？胡克式的直觉主义试图通过为"显见义务"找到一种更为基础的原则来为罗斯式的多元主义进行辩护，在罗斯那里，七条显见义务本身就是七条"第一原则"，而在胡克这里，"第一原则"就是"福祉"。和胡克一样，奥迪也想将罗斯的显见义务进行系统化，但奥迪诉诸的是康德主义，他称之为"一种康德式的直觉主义"，核心教条有且仅有一条，即"要只按照你同时认为也能成为普遍规律的准则去行动"。摩尔式直觉主义又可以被称为"内在价值道义论"，它是一种"厚的道义论"，其中，将价值作为义务的基础的优势在于：价值要比义务或规范包含更多的内容，并且价值的类型远少于规则的数量，所以价值可以通过直觉获得，而规则不能，规则必须经过反思才能得到。

通过以上分析，我们有理由认为多元论直觉主义可以收敛为一元论直觉主义，也确认了道德形而上学的基石是"不伤害"原则。首先，从逻辑上看，"不伤害"原则可包含的内容范围非常之广，除了"伤害"意外的所有行为准则，都可以包含在内。也就是说，任何秉承了"不伤害原则"的行为或行动准则，在道德上，都是允许的。而道德的上允许的行为，包括应该得到赞许的道德行为和得不到赞许但也不需要被责备的行为（当然也包括了无关乎道德的行为）。其次，如果我们仔细考察我们所持有的义务，我们会发现，每一条义务确实都包含或隐含"不伤害"原则。无论是我们从小习得的，还是（随着理性能力的不断增强）推导出来的道德原则或义务，都含有"不伤害"意味。我们判定一个行为标准时，最基本的一条可能就是"不伤害"原则。再次，如果当我们在面临一个从未遇到过的道德情境时，假设我们没有应对这一情境的经验，但我们有不得不做出相应的道德判断时，我们会根据"不伤害"原则来"构造"一条（临时的或暂时的或首次出现但将来可能变成永久性的）具体的道德原则，来指导我们在陌生情境中做出道德选择或判断，这个想法由奥迪的"人性原则+内在价值"所引起，我称为"不伤害+"，即我们的每一条道德义务，都是在"不伤害"原则的基础上发展出来的。

最后，我们通过"爬山"的比喻，来说明我们的道德探究所应该具有的恰当形态。德里克·帕菲特说，道德探究就像爬山，大家都在爬山，只是从不同的方向开始爬，走过的路也不一样，但都是在爬同一座山，最后都会在山顶碰头。而实际上，道德探究就像爬山，我们从不同的方向爬同一座山，但我们所探寻的道德真理可能不在这座山上，而在对面，我们在这座山上爬啊爬，由于出发地点不同，攀登的时间也不同，每当我们爬一段路，我们就能看到对面山上不一样的风景，而当我们都爬到了山顶就能看到对面山上差不多的景色了，而此时看到的景色也是最清晰、最完整的。而新理性直觉主义或许是一种理想的尝试。

《论魏斯曼对"中期"维特根斯坦语言哲学的阐释与发展》概要

徐 强[*]

本书旨在为魏斯曼在分析哲学史中所具有的重要性辩护：魏斯曼对理解维也纳小组的发展历史，重新理解小组成员与维特根斯坦在20世纪30年代哲学对话与争论中的具体立场有重要帮助；魏斯曼对"中期"维特根斯坦阐释的文本为当前阐释者有关"中期"维特根斯坦语言哲学具体发展和演变的理解与研究，提供了新视角和新内容。本书有三条主线："中期"维特根斯坦哲学延续性的论证是重估魏斯曼哲学重要性的理论背景；对维特根斯坦、魏斯曼和维也纳小组成员在20世纪30年代互动的历史考察是重估魏斯曼哲学重要性的哲学史背景；魏斯曼对"中期"维特根斯坦哲学的具体阐释与发展是魏斯曼哲学重要性的具体体现。

本书分为六部分：第一部分是绪论。笔者分别论述本研究问题、现状、方法和创新处，这是整个研究的大背景。研究主体从第二部分开始，直到第五部分结束。在第二部分中，本书把《逻辑哲学论》和《哲学研究》当作维特根斯坦哲学两个端点，并且指出这两个端点之间存在许多鸿沟。接着笔者论证"中期"维特根斯坦哲学的重要性。为了论证这点，笔者引入维特根斯坦哲学"延续性"理念及

---

[*] 徐强，武汉大学哲学博士，现就职于重庆邮电大学。

其不同论证途径。正是在维特根斯坦哲学延续性的论证以及"中期"维特根斯坦哲学重要性的双重背景下，魏斯曼研究的重要性才得以彰显。在第三部分中，本书反思了维特根斯坦和魏斯曼的哲学互动历史，包括维特根斯坦和维也纳小组成员的对话与争论。接着，本书过渡到维特根斯坦与魏斯曼的哲学互动。为了让读者意识到魏斯曼的重要性，本书将对魏斯曼在分析哲学史研究中所遭受的忽视与低估进行反驳。在完成了魏斯曼、维也纳小组和维特根斯坦历史互动及争论的考察以后，笔者开始第四部分——魏斯曼对"中期"维特根斯坦语言哲学的阐释。笔者重点关注魏斯曼对"中期"维特根斯坦三个观念的阐释："假设和证实""实指定义"以及元哲学。第五部分考察了魏斯曼对"中期"维特根斯坦哲学的发展。第六部分是本书的回应和总结。具体而言，每章主要内容可归纳如下：

　　第一章是导言。笔者指出，有关维特根斯坦和魏斯曼哲学互动研究应考虑到三个主体：维特根斯坦研究、维也纳小组研究、魏斯曼研究。当前从延续性视角考察维特根斯坦哲学是项艰巨而又具有重要意义的工程。正是在延续性视角中，"中期"维特根斯坦哲学重要性得到凸显，其中的重要方面就是维特根斯坦与维也纳小组成员的互动；从维也纳小组来说，对逻辑经验主义源头的回归和"个体式"研究视角的转变为魏斯曼研究提供了论据和视角。

　　第二章主要为魏斯曼对"中期"维特根斯坦哲学阐释和发展研究工作所具有的重要性辩护。本章论点包括：阐释者所认为的维特根斯坦前后哲学存在本质变化的理解是值得怀疑的；当前存在着"数维特根斯坦游戏"现象，其背后的论点就是对维特根斯坦哲学的二分理解。本章采取了如下策略来具体反驳：首先将维特根斯坦前后哲学当作两个端点，然后基于两个端点具体哲学观点的理解和争论，指出二分式理解存在的诸多张力。这体现在有关《逻辑哲学论》的"正统式"解读和"果决式"解读、对《哲学研究》的"正统"解读和"治疗型"解读。本书把"果决式"和"治疗型"解读作为研究视角，因为它们强调维特根斯坦哲学整体性及其哲学发展的延续性。基于上述视角，本书提出维特根斯坦哲学发展的延续性理念。接着，本书从不同视角来论证上述视角的合理性；最后，本书提出在维特根斯坦哲学发展延续性视角下，考察"中期"维特根斯坦哲学所具有的重要性。"中期"维特根斯坦哲学包括三方面，本书所关注的是学界一直所忽视的方面：维特根斯坦与维也纳小组的哲学互动。正是从上述思路中，本书指出魏斯曼哲学研究的重要性体现在：研究魏斯曼的哲学能够为"中期"维特根斯坦哲学延续性理念的构建提供重要支撑。

第三章集中在对维特根斯坦和维也纳小组哲学互动的历史反思，目的在于为考察魏斯曼对"中期"维特根斯坦哲学阐释与发展扫清障碍。维特根斯坦和小组互动历史存在许多历史遗留问题。要解答上述问题，必须重新考察双方互动。本章从宏观和微观视角着手：既考虑到了双方互动不同场合和主题，也考虑到了具体文本。本章还考察了维也纳小组"左""右"两翼的矛盾与分野：两翼对维特根斯坦哲学存在不同理解。正是因为上述原因，才导致两翼成员有关维特根斯坦哲学观点存在争论以及小组与维特根斯坦存在哲学争论。最后，本章从双方争论中挖掘出魏斯曼哲学重要性被低估的诸多缘由。

第四章以魏斯曼和"中期"维特根斯坦遗作为研究对象，从具体哲学观点和元哲学视角论述了魏斯曼的具体阐释工作。首先，本章考察了"中期"维特根斯坦曾存在的短暂"证实主义时期"。基于魏斯曼和维特根斯坦有关文本，本章描绘了"证实"观点的两个面向；其次，本章考察了"中期"维特根斯坦的语义学思想，这主要是通过"实指定义"来体现的。在"实指定义"的思考中，维特根斯坦不仅反驳了《逻辑哲学论》中的"逻辑图像论"，同时也反驳了心理主义语义理论。此外，维特根斯坦还提出了以使用为主要视角的观点，这是《哲学研究》中意义在于使用观点的前兆。本章考察了魏斯曼所呈现的"中期"维特根斯坦语义观点的另一面向；最后，本章考察了"中期"维特根斯坦有关哲学本质的思考，包括维特根斯坦的观点和魏斯曼的有关阐释,这体现了"中期"维特根斯坦元哲学的两个面向。总之,本章从三个角度研究了"中期"维特根斯坦语言哲学:证实、语义观点、元哲学观点。此外,本书还考虑到了魏斯曼的阐释和维特根斯坦观点所存在的差异,有关主题对维特根斯坦哲学延续性重构工作所具有的关联和价值。

第五章基于"后期"魏斯曼哲学文本,考察了魏斯曼对"中期"维特根斯坦语言哲学的发展。具体来说,"后期"魏斯曼对"中期"维特根斯坦哲学的发展体现在具体哲学观点以及元哲学。魏斯曼对"中期"维特根斯坦具体哲学的发展体现在"语言层次"观念。经考证,"语言层次"观念具体内容的确受到了"中期"维特根斯坦语言哲学的启示。魏斯曼对"中期"维特根斯坦元哲学的发展体现在魏斯曼的批判和超越方面。在批判方面,魏斯曼认为语言分析作为哲学方法具有积极和消极方面。以语言分析为工具的分析哲学对哲学研究具有两个重要影响:积极方面在于让哲学家对所讨论哲学问题的语言意义获得更深刻的理解;消极方面在于哲学问题的消解;在超越方面,魏斯曼不仅批判了"中期"维特根斯坦的元哲学观点,也批判了逻辑经验主义主要哲学观点。后期魏斯曼强调了哲学研究的视野和洞见,有返回传统哲学的倾向:他强调了哲学问题的重要性。

第六章是本书总结,笔者根据研究,回应了四个研究热点:

第一,学界对"中期"维特根斯坦"治疗型"元哲学存在两种解读:哈克的"正统"阐释以及贝克的"精神分析式"解释。双方争论在两方面:"治疗型"哲学方法跟精神分析的关系以及魏斯曼在理解"中期"维氏哲学中的重要性。在有关论述中,魏斯曼哲学的重要性在两种阐释中始终得不到完满展现:他在"正统"阐释者那里遭到怀疑,在"精神分析式"读者那里被"滥用"。基于对《大打字稿》和"我们的方法"的考察,本书提出:"治疗型"哲学理念的形成或许应归咎于阐释者,维特根斯坦和魏斯曼文本内容对此并不具有决定性;"治疗型"哲学至多跟精神分析"形似",绝非

"神似"。

第二,"中期"维特根斯坦哲学延续性理念通过维特根斯坦文本和魏斯曼的阐释得到了建构。通过对《大打字稿》的考察,本书对维特根斯坦从《逻辑哲学论》到《哲学研究》元哲学观点的延续性进行了重构:"中期"维特根斯坦仍坚持认为,哲学问题源于哲学家对构成哲学问题的日常语言的混淆和误解。这同时表明维特根斯坦整个哲学生涯都坚持认为哲学问题源于哲学家对语言的误解和误用;维特根斯坦在《逻辑哲学论》时期非常激烈地指出哲学研究就是对日常语言的批判。在《大打字稿》中,维特根斯坦形成了带有精神分析特质的语言分析方法:语言分析作为"治疗型"哲学核心方法。在《哲学研究》中,维特根斯坦从心理分析意味的语言分析方法,逐渐转变到了以对日常语言用法为焦点的语法研究;维特根斯坦有关哲学本质的视角同样具有延续性:《逻辑哲学论》时期的维特根斯坦坚持认为哲学研究就是对语言的批判,他的目的就是要对"可说"和"不可说"划界。维特根斯坦所使用的方法是逻辑分析方法。逻辑分析方法核心就是解释视角;在《大打字稿》中维特根斯坦反复强调哲学研究视角转变所具有的重要性:我们要从解释到描述视角转变;在《哲学研究》中维特根斯坦逐渐丰富和完善了他的描述型视角和方法:描述在于对语言的不同使用、对不同语言游戏的考察。描述型视角目的在于对哲学问题获得综览视角,同时它关注语言游戏的多样性。对语言游戏多样性的考察属于语法考察范畴。

第三,魏斯曼哲学重要性体现在"中期"维特根斯坦哲学延续性的论证中。与维特根斯坦在《大打字稿》中有关元哲学的讨论相比,魏斯曼的有关阐释更清晰、更富有条理性和可读性,这点在他们有关"假设"和"证实"以及"实指定义"的讨论和阐释的对比中体现得相对明显。为了阐释维特根斯坦在《大打字稿》中的元哲学,魏斯曼用了多种方法:例证法、从哲学史上找出有关哲学家的观点来作为论据,例如阿基里斯与龟赛跑、类的悖论等等;魏斯曼对"中期"维特根斯坦元哲学的阐释分三步。在第一步"我们的方法"中，魏斯曼总结了"中期"维特根斯坦三条元哲学观点：我们应对语言模糊性现象有客观认识；哲学研究需要视野转变：从讨论游戏规则的具体标准转为对语言游戏概念的讨论；要关注语言具体使用的多样性以此获得对语法图像的综览。在第二步《语言分析哲学原理》中，魏斯曼总结出"中期"维特根斯坦元哲学观点：首先应该转变视角，关注哲学问题本身；哲学问题是哲学家陷入语言陷阱的后果；通过分析可以摆脱语言陷阱；哲学家所产生理智的不安是由于思想的混淆；因此，哲学研究在于通过语言分析方法来澄清哲学问题；哲学研究目的在于对哲学问题、表达哲学问题语词明晰性的追求。第三步是魏斯曼基于他对"中期"维特根斯坦元哲学的理解之上做出的个人发展；魏斯曼的阐释工作还能够帮助消除目前有关维特根斯坦元哲学观点的争论。"中期"维特根斯坦元哲学观点被很多阐释者认为是"治疗型"哲学，它跟弗洛伊德精神分析非常接近，甚至相同。从维特根斯坦的文本中，我们很难把他和弗洛伊德的方法严格区分："中期"维特根斯坦的治疗型分析方法不是弗洛伊德的精神分析方法，它们二者之间虽然存在很多类似。但从魏斯曼的阐释中，我们可以发现魏斯曼并没有把精神分析和"治疗型"哲学联系起来。魏斯曼在他的阐释中没有讨论过弗洛伊德和精神分析。

最后，魏斯曼后期元哲学观点不仅是对"中期"维特根斯坦元哲学观点的继承与发展、对逻辑经验主义的批判，同时也是对20世纪50年代分析哲学的系统反思与超越。后期魏斯曼继承了"中期"维特根斯坦有关"哲学不安"和"综览"的观点。后期魏斯曼仍认为通过语言分析方法可以让哲学家对某哲学问题获得"综览"，"综览"视角能消除"哲学不安"。后期魏斯曼继承了"中期"维特根斯坦有关哲学研究从解释到描述视角转变的元哲学观点。后期魏斯曼元哲学同样继承了维特根斯坦描述型哲学视角，这在后期魏斯曼元哲学中的具体体现就是魏斯曼对语言分析方法的坚守。

后期魏斯曼对维特根斯坦元哲学的发展体现在对其的批判和超

越方面。首先，后期魏斯曼并不完全支持维特根斯坦所谓哲学问题是消解的而不是被解决的元哲学观点。魏斯曼认为哲学问题在哲学研究中具有重要意义，并不是每个哲学家都能够提出真正的哲学问题。哲学问题的提出代表了哲学家看待事物的新视野和洞察。后期魏斯曼基本否定了维特根斯坦的哲学消解观；后期魏斯曼并不完全赞同维特根斯坦所谓语词的意义在于具体使用的观点。语言能够影响思维，但是语言也屈从于人类意志。其次，后期魏斯曼对维特根斯坦元哲学观点的超越体现在，后期魏斯曼认为哲学研究核心在于哲学视野的获得，看到新方面。后期魏斯曼哲学"视野"以及"洞见"的观念从某种角度来说是对维特根斯坦提出的哲学视角的"转变"和"综览"理念的超越；语言分析方法目的在于消除哲学不安，转变哲学家的视角。后期魏斯曼反复强调哲学精髓在于自由。哲学的精髓在于自由就是百花齐放；后期魏斯曼认为语言分析方法不只是对明晰性的追求。概念的明晰性是分析哲学的基本要求而不是终极目标。哲学研究的终极目标是哲学视野。

《干涉主义框架下的心灵因果性问题》概要

董 心[*]

本书的讨论背景是要为非还原的物理主义立场进行辩护。该立场既遵循物理主义的基本原则（如因果封闭性原则和随附性），又试图维护心灵属性不可还原的本体论地位。然而，该立场虽然在直觉上很吸引人，但自出现以来便受到很多质疑，主要困境在于，如果坚持物理主义的前提，即心灵属性随附于物理属性，那么如何从本体论角度来证明心灵属性的不可还原性。

非还原物理主义提出了多重可实现原则，即，心灵属性是由物理属性多重实现而来的，因而，无法将心灵属性还原为物理属性。而还原的物理主义则试图证明即便心灵属性是多重可实现的，我们依然能将每一个心灵属性的例示还原为它的实现基础。双方在这个问题上的争论始终没有明确的结论，非还原的物理主义略占上风。鉴于此，还原的物理主义学者们转而想要从因果层面入手，说明心灵因果性可以被还原为物理因果性，从而间接说明心灵属性的可还原性。之所以可以达成此间接论证，是因为亚历山大曾提出著名的论点"存在便是具有因果力"。针对这一转向，非还原的物理主义学者们也开始转而维护心灵因果性的不可还原性，即心灵属性具有独

---

[*] 董心，北京大学哲学博士，现就职于中央民族大学。

特的、专属于自身的因果作用力，不可被物理属性的因果作用力所替代。

在这一背景下，还原的物理主义者金在权于1998年提出了著名的排斥论证。该论证声称，非还原的物理主义立场无法同时维护心灵的不可还原性和心灵因果性。这是由于在非还原的物理主义秉持的五个原则——随附性、因果封闭性、心灵因果性、不可还原性和非过决定原则中，存在理论不兼容的问题。如果非还原的物理主义想要保持理论的融贯，就必须舍弃其中一个原则。金在权的结论是，非还原的物理主义者要么倒向还原论（放弃不可还原性），要么倒向副现象论（放弃心灵因果性，即心灵属性不存在因果力）。

排斥论证给非还原的物理主义造成了极大的冲击和理论困难，其影响至今依旧巨大。因此，本书的主要论证也以排斥论证为挑战目标，试图为非还原的物理主义提供一个更为合理的解释空间。为了反驳该论证，非还原的物理主义者一方面反击金在权的论证本身，例如本书在第二章中详细论述的有关非过决定状况的讨论。通过这一讨论，我们可以看出金在权所提到的五个前提并非先天具有不兼容性，因为过决定状况在心灵因果性问题上有其特殊的、不同于一般过决定状况的地方。虽然本书涉及的兼容主义存在很多问题，但其思想和其指明的研究方向仍然能给我们带来很多启发和帮助。

另一方面，非还原的物理主义者努力寻找适当的因果理论，用以直接证明心灵属性具有不同于物理属性的因果作用力，且心灵因果不能还原为物理因果。这一部分是本书的重点之一，因为要想用因果理论来分析和讨论心灵因果性问题，我们首先要确保的是，我们所依赖的因果理论本身是相对完善的，不存在太多理论困境，能解决当下众多因果难题。

为了更好地解释本书为何要选用干涉主义因果论作为讨论心灵因果性的工具，笔者在本部分着重梳理了因果理论发展过程中的几个重要的派别，如以休谟为代表的律则主义、个体主义因果论和反事实因果理论。笔者主要剖析了以上派别所产生的原因和其背后蕴含的因果观，并详细说明这些派别的缺陷何在。这一点将为后文中，笔者对干涉主义因果论和这些派别的因果论做出比较，打下坚实的基础。

沿着当下的学术脉络，本书也从这两方面对排斥论证进行了反驳。一方面，笔者提出，如果我们对过决定状况加以分析和厘清就会发现，过决定状况实际上可以分为两种情况——包含充分必要原因的过决定状况和包含充分必要原因及充分非必要原因的过决定状况。其中，我们并不会不接受后者的普遍化存在，因而，排斥论证并不成立。鉴于此，心灵属性不可还原的因果性并不会先天地被物理属性所排斥，我们依旧可以为不可还原的心灵因果性寻求合理的解释。

另一方面，笔者选用了干涉主义因果论作为理论工具，尝试用该理论为心灵因果性的合理性进行辩护。这一部分也是本书的重中之重。笔者的论证思路是首先重构干涉主义因果论，阐明它的理论特点和理论优势。其次是将该理论和前文展示的诸多理论派别进行对比，进一步说明为何该理论适合被用以讨论心灵因果性问题。其次，笔者想要根据身心关系的特殊性，澄清我们在使用干涉主义因果论的过程中所需注意的问题以及该理论在解决心灵因果性中的局限之处。最后，笔者将运用干涉主义因果论对心物因果框架做出解释，并以此为不可还原的心灵因果性进行辩护，从而维护非还原的物理主义。

干涉主义因果理论是当下最热门、最前沿的因果理论之一，于2003年被詹姆士·伍德沃德系统全面地提出。该因果论源自操控主义因果论和行动者因果论，但是克服了这两个理论所面临的质疑。因而，该理论虽然仍是一个还原的因果理论，但却避免了循环论证和人类中心主义的问题。除此之外，干涉主义因果理论还很好地处理了四种典型的因果难题——过决定状况、前抢占状况、后抢占状况和胜出状况，为这些状况提供符合我们直觉的因果解释。这些都是其他派别所不具备的优势。

另外，笔者还将干涉主义因果论和此前提到的律则主义、个体主义、对比主义和反事实因果论进行了简要的对比，试图通过对比来进一步说明该因果论在因果观上和上述因果论相承接的地方，也通过对比来展示该因果论在何处可以弥补上述因果论的不足。例如，在律则主义中，学者们很容易面临以下责难，为什么归纳而来的恒常连结可以确保我们区分因果关系和偶然相连的事件，换句话说，因果关系中的必然性是如何被我们获知的。干涉主义因果论并不需要恒常连结作为因果判断的先决条件或判断依据，而是通过干涉手段来确保所考察的关系项之间的因果关联。

再例如，个体主义因果论认为因果关系是可观察的，或者说，我们通过各种观察到的事件变化之间的关系得出了因果结论。当然，这一点为该理论带来了很多质疑。而干涉主义因果论恰恰明确指出，因果关系绝不来自于观察数据。仅仅依赖于观察，我们恐怕至多找到一些相关关系，这些关系也可以用于预测，但并不是我们寻求的因果关系。而干涉主义因果论之所以能为我们提供可靠的因果判断，正是因为它使用了主动的干涉的方式，而非被动的观察的方式。

具体说来，干涉主义因果理论具有两个主要部分。一是，通过干涉变量定义因果关系，即，判定 X 是 Y 的原因当且仅当我们可以通过干涉 X 的数值，从而使 Y 的数值发生改变。该部分的理论重点在于，当我们引入干涉变量时，必须将所有可能造成误判的变量固定住，进而防止"混淆者"对因果判断进行干扰。如果不这样做，我们便有可能将虚假的原因误判成真实的原因。

在前文阐述其他派别的因果理论时，我们往往会提到一个质疑，那便是，该理论是否可以区分因果关系和相关关系，尤其是能否鉴别出来自于共同原因的相关结果之间的虚假的因果关系。干涉主义因果论便很好地解决了这个问题，在它的定义中，共同原因便是上文所说的"混淆者"，而通过对"混淆者"的固定，我们便可以排除共同原因所造成的因果错判。

二是，用不变性概念将因果性诠释为程度概念，这一诠释不同于传统的对因果概念的解释，后者认为因果关系必须具有普遍性、必然性以及反事实性。但是，最重要的是，在传统的定义方式下，因果判断是二值的，有或者没有。这种判断方式容易将特殊科学中的很多科学规律排除在因果关系之外，不利于维护此类规律的合理性和科学性。因而，对因果概念的全新理解可以帮助我们更好地解读和研究特殊科学（尤其是心灵哲学）中的因果关系，进而做出多值判断，即对因果关系的强弱进行区分。

在这里，不变性分为两个层次。一是指概括中所涉及的变量本身的取值发生变化时（受到干涉），概括所展示的变量间关系依然成立。也就是说，当考察 X 和 Y 的因果关系时，两个变量发生共同变化的取值范围有多广。二是指除概括中所涉及的变量之外的变量发生变化时，概括所展示的变量间关系依然成立。换句话说，我们还要对 X 和 Y 所处的背景进行考察，看看当背景发生变化时，原先的 X 和 Y 的共同变化是否依然成立。当两个层次的不变性范围越广时，说明所考察的因果关系越强，反之亦然。

由于干涉主义因果理论本身具有上述种种优势，很多非还原的物理主义者都试图通过该理论为不可还原的心灵因果性做出辩护。笔者在本书中首先对心灵因果性做了区分——"心—心"因果和"心—物"因果，并运用干涉主义因果理论对两种心灵因果关系分别进行了厘清。

笔者首先应用干涉主义因果论第一部分的理论资源考察"心—心"因果性，论证出对于心灵结果而言，心灵属性相比于物理属性是更加恰当的原因。换句话说，"心—心"因果关系强于物—心因果关系，前者具有更广泛的普遍性，不可还原为后者。另外，笔者还试图澄清，"心—心"因果的不可还原性足以说明心灵属性具有独特的、不同于物理属性的因果作用力，继而也足以为非还原的物理主义进行辩护。或许有很多学者并不赞成这一观点，但是，笔者认为，论证负担在反对者那一方，即，为何"心—心"因果不足以维护非还原的物理主义。

接下来，在讨论"心—物"因果关系时，如果仅仅借助第一部分的理论资源，我们则会发现，干涉变量的定义与心物随附原则无法兼容。即，因果理论要求在干涉心灵变量的过程中要固定住物理变量，但根据随附性原则，心灵变量的变化必然伴随物理变量的变化，因而造成了理论冲突。经过笔者的论证，我们无法排除物理变量作为"混淆者"的可能性，因而，对其进行固定的要求是不容调整的。这就说明，干涉主义因果理论的第一部分的理论资源不适合被用来讨论"心—物"因果，我们应该集中尝试用第二部分的理论资源（不变性）加以讨论。

在这里值得澄清的是，笔者并不认为上述的理论冲突或不兼容性可以推导出心灵因果性再次被物理因果性所排斥，笔者想要说明的只是我们在使用第一部分的理论资源探讨"心—物"因果时要格外谨慎。如果我们可以找到相应的办法解决这种理论冲突，自然可以继续使用这一部分的理论资源，到了那时，我们才可以再次对"心—物"因果进行恰当的因果判断。至于结论为何，有待考察。

在使用第二部分的理论资源时，笔者发现，当运用不变性对"心—物"因果进行讨论时，依据不同的变量集和因果模型会得出不同的结果。笔者试图指出，想要为"心—物"因果进行辩护的学者们所采用的因果模型实际上在讨论与"心—心"因果相似的因果关系，因此，其结论不能用以维护代表下向因果的"心—物"因果。继而，学者们也不能用这种模型反对金在权的排斥论证。相比之下，论证"心—物"因果不如物—物因果恰当的学者们所采用的因果模型更具合理性，其结论也更具说服力和有效性。鉴于此，笔者倾向认为，和物—物因果关系相比，"心—物"因果关系更弱，具有更窄的不变性范围。

综合上述对"心—心"因果和"心—物"因果评判的结果，笔者在本书中构架出平行主义的心灵因果性框架。在此框架内，对于心灵结果而言，心灵原因是更加恰当的；对于物理结果而言，物理原因则是更加恰当的。笔者简要展示了这种因果层级的合理之处，并着重说明这一心灵因果性框架对于维护非还原物理主义立场的有力之处。

在过去的非还原物理主义讨论中，学者们往往会认为心灵属性对外在的物理世界的因果作用才是值得辩护的关键之处。如果仅仅辩护"心—心"因果，并不足以支撑非还原的物理主义。因而，笔者构建出的平行主义架构并不能真正地辩护非还原的物理主义立场。而笔者想要澄清的是，在干涉主义因果理论的讨论框架之中，心灵属性依然从某种程度上对外在物理世界产生因果作用，只不过这种"心—物"的因果关系不如物—物的因果关系稳固和恰当。换句话说，平行主义的心灵因果性框架并没有否认心灵属性对于物理属性的因果作用力，只是说明这种因果效用并非不可被替代。相比之下，心灵属性对心灵属性的因果效用可以更加有力地证明其因果力的不可还原性。

鉴于非还原的物理主义想要讨论的焦点在于心灵因果性的存在以及非还原性问题，权衡来看，平行主义的心灵因果框架足以为非还原的物理主义辩护，因为它维护了"心—心"因果的存在和非还原性，同时维护了"心—物"因果的存在性，仅仅取消了它的非还原性。在目前有关心灵因果性问题的框架中，笔者认为，平行主义方案是更加合理的。

《身体与世界的共构：胡塞尔〈观念2〉中的身体问题》概要

王 继[*]

关于胡塞尔现象学，学界研究较多的是其静态现象学与发生现象学两个维度，但能在这两个理论维度间发挥纽带作用的身体问题，却较少得到关注。这导致围绕其现象学产生了不少偏见与纷争，比如认为其思想中存在着静态与发生、本质与历史分裂的痕迹。笔者认为，由于身体同时包含物质侧与心灵侧，是经验与观念交汇发生的场所，因此如何看待身体问题是解决所有论争的关键。

首先我们将在胡塞尔现象学视角下，对笛卡尔、洛克、贝克莱、休谟等近代哲学家的身体观进行批判性讨论，进而引出胡塞尔现象学中身体与纯粹意识的关系。对近代认识论中身体思想的探讨一方面将显示出被胡塞尔所借鉴的一些原初思想资源，另一方面将表明如何看待身体是解决经验论与唯理论纷争的关键。胡塞尔首先通过现象学还原，悬置了包括身体在内的一切预设，但身体又隐含在原初体验中，这尤其体现在"亲身被给予""侧显"这些与直观相关的基本概念上。当他通过原初体验来描述区域构成时，身体才显现出来。这时的身体已不能被理解为某个现存于世界内的经验性身体，而是与世界一同显现之物。本书的基本结构就是，以身体构成为立

---

[*] 王继，复旦大学哲学博士，现就职于湖南大学。

足点,沿着胡塞尔《观念2》的区域构成线索,并联系其他相关文本,回到原初体验,逐层回溯来展示身体与世界的共构共生关系。大体说来便是,从原初的身体性知觉出发,由低阶到高阶依次描述物体、心灵、精神诸区域的本质是如何构成的。这些区域既是身体本身的构成层次,又是世界的显现结构。

第一,在对身体与物区域的构成性关系的探讨中,一方面将显示出动感不仅是空间得以构成的基本感觉要素,而且是我们拥有同一与差异感的基础条件。而同一与差异感对于构成自我意识,身体意识及他人意识都是关键的。另一方面将表明触觉—动感是因果关系得以显现的基础,因为原初的阻力关系通过触觉被给予。在物构成中,身体开始展露出一种双重特征:它是实在而非虚构的,因为它是物质躯体。但它又不只是物体,因为我不能离开身体来直观它本身。这显示出它是我的身体,是使彼处对象得以显现的绝对此处。

第二,由身体的双重特征进入感觉性身体层面,并对身心原初交织关系进行阐述。一方面将阐明触觉场是元感觉场,它使感觉性身体及其他类感官感觉的显现得以可能。触觉对于身体的有机整体性及身体作为意志器官的构成是关键的。另一方面将表明心灵通过感觉性身体被原初给予,它与身体是不可分的。而且心灵不能被定位于大脑,它渗透于身体各部位,这样才能恰当地说身体被心灵激活,它是我的身体。身体与心灵原初交织为一个整体的我,而动感伴随着所有其他类型的感觉显示出了原初的"我能"。与此同时,我们将讨论自然主义的身心观,以及胡塞尔基于原初体验对它的批评。

最后,从对自然主义的批评转入人格主义态度,这里将主要讨论具身个人的动机化法则,身体与他人的原初显现,身体与表达等,并在最后展示出生存论身体的目的论。在此笔者将从动感引出具身个人动机化的生存行为,并对胡塞尔的交互主体性进路做一个重新阐发,即原真自我是为了阐述他人显现的抽象逻辑起点,是前意向性的,原真自我的触摸和行走动感为对他人的类比化统觉提供了基础,而他人作为首位超越才使意向性被引发,因此交互主体性是自我意识的内在结构。从生存论来看，主体共同体的生存活动是原初的，同一与差异、主体与客体、身体与心灵等所有意向性主题的区分，都与共同体生存活动中所形成的自我—类意识原初相关。从共同体的生存活动来看，身体行为是进行交互理解的原初表达，语言文字、宗教、法律等社会文化是基于身体行为的高阶表达形态。不过个人身体行为容易被习惯和社会规范牵着走，丧失自我表达的精神，从而僵化和堕落。为了避免如此，我们将通过身体视域来说明身体行为原初所具有的创生性维度。最后将表明纯粹意识的理念是共同体生活世界的终极目的。换句话说，回到原初体验后纯粹意识与具身个人将显示为彼此不可分的关系，正如海德格尔的存在与此在共属一体。

总之，以物质实在之构成为基础的现象学描述是抽象隔离的方法。但在自然主义看来，物质实在是不依赖于主观体验的最终基础，并且心灵、精神活动被逆向还原为基于物质实在的附属现象。因此对身体与世界构成关系的逐层回溯，伴随着对自然主义身心观的分析与批判。从物质实在层层递进至精神领域，是依据原初体验的必然进程，它伴随着对身体更高层次的理解，即由物质性身体、心灵性身体进展到人格化身体，并由此显示出人格主义态度包纳并超越了自然主义态度。其中触觉—动感是贯穿本书的一条线索，是从自然因果律到动机化法则，从认识论身体到生存论身体，从自我到他人显现的纽带。最终整个生活世界都显示为纯粹意识具身化的表达，或者说共同体的实践活动构成了以纯意识自身为目的的历史性生命。即纯粹意识才是绝对主体，但有限的具身主体并不是需要被克服的因素，因为纯粹意识不单具有静态结构，而且是生生不息的存在，体现为人格共同体的生存过程。因此具身主体与纯粹意识是一而二、二而一的关系。

《柏拉图论正义与幸福——〈理想国〉第一卷研究》概要

张波波[*]

我们应当如何生活，如何做人？生命中最重要的是什么？对自己的好与对他人的好是否必然相冲突？正义与不义哪一种生活方式更好？这些是作为柏拉图《理想国》序曲的第一卷提出的根本性问题，它们导出了《理想国》整篇对话的核心主题，即正义的本性及其与幸福的实现密切相关。

虽为序曲，《理想国》第一卷也素来被认为是一篇十分具有"苏格拉底式对话"风格的相对独立的对话，其主要议题是围绕伦理学、政治学、政治哲学乃至自然哲学中至关重要的"正义"这一基本范畴而展开。本书主要从伦理学角度研究《理想国》。研究柏拉图的伦理理论有许多种途径，而从文本研读出发的研究进路是学术界通用的一种做法，也是本书所采取的。为了使本书更为扎实细致，笔者选择以《理想国》第一卷为主要讨论文本。该卷长期以来一直受到学术界的普遍关注，无论其表达形式，还是里面包含的各种思想内容和观点都引发了各种解读和争论。笔者希望能在透彻研读原文和各种学术解读的基础上，对这一卷做出较为深入系统的探讨，并进而以点带面，对柏拉图伦理理论的整体特质提出较为新颖的见

---

[*] 张波波，浙江大学哲学博士，现就职于浙江财经大学。

解。笔者的研究重点将放在考察柏拉图在面对正义与世人所认定的各种"好"之间发生冲突时，是如何维护正义的价值，如何论证一个人因其正义而受益而非受损的问题上。总之，客观地分析柏拉图对于正义与自我利益（或幸福）的本质统一性的论证的展开方式和存在的各种问题，是本书研究的重中之重。

为此，本书主要从三个方面展开讨论：

第一章主要处理第一卷开场白中人物个性化描写和其他戏剧元素在正义研究的序幕中的作用。通过为《理想国》第一卷勾画"人物谱"，从哲学上剖析对话人物的身份背景、对话时间、地点、事件起因及其寓意，尤其揭示作为主讲人的苏格拉底之"下"、之"留"的原因以及这一事件对于《理想国》中探究正义之旅的重要意义，同时分析这些场景布设在思想的具化和铺陈上的功能。

第二章分别以苏格拉底的三个独特对话者为线索，逐层展开各方的正义观的论证中的逻辑思路及蕴含的各种问题。

首先是老辈商人克法洛斯的正义观。关于如何定位克法洛斯这个人物形象、如何评价他的品性、言论、象征意义以及柏拉图对他的态度等问题，学术界有很大争议。有别于以往不少研究在这些问题上形成的一边倒立场，该小节通过对《理想国》开场白中的各种戏剧元素和哲学主题进行剖析、对比和整合，试图说明主要基于经验和诗性文化而形成的传统习俗容易被苏格拉底式的探究方法（如辩驳法）所动摇甚至瓦解：正义不可被还原为某种日常道德规则。进而，笔者将论证，"讲真话、偿还欠债"这一原则并非是对克法洛斯正义观的准确概括。再者，苏格拉底并没有全盘否定该原则的合理性，更没有对集中体现在克法洛斯身上的那种基于商业交易原则而形成的价值观、认知方式、行为模式、风俗习惯及审美情趣持完全否定的态度，而只是对其正义观中包含的"讲真话"元素提出质疑。克法洛斯的主要问题在于仅仅停留在日常层面上肯定正义的工具性价值，而否认或不考虑它的内在价值，这是缺少反思知识而全然接纳习俗道德观念的人头脑中形成的一种固定的思维模式。

其次是新生代玻勒马霍斯的正义观。他的正义观在第一卷正义观念发展过程中起到承前（父亲克法洛斯）启后（老师色拉叙马霍斯）的衔接作用，因而一直以来备受关注，也备受争议。其争议点主要集中在如何评析玻勒马霍斯的品性、论辩能力、正义观，以及苏格拉底对他的反驳是否有说服力等问题上。不同于以往一些看法，本章试图证明，无论是"助友伤敌"，还是"给予每个人应得的东西"，都并非是对玻勒马霍斯正义观的完整概述；玻勒马霍斯在思想上并非是自满而无反思的习俗之奴，也并非像他父亲一样，是传统的忠实捍卫者，而是在父亲的正义观的基础上提出了自己关于正义的新见解。苏格拉底对后者的质疑也并非集中在对"助友伤敌"这一原则本身的批评上，而是落在对构成该原则中的要素概念的理解以及对正义与"无伤害"原则的兼容性问题的思考上。玻勒马霍斯的失败并非在于苏格拉底的说理无懈可击，而在于他不够敏锐，也欠缺逻辑知识和逻辑训练，这导致他未能察觉到苏格拉底故意曲解"伤害"一词的意图。玻勒马霍斯的例子不仅有助于揭露辩驳法的内在危险，而且也暴露了希腊传统价值观的一个重要弱点，即未能提供一个可以确保代系价值观成功交替到下一代的伦理范式。

最后则是智者色拉叙马霍斯的正义观。这是研究柏拉图伦理学最重要的问题之一，也一直是学术界争议最多、分歧最大的议题之一，因而对其探讨构成了本书的核心部分。其争议主要集中在如何把握色拉叙马霍斯在正义问题上的真实立场、他关于正义的种种说辞之间是否存在着内在逻辑的一致性，以及苏格拉底对他的反驳是否有说服力等问题上。本章任务是在以往相关研究的基础上，进一步澄清色拉叙马霍斯与"苏格拉底—柏拉图"各自的真实立场，对它们各自内在逻辑及其合理性和谬误性予以归类甄别、比较研读和公允评价。不同于过去一些笼统的解释，该章节特别指出，色拉叙马霍斯虽欠缺论辩技巧，不能抵挡苏格拉底的攻击，但对正义的看法并非毫无根据，而是扎根于"欲求更多"的人性之根；其对正义给出的"正义作为强者的利益、对法律的服从、他者之好"这三条公式化表述实质上并不矛盾，而是内在一致的。色拉叙马霍斯对完美统治者和强者之好的理解，其核心要义不只在于他认为只顾满足自己无限制的欲望，不在乎别人利益的强人（如僭主）往往比受既要促进自身利益又要促进他人利益的这种欲望所驱使的正义之人更出名、更富有、更自由、更强大和更有主人派头，而且在于相信"权力决定正当性"，并认为仅有这些外在好便足以赋予这些一心只为自己谋利益的人其所最终寻求的幸福。这与苏格拉底—柏拉图的"知识决定正当性"的哲人正义观以及幸福主要取决于作为个体灵魂和谐或内在好的正义，因而正义无论在功能上或内在价值上都好于不义的立场截然对峙。尽管很多学者不满意苏格拉底在第一卷中对色拉叙马霍斯提出的一系列反驳，认为它们不仅存在修辞上的缺陷（如没有感染力、不能打动人等），也存在哲学上的不足（如逻辑上无效、基于错误的前提假设、跑题、乞题等做法层出不穷），但本章节试图说明，苏格拉底的反驳在某些方面要比大多数阐释者倾向于认为的有力。这些反驳中的一些前提假设虽有争议，其中的少数几个关键推论也有待商榷，但整个论证的基本思路并无致命缺陷。此外，这些反驳并不像表面上看上去那样，是一堆由互不相关的零散反对意见胡乱拼凑起来的信念集，也并非基于柏拉图笔下的苏格拉底专有的一些假设。相反，它们有其严密逻辑性和普遍适用性，是通过系统性的类比、归纳和演绎整合的推理链来发挥作用，其意在表明色拉叙马霍斯本人的诸多说辞（尤其是"统治是一门技艺"的说法）应该引导他认为正义比不义更好、更可取。本章对苏格拉底做出的这种辩护旨在说明，柏拉图在某种程度上有意让读者将苏格拉底的这些论证或反驳作为一个在哲学上取得成功而满意结果的经典范例来读，而不是相反。当然，我们的第一感觉，即苏格拉底的论证和反驳没有达到目的，而柏拉图本人也同样认识到了这点，也并非毫无根据。通过对本章的阅读，我们会认识到这些反驳的力量仍然存在不足的原因。

第三章的讨论将扩展到对《理想国》其余九卷内容的一个整体

考察。笔者试图承接前面对《理想国》第一卷的细读得出的成果和问题,结合现代伦理理论的资源,以古今比较的视角,来剖析柏拉图对色拉叙马霍斯之挑战及其加强版的再回应及其伦理意义。该部分通过对柏拉图形而上学、认识论和核心伦理思想的归纳及其特征(如以行为者为中心的、幸福论的、实在论的等)的展示来进一步说明,柏拉图令人信服地向四种持不同正义观点的人证明,人一旦正确认识了正义与幸福各自的本性及其关联,就会理解二者的一致性,认识到正义因其本身也可以成为人生命中最有价值、最值得追求和拥有的东西。因此在何为正义及正义的价值定位上,色拉叙马霍斯关于正义之说辞及其推导出来的一些学说显然不及柏拉图伦理理论优越,后者关于正义内在价值的种种证明尽管存在着修辞、哲学或其他方面的不足,但撇开受时代的局限不谈,它们总体上还是有理有据,颇具说服力的。而这对于解决关于正义的现代争论有很大的借鉴意义。

总之,关于《理想国》,尤其是第一卷中苏格拉底与三位对话者之间输赢的争论自古有之,而把焦点集中在双方各自观点孰优孰劣的解析亦纷繁复杂。但无论是声援苏格拉底的人,还是为苏格拉底的对手鸣不平的人,都似乎过分关注对话者之间的论辩较量而忽略了这种可能,即柏拉图本人在创作这些几乎能与苏格拉底势均力敌的对手时极有可能视它们为假想敌,将它们作为揭示正义本性及其价值的共同引导者,而非只是用苏格拉底这一方来压倒另一方,这可能更契合柏拉图用对话录来表达哲学思想的初衷。

本书通过分别对第一卷中苏格拉底和其他三位主要人物的观点及其在余下九卷中推导出的升级理论的批判,总结出了由苏格拉底主导的、其余人作为陪衬的论辩所共同引出的"和谐式正义"和"和谐式城邦"两个重要概念。就前者而言,正义不是愚蠢或高尚的纯真,也不是一种具体的行为规则,而是一种特殊的美德与智慧、一种在各方面都强于"不义"的适当秩序与和谐关系,并与真正幸福的来源与获取息息相关,于人于城邦皆是如此。就后者而言,人们所向往的"理想城邦或共同体"不应是统治者为了维护"自身利益"而对抗被统治者的剥削机器,而应致力于最好地服务于每个人(尤其包括欠缺统治技艺的被统治者和弱者)的真正利益或好生活的有机体,尽管为其寻觅一个或一些有智慧的管理者显然并非易事。虽然"何为正义及正义是否比不义好"在《理想国》第一卷、整篇《理想国》,乃至整个伦理学史中仍然是悬而未决的问题,但笔者期望由第一卷并结合其余九卷的文本推理而得出的这种正义观和幸福观能为这两个困扰无数哲学工作者的千古难题交出一份无愧于文本的研究,这也可以说是对《理想国》第一卷中关于正义本性及其价值定位的谈话及它对于后文谈话的铺垫作用和当代伦理争论的借鉴意义的另一种解读。

《梁漱溟、马一浮、熊十力教育思想与实践研究》概要

刘莉莎[*]

  现代新儒家代表人物梁漱溟、马一浮、熊十力三位先生可被视为一个文化共同体，他们具有开阔宏大的人文情怀和打通中西的学术品格，坚守和弘扬开放的、包容的、生生不息的中华文化精神。他们在教育思想和实践上有许多的尝试，体现出传统教育与现代教育之间，中国教育与西方教育之间，精英教育与平民教育之间的激荡、冲突与融合。

  本书运用哲学、思想史、教育学等多学科交叉的研究方法，综合研究现代新儒家的教育思想与实践，试图将现代新儒家的代表人物放置于历史和问题的进程中，从整体上阐释这个文化共同体对传统儒家教育思想及中国文化精神的传承与创新，重点检视他们的儒家价值观、学术精神和文化精神在其教育思想与实践中的显现和影响，对后来者特别是现代新儒家第二代人物的深远影响，以及对当代教育的启示。

  在哲学与文化的视角下，三位现代新儒家代表人物呈现出了很鲜明的特征。本书按照哲学—教育—实践的思路，侧重对他们的教育思想进行哲学分析，在深入剖析他们主要思想中与教育相关的哲

---

[*] 刘莉莎，武汉大学哲学博士，现就职于华中师范大学。

学概念与哲学命题的基础上，从中提炼出各自教育思想的要义。而他们所进行的不同的教育实践，则反映了他们的新儒学思想在社会层面的具体落实。

近代以降，中国文化的发展，就是在古今、中西、新旧之间簸荡。教育理念的变化、教育制度的改革、教育方法的推行，也大体不离这一趋势。在理解和把握近代以来文化演进的历史进程时，应看到古今之争未必就是中西之争，古中有新，今中有旧，文化价值评估所呈现的是一个复杂的局面。本书从晚清教育改革与科举制的废除、民国新学制与传统儒学的困境、儒学的重建与教育实践的探索等三个方面入手，探讨中国传统思想学术在近代遭到西方文化前所未有的冲击、中华文化尤其是儒家文化遭受重创的时候，以梁漱溟、马一浮、熊十力为代表的第一代现代新儒家发扬"为往圣继绝学"的精神，在融会中西的基础上对儒学进行传承与创新，并试图通过不同的教育途径实现他们的文化理想。现代新儒家的教育思想与实践不仅体现了儒家一以贯之的深切社会关怀，而且反映出他们在当时特定的时代境遇中所做出的新的探索。

梁漱溟（1893—1988）是一位"坐而言，起而行"的现代士人，思想独立自由，社会关怀深切，务实笃行。他不自居思想家、哲学家，但终身保持独立思考，著书立说，影响深远，开启了儒学现代演进的新篇章。作为一个社会活动家，他参加爱国民主活动，倡导并主持乡村建设运动，为中国文化与社会发展探索新道路。教育事业是贯穿他社会活动的主题，他以深切的文化自觉、自信，高扬儒家之真精神、真志气，以生命教育、人文教育为中心，倡导立足于传统文化的新文化建设。

梁漱溟的教育思想是建立在他的哲学思想尤其是其人心论之基础上的。他的人心论包括本能、理智、理性三重结构，其主要贡献在于区分了主知的理智和主情的理性。同时又将无私的情感、志向作为理性的主要内容，指出具有对生命的主宰意义，既将其与本能区分，又避免归之为灵魂或神秘体验。在生存意志之上，人还有进行思考和认识的理智，也有作为主宰的理性，理智与理性应当是和谐运作的，而非相对立，如人本具有"为知而知"的无私意志，人面对人生、社会、自然能够展现出无私的情感，从而揭示出人的生命应当具有朝高处提升与向宽处开展的可能。而道德正是理性的开展，是生命向上之精神与合理的认知与行动，是一种在超越意义上的身心、物我、群己、天人的和谐。教育需激发人的情义与创造力，实现良好生活、创造生命意义。

梁漱溟对于人的生命意义的可能性所做的深入阐释，具有重要价值。正因为人具有理性，所以能够出于无私的精神而使自己的行动变得自然、高明甚至伟大，导向有意义的生命。梁漱溟的人心论落实在教育层面，对个人来说，是使人成为和谐的存在，在精神上重视陶冶人的理性，涵养无私的情感与远大的志向，以"使生命成为智慧的生命"为教育的最高追求；从社会层面来看，良好的社会应该保障人的创造天性，而不是以不合理的经济和政治制度去摧折它、损伤它。一个社会要有所进步，必须切实地不断建设和改革社会的公共事业和制度。教育要培养人能过合理的生活、向上的生活、团体的生活，为社会的改善共同努力。教育既要为社会服务，又要引领文化精神，促进社会之进步完善。

梁漱溟的教育实践主要包括：在北京大学的研究与教学；中等教育方案——教育普及与制度改革的尝试；乡村建设——社会本位的教育系统实验；勉仁学系——转向文化研究与传承等。

马一浮（1883—1967）是一位具有隐逸名士风采的诗哲、国学大师。梁漱溟称之为"千年国粹，一代儒宗"；贺麟认为他"兼有中国正统儒者所应具备之诗教、礼教、理学三种学养"。他主要立足于传统的经典教育，坚守成德教育，以完善人的生命，由此形成了他具有自己特色的国学教育思想。他展现出与梁漱溟几乎相反的生活状态，但他们内在的精神却有相通之处。他在教育上的实践，既坚守了宋明的讲学之风，又有新的时代精神。

马一浮在哲学思想上发展了儒家的复性论，认为复性是"汤武反之"的意思,其中虽然也包含恢复人的至善本性之义,但并非简单回归人的本性,而是强调回复的过程,故尤重修养工夫,深造自得。他认为"仁是性德,道是行仁,学是知仁",视复性为知与行的统一,把"敬"置于其工夫论的核心位置。他对宋明理学具有更加自觉的体悟与继承,提出四学规:主敬为涵养之要;穷理为致知之要;博文为立事之要;笃行为进德之要。基于此,马一浮以"复性"为教育的宗旨,以"六艺之教"为教育的核心内容,将"综贯经术"与"讲明义理"结合起来。在马一浮看来,"六艺"不是历史的、文本的、客观的知识,它可以为一切学术所提供的"统",即是"理",一切学问虽各有其方法和对象,人虽然可以从事各种类型的思维活动,其背后却不能没有价值的根基和文化的意义。"六艺"之道是前进的,绝不是倒退的;是日新的,绝不是腐旧的;是普遍的,是平民的,绝不是独裁的,不是贵族的。"六艺"之道是人心同然之理,是对普遍价值的知与行,真善美都包含其中。由于"六艺"之道的载体是经典,所以经典不仅为这一意义世界提供了桥梁,经典本身也获得了新的精神生命。

因而马一浮对国学教育进行了创造性的阐发,虽然他对国学的理解带有明显的儒家立场,但包含了一个具有普遍意义的合理内核,那就是他认为以"六艺"为代表的传统经典作为保存中国文化的载体,不只是外在的文本,而是与人的内在心性直接相通,由此他指出国学是一门关于德性与生命智慧的学问。国学教育的真意也随之被重新开发、显扬出来。即通过经典教育和人文教育,一方面重视人的全面发展与德性熏陶,另一方面则是加强文化自觉意识和文化创新精神,对中华人文精神进行继承与开新。其教育实践主要集中在直承宋代书院学风与思想精神,创办复性书院。

熊十力(1885—1968)被认为是20世纪中国最具原创性的哲学家、最杰出的思想家之一,是现代新儒家的代表人物。学界对他的研究主要集中在他的哲学理论上,但对他的教育思想罕有关注。事实上,熊十力与他的学生唐君毅、牟宗三、徐复观等的关系,及他们对中国现代人文精神的重建，是"中国哲学史上的一段有趣的佳话和颇有深意的文化现象"，激励了几代学人。他在教育上的探索亦十分有特色。

熊十力在哲学上阐发了"体用不二"的精义，注重天地万物一体之仁，强调其学始于立志，贵在见体。他提出的"反识本心"命题，其重点不在于对本心之善的直接恢复，而在于对本心天性的主动引发和开创。与此相关，熊十力教育思想的根本宗旨是"明示本体"，即通过运用自身之量智与性智，激发出刚健、精进、创造的生命力。熊十力的教育理念融贯在其生命哲学之中，人的生命与宇宙之大生命是一体的，因而，生命教育引导人致力于对宇宙人生的究极探索，开启人智慧的生命，开创内在的、生生不息的创造力，挺立高尚的人格，发展人生丰富的意义，实现人崇高的价值。道德教育上熊十力强调新道德与传统道德的延续性，在教育中需重视独立、公诚、自由等品质的培养。智识教育中熊十力提倡加强通才的培养，其中又以哲学教育为重要内容。这三方面也是互相联系、互相促进的。人须肯认自身精神之独立，积极地发挥刚健、精进、创造的生命力；同时对自然、社会回报以仁爱和公诚，为创造人的自由与平等不懈奋斗。这有赖于人培养自身的智识，成为有远见、有胸怀、有魄力的通才，以智显仁。同时，教育中不能忽视的一环是师道尊严，教师高尚的人格、精深的学问、对真理的不懈追求对学生有不可估量之积极影响。熊十力教育实践的内在动力出于自觉传承中华传统文化的历史责任感，无论顺境还是逆境，他总是保持着对教育的高度热忱，并立足于大学教育，以激越的教学热情传授学问，激励学人沉潜于学术研究与哲学思考，希望通过教育实现他"思想独立，学术独立，精神独立，一切依自不依他，……将为世界文化开出新生命"的文化理想。本书对其教育实践的研究主要从以下几个方面展开：与众不同的教学特点、对独立文史研究院的追求、对学生的感召与启发等。

以上三位先生的教育思想与实践有同有异，在生命教育、人文教育、道德教育与公共关怀等方面，他们有着相同的取向和追求。但他们自身学说所采取的路向有所不同，梁漱溟身体力行，积极实践，试图在现实中建立并发展一种既吸收了西方科学技术与团体精神，又有儒家态度的新秩序、新生活、新文化。马一浮志在保存经典文献，融贯儒佛，综摄理学与心学，在经学被认为只是文史材料的学术潮流中坚守其根源性的价值与意义。熊十力归宗大易，试图将经学哲学化，吸收西方哲学思辨论证的方法，为儒学建立起一个哲学体系，并且主张中国哲学与西方哲学、印度哲学相比有自身的特色和优点，希望在哲学研究的基础上弘扬其价值。因而，他们在教育中选择的方式也不一样。梁漱溟的乡村建设运动是一个以教育为主要推行方式的全方位社会实验，他可称得上是务实的理想主义者。马一浮选择了形式十分传统的书院教育，对于事功保持非常冷静的态度，他将儒家学说从制度化的传统中剥离开来，而作为一种精神文明继承下来。熊十力自觉地将西方的思辨方法引入哲学论证之中，期望中国传统哲学能够在现代大学、研究院中扎下根，建立一套自己的话语体系。

此外，本书选取同时代西方两位具有影响力的哲学家、教育家——杜威、怀特海，在教育理论上与三位先生进行了比较研究。虽然他们根植于不同的文化传统，但是针对教育应致力于人的生命的完善，中西教育思想可以相通。

有学者指出，现代儒学已经越来越成为知识分子的一种论说，另一方面儒家的价值却和现在人们的生活越来越疏远了，今天的儒学似乎只能在大学哲学系中存生。那么是不是儒学的前途仅寄托在大学讲堂和少数学人的讲论之间呢？这样的儒学其可能发展的最高成就是什么？是不是仅在于通过西方的思辨方式而最后取得与西方哲学界、宗教界平等对话的资格？这个担忧与梁漱溟、马一浮当时对熊十力经学哲学化的担忧类似。但从另外一个角度来说，这正是熊十力、梁漱溟、马一浮他们不同的教育方式探索的意义所在。儒学有自我更新的生命力，学院中的哲学研究不可缺少，同时本身儒学是活在民间，活在国民日常生活中的，这三种不同面向的教育工作都是值得继续探讨的。在今天，我们期望学院派的中国哲学工作者在专业研究和教育工作之外，既能在以知识技能为主导的教育体系中坚守人文精神，讲明儒学之真精神，推广德性教育，也能在社会上有所引领，为整个社会以及社会中的每个人之真实的生命服务。

重伦理、明教化是儒学的两大基本功能，现代新儒家教育思想对当前教育尤其是国学教育、生命教育、人文教育、道德教育具有重要的启示作用。教育不仅要注意知识、能力的培养，还要重视德性的熏陶和奋发的生命力之涵养；又如注重自我、家庭、学校与社会教育的携进，教育要培养出终身学习的动力和能力，把家庭教育、学校教育、社会教育有机结合在一起；再如，现代新儒家有对中国文化精神坚守与开创的共同理想，落实在教育实践中，则是要通过教育展现出开放的、包容的、生生不息的文化传统，从而加强后来者的文化主体意识和文化创新精神。以上所及，正是当前我国教育所急需改进之处，值得深入挖掘和合理借鉴。重视人的全面发展与人的尊严，引导学生在身体力行的过程中实现情志的陶冶和德性的完善，这是当前教育应有的理念；发扬三位先生"守先待后，继往开来"的文化精神，不忘传统，吸取精华，用心体悟，自觉实践，不断加强文化主体意识，将中华优秀文化的传承与创新落到实处，这是当前教育应有的担当。

《性善何以行不善——孟子论道德失败》概要

刘旻娇[*]

对于《孟子》研究而言，一个最常见的问题是，一个本性善良的人何以会做出不善的行为来？我们把这些"行不善"的现象称作"道德失败"。一般而言，所谓"道德失败"（moral failure）指的就是个体在行动过程中所出现的各种"违理"现象，但在《孟子》一书中出现的道德失败现象，不仅包括行动者行为的不当，还包括行动者的情感、欲求、意愿、态度等动机状态不符合"仁""义""礼""智"之四德的要求，由此道德失败所涉及的问题更为复杂多样。

孟子学说以性善论作为其最重要的理论标志。依孟子，人皆有仁、义、礼、智四端之心，此乃"天之所与我者"，也是人所以异于禽兽的"几希"，若就此栽培浇灌，存养推扩，则可成就圣贤人格，达到"上下与天地同流"。对性善之人何以会做不善的行为，一般而言其原因大端也不外乎主、客观两个方面，如主观方面谓"心之官则思，不思则不得"，"从其大体为大人，从其小体为小人"；又客观方面则云"富岁子弟多赖；凶岁子弟多暴。非天之降才尔殊也，其所以陷溺其心者然也"，等等。从理论上看，孟子所揭示的原因无

---

[*] 刘旻娇，复旦大学哲学博士，现就职于上海财经大学。

疑圆实周洽，理具条贯。

然而，具体地说，从儒家对人之德行要求的多面性与道德失败之复杂性来看，上述原则性的说明却难以全面细致地对《孟子》一书中大量出现的道德失败案例做出完整解释，因此，仍有必要从细致的道德哲学乃至道德心理方面展开分析，而这一点也是当前孟子思想研究中仍然较为薄弱的环节。例如孟子如何揭示不仁、不义、无礼、不智的道德失败现象？"心之官"何以"不思"？人又为什么会"从其小体"？欲望与道德动机无力的关系是什么？杨朱墨告、陈仲白圭等人道德失败的原因究竟何在？如此等等，构成了整本书的问题意识，同时也大体铺排了道德失败研究的纲纬脉络。因而，此书的目的是试图通过对这些道德失败案例的详细分析，究其原因，显其理绪，以便更好地落实性善说的理论承诺，使得孟子伦理思想具有更强的实际应用的意义。正如标题所表明的那样，本书讨论的核心问题是《孟子》一书中有关道德失败的案例或现象。"道德失败"虽然是一个引入的外来词，但其所指之内容毋宁说是每一位研究孟子思想的学者所不能不面对的问题。

但说起"道德失败"，人们可能更容易联想到一个人的外在的行为举止有违于道德的规范要求，所以，研究在一开始时便已经指明，孟子无疑反对一个人的行为违反仁义礼智的规范，但作为一个动机论者，相比于仅仅关注行为的结果而言，孟子更在意行为者的动机。换言之，一个人的行动虽然在表面上符合儒家伦理的要求，但如果行动者的动机并非出于"善"（良心本心）的意愿和心态，那么，其行为仍然不能算作一个"善"的行为。一个真正合乎道德的行为必须出于心（良心），践于行，布乎四体才得圆满。如此看来，当我们说一个人行善或行不善时，都不仅仅只就其单独所表现的外在的行为而言，而且还涉及行动者的心理状态和意愿动机。从这个角度上看，"性善何以行不善"可以说是在讨论整个德行理想的实践问题。因此，在《孟子》一书中出现的道德失败现象与案例，不仅包括行为不当，还包括行动者的情感、欲求、意愿、态度等动机状态不符合"仁""义""礼""智"之四德的要求。孟子有时将"仁"或"义"作为总体的理想伦理观念，基于这一理由，我们也可以将《孟子》中的道德失败简述为有违"仁义"要求的人与事。再者，由于相对于列举出各种事件的具体做法而言，孟子更在乎培养君子之德，因而在讨论"行不善"与道德失败的案例之中，我们更关注行动者的德行缺失与相应的修养对治方法。

《孟子》一书讨论道德失败的案例极为繁杂，道德失败的类型与原因在不同文本、不同的个体与事件中往往彼此交错。为此，在目标上，本书以《孟子》的道德理想之德目为纲要；在进路上，以现代德行论及其相关的问题为线索；在方法上，以道德哲学和道德心理分析为依托；在取材上，以《孟子》文本中出现的道德失败的案例和评论为素材，并围绕以下问题来展开：孟子的伦理理想以及德行论述；人的德行及其相对应的道德倾向和能力；修身成德的方法等。有鉴于此，本书从三个方面具体讨论了《孟子》一书中出现的道德失败现象：一、观念的偏差，孟子论淫辞邪说；二、德行的缺失，孟子论不仁、不义、无礼和不智；三、修身不善，孟子论养心、养气等德行修养方法。经由分析发现，《孟子》一书中的道德失败问题呈现出原因和结果相互关联交叉的情况，难以参照某种固定的标准进行直接的归因，观念的偏差、德行的缺失和修身不善常常相互交织在一起。如是，克服道德失败的方法除了通常所说的功夫之外，更需要人的心灵和动机系统的整体调适和培养，借此使人的心灵逐渐得以美化，并在获得更为充沛的动机力量的同时，做出正确、恰当的道德判断。

首先，本书在《导论》部分界定了道德失败的问题域，并以德行论视角切入《孟子》。

关于道德失败，本书从孟子所谓的"淫词邪说"讨论开始。"知言"和"养气"共同构成孟子德行的重要部分。"言"不仅能移风易俗，更是道德知识的基础。是以，讨论"道德失败"当从"言"的问题开始。在第一章中，本书以"辟杨墨"为中心，分别讨论了杨朱、墨子、陈仲子、许行、白圭、宋牼的言行问题，并分析了孟告之辩的逻辑理路。本书指出，"知言"须回到道德本心，由活泼泼的良心出发才能得到正确的道德知识，并同时获得道德动机力量。错误的"言"或者脱离了良心而服从客观的教条；或者失却了道德之心的普遍向度而有偏私，都是"情""理"不能相容的偏执状态。

第三章以"仁""义""礼""智"的德目为线索，围绕相关的道德失败案例探讨每一种德行缺失的原因。涉及的案例包括但不限于：齐宣王"以羊易牛"却"有疾"不为，梁惠王"不仁"，五霸之罪，伯夷之"隘"与柳下惠之"不恭"，北宫黝之"小勇"，等等。为了应对复杂的伦理情境，孟子提供了包括"羞恶""知耻""恭敬""辞让""是非""知类""有权"等丰富的关于人类道德心理能力的论述。从道德失败之反向考察中发现，只有综合"仁""义""礼""智"四个方面，才能帮助我们更好地建立一套完整的道德理论体系。

第三章集中探讨与德行修养相关的道德失败问题。通常认为孟子的修养功夫简单易行，概括而言无非是回归本心。但由于"良心"的复杂内涵，和多种心理能力间互相协调的作用机制，"丧失"良心有着类型和程度的差别。第三章详细分析了各种不同因素对良心培养的影响。比如不同的欲求和德行修养的关系，许多欲求和道德要求之间可以互相协调，并呈现出合理协调的发展趋势，但也有些欲望对道德良心损害甚深。同时，环境因素也是影响德行修养进程的关键，是以社会幸福、礼教风俗在孟子伦理观中亦有不容忽视的一席之地。

本书最后总结了研究的意义价值，并对孟子伦理思想有所反思。

孟子论道德失败研究对于当代孟子学有参考价值。近年来，有关孟子的研究成果颇丰。以往的研究多以"仁"为核心，在孟子道德形上学的论证方面颇有成效。然而，对《孟子》文本中出现的诸多不善现象，当代少有学者进行过全面的讨论。仅从"仁"学出发，或从"形上学"出发，颇难全面理解《孟子》。从"仁""义""礼""智"四个德行方面，综合"知言""养气"和"修行"，从道德失败之反向考察中，可以完善孟子研究体系。

在孟子道德实践理论中，以往的研究也关注到"良心""本心"的重要意义，并多以丧失良心来解释道德失败。然而关于"良心""本心"的内容究竟为何，却还缺乏进一步系统说明。本书通过对大量的道德失败案例文本的反复探讨，使得"良心"的丰富内容得以呈现。"良心"中包括"恻隐""羞恶""知耻""恭敬""辞让""是非""知类""有权"等丰富的人类道德心理能力。这些心理能力不仅是情感的，更兼具认知，还富有动机力量。这些道德心理，或者说人性倾向的提出并非偶然的、可有可无的，而有其现实性和必要性。通过道德失败研究，丰富了对孟子道德心理的研究，帮助我们更好地落实孟子"性善"说的理论承诺，丰富了孟子伦理的实践应用意义。

本书关于道德失败的研究结论对于当代孟子伦理学的争议问题，可以给出一些补充材料和相关建议。在"导论"中，本书引入了境界形上学、道德感知理论以及当代德行伦理学来作为孟子研究的背景。这些理论本身也面对不少争议，比如学者们曾批评冯友兰的境界形上学和麦克道威尔的德行感知理论太过类似于某种道德直觉，显得神秘而难以把握。无论是"天人合一"的道德境界，还是"从心所欲不逾矩"的圣人心理状态，都无法绕开对于道德感的恰当说明和培养理论。从这一方面来说，本书通过道德失败的分析，对于《孟子》中道德感的分析更进一层，并参照反面的道德失败案例，使理想德行标准更清晰化，为孟子德行论提供了更为丰富的内容，加强了德行修养的可操作性。

上述研究成果不仅是对当今孟子研究的创新，对当代德行伦理学研究亦有贡献。相比于描述理想状态而言，孟子的"良心"在各种道德失败案例中呈现出更丰富的内容。道德感不再是一个高高在上的，只有圣人才具备的心理状态，而是对应于我们每个人心中的

"恻隐""羞恶""辞让""是非"之中。每个人如果对于自己的过往经历和心理历程加以反思，都不难意识到这些基础的道德感。我们所要寻找的道德感不是单一的，有时候也不是直接的，德行修养不是通过一件事、一次性的感知就能够直接完成的。由于道德感的多元性，使得完美德行过程需要各种心理能力的综合作用。有些心理能力负责关爱、同情；有些心理能力负责反思、评估；有些心理能力帮助我们掌握情境特征；还有一些心理能力帮助我们聚焦于某些特定的问题并自我克制。只有通过"四端"的综合协调，人们才能应对复杂的道德情境。从某种程度上来说，这和体育运动，或者说和艺术创作类似。虽然"四心俱足"，然而"四心"的强弱协调却影响着人们的德行水平。孟子常将"四端"比作四肢，将德行修养比作修养身体的理论，对当代实践伦理学亦有启发性。

最后，我们如何理解"性善何以行不善"的问题，为何人性本善，而成善又必须经过漫长的修养过程？通过本书的分析则不难解答。通过对"性"的透悟，可以证明儒家伦理规范，这点并无疑问，但可以肯定的是，对规范的理解亦无法离开德行境界，也离不开人在所处的时代中挣扎向上的体悟。从"性"的经验性内容来看，"性"善仅说明了人们修养德行所必要的心理基础，通过对这些基础心理的运用，适应情境变化以增强力量，最后整个心理动机状态变得和谐完善，这需要一个漫长的过程，也就是孟子所说的"集义"。"不集义"难成"浩然正气"。由此，要从"四端"到"四心"，最后具有"浩然正气"而成德，不可能离开社会生活，离开历史背景，离开努力奋斗进取的过程。正是基于此观察，我们认为，孟子伦理思想具有人性的基础，同时又是过程论与情境论的统一。

《金融摩擦与中国经济波动：基于金融经济周期视角的研究》概要

高 然[*]

2007 年美国次贷危机的爆发及其引发的国际金融危机，催生了大量关于金融因素对经济波动影响的研究。近年来，对金融因素的关注已成为经济波动研究乃至宏观经济学研究的热点，并已形成一个重要的新兴研究领域——金融经济周期（Financial Business Cycle，FBC）。金融经济周期研究将金融摩擦引入 DSGE 模型框架，揭示金融摩擦下经济波动的传导机制。本书将金融经济周期前沿理论对房地产市场与金融中介的关注应用于中国经济波动问题的研究，结合中国经济现实与制度特征，探讨了不同经济部门在金融摩擦作用下对中国经济波动的影响。

从金融经济周期的视角出发，本书首先关注中国的房地产市场。中国房地产市场的一个显著的特殊性在于地方政府的土地财政行为，本书将地方政府的土地财政行为纳入到一个 DSGE 模型框架中，并同时对地方政府和企业面临的金融摩擦进行了刻画，以此分析地方政府土地财政在经济波动的传导中所扮演的角色。通过对模型的贝叶斯估计，识别出房地产需求冲击是导致中国房地产市场波动的主要冲击，其产生的脉冲反应与来自 VAR 的实证证据可以实现较好的

---

[*] 高然，北京大学经济学博士，现就职于四川大学。

匹配。在此基础上，模型的数值模拟表明，地方政府土地财政行为的存在，一方面会显著地放大房地产市场的波动，另一方面会将房地产市场的波动传导到实体经济，放大消费、投资和产出波动。福利分析显示，土地财政带来了显著的社会福利损失，且地方政府对土地财政的依赖程度越强，福利损失越大。而政府通过土地供给政策的运用，可以在一定程度上缓解这一过程。

除了在供给方面具有制度上的独特性，中国的房地产市场还表现出区域发展不平衡的特点，不同地区的房价水平具有显著的差异。本书进一步构建一个多区域的 DSGE 模型，以刻画不同区域内以及区域间的金融摩擦，从而将房地产价格与经济波动的研究推广到了区域层面。采用中国的宏观季度数据对模型进行贝叶斯估计，得到了以下动态特征：经济波动在房价不同的两个区域表现出显著的差异性；高房价区域表现出更加显著的对波动的放大效应；不同区域对货币政策冲击的反应程度存在差异，从而以经济规模确定货币政策规则中的区域权重未必最优；地方政府对土地财政的依赖会对区域房地产市场的波动造成显著的影响；房价波动在区域间存在溢出效应，且区域间信贷市场一体化程度越高，房价波动的溢出效应越显著。

在上述研究中，家庭部门事实上充当了金融中介的作用，但由于理论模型中并没有显性地引入金融中介部门，致使难以对其面临的金融摩擦进行研究。为此，本书进而通过构建一个包含商业银行的 DSGE 模型，同时对中国商业银行资产和负债两端的金融摩擦进行刻画，研究其对经济波动的影响。数值模拟结果表明，在商业银行的负债端，随着中央银行对商业银行监管程度的增加，商业银行信贷的波动会显著降低，进而可以有效降低产出水平的波动。而在商业银行的资产端，金融市场越发达，商业银行信贷对货币政策冲击的反应越剧烈，导致产出水平的波动越显著。随着中国利率市场化改革的深入和金融市场发展水平的不断提高，商业银行的信贷渠道更容易造成经济波动的加剧，而通过加强金融监管能够有效地平抑这一过程，进而改善社会福利水平。

进一步地，本书将上面包含金融中介的模型框架推广到对中国影子银行的研究。近年来影子银行的迅速扩张，使中国社会融资结构发生了颠覆性的变化。与西方典型的影子银行体系不同，中国式的影子银行体系以商业银行为主导，这使其可能具备独特的经济波动特征。首先运用基于符号约束的 SVAR 模型对中国影子银行的波动特征进行实证检验，结果表明，不同于商业银行融资规模的顺周期变动，影子银行融资规模的变动是逆周期的。接着构建了一个 DSGE 模型，进一步拓展了商业银行面临的金融摩擦，通过引入商业银行的信贷约束机制，有效地解释了中国影子银行的逆周期特征。模型表明，在紧缩性货币政策环境下，中央银行加强对商业银行存贷比指标的监管，促使商业银行将资金转至表外，借由影子银行绕开金融监管，实现监管套利。模型产生的脉冲反应与 SVAR 的实证证据实现了较好的匹配。在此基础上的数值模拟进一步表明，对影子银行的监管程度越低，影子银行的逆周期性越强。

本书在金融经济周期的视角下研究了不同经济主体和不同金融摩擦对中国经济波动的影响。研究结果充分表明，金融摩擦在中国经济波动的传导过程中扮演着重要的角色。随着中国金融市场的快速发展以及市场化改革的不断加深，金融摩擦的上述效应愈显重要。与此同时，中国的金融市场还具有诸多自身的特点，面临的金融摩擦反映着其制度上的独特性。本书在金融经济周期研究与中国经济特征的结合上进行了初步的探索，可以为理解和分析现实的中国经济波动问题提供一个新的视角，同时为政府平抑宏观经济波动、增强宏观调控效果提供一些政策启示。

《中国城市技术转移的空间演化研究》概要

段德忠[*]

21世纪以来，随着全球化深入发展和产业价值链的细化分解，创新资源越来越明显地突破组织的、地域的、国家的界限，在全球范围内自由流动，世界进入以创新要素全球流动为特征的开放创新时代。在此背景下，全球生产网络下的全球等级体系不断瓦解，且正在被以跨国公司为主导的全球研发网络与以世界一流大学为主导的全球知识网络交织耦合形成的全球创新网络重塑。在全球创新网络中，经济贸易时代中形成的国家间非对称相互依存关系在全球知识和技术转移过程中被刻画得更加清晰。全球创新资源的流动性致使当今任何一个国家或地区都不可能在某一科学领域和产业技术领域长期保持领先和垄断地位，而技术转移成为技术领先国家或地区实现技术经济价值和控制全球创新网络，以及技术落后国家或地区实现技术追赶、发展本国经济的主要方式。

进入新常态的中国经济正面临增速下行的压力和转型升级的挑战，亟待激发新的强大动力，而加快创新技术转移、推动大众创业、万众创新被认为是推动经济结构调整、打造发展新引擎、增强发展新动力、走创新驱动发展道路的必然选择。当前，中国城市创新等

---

[*] 段德忠，华东师范大学人文地理学博士，现就职于华东师范大学。

级体系正在逐渐形成，作为创新资源的核心组成部分，以专利为代表的创新技术成为各个城市争夺的焦点，其集聚与扩散通道亟待建设相配套的城市技术转移体系。构建符合科技创新规律、技术转移规律和产业发展规律的国家技术转移体系也是服务于国家创新发展战略的必然选择。从《中华人民共和国促进科技成果转化法》（修订版）到《"十三五"国家科技创新规划》，再到《国家技术转移体系建设方案》，这些政策的发布和实施也无不凸显着国家加快建设技术转移体系的努力。

  源于20世纪六七十年代的南北技术转移实践，技术转移研究历经四十多年的发展，已成为当前经济学、管理学的核心研究课题。国内外学术界围绕"跨国公司技术转移""大学技术转移""产学研合作""科技成果转化"等主题展开了大量的实证研究。综合来看，当前技术转移研究存在以下四个特点：第一，研究对象聚焦微观层面的以企业和大学（包括科研机构）为主的技术创新主体，甚至更为微观的个人层面（研究人员、经纪人、企业家等）；第二，研究尺度聚焦微观层面的组织尺度，从而发掘组织层面的技术转移问题；第三，研究方法以质性研究方法为主，普遍采用深度访谈、半结构访谈、问卷调查、电话采访等质性研究方法获取第一手研究数据；第四，研究视角多集中于技术转移的规模与速度，虽有少量研究涉及特定技术领域的技术转移问题和区域间技术转移问题，但仍然没有从理论和实践层面研究技术转移的多维度性。四大特点也凸显出了当前技术转移研究的四大不足，即研究对象固化、研究内容泛化、研究方法简化和空间研究弱化。在知识化和全球化趋势下，城市已经成为全球科技竞争的核心空间载体，以城市为研究对象的城市与区域创新问题理应成为当前创新经济学和创新地理学的研究前沿和重点课题。但遗憾的是，无论是创新经济学还是创新地理学，从空间视角研究技术转移问题，以及其背后凸显的城市与区域创新问题几乎没有。

  当将微观层面的技术创新主体的技术转移问题抽象至空间层面，

我们该如何研究？城市技术转移应该从哪些方面研究？涉及多少维度？技术转移的微观利己机制如何在空间尺度发挥效应？在实践层面，中国形成了怎样的技术转移体系？中国城市技术转移体系是否与技术创新体系相匹配？是否形成空间错位？为了服务于创新发展战略，促进科技成果转化，中国该如何建设符合科技创新发展规律的技术转移体系？未来的实践方向在哪里？回答这些问题就必须建构一个城市技术转移的研究框架，从而全面剖析中国技术转移的空间问题。

基于这样的理论背景和现实需求，本书立足于《国家技术转移体系建设方案》关于加快建设国家技术转移体系的重大关键要求，着眼于技术转移空间研究较为薄弱即创新空间研究亟待突破等理论现实问题，围绕"是什么""如何研究""现状如何""有何作用"等一系列关键问题展开系统性的研究，一方面架构了城市技术转移研究的理论框架，另一方面也从专利转让的视角对中国技术转移的现状格局、网络结构、演化过程、市场体系和空间效应进行了实证研究，得出以下结论：

第一，中国城市技术转移活动高度遵循宏观上的空间集聚规律和微观上的地理邻近效应，主要表现在：首先，中国技术转移活动在空间上高度集聚，长三角地区、京津地区和珠三角地区是中国城市技术转移最为活跃和频繁的地区。其次，中国技术转移中心（城市）在空间上高度集聚，中国技术转移能力前十的城市在空间分布上呈现出区域集中的态势，如长三角地区的上海、苏州、杭州、宁波和南京；珠三角地区的深圳、广州、东莞、佛山；京津地区的北京和天津，表明技术转移并不会在区域上形成空间塌陷效应，存在多个技术转移中心在区域内部共存的现实证据。再次，地理邻近性是中国城市技术转移结构差异性和网络连接的空间机制，如非基本技术转移（城内技术转移）是中国城市技术转移的主体，而中国城际技术转移也由多发生于跨区域间向多发生于区域内转变。

第二，技术差距是中国城际技术转移网络演化的动力与拓扑连接机制，也是中国统一技术转移体系和技术交易市场形成的内在原因，主要表现在：首先，由大城市主导并推动的中国城市技术创新体系，使得中国城市技术转移体系也由少数大城市主导并推动。大城市的"大"一方面体现在城市技术创新能力上，另一方面体现在城市经济发展水平上。其次，中国城际技术转移网络中的拓扑关联机制没有形成强的邻接偏好性，反映出中国城际技术转移网络的生长演化没有体现出诸如社会网络"强强关联"下的等级梯度扩散效应，而是呈跳跃态、跨层次进行转移。再次，基于技术差距的拓扑连接机制使得大部分城市选择与成熟的技术转移核心城市（北京）进行技术转移，从而使得中国城际技术转移网络社团划分结果与城市空间分布具有良好对应性的特征逐渐消失，全国大部分城市被划分进一个社团之内，中国城际技术转移网络逐渐形成全国统一的市场体系。

第三，"速度—集聚—开放"的城市技术转移空间效应体系很好地阐释了城市技术转移如何作用于城市经济增长，也印证了"速度"不是技术转移中最为重要的维度。首先，中国城市技术转移在速度上可能存在一个"阈值"，以2年最为合适；其次，城市技术转移的集聚经济效应和扩散经济效应并不是通过所有维度产生作用，其仅突出表现在以集聚范围为代表的城市技术腹地范围和以扩散规模为代表的对外技术扩散量上；再次，城市技术转移的开放效应也不是通过所有维度产生作用，而仅表现在以内部消耗量为代表的非基本技术转移规模和以技术转移多样性为代表的基本技术转移深度上。

本书从全球和中国城市技术创新体系出发，从专利转让的视角研究中国城市技术转移体系的时空演化格局及其机制效应，对于国家建设技术转移体系是一项基础性的研究工作。基于本书的理论与实证研究，对中国城市技术转移体系提供如下两条建构方案：

第一，依托城市技术创新体系建设城市技术转移体系。技术转移源于技术创新，城市技术创新能力直接决定城市有多大的技术转移能力。实证研究表明，中国城市技术转移体系的时空演化格局与中国城市技术创新体系的时空演化格局基本同构，长三角地区、京津地区和珠三角地区既是中国技术创新活动的集聚地，也是中国技术转移活动的集聚地，北京、上海、深圳这三个城市既是中国技术创新能力最强的三个城市，也是中国技术转移能力最强的三个城市。因而，中国城市技术转移体系可依托于现在已经形成的技术创新体系和技术转移市场体系展开建设，具体举措可从以下几个方面进行：首先，继续巩固北京作为全国性技术转移市场城市地位，将上海、深圳和成都三个城市也建设成为全国性或准全国性的技术转移市场城市；其次，将苏州、杭州、广州、武汉、重庆等城市建设成为大区域性或准大区域性技术转移市场城市；再次，依托于其他省会城市建设区域性或准区域性的技术转移市场城市。

第二，依托产业技术创新体系建设城市技术转移体系。技术转移又通过产业消化服务于城市经济增长。实证研究表明，中国城市产业技术创新体系总体格局与城市技术创新体系虽基本同构，但在具体产业上存在较大差别，中国城市依托于不同产业已经形成各具特色的专业化技术创新体系。因而，中国城市技术转移体系也可依托于现在已经形成的产业技术创新体系展开建设，具体举措可从以下几个方面进行：其一，在ICT产业和电气设备产业，以北京、深圳和上海为核心，以苏州、天津和广州等城市为副中心，建设中国ICT产业和电气设备产业城市技术转移体系；其二，在机械产业，以苏州、重庆和北京为核心，以天津、上海和无锡等城市为副中心，建设中国机械产业技术转移体系；其三，在化学制造产业，以青岛、北京和苏州为核心，以上海、南京、天津等城市为副中心，建设中国化学产业技术转移体系；其四，在纺织服装产业，以无锡、苏州为核心，以泉州、上海、北京等城市为副中心，建设中国纺织服装产业技术转移体系；其五，在医疗设备和医药产业，以青岛、北京和上海为中心，以济南、广州和南京等城市为副中心，建设中国医疗设备和医药技术转移体系；其六，在交通运输设备产业，以重庆、北京和上海为中心，以天津、苏州和合肥等城市为副中心，建设中国交通运输技术转移体系。

另外，通过解剖城市技术转移的结构和维度，以及对城市技术转移的经济效应进行研究后，本书针对城市层面的技术转移政策制定也提出以下三点建议：

第一，全面提升城市的技术创新能力。中国城市技术转移体系与城市技术创新体系时空间同构已经印证了这一点，而提升城市的技术创新能力，一是要扩大技术创新产出规模，尤其是高质量的技术创新产出规模；二是要不断丰富技术创新体系，增加技术种类。城市技术转移的开放效应已经验证技术种类的多样性能够有效促进城市经济增长。

第二，提升技术转移的速度，但不能过度。欲速则不达。城市技术转移的速度固然重要，但并非越快越好。实证研究表明，以 2 年转移最为合适。但综合当前中国城市技术转移速度来看，2 年有效转移的技术量仍然较少，绝大部分城市技术转移的平均速度普遍超过 3.5 年，因而提升中国城市技术转移的速度在今后一段时间内依然重要。

第三，既要强化技术的本地化转移，也要强化技术的对外集散功能。城市技术转移开放效应检验发现，城市内部技术转移规模越大，城市经济增长越快，因而对于大部分中国城市，技术的本地化服务是其首先需要解决的技术转移问题。城市技术转移的集聚效应检验发现，城市对外技术扩散规模越大，城市经济增长越快，城市的技术腹地范围越广，城市经济增长越快，因而城市技术的对外服务功能也需要加强。如上海市，其技术对外扩散规模在 2015 年远低于北京和深圳两个城市，其技术腹地范围更是与北京和深圳相差甚多，因而上海面临的问题就是要扩大技术的对外服务规模，扩充其技术腹地范围。

《中国对外直接投资对出口增加值的影响研究》概要

毛海欧[*]

在全球价值链分工体系下,中国处于分工低端,出口增加值率不高,密集使用非技术劳动,技术等高端要素投入不足,与发达国家存在较大差距,远远没有达到贸易强国的标准。中国的出口贸易如何由"总量增长"向"结构优化"转型、由低增值率向高增值率转型、由密集使用低端要素向密集使用高端要素转型是现阶段亟待解决的问题。与此同时,中国转变为全球第三大对外直接投资国,对外直接投资扮演着获取技术、过剩产能转移、全球价值链布局等重要角色。在此背景下,中国对外直接投资与出口的关系引起了社会各界的广泛关注,许多经典文献研究了对外直接投资与母国出口规模之间的替代或互补关系,遗憾的是,相关研究还没有深入到出口增加值及其要素含量内涵上。全球价值链分工体系下,一国出口增加值是指出口总值中的国内贡献部分,是国内产品出口的准确度量,出口增加值内含的劳动和技术概念从要素含量角度揭示了出口的转型升级内涵。因此,本书从规模、行业结构、内含劳动结构、技术含量四个角度研究对外直接投资与出口增加值的关系,不仅深化和拓展了对外直接投资与出口关系的理论研究,还从对外直接投

---

[*] 毛海欧,华中科技大学经济学博士,现就职于武汉大学。

资角度为中国由"贸易大国"转向"贸易强国"提供了思路，具有较强的理论和现实意义。

本书系统梳理了相关文献，发现以下几个方面有待进一步研究：首先，关于对外直接投资与出口规模的相关研究，理论分析认为水平对外直接投资替代了国内出口，垂直对外直接投资促进了国内出口，但实证分析并没有区分水平和垂直对外直接投资，所以无法考证两种对外直接投资对出口的差异化影响。另外，在全球价值链分工体系下，出口增加值是国内生产出口的准确度量，对外直接投资与出口增加值规模的关系尚缺乏研究。第二，关于对外直接投资与出口结构的研究大多停留在出口商品结构上。最终商品形态的出口结构研究存在两点不足：一是在全球价值链分工背景下，一国最终产品的价值并不都在国内产生，还包括进口中间品的价值，因此，简单的产业结构研究和产品结构研究不能代表国内真实的产品和贸易结构。二是出口品的产品结构变化不能完全反映出口转型升级的情况，当产品结构不变而高级要素投入增加时，产业升级依然可能发生。第三，关于对外直接投资与出口技术水平的研究着重从逆向技术溢出机制解释对外直接投资对母国出口技术水平的影响。实际上，对外直接投资改变母国出口技术含量的机制包括产业结构变化、技术水平变化等多个渠道，而现有实证研究缺乏对渠道的针对性检验。

立足于现有研究，针对上述问题，本书首先分析了中国对外直接投资和出口增加值规模及其行业结构、内含劳动结构、技术含量的发展现状，揭示中国对外直接投资和出口增加值发展特征及存在的问题。然后，采用理论和实证研究方法，从规模、行业投入结构、劳动结构和技术含量四个角度研究对外直接投资对出口增加值的影响。具体内容如下：

第一，分析对外直接投资影响出口增加值规模和结构的特定性机制，认为水平对外直接投资和垂直对外直接投资对出口增加值有差异化的影响，并运用跨国面板数据进行实证分析，主要结论如下：

（1）就规模效应而言，中国制造业的水平和垂直对外直接投资均促进了出口增加值提升，但垂直对外直接投资的促进作用大于水平对外直接投资。进一步分析对外直接投资影响出口增加值的滞后效应发现，面向发展中国家的水平对外直接投资较垂直对外直接投资对出口增加值有更加显著、持久的促进作用，而面向发达国家的垂直对外直接投资较水平对外直接投资对出口增加值有更显著、持久的促进作用，说明中国对发达国家下游生产环节布局型垂直对外直接投资具有较强的互补效应。（2）就结构效应而言，水平对外直接投资通过跨国产业转移、要素跨行业流动等渠道降低了母国出口增加值中资源行业占比，提升了生产性服务业增加值占比，优化了中国制造业出口增加值结构。垂直对外直接投资促进了生产性服务业占比提升，对金融、研发、咨询等高端生产性服务业占比的促进效应更为明显，表明中国制造业跨国公司以垂直 OFDI 方式在全球组织生产促进了母国"总部服务经济"形成，实现了高端服务业与制造业升级的良性互动。

第二，拓展 Feenstra 和 Hanson 的理论模型，同时考虑顺逆分工梯度对外直接投资，研究了对外直接投资对出口增加值劳动结构的影响，发现存在价值链转移机制和技术溢出机制，并使用中国出口增加值劳动结构和对外直接投资的跨国面板数据检验了相应理论假说。研究发现：（1）逆分工梯度 OFDI 将高端环节和产业转出，其价值链转移效应降低了出口增加值高技术劳动占比，而逆向技术溢出效应提高了出口高技术劳动占比，促进了母国出口增加值劳动结构优化，价值链转移和技术溢出的净效应为负；（2）顺分工梯度 OFDI 的低端价值链和产业转移效应提高了母国出口技术劳动占比，有利于母国产业升级，而逆向技术溢出效应导致低技术劳动密集环节竞争优势加强，降低了出口高技术劳动占比，阻碍了母国出口产业升级，价值链转移和技术溢出的净效应为负。

第三，从技术效应、生产结构效应和规模效应三个方面提出分析框架，采用 WIOD 数据测算中国对 84 个国家的出口增加值技术含量及其三元边际，运用系统 GMM 方法实证检验中国对外直接投资对出口增加值技术含量的影响和三种特定机制的存在性。基本结论如下：（1）对外直接投资通过技术效应、结构效应和总量效应三个渠道提高了母国出口增加值技术含量，实证结果表明技术效应最大，总量效应次之，结构效应相对较小。（2）就出口品类型而言，中国对外直接投资对中间品出口增加值技术含量的正向作用较为突出，大于对总出口的促进效应，而对资本品出口增加值技术含量的促进作用相对较小。（3）就对外直接投资动机类型而言，资源寻求型对外直接投资有效地改善了母国投入产出结构，促进了出口总量增长，进而提高了出口增加值技术含量；市场寻求型对外直接投资对出口增加值技术含量的促进作用较为有限，仅出口总量机制显著存在；技术寻求型对外直接投资对出口技术含量的正向效应高于总体对外直接投资，且其技术效应、结构效应和总量效应都显著存在。

本书遵从标准化的经济学研究范式，将理论研究和实证分析相结合，综合运用了指标构建法、世界投入产出法、回归分析法、文献研究法、归纳演绎法、比较研究法、数理建模法等方法。举例介绍如下：

1. 指标构建法。为区分垂直型与水平型对外直接投资，本书根据《对外直接投资名录》中介绍的企业海外经营内容，划定垂直型和水平型对外直接投资，并构建了相应资本存量的测算方法。另外，本书将出口技术含量指标分解为技术边际、结构边际和规模边际三个指标，用于检验相应机制。

2. 世界投入产出法。为了测度出口增加值及其行业结构、内含劳动要素和技术含量，本书使用了 WIOD 数据和世界投入产出方法，根据投入产出的思想追本溯源计算出口总值中的国内贡献量，并与出口要素内涵测算结合，将劳动要素和技术要素内涵的测度运用到世界投入产出数据中。

3. 回归分析法。基于理论部分提出的研究假说，本书建立实证回归模型，检验 OFDI 对出口增加值及其行业结构、劳动要素结构和技术含量的效应。并使用特定指标、细分样本的方式识别相应的作用机制，例如利用垂直型和水平型对外直接投资资本存量识别出两种 OFDI 的不同效果，将国家样本按照分工梯度分为顺分工梯度和逆分工梯度，国家检验顺逆分工梯度 OFDI 的差异化影响，分别对 OFDI 与出口增加值技术含量技术边际、结构边际和规模边际进行回归以检验三种机制等。

本书的主要创新之处在于：第一，将对外直接投资与出口的关系研究延伸到出口增加值。在全球价值链分工背景下，出口总值不再能代表国内生产的出口，对外直接投资对出口增加值的影响机制可能与对出口的影响机制不同。因此，研究对外直接投资与出口增加值的关系是具有创新性的。第二，将出口增加值问题的研究扩展到出口增加值的行业结构、劳动结构、技术含量问题上，这是出口总量研究无法做到的，是对出口增加值问题研究的扩展和深化。目前出口增加值相关研究较多关注其规模测算问题，其他内涵尚未得到关注。第三，从实证的角度研究水平和垂直对外直接投资问题。本书基于《境外投资合作企业（机构）名录》，提出相应测算方法，得到行业和国家层面的水平、垂直对外直接投资资本存量，从而实现对水平和垂直对外直接投资的实证研究。第四，从发展中国家的角度分析顺逆分工梯度对外直接投资对出口增加值劳动结构的影响。现有的理论研究大多从发达国家角度研究顺分工梯度对外直接投资与母国劳动力市场之间的关系，而发展中国家的顺逆两种分工梯度 OFDI 并存，缺乏针对发展中国家逆分工梯度 OFDI 的研究。第五，现有 OFDI 与出口技术水平的研究大多从逆向技术溢出机制解释和验证，本书从技术效应、投入产出结构效应和出口规模效应三个机制出发，建立分析框架，并提出出口增加值技术含量及其三元边际测算指标，从理论和实证两方面分析 OFDI 影响出口增加值技术含量的多元机制。

本书的学术价值主要体现在以下几个方面：首先，本书是对中国出口问题研究的拓展和深化。目前中国出口问题相关研究较为关注出口的总量、商品结构、产品质量、技术复杂度等问题。然而基于出口总值建立的测算指标体系存在一定偏误，本书分解出口的增加值构成，用出口总值中的国内增加值部分衡量国内生产出口，并在此基础上研究出口增加值的行业投入结构、内含劳动结构、技术含量等问题，将出口研究从最终产品形态层面深入到要素投入层面。其次，是对OFDI与出口关系这一经典研究领域的深化和拓展。传统理论认为OFDI与国内生产出口之间存在简单的替代或互补关系，但本书认为垂直OFDI促进母国"总部服务经济"发展能够优化出口增加值结构。同时，经典理论解释了顺分工梯度OFDI对劳动市场的影响，本书加入了针对逆分工梯度OFDI的探讨，更符合发展中国家国情。另外，在传统的逆向技术溢出理论之外，还提出了OFDI的投入产出结构效应和出口总量效应，形成了OFDI影响出口技术含量的分析框架。第三，是对OFDI的经济效应研究的有益补充。一方面，本书在既有的OFDI分类基础上，进一步考察水平和垂直OFDI、顺逆分工梯度OFDI对出口的差异影响。另一方面，OFDI与出口增加值的行业投入结构、内含劳动结构和技术含量这些内容相对较少受到关注，本书是有益补充。

本书的研究结论对中国制定与出口贸易转型升级相适应的对外直接投资政策有较大启示。第一，就出口增加值总量增长而言，对外直接投资可以作为贸易模式转型的突破口和国内生产出口增长的关键推动力量。例如，利用垂直OFDI与国内制造业中间品的互补关系，促使我国由"制造品组装国"向"制造品关键部件供应国"转变，带动国内增加值出口、提升分工地位。第二，就出口增加值行业结构而言，OFDI能够有效降低制造业出口产品的资源行业增加值占比、提升生产性服务业增加值占比，意味着OFDI对出口产品结构调整和产业升级有重要意义。但值得注意的是OFDI既可能优化出口增加值结构，又可能使出口增加值结构恶化，需要合适的国内产业政策和投资政策保障OFDI的出口增加值结构优化效果。第三，就出口增加值劳动结构而言，要警惕逆分工梯度OFDI高端价值链转出效应引致的高端产业或环节"空心化",充分发挥顺分工梯度 OFDI 的低端价值链转出效应,提高母国出口增加值技术劳动占比。第四,就出口增加值技术含量而言,建议重视 OFDI 对母国出口技术含量的多种作用机制,充分发挥其技术效应、结构效应和规模效应;充分发挥 OFDI 对中间品出口技术含量提高的突出作用;资源寻求型和技术寻求型 OFDI 能够通过技术效应、结构效应和规模效应提高出口增加值技术含量,应当予以引导和支持。

《技术获取型海外并购整合与目标方自主性研究》概要

陈 珧[*]

在如今技术飞速进步、创新要求日益提高的大环境下，很多企业无法拥有足够的时间和能力去自主研发新的技术或增强现有的技术优势。海外并购，特别是技术获取型海外并购作为一种重要的外部知识与技术资源的获取途径，已成为企业内部技术研发的重要补充，帮助提升企业自身的技术创新能力，创造协同潜力，实现跨越式发展。近年来，我国企业海外并购快速发展，其中最为显著的一个特点是制造业、高科技行业的技术获取型海外并购在对外投资中占据越来越重要的位置。对于"走出去"的中国企业来说，完成海外并购仅仅是一个开始，预期协同效应仍然需要通过并购后的整合活动来实现。由于并购整合实施不当而导致并购未能获得预想成功的案例并不鲜见，如何合理地制定和实施并购后整合策略以最大化地实现并购后的协同效应，是众多中国技术获取型海外并购企业所面临的现实难题，也引起了理论界的广泛关注。

在选取什么样的整合行为对于并购最为有利的争论中，从资源基础观出发研究海外并购双方的资源相互关系对于整合影响作用的分析为我们提供了有益的视角。基于企业的资源基础观，并购双方

---

[*] 陈珧，浙江大学经济学博士，现就职于浙江外国语学院。

的资源相似性和互补性通过影响包括整合程度和目标方自主性两个方面的整合实施,为技术获取型海外并购创造协同效应。然而,目前将整合程度与目标方自主性作为并购整合策略的两个维度纳入统一框架内进行研究的文献还较为缺乏,只有极少数的研究同时考察了并购整合行为的这两个方面;更进一步的,目前关于基于并购双方资源联系性的并购整合策略选择,以及整合策略对于技术获取型海外并购协同效应的进一步影响仍属两块割裂的研究,未能形成一条考虑三者之间关系的连贯的逻辑链条。基于资源相似性与互补性视角,如何根据海外并购双方的资源关系来选择最优的整合程度与目标方自主性,达到促进技术获取型海外并购协同效应实现的目的,仍然亟待更为具体的研究。此外,技术获取型海外并购不同于一般性国内并购的一个最大特点在于海外并购中的并购方企业需要面对与目标方之间巨大的制度差异,制度距离(包括如政治和司法规则、经济和市场规则等方面在内的差异性)能够调节企业并购后的整合行为。而在现有海外并购整合领域的研究中,缺乏将基于制度的理论和基于资源基础观的理论结合在一起的研究,这不得不说是目前研究中的一个缺失。

从以上研究背景分析中可以看出,技术获取型海外并购整合是一个复杂的过程,涉及众多影响因素。在以往研究的基础上,本书写作的主要目的在于厘清技术获取型海外并购双方资源联系性、整合策略和并购后协同效应三者之间的内在逻辑,以及探讨海外并购中的制度因素在其中的影响。具体地,本书强调资源相似性、互补性及其交互作用,研究在技术获取型海外并购协同效应最大化的目标下,与并购双方资源相似性与互补性强弱特征相匹配的并购整合程度与目标方自主性策略选择,并且考察海外并购双方制度距离对上述匹配模式的有效性的影响,为中国企业的技术获取型海外并购提供理论和实践指导。

本书主要开展了以下几个方面的研究:

研究一:资源相似性与互补性视角下技术获取型海外并购整合

与目标方自主性的机理研究。本部分研究的主要目的在于通过理论分析与论证，构建基于资源相似性与互补性视角的技术获取型海外并购整合与目标方自主性研究的主要理论机理框架，为后续研究奠定理论基础。本部分研究首先分析技术获取型海外并购中，应如何根据并购双方资源相似性与互补性的不同强弱特征来选择与之相匹配的整合程度与目标方自主性决策，方能实现并购后协同效应的最大化；其后探讨了并购双方制度距离对上述匹配模式有效性的影响，从而构建了不同制度距离下技术获取型海外并购双方资源联系性、整合策略、并购协同效应三者之间关系的综合性分析框架。

研究二：资源相似性与互补性视角下技术获取型海外并购整合与目标方自主性的数理模型研究。本部分将通过数学语言构建一个技术获取型海外并购整合的数理模型，结合前文理论机理部分的思想，根据跨国公司追求并购后协同收益最大化的动机，使用一个垄断竞争模型刻画海外并购双方资源的相似性与互补性、并购双方制度距离等因素在技术获取型海外并购整合阶段中的作用，得出在海外并购双方制度距离高低不同情形下，与并购双方资源相似性与互补性特征相匹配的最优整合程度和目标方自主性的数理表达方式。数理模型的构建紧密地结合前部分理论框架的内容，其推导结果为前文核心理论假设提供了数学逻辑支撑。

研究三：资源相似性与互补性视角下技术获取型海外并购整合与目标方自主性的动态仿真研究。沿着理论研究部分提出的机理分析和数理模型构建，本部分基于资源相似性与互补性及其交互作用视角，探索在海外并购双方制度距离高低不同情形下，根据技术获取型海外并购双方资源的相似性与互补性不同强弱组合选择不同整合程度与目标方自主性对于并购协同效应的动态影响规律。根据理论分析揭示出技术获取型海外并购整合与目标方自主性对并购后协同效应的作用机制，分别构建技术获取型海外并购双方资源相似性、互补性不同强弱组合下选择不同整合程度与目标方自主性对于并购协同效应影响的动态仿真模型，验证并掌握其动态演化规律。

研究四：资源相似性与互补性视角下技术获取型海外并购整合与目标方自主性的中外对比实证研究。根据理论机理、数理模型和动态仿真分析的研究成果，本部分以中国企业技术获取型海外并购事件和韩国企业技术获取型海外并购事件为样本，通过中外对比实证研究，检验在海外并购双方制度距离高低不同情形下，为实现并购后协同效应的最大化，并购双方资源相似性、互补性特征与整合程度、目标方自主性程度之间的匹配效应，同时分析中国样本和韩国样本之间存在的差异，尝试填补现有文献从中外对比的角度进行实证研究的空白。在国内外并购数据库中，选取中国和韩国技术获取型海外并购事件，作为定量评估数据来源的样本集合，采用分层回归分析验证本书核心假设。

研究五：资源相似性与互补性视角下技术获取型海外并购整合与目标方自主性的案例研究。本部分甄选中国企业技术获取性海外并购双方资源相似性、互补性不同强弱组合的典型案例，通过对其资源联系性、制度距离、整合行为、并购协同效果的深入分析，来印证前文理论机理，即在海外并购双方资源的相似性、互补性强弱不同、制度距离高低不同等条件下，为最大化并购协同效应，应与之匹配的最优整合程度与目标方自主性，拓展补充前文章节结论的深度和广度，从而为中国企业技术获取型海外并购整合提供借鉴指导。

本书采用的主要研究方法如下：

在研究一中，综合运用对外直接投资论、资源经济学、组织行为学、过程学派、制度学派等方法，从理论上把握技术获取型海外并购双方资源联系性、整合策略与协同效应三者关系的内在机理及制度距离在其中的影响，形成了一个较为完整的理论框架。

在研究二中，采用数理建模方法，基于微观经济学分析框架，构建一个企业技术获取型海外并购整合的数理模型，用定量化的数学语言刻画了不同情形下技术获取型海外并购的最优整合程度和目标方自主性的数理表达方式。

在研究三中，采用仿真方法对技术获取型海外并购整合的动态过程进行演化仿真研究，弥补静态数理模型的不足，验证掌握与资源相似性、互补性不同强弱特征相匹配的技术获取型海外并购整合与目标方自主性对并购协同效应影响的动态规律。

在研究四中，采用实证检验，选取中国和韩国技术获取型海外并购事件，作为定量评估数据来源的样本集合，利用收集样本企业的公开新闻信息和客观数据资料获取各变量数据，用分层回归分析的方法对本书核心假设进行检验。

在研究五中，综合运用实地调研、二手数据、主题分析、内容分析等研究工具，在此基础上，结合典型案例，对我国技术获取型海外并购企业的资源属性、海外并购制度距离、整合过程以及并购协同效应进行系统性的分析，通过案例横向比较，提炼成功经验及失败教训。

通过分析和论证，本书得到的主要结论如下：

第一，技术获取型海外并购整合程度与目标方自主性对于并购后协同效应的影响并不是单一方向的，而是既有促进作用又有损害作用。整合程度通过技术转移促进知识的流动和融合，通过资源优化配置提高经营效率来促进并购协同，但同时带来冲突和整合成本从而损害并购协同；目标方自主性通过保护研发人员的生产力和生产积极性、保证关键资源和已建立路径的存续来促进并购协同，但同时可能阻碍资源的吸收和共享从而损害并购协同。为发挥整合程度与目标方自主性的积极作用、规避其消极作用，从而达成并购后协同效应的最大化，技术获取型海外并购整合程度与目标方自主性的最优选择不是任意的，而是受到海外并购整合主体本身的特征——海外并购双方资源相似性、互补性强弱，以及海外并购整合发生环境的特征——海外并购双方制度距离的约束。

第二，在技术获取型海外并购双方制度距离较低的情形下，海外并购整合主体本身的特征在海外并购资源转移和整合的过程中起到主要作用，因此并购后整合程度与目标方自主性决策应与并购双方资源的相似性与互补性强弱特征相匹配，方能实现并购后协同效应的最大化。具体来说，在技术获取型海外并购双方制度距离较低的情形下，并购双方资源相似性强、互补性弱，应匹配高整合程度和低目标方自主性程度，有利于并购后协同效应的实现；资源相似性弱、互补性强，应匹配低整合程度和高目标方自主性程度，有利于并购后协同效应的实现；资源相似性强、互补性强，应匹配较高整合程度和较高目标方自主性程度，有利于并购后协同效应的实现。

第三，在技术获取型海外并购双方制度距离较高的情形下，海外并购整合发生环境的特征在海外并购资源转移和整合的过程中起到主要作用，由于制度距离很高，并购交易和后续整合失败的风险大大提高，制度距离的强烈作用使得资源联系性与整合策略之间的匹配效应被消减削弱，整合策略的选择因此更依赖于制度距离本身的影响。在技术获取型海外并购双方制度距离较高的情形下，整合的成本是如此高昂以至于将会超过可能带来的收益；同时保护内嵌在目标方中的资源以及保护目标方员工的合作积极性成为促进并购后整合成功进行的先决条件，此时并购方总是选择低整合程度及高目标方自主性程度，有利于并购后协同效应的实现。

本书的学术创新点主要体现在：

第一，将海外并购整合策略的两个方面——整合程度与目标方自主性程度纳入统一框架，并且阐述和区分了两者在技术获取型海外并购整合阶段的不同作用，这在先前研究中还未有系统性的探讨。

第二，以实现并购后协同效应最大化为目标，探讨了技术获取型海外并购后整合策略选择与并购双方资源相似性、互补性强弱特征的匹配，从而构建了技术获取型海外并购双方资源联系性、整合策略、并购协同效应三者之间关系的综合性分析框架，建立一个更为全面的理论和模型。

第三，特别关注了海外并购不同于一般国内并购的制度因素，考察海外并购双方制度距离高低对于上述资源联系性与整合策略之间匹配模式有效性的影响，从而将制度理论视角与资源理论视角有机结合在一起，对以往单一视角下的海外并购整合研究形成了有益的补充。

最后，综合采用数理模型、动态仿真、中外对比实证研究等多种方法论验证和支撑本书的理论假设，对以往定性的、静态的理论研究形成了适当的、必要的补充，得到对于企业技术获取型海外并购具有借鉴价值的结论和启示。

在本领域的理论推进方面，本书主要做了以下两个方面的工作：

首先，本书基于资源相似性与互补性的角度，考察资源联系性与并购后整合策略的匹配，同时考虑这种匹配对于并购后协同效应的影响作用，形成一条考虑三者之间关系的连贯的逻辑链条。先前研究对海外并购整合的前因（基于并购双方资源联系性的并购整合策略选择）以及后果（整合策略对于并购协同效应的进一步影响）仍属两块割裂的研究，脱离了并购协同效应这一最终目的而仅讨论资源联系性与整合策略之间的关系得到的结论难免有失全面。本书在区分和阐述了整合程度与目标方自主性作为并购整合策略的两个方面对并购后协同效应的不同作用机制的基础上，构建了为使并购后协同效应最大化，技术获取型海外并购双方资源联系性与整合策略之间匹配关系的较为完善的理论框架，对现有理论进行了推进。

其次，本书特别关注了海外并购不同于一般国内并购的制度因素，考察海外并购双方制度距离高低对于上述资源联系性与整合策略之间匹配模式有效性的影响，提出在制度距离高低不同情形下，为实现并购后协同效应最大化，技术获取型海外并购最优整合程度和目标方自主性选择。制度理论和资源理论均为战略管理领域中的经典理论，两者并不互相背离；然而现有海外并购整合领域的研究，通常只从单一理论视角出发研究问题，没有很好地将基于制度的理论和基于资源基础观的理论有机地结合在一起，并且基于制度距离与海外并购整合管理战略之间关系的研究还相当零散和薄弱。本书将制度理论视角与资源理论视角有机结合在一起，形成了更为全面的海外并购整合研究。

同时，本书的研究结论对于中国技术获取型海外并购企业的整合决策亦具有一些现实指导意义：

首先，管理者应该充分认识并购后整合实施对于技术获取型海外并购成功的重要意义。相比于一般性的国内并购，中国企业技术获取型海外并购所要面临的整合难题显得更加突出：一方面，中国技术获取型海外并购企业具备的技术水平、文化背景等普遍与处于发达国家的目标方有一定的差距，加大了资源交互融合的成本，增加了整合的摩擦效应，使得并购的协同收益实现起来比较困难；另一方面，中国技术获取型海外并购企业的经营管理能力在很多时候弱于处于发达国家的目标方企业，因而在并购后阶段可能由于缺乏整合能力或整合策略实施不当，导致目标方管理层和人员流失，影响海外并购协同效应的发挥。因而整合阶段的成败对于技术获取型海外并购的成败至关重要，中国技术获取型海外并购企业应在实践中不断积累海外投资经验，同时注重海外并购整合能力的提升和建设，培养和组织优秀的整合管理团队。

其次，管理者应该意识到，并没有一种固定的整合模式适用于所有类型的技术获取型海外并购：整合程度与目标方自主性程度的高低选择对于并购协同效应的实现有促进作用也有损害作用，不能一概而论。在制定技术获取型海外并购整合策略时，管理者需要仔细地甄别海外并购双方的资源特征以及海外并购的制度环境特征，并以此为依据选择与之匹配的并购整合策略。中国技术获取型海外并购企业应在并购前应搜集信息或借助经验丰富的中介机构对海外目标方的各方面情况以及海外并购所处的外部政治、经济、社会、法律环境等进行审慎、充分的研判和评估，在掌握准确信息的基础上进行最优的并购整合决策。

《出口退税的资源再配置效应研究》概要

王 胜[*]

改革开放以来，中国充分发挥了自身的比较优势，成功地嵌入到全球价值链之中，促进了贸易的规模扩张。但大量的研究表明，尽管中国在全球价值链中的位置有所提升，但总体仍处于中低端环节。Kaplinsky观察到，发达国家作为国际贸易体系的组织者会迫使发展中国家为了获取发达国家跨国公司的外包机会而展开低成本竞争，从而导致发展中国家陷入全球价值链的"低端竞争"和"贫困化增长"的双重难题之中。

中国的出口退税政策经过数十年的调整，制度安排日臻完善，对出口贸易的促进作用举足轻重。出口退税作为调节出口贸易的最直接的贸易工具，长期以来，其制度安排和政策措施都是评估政府支持和鼓励出口贸易的力度和方向的指标。本书将在企业异质性贸易理论的分析框架下，从企业层面和行业层面分析出口退税的资源再配置作用，以及对企业的全球价值链位置的影响，最后从整体层面分析出口退税对中国贸易利益的影响，试图提供一个分析出口退税相对全面和合理的评价框架。

本书的研究内容分为三个部分：理论研究、经验计量以及政策

---

[*] 王胜，中南财经政法大学经济学博士，现就职于暨南大学。

设计。理论研究主要包含两个部分的工作，第一部分是通过企业的全球价值链位置、市场扭曲以及要素价格比等角度，拓展企业异质性贸易理论，第二部分将贸易利得进行分解。经验计量将结合我们的理论发现，用实证的方法研究出口退税的企业层面、行业层面资源配置效应，对企业的全球价值链位置的影响，以及出口退税的贸易利得进行分析。政策设计包括政策评价和政策建议，基于对中国出口退税的资源再配置作用更为准确的认识，对我国的出口退税政策做出更为合理、全面的评价。政策建议工作是结合本书理论、实证工作和我国的经济情况做出合理化的建议。

理论研究部分，首先将企业的全球价值链位置、市场扭曲纳入到企业异质性贸易模型。本书结合以 Melitz 为代表的企业异质性贸易理论以及 Dixit 和 Grossman 的连续生产理论，将企业的全球价值链位置特征纳入企业异质性贸易模型之中，纳入市场扭曲，分析出口退税的资源再配置作用；将企业的全球价值链位置内生化，观察出口退税是如何影响企业的全球价值链位置，并观察全球价值链位置的变化是如何影响出口退税的资源再配置作用。其次对出口退税的贸易利得进行分解，从而对贸易利益理论进行了相关的补充。在两国对称且存在市场扭曲的模型假设下，在不同的要素价格条件下，企业在全球价值链上的移动，出口退税政策对贸易利得的影响是异质性的。进一步地，借鉴钱学锋等的分解方法，本书将消费者福利拆分成四个部分：生产率效应、产品种类效应、产品差异化效应和全球价值链位置矫正后的贸易条件效应，从而分解出口退税影响贸易利益的机制。

经验计量部分，首先分析出口退税的企业层面、行业层面资源配置效应。基于理论预测的结果，本书利用中国工业企业数据库、海关数据库和出口退税文库的合并数据，分析出口退税政策的调整如何影响出口部门和非出口部门企业生产率。并且，利用更为精确的方式计算市场扭曲程度，从而分析出口退税在行业层面的资源配置效应。其次，研究出口退税对企业的全球价值链位置的影响。

基于理论预测的结果，利用世界投入产出表，计算企业层面全球价值链位置的具体数值，利用双重差分方法分析出口退税政策对企业的全球价值链位置的影响方向及程度。同时，观察不同全球价值链位置上，出口退税对企业层面和行业层面的资源再配置效应。最后分析出口退税的贸易利得。从整体层面，分析出口退税对贸易利益的影响，并通过数值模拟比较出口退税对贸易利得的影响。进一步地，从静态的福利分解出发，通过数值模拟观察出口退税政策对福利四个部分的影响。

政策设计部分是基于以上的理论工作和经验分析工作，本书的政策设计从两个部分出发：一是进一步优化出口退税政策，推进我国外贸科学发展。建立现代化经济体系，进一步地发挥出口退税政策的资源再配置作用，促进企业的合理发展和进入、退出，形成良好的市场竞争氛围。进一步地，出口退税政策应当注重引导企业发挥自身优势，灵活调整其全球价值链位置，从而改善我国价值链位置矫正的贸易条件。二是完善市场环境建设，加强市场在资源配置中的作用。在改革一盘棋的思路下，既推进出口退税政策自身改革，又与国家其他各项改革协调，降低市场上各项资源的扭曲配置。

本书的主要观点：第一个是在两国对称的模型下，出口退税政策在整体层面促进生产率的进步。具体而言，出口退税政策提高了进入本国市场的生产率门槛，降低了进入出口市场的生产率门槛，尤其是在中高技术行业样本中发挥了正向的企业间资源再配置的作用。第二个是出口退税政策减少了市场扭曲的资源误置作用，发挥了行业层面的资源再配置作用。采取了双重差分方法克服了潜在的内生性之后，出口退税政策发挥了行业资源再配置作用，特别是对出口市场的优化作用上更为明显。第三个是出口退税政策推动出口企业向全球价值链的上游转移。2004年的出口退税改革带领出口企业向价值链的上游移动，并且随着全球价值链位置的升高，出口退税的企业层面资源再配置作用逐步升高，而行业层面的资源再配置作用逐步减弱。第四个是出口退税改善了我国的贸易利得。具体而言，出口退税提高了本国的人均产出，改善了产品种类效应；另一方面，恶化了全球价值链矫正的贸易条件、减少了产品的差异程度。出口退税带来贸易利得的改善绝大多数是由生产率效应带来，这进一步肯定了出口退税的资源再配置作用。

基于以上的主要结论，我们得到的主要的政策建议包含两个部分：一是进一步优化出口退税政策，推进我国外贸科学发展。本书的实证结果证明，出口退税制度的企业层面和行业层面的资源再配置作用存在重大意义和合理性。我国的出口退税政策在长期实践中进行了不断的调整，就整体而言，出口退税的企业层面和行业层面的资源再配置促进了生产率的提高，使得中国在参与世界贸易时获益，就这个角度而言，出口退税政策的成绩是应当得到肯定的。建立现代化经济体系，相应要求建立现代化的财税体系，出口退税政策作为财税政策、贸易政策和产业政策的综合，进一步地发挥其资源再配置作用，促进企业的合理发展和进入、退出，形成良好的市场竞争氛围。同时，从理论模型和经验分析上，本书的研究证明，出口退税政策可以有效地减轻市场扭曲的资源误置作用，促进企业的优胜劣汰机制，通过减少市场扭曲，促进行业层面生产率进一步提高。进一步地，出口退税政策应当注重引导企业发挥自身优势，改善价值链位置矫正的贸易条件，从而进一步提升对外贸易的福利利得。二是完善市场环境建设，加强市场在资源配置中的作用。本书的研究发现，市场扭曲与行业平均生产率、部门间生产率差距成反比。因此，降低市场扭曲，可以进一步地提高企业的生产率水平。围绕建设现代化经济体系，党的十九大做出了一系列重大战略部署，进一步降低市场扭曲，加强市场在资源配置中的作用。在改革一盘棋的思路下，我们既要推进出口退税政策自身改革，又要与国家其他各项改革协调，降低市场上各项资源的扭曲配置，进一步释放国内发展活力与潜力，推动经济发展模式转型，积极加入到国际市场之中。

本书的研究方法包括文献解析、数理建模、计量分析和数值模拟。文献解析主要在文献述评和出口退税政策特征归纳上运用。在文献述评部分，分层次将出口退税、资源再配置与全球价值链的文献进行梳理。在政策演变章节，解析政府的相关文件和管理办法，为理论分析和数理模型确定研究对象并界定基本概念，以期达到理论与现实逻辑一致的状态。数理建模主要运用在本书核心理论章节。在企业异质性贸易理论的框架下，基于连续生产阶段模型，考虑国内存在市场扭曲的情况下，逐步分析出口退税政策对企业生产率、市场扭曲以及全球价值链位置的影响，并得到本书的五个理论假说。计量分析主要运用在利用中国的微观数据对理论假说进行论证时。为了结果的稳健性，采用不同的计量方法和样本进行稳健性分析。利用倾向得分匹配方法进行样本匹配，反事实模拟分析出口退税政策对生产率差异的影响。为了克服潜在的内生性问题，采用双重差分模型进行分析。数值模拟主要运用在对整体福利的测度和分解。根据已有文献的经验做法和中国数据，对参数进行赋值，从而比较出口退税政策对整体贸易福利的影响方向。进一步地，得到出口退税政策对贸易福利四个部分的具体影响数值。

本书的学术创新点体现在三个方面。第一，补充了出口退税政策与全球价值链的理论研究。本书通过在一个统一的理论模型下分析出口退税对企业全球价值链位置的影响，在此基础之上利用中国的数据进行经验估计，从而在理论和经验层面拓展了企业异质性贸易理论的全球价值链研究视角。第二，在垄断竞争模型框架下分析出口退税的政策影响。绝大部分对出口退税的理论分析均是建立在寡头模型的运用上，用以解释分析其对企业行为和福利的影响。然而，马捷分析发现，寡头模型分析出口退税政策的效果并不稳健，刘晴和严雷从我国企业的出口产品出发，发现产品主要集中于低产品价值环节，并不存在明显的垄断力量，因此寡头模型并不符合我国国情。本书在垄断竞争模型的基础上，纳入出口退税政策变量，从而分析出口退税政策对企业、行业和国家的影响。第三，更为精确的市场扭曲指标测度。目前，测度市场扭曲的方法是沿袭 Hsieh 和 Klenow 的方法，利用收益型生产率的分散程度衡量扭曲。但 Foster 等的研究发现，收益型生产率的分散程度包含三个方面：需求冲击、物质型生产率和市场扭曲，因此 Hsieh 和 Klenow 的方法会扩大扭曲的程度。本书利用 Foster 等的方法，对中国的市场扭曲进行准确测算，从而评估出口退税在行业层面的资源再配置作用。

本书的学术价值首先在于探索构建出口退税与资源再配置之间的理论联系。关于出口退税资源再配置的理论研究尚显不足，这些不足激发了本书的研究动机，并尝试构建数理模型。本书中，我们利用理论模型描绘出口退税对企业间资源配置的作用。进一步地，还分析了存在市场扭曲的情况下，出口退税对市场扭曲的影响，从而刻画其行业层面资源再配置作用。然后，从理论层面将出口退税的贸易利得分解剖析。其次是拓展出口退税的福利评价和机制分解视角。出口退税政策的经验研究大多关注出口退税对出口规模、出口决策等方面的影响，但缺乏一个统一的框架将出口退税影响的机制包络起来。本书在纳入企业全球价值链位置的生产结构下，分解出口退税的贸易利得，从而观察到在中国特定的要素价格条件下，企业向价值链的下游或上游移动，对出口退税的贸易利得存在结构性影响。再次是构建企业异质性贸易模型与全球价值链模型之间的桥梁。以 Melitz 为代表的企业异质性贸易理论和以 Antràs 为代表的全球价值链理论，其主要关注企业生产率异质以及企业参与国际分工的行为。在国际分散化生产已成为世界经济不可忽视的经济背景下，这二大模型之间需要一个理论的桥梁。本书尝试将企业的全球价值链位置特征纳入企业异质性贸易模型之中，期望能丰富企业异质性贸易理论下的全球价值链研究视角。

《农业面源污染的环境损害经济评估研究》概要

刘朝阳[*]

目前,我国农业面源污染问题形势严峻,存在一定的环境、经济和健康风险与危害。根据《第一次全国污染源普查公报》显示,从污染源的数量上来看,我国农业面源污染源数量已达 2899638 个,占全国污染源总数的 48.93%。从污染的程度上来看,农业面源污染的年均总氮流失量高达 270.46 万吨,年均总磷流失量高达 28.47 万吨,年均化学需氧量(COD)为 1324.09 万吨。从污染的危害程度上来看,生态环境方面,农业面源污染关键污染因子包括农药化肥中持久性有机物、非持久性有机物和重金属,会对土壤带来不可逆转的污染,使水体的生态系统服务功能下降,会使大气的温室效应和雾霾加重;经济损失方面,农业面源污染还没有一个系统性的估算和统计数据,但其每年对种植业、畜牧业、养殖业和水产业均造成巨大的经济损失;环境健康方面,上述农业面源污染关键污染因子会通过土壤、水体、大气和食物等途径对人体健康产生风险和危害,进而造成经济损失。因此,开展农业面源污染的环境损害经济评估势在必行。

---

[*] 刘朝阳,中南财经政法大学应用经济学博士,现就职于中南财经政法大学。

本研究通过查阅大量文献，在借鉴国内外环境损害评估研究经典模型的基础上，以农业面源污染的环境损害经济评估为主题，以生态健康理论、市场失灵理论、环境资源产权理论和环境价值理论为基础，分析我国农业面源污染面临的现状和可能存在的危害，构建出一套相对科学的农业面源污染环境损害经济评估方法，筛选出一套相对合理的经济评估指标体系，并通过相关专家的调研运用模糊综合评价法验证评估体系的科学性和有效性等特性，最后结合江汉平原洪湖流域的农业面源污染特征开展实证研究，核算环境自身、直接经济和环境健康损失，基于"压力—状态—响应"的逻辑分析框架提出农业面源污染治理对策建议。

本书主要由四大部分内容组成：

第一部分为导论，主要介绍本书的选题背景，并阐明本研究的理论意义和现实意义。就理论层面来说，本书研究的农业面源污染问题从环境损害的经济评估角度入手，对进一步丰富农业面源污染经济影响因素理论和农业面源污染防控理论等与面源污染相关理论有很大的帮助；就现实意义方面，农业面源污染是环境污染中较为特殊的一类，我国自古便是农业大国，但却并非农业强国，全面开展因农业面源污染带来的环境损害经济评估，并对相应污染进行治理，不仅是当前生态文明建设的需要，也会对我国经济全面协调可持续发展产生深远影响。同时，本书对国内外与本研究相关的研究动态进行综述，并对相关研究开展研究述评，进而提出研究的技术路线和研究方法，最后介绍本书的框架和可能的创新点。

第二部分为本书基础部分，主要包括第二章和第三章。第二章是对与本研究相关的理论基础和实践研究的分析总结，分析了我国环境损害经济评估的概况和类型，以及对农业面源污染环境损害进行经济评估的必要性。研究显示，农业面源污染的环境损害经济评估内容包括运用经济学的方法评估污染带来的环境自身、社会经济及环境健康损害的各种损失、危害或后果。我国农业面源污染目前总体形势严峻且造成的环境、经济和健康危害较大。因此，开展农业面源污染的环境损害经济评估势在必行。第三章对我国农业面源污染现状特征和引发的途径、原因进行了深入分析，并进一步剖析农业面源污染对生态环境、经济和健康等三个方面带来的危害。生态环境方面，农业面源污染关键污染因子为农药化肥中持久性有机物、非持久性有机物和重金属，会对土壤带来不可逆转的污染，会使水体的生态系统服务功能下降，会使大气的温室效应和雾霾加重；经济损失方面，农业面源污染还没有一个系统性的估算和统计数据，但其每年对种植业、畜牧业、养殖业和水产业均造成巨大的经济损失；环境健康方面，农业面源污染产生的上述关键污染因子会通过土壤、水体、大气和食物等途径对人体健康产生风险和危害，进而造成经济损失。

第三部分为本书核心部分，包括第四章、第五章、第六章、第七章共四章内容。其中，第四章按照农业面源污染引起的环境自身损害大小、物理程度的确认和环境自身损害的物理量货币化三个步骤，构建农业面源污染环境自身损害的恢复方式评估方法和传统经济评估方法，并对两类方法中的具体评估方法进行比较和归纳；按照农业面源污染负荷评估和污染直接经济损失评估两个步骤，结合农田土壤侵蚀经济损失评估、畜禽养殖经济损失评估、水产养殖经济损失评估和农村生活污染经济损失评估等四个方面，以 Johnes 输出系数法和环境价值评估法为基础，构建农业面源污染直接经济损失评估方法；按照环境健康风险评估和污染健康损害经济评估两个步骤，结合风险危害的识别、剂量—反应评估、暴露评价和风险表征等评估步骤，以环境健康风险评估模型和人力资本法为基础构建农业面源污染环境健康损害的经济评估方法。第五章为农业面源污染的环境损害经济评估指标体系的构建，根据指标体系构建的科学性、逻辑性和系统性等六大原则和借鉴国内外研究成果、考虑经济影响因素和评估核心目标等三点依据，在指标体系构建的基础性、指南性、依据性和推广性四个目标统领下，结合农业面源污染的环境损害经济评估方法和相关计算模型，按照"指标框架—指标类别—指标集—指标项"的逻辑思路,分别对农业面源污染环境自身损害的经济评估指标、农业面源污染直接经济损失评估指标和农业面源污染环境健康损害的经济评估指标进行了筛选和归纳。第六章采用模糊综合评价法(F-AHP)从评估体系应具有的六个方面的特性进行了整体评价,并对农业面源污染环境损害经济评估三个方面——环境自身损害经济评估、污染直接经济损失评估和污染健康损害经济评估的影响因素进行了分析。

第七章以江汉平原洪湖为例开展了农业面源污染环境损害经济评估的实证研究。运用前文构建的方法和指标体系开展研究,从2015年洪湖农业面源污染的自身损害经济损失、污染直接经济损失和污染健康损害经济损失三个方面进行了评估。结果显示,2015年洪湖流域农业面源污染的环境自身损害经济损失为75000万元,面源污染的直接经济损失为19163.65万元。农业面源污染环境损害的致癌风险和非致癌风险均在可接受水平,因此其对洪湖流域未造成明显健康损害经济损失。

第四部分是本书的总结部分,主要包括第八章和结论与展望两部分内容。一方面,根据洪湖流域农业面源污染相关实证结果深入分析,并应用经典的"压力—状态—响应"模型对农业面源污染治理提出对策建议,主要包括六点"响应"治理对策:一是建立和完善农业面源污染防治法规体系,二是宣传和提高农业面源污染环保意识,三是探索科学的农业面源污染分类控制模式(土壤侵蚀、畜禽养殖污染、水产养殖污染和农村生活污染途径),四是建立农业面源污染的环境损害经济评估长效机制,五是建立和健全农业面源污染监测评价与预警体系,六是建立农业面源污染控制补偿保障机制。另一方面,对全文进行了全方位的总结,既回顾本书整体研究过程,又总结分析研究结论并提出研究展望。

本研究在充分吸收和借鉴国内外关于农业面源污染和环境损害经济评估方面的理论与实践应用的基础上,对农业面源污染的环境损害经济评估方法、指标及其相关问题进行了有益探索,可能的创新点包括：

第一，研究视角方面。本研究在充分梳理国内外文献的基础上发现，当前国内外对于农业面源污染的形成、量化模型建立、污染防治措施等各方面均开展了较为丰富的研究，但综合量化其带来的生态环境、社会经济和人群健康损失方面涉及较少。另外，环境损害评估本身是一个环境、经济、法律、医学等学科交叉的新兴研究领域，研究热点集中在点源污染的损害评估上，而面源污染更是未曾涉及。因此，对农业面源污染开展环境损害经济评估，其在研究视角上具有一定的挑战性、原创性和创新性。

第二，研究理论方面。在国内外的研究中，涉及农业面源污染研究的理论更多是在市场失灵理论、环境资源产权理论和环境价值理论三个方面，而本研究以生态系统健康理论为基础，从环境、经济和健康三个角度阐明和评估农业面源污染造成的经济损失，并依此而提出相应的治理对策，这一全新的角度是对生态系统健康理论的有益补充和拓展。

第三，研究内容方面。首先，从研究内容的逻辑性上看，从农业面源污染的严峻现状和造成的环境、经济和健康三大危害角度，引出环境损害经济评估的必要性，然后依次构建环境自身损害、直接经济损失和环境健康损害经济评估的方法和指标，并对评估体系开展模糊综合评价（F-AHP），验证其科学性和有效性等特性。其次，从研究内容的实践性和应用性上看，针对江汉平原洪湖的农业面源污染开展实证研究，最后基于生态系统健康理论中经典的"压力—状态—响应"模型对农业面源污染提出对应的治理对策。因此，本研究无论是从农业面源污染还是从环境损害评估来看，均是对以往研究内容广度和深度的一种创新。

第四，研究方法方面。一是，经济学方法与环境科学方法相结合的创新。本研究中开展的农业面源污染环境损害经济评估，其中涉及许多传统的经济学模型和方法，例如环境价值评估法中的市场价格法、人力资本法等，但是许多具体的经济评估方法指标，例如地表水中重金属的浓度，流域总氮、总磷和化学需氧量等水质指标，均运用了环境科学的方法进行实地布点和采样，并运用了实验室分光光度法、原子荧光法等实验方法进行测定。其数据的可靠性和准确性较之以往的研究具有明显优势。二是，地理信息系统 GIS 方法与环境损害评估方法相结合的创新。本研究在构建全新的农业面源污染环境损害经济评估方法和指标的基础上，创新性地将 GIS 研究法引入环境健康损害经济评估，得到重金属含量和区域健康风险的空间分布图，有利于更加直观地对相关数据的空间分布特征和变异情况进行具体分析，更加科学合理地将该数据作为环境健康损害经济评估中健康风险评估阶段的重要依据。

从现实角度出发，农业面源污染的环境损害经济评估仍然是一种探索性的研究。虽然本研究在国内外相关研究和实践案例的收集和整理方面投入了较大的时间和精力，并对经济评估方法的建立和指标体系的筛选构建进行了全面的论证，但仍然无法克服研究基础薄弱、研究条件和数据获得方面的限制。因此，还存在许多不足与局限性，尚有需要进一步深入研究的地方：

一是，在农业面源污染环境自身损害的经济评估方面，环境价值评估法只是一种将环境资源恢复的货币化手段，只能反映环境资源的一种或一方面的价值损失，并不能完美地反映环境资源的各种价值损失，例如：市场价格法就只能反映该环境资源的直接使用价值损失。另外，环境资源的许多功能和价值是不能直接通过或间接通过市场价格来体现的，例如：虽然降解化学需氧量含量均有许多化学和生物的方法，但是市场上却没有一个统一的修复价格，故无法用经济价值的损失来衡量农业面源污染中含氯类有机物造成的环境自身的损害。而农业面源污染中的恢复方案式评估方法是以恢复环境资源为目标，它将环境资源恢复至基线状态和恢复其所有的功能和价值纳入评估范围，能充分反映环境价值的全面性。但是，这种恢复方案式评估方法就需要大量的历史文献资料和长期性的实地检测工作来完成方法中的评估指标数据，在快速和简易性方面不如环境价值评估法。因此，在今后的研究中，针对农业面源污染环境自身损害的经济评估应将替代等值分析法中的资源等值分析法，和环境价值评估法中的市场价格法相结合，使环境自身损害的经济评估更全面地开展。

二是，在农业面源污染直接经济损失评估方面，将关键污染因子中有机氯类化合物反映的化学需氧量含量造成的直接经济损失用 Logistic 模型进行核算，是本研究在洪湖流域实证中结合已有研究对化学需氧量造成的直接经济损失的一次初步探索。另外，由于研究区域洪湖现在正大力发展生态旅游业，农业面源污染因其广泛性的存在也会对旅游业的经济带来直接影响，故本研究的农业面源污染造成的直接经济损失只体现了洪湖流域农业面源污染的最低估值，并不全面和完善，需要在今后的研究和评估中继续开展。

三是，在农业面源污染健康损害经济评估方面，针对洪湖流域实证应用的经验，还需要从以下四个方面完善，以减少健康风险的不确定性：（1）丰富环境健康风险评估类型，从研究单一的地表水污染逐渐丰富到土壤、沉积物等介质；（2）扩大环境健康风险评估区域，不仅以洪湖湖面为研究区域，更要扩大到整个流域的代表径流；（3）丰富环境健康风险关键污染因子种类，对农业面源污染持久性有机物即含氯类有机物环境健康的非致癌风险和致癌风险加以评估；（4）提高环境健康风险评估模型参数的合理性，根据研究区域居民体征及生活习惯上的实际状况设置更科学和客观的参数，从而进一步提高评估的准确性。

《中国广义价格指数编制与货币政策应用研究》概要

丁 慧[*]

本书紧密结合新时代货币政策调控实现更广泛意义上的整体价格水平稳定的政策取向，基于我国长期存在的消费物价与资产价格"结构性"价格上涨的典型性事实，剖析居民消费价格指数（CPI）在衡量总体价格水平方面存在的偏差，讨论盯住 CPI 的货币政策可能造成的系统性潜在风险。在此基础上，本书系统梳理了已有的广义价格指数经典编制方法，结合中国价格体系运行特征，综合运用贝叶斯动态因子模型和向量自回归模型等系列计量方法编制符合中国实际的广义价格指数。比较分析广义价格指数与居民消费价格指数在动态特征方面的差异；从广义价格指数通货膨胀预测、"稳物价"与"平周期"协同以及货币政策中介目标选择三大方面分析了广义价格指数在货币政策调控中的应用价值。

众所周知，中央银行能否选择正确的通胀目标进行政策搭配，直接关乎货币政策的调控效果。长期以来，作为衡量总体价格水平的核心指标，CPI 一直是中国中央银行实施金融宏观调控的主要依据。以 CPI 通胀为主要目标的货币政策框架，虽有助于增强货币政策的规则性和透明度，但当 CPI 指标存在偏差或问题时，盯住 CPI 的货币政策则可能造成系统性的潜在风险。近年来，在经济全球化

---

[*] 丁慧，南京大学经济学博士，现就职于南京财经大学。

加速推进、金融业快速发展和金融资产规模持续膨胀等多重因素的影响下，消费物价总体平稳和资产价格频繁波动并存、实体经济部门和金融部门价格运行分化背离成为我国宏观经济运行中的"新常态"。"结构性"价格上涨成为通货膨胀的主要表现形式，资产价格上涨向消费物价的传导效应显著下降；加之 CPI 所涵盖的内容在整个经济体系中的代表性不断降低，致使我国货币当局锚定的 CPI 在衡量总体价格水平上的准确性呈现下降趋势。

在此背景下，央行继续采用 CPI 作为货币政策调控主要依据，可能会将经济中的价格上涨压力从一般商品与劳务部门转移至资产领域，在 CPI 表征的物价稳定表象下，纵容资产泡沫，加剧金融失衡，积聚金融风险，最终难以真正实现总体价格水平的稳定。新时代如何在维持物价稳定的同时有效应对资产价格的频繁波动，成为我国金融宏观调控部门面临的重大挑战，也引起了中央决策层的高度关注。本书提出新时代货币政策调控应摒弃仅盯住 CPI 的传统做法，关注包括资产价格在内的广义价格水平，研究更科学衡量总体价格水平的方式、方法，探索编制纳入资产价格的广义价格指数并应用于货币政策调控实践，助力货币政策调控实现更广泛意义上的物价稳定，有效维护金融稳定，确保中国经济行稳致远。

本研究具有重要的理论价值。第一，丰富了通货膨胀指数修正理论。总体而言，现有关于广义价格指数的研究文献还比较少，且既有相关研究大多围绕广义价格指数的编制来展开，而对广义价格指数编制的理论依据、预测和货币政策应用问题涉及较少。本书关于广义价格指数编制与货币政策应用价值的系统研究，可作为这一研究领域的很好补充。第二，拓展了菲利普斯曲线的理论研究。"菲利普斯曲线扁平化"问题是近年来的理论热点。国内外关于菲利普斯曲线扁平化的文献通常采用 CPI 作为通胀指标。本书提出 CPI 难以准确反映真实通胀水平，将广义价格指数纳入菲利普斯曲线理论框架，检验菲利普斯曲线扁平化假说，研究结论可为后续相关研究提供理论借鉴。第三，提供了对中国"货币之谜"的新解释。国内外学术界围绕中国"货币之谜"进行了多角度分析，但忽视了CPI在衡量总体价格水平上的偏差对"货币之谜"的影响。本书将广义价格指数作为新的通胀衡量指标，检验广义价格水平与货币供应量之间的关系，为理解"货币之谜"提供了新的视角。

同时，本书的研究结论也具有重要的现实意义。第一，为新时代中国货币政策调控提供了有效的通胀"锚"。本书编制纳入资产价格的广义价格指数，并研究广义价格指数在货币政策调控中的应用，一方面有助于缓释长期以CPI为单一通胀目标的传统调控模式带来的潜在风险，助力货币政策实现更加广泛意义上的物价稳定；另一方面也可缓解公众对现有通货膨胀测度指标CPI的质疑，有利于央行与公众之间的沟通，提高我国货币政策的有效性。第二，为中国货币政策实现经济周期波动与通货膨胀之间的动态平衡提供政策参考。本书研究发现广义价格指数通货膨胀与经济周期波动之间呈现较高的协同性，困扰货币当局的"菲利普斯曲线扁平化"并不存在。从货币政策实施的角度来看，广义价格指数测度的通货膨胀与经济周期波动之间更为协同，运用广义价格指数测度通货膨胀，可以更好地实现通货膨胀与经济周期的动态平衡。第三，为现阶段中国货币政策中介目标的选择提供依据。本书论证了货币量指标与广义价格指数之间存在着稳定可靠的联系，意味着货币政策操作采纳广义价格指数，货币政策中介目标的选择仍需坚持数量导向。

本书指出，准确测度通货膨胀是央行实施货币政策有效治理通货膨胀、维持物价稳定的基本前提。当前中国用于测度通货膨胀水平的核心指标是居民消费价格指数（CPI），但居民消费价格指数在衡量总体通胀水平方面存在偏差，并不能准确反映真实的通货膨胀水平，易导致货币当局对通胀形势做出误判，削弱货币政策的有效性，甚至威胁宏观经济的稳定。因此，修正现有通货膨胀衡量指标，更加准确地测度总体通胀水平，既具有重大的现实意义，也具有重要的学术价值。

在经济全球化加速推进、金融快速发展以及中国长期存在"资产短缺"的重大现实背景下，中国经济运行呈现出资产价格剧烈波动与一般消费品价格水平相对平稳长时期并存、虚拟经济部门与实体经济部门的价格水平运行明显背离的典型性事实，中国通货膨胀形成机理发生了深刻变化。基于此，本书将通货膨胀指数修正研究的视角由传统针对 CPI 自身的修正转换到通货膨胀指标的重新选择。本书综合中国现有的主要价格指数，综合运用理论模型与计量方法编制了符合中国实际的广义价格指数，以之作为衡量中国通货膨胀水平的新指标，并对这一新通胀指标在我国货币政策实施方面的应用价值进行了深入分析，研究发现货币当局采纳该通胀指标可以更加准确地测度总体通胀水平并提高货币政策的有效性。具体而言，本书的研究主要从广义价格指数编制的必要性、广义价格指数编制的具体过程，以及广义价格指数的货币政策应用价值三方面逐步展开。

  本书的研究首先对现有通胀衡量指标 CPI 进行剖析：什么是 CPI 指数？其产生和发展历程是什么？编制 CPI 指数的目的是什么？编制程序是什么？CPI 在衡量通胀方面存在哪些问题？为什么对 CPI 自身的修正不能完全解决其通胀测度失真问题，而要构建新的通胀指标——广义价格指数来加以解决？由于通胀形成机理与表现形式发生深刻改变，致使 CPI 在衡量整体价格水平方面的准确性下降，这使得 CPI 在测度通胀水平方面存在明显偏差。在此背景下，如果央行货币政策的制定与实施依然采用 CPI 作为主要甚至唯一的通胀衡量指标，会产生什么后果？现行以 CPI 通胀率为主要目标的货币政策框架存在哪些缺陷？通过对以上这些问题的深入分析，本书提出编制广义价格指数的必要性和重要性。

  在广义价格指数编制过程中，笔者首先对已有的经典广义价格指数编制方法进行剖析，提炼出可供借鉴之处，为本书广义价格指数的编制奠定方法基础。然后运用新近发展起来的贝叶斯动态因子模型，采用多种成分价格指数，编制中国的广义价格指数。笔者认为，我国广义价格指数的编制，除了应纳入居民消费价格指数、股票价格指数与房地产价格指数外，还需纳入 PPI 指数与 PPIRM 指数。

主要原因是我国长期存在 PPI 与 CPI 之间传导的阻滞，致使 CPI 并不能完全反映实体经济领域价格水平的变动。对广义价格指数和居民消费价格指数的动态特征进行比较分析，可以发现二者存在显著差异。从广义价格指数测度的通货膨胀与居民消费价格指数测度的通货膨胀在动态特征方面的差异切入，本书对广义价格指数在货币政策方面的应用价值进行了总体分析。

本书编制纳入资产价格的广义价格指数，目的在于为我国货币政策调控提供新的通胀"锚"，助力货币政策更有效地治理通货膨胀、实现更加广泛意义上的整体价格水平稳定。本书结合广义价格指数的动态特征，深入探讨了中国广义价格指数在货币政策调控过程中的具体应用价值：（1）在通货膨胀预测过程中的应用价值；（2）在实现"稳物价"与"平周期"协同过程中的应用价值；（3）在货币政策中介目标选择过程中的应用价值。

本书基于对已有通货膨胀预测方法的梳理与总结，构建基于动态模型平均的时变向量自回归模型预测中国的广义价格指数通货膨胀。在允许模型解释变量动态选择、变量系数时变的基础上，重点考察模型维度和系数时变程度动态选择的通胀预测效果。模型维度和系数时变程度动态选择允许根据经济状态的变化动态选择包含不同信息量的通胀预测模型，弥补了已有通胀预测模型无法兼顾不同经济状态下通货膨胀特征的不足，在最大限度地综合有效利用宏观经济信息的同时，有效降低了预测模型维度固定带来的预测不确定性。预测结果表明，在考虑预测模型变量时变与系数时变的同时，允许预测模型维度和系数时变程度动态选择可以优化通胀预测的精确度，优于单一维度时变向量自回归模型，以及允许变量动态选择的贝叶斯模型平均预测模型。

对于中国央行而言，货币政策的制定与实施，从最终目标来看，不仅仅是稳定物价，还包括经济周期的熨平。近年来，由于居民消费价格指数（CPI）通胀率对经济周期变化的敏感程度下降，菲利普斯曲线呈现出扁平化趋势，这使得中国货币政策"稳定物价"和

"熨平经济周期"目标的实现面临挑战。因此，对于货币当局而言，采用广义价格指数作为新的通胀指标，需要考虑广义价格指数测度的通货膨胀与经济周期变动之间的协同程度如何，即考察纳入广义价格指数的菲利普斯曲线形状如何。理论模型分析与实证检验表明，如果采纳广义价格指数作为通货膨胀的衡量指标，菲利普斯曲线扁平化趋势并不存在；从货币政策实施的角度来看，广义价格指数测度的通货膨胀与经济周期波动之间更为协同。运用广义价格指数测度通货膨胀水平，可以更好地实现通货膨胀与经济周期之间的动态平衡。

  由于货币政策发挥作用存在一定的时滞，因此需要借助于货币政策中介目标对货币政策最终目标的实现程度进行前瞻性的研判。货币政策中介目标作为货币政策传导过程中的关键性环节，在很大程度上决定着货币政策最终目标的实现效果。中国货币政策到底应该以什么指标作为中介目标，货币量抑或利率，长期以来争论不已，至今并未取得一致。近年来，随着利率市场化的逐步推进，以及CPI与货币量指标之间关联度的逐步下降甚至"脱钩"，主张淡化货币政策的数量中介目标、更多地关注价格型操作目标的学术观点逐渐增多。本书提出由于预算"软约束"等问题的存在，利率传导机制尚未完全理顺，还不能完全放弃数量型调控，数量型工具在货币政策调控中仍发挥着重要的作用。判断某一指标是否适合充当货币政策中介目标，关键是考察这一指标与货币政策最终目标之间是否存在稳定可靠的联系。本书运用广义价格指数作为衡量总体价格水平的新指标，对价格变动与货币量变动之间的关联性进行计量分析。实证结果显示：广义价格指数与货币量的关联度大于CPI，运用VAR模型进一步的动态时序分析发现：货币量变动对广义价格指数衡量的通货膨胀的影响较大且持续时间长，广义价格指数衡量的通货膨胀对货币量变动敏感。研究发现，在货币政策实施过程中，货币供应量的变动与广义价格指数衡量的通货膨胀之间存在稳定可靠的关系，现阶段以货币供应量为中介目标仍然是恰当的。由此，本书提出当货币政策操作采纳广义价格指数，货币政策中介目标选择的数量导向仍须坚守。

基于研究结论，本书形成了以下学术观点：

第一，我国有必要编制衡量总体价格水平的广义价格指数。我国目前通胀测度核心指标居民消费价格指数（CPI）并不能准确测度真实的通胀水平。由于通货膨胀机理发生深刻变化，简单地调整CPI自身的权重难以实质性地解决CPI在通胀测度方面的缺陷，而将房地产价格直接纳入CPI的编制过程，不仅存在基本概念层面的问题，也与中国经济发展阶段不相适应。因此，通货膨胀指数的修正应从CPI自身的修正转向通货膨胀指标的重新选择。从可操作性的角度看，综合现有的主要物价指数，编制反映更加广泛意义上的整体价格水平的广义价格指数具有必要性和现实性。

第二，货币当局采用广义价格指数作为通货膨胀指标，有助于货币政策实现通货膨胀与经济周期波动之间的动态平衡。对于处在发展加转型阶段的中国而言，货币政策的制定与施行，从最终目标来看，不仅需要稳定物价，还需要有效熨平经济周期波动。货币政策操作实现经济周期与通货膨胀之间的动态平衡，有赖于通货膨胀与经济周期之间的协同。将广义价格指数作为通胀指标纳入菲利普斯曲线分析框架后，发现广义价格指数通货膨胀与经济周期波动之间具有较高程度的协同性，长期以来困扰我国货币当局的"菲利普斯曲线扁平化"问题并不存在。

第三，货币当局采用广义价格指数作为通货膨胀指标，货币政策中介目标的选择仍需坚持数量导向。采用广义价格指数作为衡量总体价格水平的新指标，对价格变动与货币量变动之间的关联性进行计量分析，发现货币量变动对广义价格指数衡量的通货膨胀存在显著影响，且这种影响的持续时间较长，而广义价格指数衡量的通货膨胀对货币量变动也具有相当程度的敏感性。货币量指标与广义价格指数之间存在稳定可靠的联系，意味着货币政策操作以货币量为中介目标依然是恰当的。货币政策调控采纳广义价格指数作为通货膨胀指标，现阶段货币政策操作的数量导向仍须坚守。

《分离运动的政治学——亚齐、魁北克、南苏丹和瑞士的比较分析》概要

周光俊[*]

  分离运动是当今世界持续时间较长、影响范围较广的政治与社会运动。不仅是苏格兰，伊拉克的库尔德、西班牙的加泰罗尼亚等都是近年来分离主义呼声较高的地方，对所在国家、地区局势，甚至是全球格局都产生了重要影响。那么，在一般意义上来说，分离运动何以发生？为什么一些族群选择分离运动，而另一些选择了继续留在母国？分离运动层出不穷，各国都采取了相应的对策，为何效果各异？分离主义运动是否是下一个"政治之癌"？

  尽管分离运动的形式有别、方式各异，但是，愈演愈烈的分离运动须引起政治学界的高度重视。对这一问题的讨论，至少在两个方面展现出其强大的理论学说生命力和现实诉求。一方面，分离主义运动近几十年的表现为传统的民族主义及马克思列宁主义的民族学说带来了新的课题，这不仅在理论上确认了对这一思潮和运动的研究对于民族国家建设、多民族国家民族制度与民族政策具有非常重要的意义，也为更好地完善民族理论、民族政策和更好地建构民族国家提供了理论依据；另一方面，对一般意义上分离运动何以发生的问题进行讨论，试图提出一些带有规律性的思考，这就为分离

---

[*] 周光俊，复旦大学政治学博士，现就职于华东政法大学。

运动的治理提供了逻辑遵循。

随着理论与实践的发展，分离运动的初始概念（外围分离、中心分离）被任意引申和无限扩展，引申概念如内部分离、脱离母国加入他国，扩展概念如去殖民地化运动、脱离国际组织等。概念的泛化导致概念之间不可通约，因而也就无法在治理分离运动时对症下药。要真正理解分离运动的概念需要从源头上着手，已有的分离运动绝大部分是族群分离运动，因而，分离主义可以被视为次民族主义（族群主义），分离运动是民族主义运动的变种，也就将分离运动追溯至民族国家的建立，将分离运动视为民族国家建设的副产品。理解了这一前提，通过考察分离运动的前提性条件（民族国家持续有效的统治）、限制性条件（分离族群寻求政治自主性）、排除性条件（分离运动是退出而不是呼吁）、结果性条件（分离运动最终结果要在具体国家情境下考察），考察分离运动中中央—地方、中心—边缘、主体—少数、国际—国内、宗教—宗教（世俗）等关系，将分离运动定义为聚居于固有领土基础上的少数族群（极个别情况下是主体族群）从民族国家退出以建立新的主权国家的政治与社会运动。正是在这个意义上可以认为，分离运动是民族国家建设尚未完成的表现。

分离运动的产生原因非常复杂，已有的关于分离运动发生的解释机制有四种视角，即地理—安全视角、制度—体系视角和攻击—回应视角、权利—法律视角等。纵观以上解释路径，已有研究主要是从经验与理论两个层次进行解释，经验上的解释更加注重利益，理论上的解释则更加注重权利；从结构与能动两个视角进行解释，结构视角更加重视制度体系、关系权益，能动视角则更加重视精英主体的动员。不过，既有的解释框架在一定程度上显得分散而不够聚合，变量测量显得模糊而不够精确，机制因素显得过多而不够精练。

已有的研究从结构与能动两个视角考察了分离运动的产生原因。结构理论与能动理论各有优劣，在解释具体案例时有着不同的解释力。对任何一项政治议题的考察都离不开对既有政治体系的考察，这就是为什么结构理论有如此强的解释力的原因。然而，对于分离运动这样的政治社会运动而言，如果不考察精英行为是难以解释的，毕竟，分离运动的组织、动员、持续都离不开精英的行为与策略。我们既不能把分离运动的形成看成是一个静止的、由既定结构自动生成的结果，也不能把它当作一种简单的、由既定精英任意煽动的结果，因为分离运动的产生是一个持续的、变动的互动过程。在这一互动过程中，既定的政治、经济、文化、社会结构会形塑既定精英的行为方式，而既定的精英会有选择地利用现有结构，体现出其政治自主性，在现有结构之外寻求最有利于达致自身目标的政治行动。同时，由于分离运动是否出现取决于国内政治，取决于国内群体间的关系，外部介入而导致的分离运动是为数不多的，因而，本书只关注引发分离冲突的国内政治安排与精英行为。一项持续时间较长的政治社会运动应该不是某一个时间节点的突然的和偶然的产物，而应该是延续性的和必然的产物。在这个意义上说，所要讨论的分离运动的发生机制是互动论、过程论的，是结构与能动相结合的过程的产物。

本书遵循结构与能动的双重因素，从分离运动的过程论分析视角出发，探寻分离运动的产生机制、发展脉络、治理逻辑。我们可以发现，分离运动的产生是国内断裂型制度安排与族群政治组织化相结合的结果。当分离族群与主体族群之间的在权力获取、利益共享与权利机会三个维度同时存在矛盾，或者任意一项或两项存在矛盾，且难以在现有政治框架内解决时，如果少数族群能够有效地组织起分离活动家领导的族群政党（政党、准政党、类政党）并能够持续地获取资源和凝聚族群，建构少数族群的政治认同，这样就会引起族群怨恨、不满，宣扬内部殖民，组织起武装叛乱、独立公投等，导致分离运动的发生。国家制度安排决定分离运动的方式，通常有暴力与和平两种形式。

对于上述机制，重要的是如何测量断裂型制度与族群政党政治组织化。本书从代表性、分配性、发展权三个问题归纳出权力获取、利益分享、权利机会三个维度，考察制度的弥合与断裂情况。弥合型制度不仅在分离族群与中央政府之间存在共识，而且应该能够成为中央政府吸纳分离族群精英的重要手段，因而是弥合型的。断裂型制度表明分离族群与中央政府之间是存在分歧的，权力获取、利益分享、权利机会三者在任何一个维度上的缺失都会导致中央政府的族群政策是失效的，制度本身就成为了阻碍分离族群权力获取、利益分享和权利机会的因素，导致中央政府处理族群关系时的能力低下，因而本身就是断裂型的。

对族群而言，政治组织化最为重要的表现形式是族群政党（准族群政党、类族群政党），领导族群政党的是分离活动家，族群政党本身就是离心型的，通常通过极化政治诉求造成了社会分裂甚至崩溃。政治组织能力就是一系列的将潜在的分离运动的局势转变成积极的政治运动的能力。对于分离运动而言，组织建设的意义在于提供平台、筹募资源、建构认同、协调行动等。有了族群政党，分离活动家就能够依赖于群体认同的建构，利用精英团体的叙事能力，保持族群政党强有力的、具有深度和广度的穿透力，在关键节点开展公投、武装斗争等政治活动。

本书运用比较历史分析的方法，在案例的选择上主要是考虑在最大相异的基础上探求相同的形成机制。正面案例选择了亚齐（印度尼西亚）、魁北克（加拿大）、南苏丹（苏丹）。在这三个案例中，亚齐与魁北克分别是暴力与和平方式，且都未能成功，南苏丹与前两者相比，其最大的不同在于获得了成功，于2011年成功建国，是为数不多的成功案例。也就是说，三个正面案例囊括了国家规模、区域地理、宗教信仰、经济发展、政治体制、人口基数、族群语言、成败与否、方式如何等方面截然不同的案例，构成了最大相异。

亚齐考察的是自由亚齐运动，时间跨度是1962年至2006年。1962年，亚齐获得表面上的自治地位，随着苏哈托的上台，印尼进入"新秩序"时期，亚齐再次失去自治地位，中央集权化程度不断加深。亚齐此前获得的宗教自治权也并未得到真正的实施。20世纪70年代，随着亚齐油气资源的开采，亚齐与印尼中央政府的矛盾更加激化，印尼成为了亚齐的"新殖民者"，终于在1976年爆发了自由亚齐运动。自由亚齐运动主张恢复亚齐王国的荣光，主张暴力斗争，建立完全独立的政教合一的国家。2006年7月，印尼通过了《亚齐自治法》（*Law on the Governance of Aceh*），自由亚齐运动转型为亚齐的地区执政党。魁北克考察的是静默革命开始到2006年国会通过"魁北克人是统一的加拿大中的一个nation"的动议。静默革命是具有魁北克法裔民族主义意识的自由党人发起的，改变了魁北克社会结构，产生了所谓的"新中产阶级"，为魁北克人党的崛起和魁北克主权意识的兴起奠定了有利的条件。魁北克人党的成立使得魁北克分离运动有了分离活动家，领导了1980年和1995年两次独立公投。虽然均以失败告终，但两次公投的原因却是不尽相同的。1998年，加拿大明晰法案和"魁北克人是统一的加拿大中的一个nation"的动议的通过，标志着加拿大所谓的"非对称联邦主义"的诞生。此后，即使是魁北克人党执政，魁北克分离的呼声日渐衰落。南苏丹考察的是南苏丹分离运动，时间跨度从1972年至2011年。1972年《亚的斯亚贝巴协议》签署之后，北方中央政府完全控制南方，南方服从中央政府的统一领导，实施自治。然而，南北双方只是获得了暂时的妥协与和平。此后，南苏丹自治的消逝、南北石油资源不公平的分配、南方的伊斯兰化激起了南苏丹的不满，苏丹人民解放运动/军加强组织建设，整合了南苏丹的各种政治势力，实现了从非洲主义到苏丹主义的意识形态转型，建构了新殖民主义的叙事，造就了南北苏丹长期的文明冲突。正是断裂型制度的安排、强力政党的组织推动和伊斯兰文明与非洲文明的冲突，导致南方问题愈演愈烈，最终南苏丹于2011年举行独立公投，脱离苏丹，建立南苏丹共和国。

从理论普遍意义的角度，本书考察了作为负面案例的瑞士。在我们的解释机制之下，围绕着权力划分、利益共享与权利机会展开的政治制度如果呈现出断裂型的特征，精英利益难以调和，且分离族群政治组织能力较强的话，那么，该族群出现分离运动的可能性是非常大的。瑞士之所以一直没有分离运动，其原因在于，瑞士的政治制度呈现出弥合型的特征，权力、利益与发展权利在联邦与州、各州之间、各族群之间、各语区之间、各宗教之间合理地分配，横向分割的社会结构弱化了瑞士高度分裂的地域、族群与语区单元体；同时，委员会制的政党联盟体制、利益集团的高度发达、直接民主的政治参与体制使得瑞士的政党在政治生活中的地位不高、作用不大，因而其组织分离运动的集体行动成本比较高。正是弥合型的政治制度与虚弱的政党能力使得高度分裂的瑞士保持了长期的稳定与民主。

正反案例的研究证实了相关假设。一项完整的比较政治研究还需要从政策建议的角度思考如何降低分离运动的产生可能，或者在更广的意义上如何治理族群冲突。在此，需要明确的是，基本学理分析和可能政治后果两方面的分析认为，分离权本身并不能成为避免或解决分离运动的方案，而同化、控制或隔离等消极方式并非有效的解决方式。因而，从积极意义上看，本书致力于建构一套稳定而有效的民族国家族群关系的宪法秩序，提供一种民族工程学的解决思路。民族工程学要解决的问题包括两大类：一是如何构建弥合型制度，解决权力获取（代表性）、利益共享（分配性）、权利机会平等（发展权）问题；二是如何在各族群领导人之间提供政治激励，在宪法框架下构建政治竞争与政治合作的可能与机会。对前者而言，寻找一种更为有效的联邦主义，塑造政策的灵活性以建构一种新的共识政治，针对具有不同的族群关系的国家采取平等多元主义、不平等多元主义等政策给予族群和地区足够的自主权以保护他们的自身利益，保障少数族群有其一定的代表性，提供多重认同的可能性。对后者而言，提供政治激励要通过限制族群政党产生、减小族群政党影响力和获得外部援助的可能性，增加族群直接"退出"的行动成本，增强"呼吁"的可能性。同时，要以公民身份建构民族国家，减少族群认同基础上族群政党集体行动的可能，提供以公民身份开展跨族群政治激励的可能性。

任何一个政治事件的发生都是多种作用的结果，只是说，其中的某些机制和因素发挥了更大的影响。如同所有的比较政治研究一样，这并不是一个必然性的判断，而是说，存在断裂型制度与高度的政治组织化会有可能导致分离运动，这只是一个或然性的判断。对于分离运动而言，不同国家、不同民族的历史纵深感不同、政治发展水平不同、社会经济发展程度不同都会导致他们的价值判断不同，这与分离运动本身并没有很大的关系，而是与分离运动背后的价值定位有关。

《公共资源合作治理机制研究》概要

何 雷[*]

习近平总书记在十九大报告中明确提出："我国社会主要矛盾已经转化为人民日益增长的美好生活需要和不平衡不充分的发展之间的矛盾。"公共资源是保障人民生活和促进社会发展必不可少的生产要素，如何实现公共资源的有效治理既是解决当前我国社会主要矛盾的客观需要，也是维护公共利益和社会利益的必然要求。在国内外公共资源治理实践改革中，合作治理逐渐成为公共资源治理的主流模式从而得到学术领域的广泛关注。

合作治理并非是完全照搬西方"合作治理"理论的话语体系，而是在当前我国社会经济迅速发展的背景下社会治理模式变迁的结果，它与国家治理现代化建设存在着内在的逻辑关系。在公共管理研究领域，"合作治理"理论兴起于20世纪八九十年代西方国家的一系列政府改革实践，也可以说是"新公共管理运动"的实践积累和进一步发展。"新公共管理"引入了市场机制，强调了政府管理的"效率"，提倡"把竞争机制注入到提供服务中去"，"合作治理"则强调了"多元主体间的合作"，在西方话语体系中这种合作中的多元主体是一种"平等"的地位，即进行合作的各主体完全平等地享有自由裁量权，这与西方国家所谓"公民社会"的发展以及"权力分

---

[*] 何雷，厦门大学管理学博士，现就职于中南大学。

立与制衡"的政治传统密不可分。客观分析，"合作治理"的确在西方国家政府管理和社会治理过程中发挥了良好的效果，但是不可忽视的是，这种所谓的"平等"蕴含着巨大的风险，即平等的各方往往会因利益过程的博弈而加重合作成本的损耗，进而使合作治理项目偏离"公共利益"的价值目标，而成为合作各方谋取私利的屏障。

20世纪90年代，"合作治理"理论被引入中国。学术领域开展了广泛的研究，并且同时也衍生出了"协同治理""协商治理""合约治理"等相关理论主题。通过对上述衍生主题的研究梳理发现，其实质与"合作治理"核心内容是一致的，都强调了"多主体间的合作"。虽然都以"多元主体"作为合作治理的典型特征，但是，引入我国的"合作治理"已经经过了本土化的洗礼，开始变迁为适合中国社会治理土壤的理论体系。合作治理中"多元主体间的合作"保留了西方合作治理的结构形式，但是其"多元主体间合作"的实质发生了改变，使其更加适合我国的政治生态与社会经济发展机制。西方国家合作治理中的多元主体所强调的是所谓主体地位和权力的平等，而我国合作治理中的多元主体所体现的是"政府主导、多元参与"。

这种实质性改变不但有利于削减西方国家"合作治理"理论所呈现出的参与各方主体博弈成本损耗的固有弊端，而且可以从根本上保障合作治理项目公共利益价值目标的实现。习近平总书记在十九大报告中强调："完善党委领导、政府负责、社会协同、公众参与、法治保障的社会治理体制。"这为合作治理中多元主体合作的运行结构提供了有力的政策支持。所以，公共资源合作治理与国家治理现代化具有内在的契合性，合作治理是国家治理现代化在公共资源领域典型的现代化治理模式。

首先，本书以归纳界定"公共资源"的广义概念为逻辑起点，认为公共资源是指国家与社会共享，且由公共部门代为治理或者提供的涉及公共利益与社会利益的生产要素集合。它可以分为"原生性公共资源"和"衍生性公共资源"两个层面,原生性公共资源主要涉及有关公共利益及社会利益的自然资源层面,衍生性公共资源主要涉及公共部门在履行公共管理职能过程中所提供的公共服务、公共物品及准公共物品层面。公共资源本身正是合作治理的直接治理对象,合作治理的追求目标在于通过公共部门与私营部门的合作行动对公共资源进行优化配置,进而增进人民公共利益和社会共同福祉。公共资源合作治理机制研究的重心不在于研究单个公共资源合作治理问题,而是关注点在于研究公共资源合作治理的"机制设计"问题。

其次,在国内外已有研究成果的基础上建构了统领全文的公共资源合作治理机制分析框架,其中主体关系、工具选择、制度安排、运行机理、风险剖析、实践案例共同组成了公共资源合作治理机制的有机整体。主体关系是公共资源合作治理机制研究的首要前提,也是进行机制设计的出发点;工具选择是公共资源合作治理机制的媒介,治理工具的匹配程度直接关系到公共资源合作治理机制的实施效果;制度安排作为机制的支撑成为公共资源合作治理机制建构的重心;运行机理是探究公共资源合作治理机制的运作原理;风险剖析是公共资源合作治理机制稳定运行的重要保障;实践案例则是对公共资源合作治理机制分析框架理论建构的对比检验。

再次,公共资源合作治理分析框架所包含的六个层次之间形成的是逐层递进的关系。第一层次:主体关系,主要阐释的是公共资源合作治理机制主体的具体划分,主体采取合作策略的行为假设,主体间权力的边界以及如何通过合作博弈促使公共资源治理中合作行为的达成。第二层次:工具选择,主要探讨的是公共资源合作治理机制工具选择的类别,工具选择受到政治决策、市场经济发展程度、合作治理项目以及技术条件的综合影响,工具选择的最佳方式是实现市场化工具与大数据工具的优化组合。第三层次:制度安排,是在前两部分研究的基础上,具体阐释公共资源合作治理机制的正式制度、非正式制度、执行制度三种不同形式制度的设立和功能发挥的有机整合；正式制度安排包括公共资源产权制度、合作得益分配制度、利益冲突协调制度和过程监督激励制度，非正式制度安排包括组织文化、信任关系、合作惯例和隐性契约，执行制度安排包括信息反馈制度、程序规范制度、执行考核制度和责任追究制度，三种制度安排共同作用于公共资源合作治理机制进而发挥了硬约束、软约束和矫正的功能。第四层次：运行机理，主要探讨了公共资源合作治理安排运行的条件、环节、方式与平台。第五层次：风险剖析，主要阐释的是公共资源合作治理机制运行中所蕴含的风险表现、影响、诱因与规制路径。第六层次：实践案例，通过对公共资源合作治理机制的典型案例与理论分析框架进行解析与比较，探索公共资源合作治理机制的实践改进启示。

最后，本书研究的落脚点在于探究公共资源合作治理机制理论分析框架对实践的引导和改进。笔者通过在厦门和北京的实地调研，分别对负责和参与公共资源合作治理项目的公共部门和私营部门负责人进行深度访谈，并且跟踪调查了北京市某林地改造项目的合作治理全程，以案例形式完整描述了该项公共资源合作治理的开展过程。进而根据公共资源合作治理分析框架分层次对该实践案例进行剖析和比较研究，找出二者存在的差异，最终归纳出公共资源合作治理机制理论分析框架对实践改进的有益启示。

综合以上研究，本书的研究结论可以归纳为四个方面，具体表现如下：

结论1：公共资源与合作治理具有内在关联性，公共资源是合作治理内含的核心治理对象

"公共资源"的概念界定为厘清公共资源与合作治理的内在关联奠定了前提。目前学术领域与实践领域对"公共资源"并没有公认的统一界定。在学术领域国内外学者分别从经济学、法学、公共管理学对公共资源进行了不同层面的界定，而实践领域由于国家法律法规暂未对公共资源做出明确界定，各级地方政府在公共资源治理实践中对"公共资源"做出了实用性的界定，该类界定往往超越公

共资源的"实物形态",把公共服务、公共物品等非实物形态的资源类别纳入公共资源的范畴。本书结合学术领域与实践领域的成果,尝试对"公共资源"概念做出以下界定:公共资源是指国家与社会共享,且由公共部门代为治理或者提供的涉及公共利益与社会利益的生产要素集合;其可以分为"原生性公共资源"和"衍生性公共资源"两个层面,原生性公共资源主要涉及有关公共利益及社会利益的自然资源层面,衍生性公共资源主要涉及公共部门在履行公共管理职能过程中所提供的公共服务、公共物品及准公共物品层面。

根据对公共资源的界定可以发现,公共资源本身正是公共行政研究的核心对象,如孙柏瑛所言,"公共行政的演进与其说是人类解决公共问题、改善普遍福祉的实践运动过程,不如更确切地说,是人类不断探索公共资源有效分配智慧、构建社会发展终极价值的心灵漫旅","合作治理"是当代国内外公共行政理论研究与实践改革的重要命题。所以,公共资源与合作治理具有内在关联性,公共资源是合作治理的核心治理对象,合作治理的追求目标正是在于通过公共部门与私营部门的合作行动对公共资源进行优化配置,进而增进人民公共利益和社会共同福祉。

结论2:公共资源合作治理是新时代国家治理现代化的必然选择

公共资源与人民日益增长的美好生活需要息息相关,政府在社会治理过程中如何向人民提供充裕的公共资源,其中包括高效的公共服务和优质公共物品,是国家治理在社会领域所需要履行的重要任务。合作治理并非是完全照搬西方"合作治理"理论的话语体系,我国合作治理中的多元主体所体现的是"政府主导、多元参与",这种实质性改变不但有利于削减西方国家"合作治理"理论所呈现出的参与各方主体博弈成本损耗的固有弊端,而且可以从根本上保障合作治理项目公共利益价值目标的实现。这是在当前我国社会经济迅速发展的背景下社会治理模式变迁的结果,它与国家治理现代化建设存在着内在的逻辑关系。合作治理是国家治理现代化在社会治理领域的集中体现,公共资源合作治理模式是政府部门践行国家治理现代化建设、满足人民日益增长的美好生活需要、为人民提供高效优质的公共服务和公共物品的必然选择。

结论3：宏观建构和微观解析了公共资源合作治理机制的分析框架

本书的重心并不是研究特定某种公共资源的合作治理问题，而是探究公共资源合作治理机制，其实质是"机制设计问题"。关于如何进行机制设计，一方面应在宏观上建构公共资源合作治理机制的分析框架，另一方面需要在微观上针对分析框架的各个组成部分进行解构剖析。

宏观上建构的公共资源合作治理机制分析框架主要包括主体关系、工具选择、制度安排、运行机理、风险剖析与实践案例，其中主体关系、工具选择、制度安排、运行机理、风险剖析构成了公共资源合作治理机制设计的理论分析框架，实践案例是实践案例与理论分析框架的对比检验。该理论分析框架实质上阐释了公共资源合作治理的"机制设计"所涉及的核心问题，主体关系是公共资源合作治理机制分析框架的前提，工具选择是公共资源合作治理开展的媒介，制度安排是公共资源合作治理机制的重心，运行机理是探究公共资源合作治理机制的运作原理，风险剖析是公共资源合作治理机制稳定运行的保障。

在微观层面上分别对公共资源合作治理机制的各组成部分，即主体关系、工具选择、制度安排、运行机理、风险剖析进行机制设计。研究显示，主体关系表现为公共部门主导的以裁量权有限共享为基础的公共部门与私营部门的合作博弈关系；工具选择注重市场化的合作治理工具与大数据治理工具的优化组合；制度安排体现为正式制度、非正式制度与执行制度安排功能与结构的有机整合；运行机理表现为公共资源合作治理项目由准备环节、达成环节、执行环节到终止环节的一系列过程；风险剖析则针对风险产生的诱因提出明晰风险责任分担、打破信息不对称壁垒、全面推行风险管理和培养公务人员专业能力的路径选择。

结论4：公共资源合作治理机制分析框架能够有效指导公共资源合作治理实践的改进

从公共资源合作治理机制的主体关系到风险剖析属于机制设计的理论建构，它在"应然"层面进行了公共资源合作治理的机制设计，而实证调研中所选取的典型案例是当前公共资源合作治理实践中的"实然"机制设置。通过应然机制设计与实然机制设置的对比剖析可以发现公共资源合作治理机制分析框架对于改进当前公共资源合作治理实践的改进具有一定的指导意义。公共部门推行公共资源合作治理的原始动机在于通过公共部门与私营部门在合作行动中的优势互补，以最小成本实现最优治理效果的公共利益目标。

通过实践案例与理论分析框架对比研究发现，公共资源合作治理实践与理论分析框架中的机制设计存在着一定的差距，这些差距主要体现在主体关系、工具选择、制度安排、运行机理和风险剖析五个层面，所以，公共资源合作治理的实践改进也主要从以上五个层面出发。第一，主体关系层面：公共部门一方面要赋予私营部门裁量权的"有限共享"，以增进私营部门合作行动的灵活性和创造性；另一方面基于"Shapley Value"的博弈方式设定，改进公私部门在公共资源合作治理行动中的博弈规则，以促进公共资源合作治理过程中的"激励相容"。第二，工具选择层面：公共部门不但要实现不同类型合作治理工具的优化组合，进一步提升大数据技术在公共资源平台中的应用程度，开发和完善公共资源平台的多重功能，而且还要整合不同层级的公共资源平台，制定规范的公共资源平台使用规则。第三，制度安排层面：要促进公共资源合作治理制度安排的完整性，建立正式制度、非正式制度与执行制度"三位一体"的制度安排系统。第四，运行机理层面：首先在合作协议设计中引入固定条款和可协商条款的划分方式，以增加合作协议的适应性和激励性；其次在项目验收中引入绩效评估方式，绩效评估不但要考评私营部门执行结果是否达到既定目标，而且还需要把超额完成既定目标的部分在结算中给予一定的奖励，并且把绩效评估结果纳入后续合作治理项目合作伙伴的选择考评之中；最后对已完成的公共资源合作治理项目中的经验与教训进行分析总结、建立档案。第五，风险剖析层面：公共部门一方面要全面推行风险管理，建立完善的风险感知系统、风险评估系统和风险决策系统；另一方面要进一步提升公务人员的项目评估审核能力、合约管理能力和大数据技术应用能力。

《复合治理：产权分置与社会秩序的建构——基于洞庭湖区湖村的深度调查》概要

史亚峰[*]

国家治理是在一定经济基础之上进行的，而产权则构成了经济基础的核心。作为权利组合形式的产权权利结构，决定了权威结构，构成了国家治理的产权根基。传统农业社会是以土地为中心的社会，土地资源及其产权制度决定着传统社会的基本格局。换句话说，在治理能力有限的弱国家之下，土地产权发挥着核心的治理功能。关于传统时期的乡村治理，学术界有两种代表性的观点。一种观点认为，"财富孕育着统治权"，土地在哪里，权力就在哪里；土地所有权归谁，权力就归谁；拥有的土地产权越多，权力就越大；土地所有权的集聚必定形成集中的权威。传统时期，地主士绅占有大量土地，因此乡村社会是地主士绅单一权威主导下的治理。还有一种观点认为，传统中国是家族式治理，是以血缘关系为基础形成的权威治理，这种治理以家户私有产权和家族公有产权为支撑。基于以上两种观点，通常认为在国家不直接控制乡村社会的情况下，地主士绅或宗族主导乡村社会的治理。这两种观点有着很强的解释力，它们虽然注意到了治理的基础性决定因素——产权，但是主要是以地

---

[*] 史亚峰，华中师范大学法学博士，现就职于山西大学。

缘关系或血缘关系为起点研究乡村治理，并将产权简单地视作一个整体，没有考察产权权利结构带来的治理差异，因而存在着明显不足。

笔者通过实证调查发现，洞庭湖畔湖村的传统治理与上述两种治理方式都不同。作为移民垦荒型村落，湖村繁衍的历史不长，只有个体家户没有家族，因此不是家族治理；土地所有权虽集中于地主，但没有形成地主的单一权威，故而也不是地主治理。究其原因，主要在于产权子权利分置，导致了权威的分散：由于田土围垦中的合作，使得地主与合作者分享地权；土地的主导性占用成就了士绅父老；土地的租赁使用导致佃权得以扩张；产权所承担的税赋职能使得国家依托保甲向乡村渗透。产权权利分置带来的不是集中的、专制式的单一权威治理，而是多权威主体的共同治理。湖村的状况不是孤立的，在整个洞庭湖区，以及传统乡村社会的许多地区，普遍存在产权权利分置的情况，其治理同样无法用上述两种观点进行概括。

由此就引起了笔者的思考：在土地产权占有高度集中的村落社会，产权集中为什么没有带来权威的集中，进而形成单一权威主导的治理？产权权利结构与权威结构之间有着怎样的关联？基于产权权利分置的多权威复合治理及村落秩序是如何形成的，其内在逻辑和实现条件是什么？本书采用实证研究方法，运用"结构——功能主义"等分析工具，以一个长江小农村落为研究对象，在国家治理的视域下，深入阐述产权与治理之间的内在关联，探索基于产权关系形成的传统小农村落如何实现自我治理和运转，分析其内在逻辑和实现条件，进而有效透视国家无为情况下乡村社会自我治理的内在机理。

本书的研究沿着产权分置与权威结构及其治理形态这一主线展开。土地是农村社会秩序的基础。中国几千年农业社会的历史沉淀决定了农村土地不仅是"财富之母"，而且也是"秩序之母"。传统时期，湖村的土地由"围垸垦荒"获得，人们为了获得土地产权来到此地，来自不同地域、没有血缘联结的移民迁入开辟田土，生息繁衍逐渐形成村落。地主为了获得土地占有权，佃户为了获得土地使用权，双方围绕着土地产权发生联系，双方关系也随着产权关系的变动而变动。作为佃户的村民，彼此都是以产权使用者的身份出现在各自面前，进而展开生产、生活及社会交往，扩大相互的社会连带。村民通过产权关系构成了一个带有排他性的村落社区，并通过产权收益分配与国家权力建立联系。也就是说，湖村是由产权关系扩展而形成的村落，特定的产权安排使得村落秩序的达成成为可能。同时，由于产权创设、保护中的合作，产权具有"合作性"，佃户分享一定的权利，使得产权权利分置，这种产权底色奠定村落基本的秩序格局，并制约秩序的演变。

产权的占有、使用和收益分配权利分置，形成了不同的权利领域。权利的本质是相互关系，关系内生权力，在特定权利领域中，必然产生相应的权力，正如巴泽尔指出的，权利与权力是共生演化的。由于整个村落是以产权关系为基础形成的，"这种在私人当事人之间存在的互惠关系在当时获得了公共性的特点"，社会空间和经济空间具有同一性，经济关系中的"权利领域"在很大程度上就是村落关系中的"权力领域"，与经济权利相关的事务自然成为村落公共事务，村落治理由此产生和发展起来。乡村治理围绕经济关系建立，并为理顺经济关系服务。也就是说，产权"权利配置范围"与村落范围重合，由不同权利领域生成的权力演变为村落公共权力，形成了"绅士父老""扛抬人"和保甲长等多元权威。权威在各自的权利领域中产生，并作为治理主体在相应的"权力领域"中发挥作用。

具体来看，由于对土地的主导性占有，绅士父老得以在村落中获得地位和声望，利用自身的权威地位，充当中人、操办土地会等，主持公共事务，担任村民日常产权纠纷的调解人。在生产中，围绕着土地使用权而发生的事务，由"扛抬人"出面，作为权威主体进行治理。保甲长代表国家在产权收益分配领域行使权力，并以国家权力为支撑，加强对村落社会的控制，同样是村落重要的治理主体。

不同的权威主体通过不同的治理方式，进行相应的治理活动。权威主体的行为主要是个体性的、经济性的，但是他们发挥的功能却是公共性的、政治性的。"绅士父老""扛抬人"和保甲长运用产权关系赋予的角色地位和权力，根据长期以来形成的产权习惯和规则，为产权相关主体提供权利保护，管理村落公共事务，调解社会关系，维持村落秩序。同时，各个主体又援引乡村的社会规范和关系网络为支持，进一步巩固其权威地位，获得普遍的认可。

产权分置及其治理底色对强国家治理能力下的社会秩序有着"习惯性影响"。1949年之后，随着国家权力深入乡村社会，原来的产权与治理关系被彻底改变。随着国家规划的社会变迁，建立了全新的集体产权，集体获得了土地的占有、使用、收益分配等一系列权利。由于产权权利的高度合一，导致了权威的高度集中，乡村权力掌握在干部手中，建立起一种集权式的治理模式。产权家户使用的历史底色与集体统一经营的内在张力最终导致了集体经营解体。集体产权权利分置，集体保留土地的占有权，农户获得使用权，实行家庭联产承包责任制，赋予了农民经济上的自主权；实行村民自治，赋予了农民政治上的自主权，终结了集权式的社队治理模式。集体产权分置基础上的村民自治，在一定程度上也是一种产权型治理。与传统时期不同，这一时期的村落权威不是自发产生的，主要是通过程序化方式产生的制度性权威；这一时期的社会秩序也不简单是产权关系调节下的产物，而是国家调控下的村落秩序。

本书的研究结论是：

第一，在弱国家治理能力之下，产权分置基础上的村落治理，既不是地主士绅单一权威主导的治理，也不是宗族权威主导的治理，而是多权威复合治理。

多权威复合治理是一个解释性概念，是指由于产权权利分置形成了多元权威，多元权威相互独立且自主运行，有着互不统属的清晰逻辑，没有单一的主导力量，也不能独立完成治理事务，通过权威的复合，共同促进有效治理。也就是说，产权占有的集中并没有带来权威的集中和单一权威治理。就多权威复合治理的静态结构而言，这种治理当中没有核心的权威主体。各个权威在各自的"权利领域"中产生，并在相应的"权力领域"中发挥作用，彼此是相互独立的。任何权力都有其特定的"关系领域"，并依照关系特性运行，由此会造成不同关系领域的权力相关方的互动。就多权威治理的动态结构而言，不同权威在各自领域发挥作用，由于各个关系领域不是孤立的，而是相互交叉甚至叠加的，各个权威主体会进行互动。在对中国传统乡村社会秩序形态的研究中，乡村互动模式是其中一个重要的变量，即乡村主体之间如何进行资源、权力、信息的交流与交换。在多权威复合治理中，权力向度是多元的、相互的，而不是单一的和自上而下的。多权威复合治理在长期互动和相互统一中形成，村落的秩序也在这种长期的互动之中生成。多权威复合治理具有一定的自主性，由此形成的社会秩序也是一种"自生秩序"，但是与国家权力具有内在的一致性。

第二，作为一种"产权治理"类型的多权威复合治理，不是悬空存在的，其形成和存续取决于产权和国家两方面因素，产权是决定因素，国家是影响因素。具体而言，依赖于三个条件，一是产权权利分置，二是产权依赖于合作，三是国家介入程度不深。

任何产权及其权能的作用空间都有一定的界区。产权权利分置的情况下，权利关系（领域）是分开的，权力领域自然也是分开的。也就是说，同一利益关系中存在不同的利益主体，不同的利益主体体现为不同的权力主体，不同的权力主体在治理中就表现为不同的权威。在产权集中程度低、权利分置之下，权力是分开的，因而权威是分散的。分置的产权形成多权威的治理主体，这些权威掌握的权力来自不同权利领域，在特定的范围内运作，在复合中实现治理目标。产权安排是社会秩序的基础，以产权权利分置为基础的社会秩序，是一种"权利秩序"，奠定基本的治理格局。故而，就产权权利结构与治理方式之间的关系而言，权利高度集聚的产权权利结构带来的是高度集中的权威结构和集权式治理；权利分置的产权权利结构带来的是多主体的权威结构和分权式治理。同时，集体产权不一定带来集权式治理，集体产权基础上的权利合一（权利高度统一于单一主体）可能带来集权式治理。

产权作为一个社会基础性的制度安排，其属性决定了治理的基本格局。如果把财产看作是一棵树，那么，社会制度就是从树干生发出来的枝条。不同的产权属性会带来不同的治理形式，而依赖于合作的产权，即合作性产权，必然带来合作性质的治理。合作性产权不同于一般意义上的私人产权，不具有完整性和独立性，受到合作者的约束，产权相关方彼此具有共生关系。合作性的产权属性，造就相对平等的产权主体，决定不同主体间的合作性关系，进而在产权维护和关系自我调节中形塑合作性的治理关系，奠定了复合治理的基础；同时，合作性的产权属性有助于维系分置的产权权利结构，强化多权威的复合治理。

国家与产权是相伴而生的。在国家治理能力弱时，国家对产权的影响主要体现在两个方面。首先是界定产权，并维系产权权利平衡。其次，国家界定和维系产权的一个主要目的是参与产权收益分配。从表面上看，国家在产权实践中的角色较为单一，对基层治理没有直接的介入，但是在这一过程中，国家权力得以有效实现，同时，通过微观产权过程，源源不断地汲取合法性资源，维持政治体系的动态平衡。并且，在这一过程中，国家承认了产权占有及社会习惯调节下的产权分置状态，认可了产权带来的"权利秩序"，这为产权权利结构及立于其上的权威结构与治理方式提供了外部保障。当国家介入程度加强时，多权威复合治理也会发生变化。20世纪上半叶，国家权力开始直接介入基层社会，但是其介入破坏了传统的权力文化网络，又在产权收益分配中过度汲取资源，权力下沉不均衡，造成国家政权建设"内卷化"，权威之间失衡，多权威复合治理面临失调。

第三，多权威复合治理本质上是一种产权治理，是在产权分置基础上社会的自我调节。其重要价值在于，基层的权威结构及其治理方式由产权权利结构生成，需要与之相一致，两者共同演进。

从总体上来说，有一种什么样的产权结构，就有一种什么样的政治结构。分置的私有产权结构使得权利领域分开，权威在不同的权利领域中生成，形成多权威复合治理。而分置的集体产权同样带来分开的权利主体，在权利的互动和协调中产生权力主体、建构社会秩序，这种形式的社会自我治理自然属于产权关系生成的"权利秩序"。产权权利结构的变迁不仅意味着利益结构的调整，更意味着权力结构的变化。当下，集体产权分置的稳定和进一步细化，必然产生自我调节的需要和能力，这就要求以新的方式治理乡村。

本书对于产权与治理的研究启示我们思考当下的基层治理，在产权权利进一步细化和国家整合的新时代，需要重视产权治理的价值。产权主体的多元化、分置化要求治理结构做出相应的变革，而产权治理是改善基层治理的一把钥匙。在现代国家之下，依托有效的产权制度和明晰的产权权利结构，厘清国家与基层社会的权力边界，在国家支持下提升产权关系内生权威和秩序的能力，将产权治理转换为国家对基层社会整合和再组织的一种民主化治理方式，使基层治理在与国家治理的有机衔接中提升能力，从而实现"治理有效"。

《预防性犯罪化及其限度研究》概要

张永强[*]

党的十九大报告指出："世界正处于大发展大变革大调整时期，……恐怖主义、网络安全、重大传染性疾病、气候变化等非传统安全威胁持续蔓延，人类面临许多共同挑战。"这既是我国经济社会发展所处的现实环境，也是当前和未来一段时间世界各国发展所共同面临的客观形势。近年来，恐怖主义、网络犯罪、环境污染、金融风险、重大传染性疾病、人工智能风险、基因科技风险等非传统安全威胁的不断涌现和持续蔓延，预示着风险社会的真正到来。这不仅强烈刺激了社会公众的安全神经，导致不安全感在全社会迅速扩散，而且给国家治理体系和治理能力现代化带来了前所未有的挑战。风险社会的到来，极大地冲击了传统的社会治理格局和制度设计，以风险阐释和风险预防为核心要素的风险社会治理模式正在加速形成。

在风险治理实践中，除技术性风险治理措施外，各国都还在努力建构制度性风险治理体系。其中，建立健全以风险预防和控制为导向的法律制度体系，已经成为各国的共识和首选。在当前公众安全诉求不断提升和社会治理难度继续加大的现实背景下，风险治理和风险分配已经成为公共决策中的新议题，一种以"预防"为核心的风险治理观正在为公众和政府所接受，并开始在国家治理实践中

---

[*] 张永强，西南政法大学法学博士，现就职于西南政法大学。

发挥作用，政府不得不积极运用一切手段对以非传统安全威胁为代表的现代风险进行预防性治理，以达到维护社会秩序、保障公共安全的目的。从风险治理的法律规范体系来看，以国家强制力为支撑的刑法作为社会治理中必不可少的手段，受到了前所未有的重视，并一跃成为了国家应对风险的重要工具。以风险预防和控制为导向的公共政策开始渗入刑事法治，基于风险预防的预防性犯罪化立法模式开始兴起，刑法在价值和功能上也开始从结果惩治转向风险预防。从我国的刑法立法实践来看，为应对日趋严重的恐怖主义犯罪、网络犯罪、环境污染犯罪等非传统安全威胁，近年来的修正也出现了明显的预防性犯罪化立法趋势，尤其是《刑法修正案（八）》和《刑法修正案（九）》在规制道路交通安全犯罪、恐怖主义犯罪、信息网络犯罪等方面，通过法益保护早期化、预备行为实行化、共犯行为正犯化等手段使预防性犯罪化立法趋势更加突出。

不可否认，在非传统安全威胁持续蔓延的当下，预防性犯罪化立法可以及时将一些具有法益侵害危险的行为纳入刑法规制的范畴，进而较好地满足公众的安全期待和国家的风险治理需要。这是一种具有前瞻性、回应性、时代性的刑法立法模式，尤其是在风险社会语境下，其出现具有历史必然性和现实必要性。然而，从预防性犯罪化立法的具体范式和内容来看，其代表的是一种扩张的刑法立法模式，本质上仍然是国家刑罚权的扩张，天然地附带着国家刑罚权扩张的一切潜在风险，尤其是对公民自由权利克减的风险。这说明，预防性犯罪化立法虽然在满足公众安全期待和国家治理需要方面具有独特优势，但如果对其不加以合理的限制，任由其无休止、无限度地扩张，必将会侵蚀公民的自由权利，并使刑法在功能上沦为凡事皆管的"警察法"，而不再是基于对刑罚权扩张的忌惮而一直为法治国家所坚守的"保障法"。

因此，在我国预防性犯罪化立法已成事实并将在未来立法中继续扩张的背景下，对"预防性犯罪化及其限度"问题展开系统研究，具有重要的理论意义与实践价值。其不仅有助于我国预防性犯罪化理论体系的整合与完善、理论模式的优化与选择、相关研究的创新与发展，而且可以为我国预防性犯罪化刑法立法提供理论支撑，为刑法的预防性转型提供科学指引，以及为总体国家安全观的贯彻落实提供有效途径。

本书除绪论对研究背景、研究目的、研究意义、研究现状和研究方法进行介绍之外，共分5章17节，主要对预防性犯罪化的基本范畴、现实图景与潜在风险、正当性及其危机、限度确立的路径和其实现保障进行了系统研究。具体内容如下：

第一章，预防性犯罪化的基本范畴阐释。本章主要对预防性犯罪化的概念、特征及类型进行了阐释。概念是为了厘清预防性犯罪化的内涵与外延，特征是为了描述预防性犯罪化的客观表征，类型是为了将具有共通性的预防性犯罪化立法进行类型化归纳。具体而言，预防性犯罪化的概念可以分别从"预防性"和"犯罪化"两个要素阐释，并通过二者的有机组合和语境转化来明确其内涵和外延。循此逻辑，预防性犯罪化的概念可以界定为立法者出于预防特殊风险或者犯罪的需要，通过刑法立法的方式将某种以往不是犯罪的风险行为作为犯罪处理的立法模式。从特征来看，预防性犯罪化的特征可以概括为三点：（1）干预边界前置化，即在刑法中将可罚行为的边界前移；（2）保护法益抽象化，即与传统刑法立法保护的比较明确的法益相比，预防性犯罪化立法所保护的法益显得更加抽象；（3）处罚范围扩大化，即随着越来越多的征表法益侵害风险的行为进入刑法规制的范畴，进一步扩大了刑罚处罚的范围。从类型来看，根据预防性犯罪化在刑法文本规范中的表现，常见的预防性犯罪化类型可以概括为五种，即预备犯型预防性犯罪化、危险犯型预防性犯罪化、累积犯型预防性犯罪化、持有犯型预防性犯罪化及义务犯型预防性犯罪化。

第二章，预防性犯罪化的现实图景与风险检视。本章主要对预防性犯罪化立法的文本范式、生成逻辑及潜在风险进行了研究。从我国现有的刑法规范来看，预防性犯罪化在文本上表现出了四种范式：一是法益保护早期化，即刑法不用等到法益遭受现实化的侵害就提早对侵害法益的风险行为进行规制；二是预备行为实行化，即将那些原本可以按犯罪形态理论认定和处罚的犯罪预备行为单独规定成刑法分则中的一个独立罪名；三是共犯行为正犯化，即将原本可以通过共同犯罪的规定和共犯理论归责的共犯行为（如帮助行为）单独规定成刑法分则中的一个独立罪名；四是公民合作义务加强，即国家出于预防和打击犯罪的需要，通过立法的方式加强公民在查处和预防犯罪方面的义务。从生成逻辑来看，风险预防机制和控制性风险治理思维催发了预防性犯罪化的生成，具体包括：实害防范向危险控制的倾斜，核心行为向边缘行为的拓展，事后惩罚向事前预防的推移，以及行为不法向主体不法的转换。尽管预防性犯罪化立法在非传统安全威胁持续蔓延的背景下具有现实必要性和历史必然性，但必须对其在本质上表现出的国家刑罚权扩张的属性及附带的潜在威胁保持警惕。概括而言，预防性犯罪化立法的潜在风险表现在四个方面：一是过度的超前干预加剧法益的稀薄化；二是盲目的民意回应造成刑法立法的象征化；三是膨胀的工具主义导致安全与自由失衡化；四是仓促的入罪配刑造成刑法边界的模糊化。

第三章，预防性犯罪化的正当性证成及其危机。本章主要对预防性犯罪化的正当性从宏观和微观两个层面进行了证成，并在此基础上对其正当性面临的危机进行了剖析。从风险社会中非传统安全威胁的治理语境来看，预防性犯罪化立法虽然是扩张的立法模式，但其仍然具有正当性，而且这种正当性可以从宏观和微观两个层面加以证成。具体而言，在宏观层面，预防性犯罪化立法是总体国家安全思想落实的政策需要、风险社会安全法益保护的现实关切、刑法社会治理机能转变的应然面向及刑法立法理性扩张的规范路径；在微观层面，预防性犯罪化立法通过预备犯型、危险犯型、累积犯型、持有犯型和义务犯型预防性罪刑规范的构造，可以对法益实现更加全面的保护，使刑法在治理非传统安全威胁时刑事法网变得更加周延。不过，值得注意的是，预防性犯罪化立法本身隐含着刑罚权扩张的内在冲动和缩减公民权利的潜在风险，时刻面临着刑罚应当止于何处的现实考验和理性追问，这也使得预防性犯罪化立法的正当性极为脆弱，一旦超越必要限度就会出现正当性危机。具体而言，预防性犯罪化立法的正当性危机表现在四个方面：一是对刑法实行行为的淡化；二是对刑法罪责要素的弱化；三是对刑法保护法益的虚化；四是对刑法刚性边界的柔化。

第四章，预防性犯罪化限度确立的具体路径。本章主要对预防性犯罪化限度确立的观念支撑、立场选择、原则厘定及标准构造进行了研究。在风险社会语境下通过预防性犯罪化立法对非传统安全威胁进行治理时，要警惕预防性犯罪化立法自身演变成冲击法治的制度性风险。为了控制预防性犯罪化立法的潜在风险并维持其正当性，必须为预防性犯罪化立法确立合理的限度，而且这种限度应该体现在观念、立场、原则和标准等方面。具体而言，在为预防性犯罪化立法确立合理限度时，在观念上，应该坚持罪责刑法向安全刑法拓展、压制刑法向规范刑法转变、惩罚刑法向预防刑法延伸的观念；在立场上，应该恪守刑法谦抑和法益保护的立场；在原则上，应该秉持目的正当性、手段合理性、干预适当性及规范科学性的原则；在标准上，应该从法益、宪法、行为和规范四个维度构造法益保护关联性、宪法上合比例性、行为实质违法性和刑法干预补充性的标准。

第五章，预防性犯罪化限度实现的制度保障。本章主要对预防性犯罪化立法中预防性罪刑规范的科学构造、预防性规范制定的系统评估、预防性入罪民意的理性应对和预防性规范适用的教义限缩进行了研究。对预防性犯罪化立法的限制，仅在实体层面确立静态的限度标准是远远不够的，还必须通过相关的技术措施和制度来保障这些限度得以实现。只有在此基础上，预防性犯罪化立法的正当性才能够得以维护，预防性犯罪化立法的风险规制效能才能够得到更好的发挥，同时在刑法中建构起来的预防性罪刑规范体系才不会与法治精神相龃龉。具体而言，预防性犯罪化立法限度实现的制度保障，可以从预防性罪刑规范的科学构造、预防性规范制定的系统评估、预防性入罪民意的理性应对和预防性规范适用的教义限缩四个方面来建构。在预防性罪刑规范的科学构造方面，预防性犯罪化立法应该不断提升危险行为的类型性、增强构成要件的明确性和加强规制范围的约束性；在预防性规范制定的系统评估方面，预防性犯罪化立法应该坚持立法前的必要性分析、立法中的科学性论证和立法后的有效性评估；在预防性入罪民意的理性应对方面，预防性犯罪化立法应该正确对待、谨慎甄别和理性回应民意，让民意成为提高预防性犯罪化立法科学化、民主化的有力支撑；在预防性规范适用的教义限缩方面，预防性犯罪化立法应该对预防性罪刑规范中普遍存在的兜底性规定、行政性要素和模糊性罪过进行限缩解释，使预防性罪刑规范的适用限定在适当、合理的界限之内，在有效限缩国家刑罚权的同时，实现风险规制与保障公民权利相均衡的法治追求。

综上可知，在非传统安全威胁不断涌现和持续蔓延的当下，风险治理已经成为公共决策不可忽视和回避的重要议题，降低风险和维护公共安全正在变为公共决策必须优先考虑的因素。刑法作为国家治理体系中的重要法律规范，如何在新时代顺应时代发展的动向，采取何种措施、秉持何种立场完成社会治理分配给刑法的风险治理任务，刑法理论应该如何回应和引领刑法的时代变革，已经成为亟待刑法学界认真思考和回答的问题。预防性犯罪化立法是风险社会到来后刑法积极应对非传统安全威胁的必然选择，也是新时代推进国家治理体系和治理能力现代化进程中刑法转型的应然面向。预防性犯罪化立法的科学与否，不仅关涉预防性刑法规范适用的公正性和有效性，而且关涉国家应对风险时预防性行动的必要性和正当性，在积极开展实践探索的同时，必须加强相关的理论研究。此外，无论是立法者、司法者还是普通民众，都应当清醒地认识到，预防性犯罪化立法在本质上代表的仍然是一种扩张的刑法立法趋势，潜藏着包括克减公民自由权利在内的刑罚权扩张的一切风险。只有对其加以科学的引导和合理的限制，才能使其在不断探索、完善的过程中更好地发挥风险规制和人权保障的功能，进而避免社会治理出现"过罪化"风险和"泛刑化"危机。

《论量刑事实的证明》概要

单子洪[*]

量刑乃刑法之缩略图，实现量刑公正是科学、完善的刑事司法体制所追求的重要目标之一。然而长期以来，由于缺少科学的量刑方法，司法实践中存在着量刑失衡与不公正的问题。随着一些量刑结果不公的案件的曝光，更是引发了广泛的舆情关注，将量刑不公、失范的问题推向了风口浪尖。为此，在最高人民法院发布的《人民法院三五改革纲要》中明确提出："规范自由裁量权，将量刑纳入法庭审理程序。"在最高法的牵头下，全国开展了量刑规范化改革运动，2010年前后，最高司法机关先后公布《人民法院量刑指导意见》以及《关于规范量刑程序若干问题的意见》两部司法解释，标志着量刑规范化改革工作的完成。

量刑规范化包括实体法层面的规范化和程序法层面的规范化，实体法层面的规范化构建了规范化量刑方法，用以解决长期存在于实践中的"估堆式"经验量刑法所造成的量刑失衡和不公的问题，而程序法层面的规范化则以改变量刑附随于定罪的刑事庭审格局为目的，通过构造"相对独立的量刑程序"实现庭审中定罪审理和量刑审理的相对分离，以期完成量刑程序的诉讼化改造，使量刑问题成为庭审中与定罪同等重要的独立的审理对象。

---

[*] 单子洪，中国政法大学法学博士，现就职于中国社会科学院法学研究所。

然而，从"相对独立的量刑程序"的实践观察来看，程序规范化改革虽然完成了量刑程序的诉讼化，但是其效果却并不尽如人意。从控、辩、审三个角度来探究其中原因，可以发现量刑事实的证明问题具有决定性的影响。而《刑事诉讼法》在量刑程序规范化改革完成之后，又经历了两次修改，中国的刑事诉讼格局产生了进一步的变化，这无疑给量刑事实的证明问题带来了新的挑战。在理论层面，量刑事实证明问题没有受到高度关注，并且对于其中包含着的关键点存在着巨大的理论分歧。这反映出量刑事实证明问题亟待系统、深入的研究。

首先，量刑事实的证明源于刑事证明。传统理论关于刑事证明的概念的论述是建立在对定罪事实的证明之上的，这种角度无法为量刑事实的证明提供明确的法理基础，所以有必要重塑刑事证明的概念。刑事证明活动应当服务于对被告人准确定罪量刑的目的，其存在建立在"两造对抗、一方裁断"的诉讼结构之上，并且贯彻刑事政策是其重要的价值。由此可以推导出定罪事实与量刑事实的证明在证明的目的，证明的对象以及证明的模式均存在差异。基于定罪事实证明与量刑事实证明之区别，可以总结出量刑事实证明的本质属性是：以实现刑罚的正当化根据为根本目的，以限制法官的量刑自由裁量权为直接目的，量刑事实的证明活动具有相对的独立性。为了保障量刑事实证明活动的独立性，有必要区分量刑事实证明活动的范围。决定量刑事实证明活动的范围的基本法理是某一事实是否反映了报应或预防的刑罚根据，或者证明活动是否以实现报应或预防为目的。其范围始于法定刑的选择，终于宣告刑的做出。由于量刑事实证明活动的特殊性，其必须遵守与传统刑事证明原则不同的一些特殊的原则。具体包括责任主义与刑罚个别化相结合的原则、适当证明原则、法定证明与自由心证相结合原则、疑义有利于被告原则以及禁止重复评价原则。

从比较法的角度出发考察量刑事实的证明机制，英美法系实行陪审团负责定罪而法官负责量刑的分而治之的审判模式，而大陆法系则实行定罪与量刑合一的审理模式。但是，各法治国家之间，由于司法理念和司法传统的不同，其量刑事实证明机制亦各有其特色。英国组建了量刑指南委员会，承担指导量刑、使其规范化的工作。加重量刑的证明对象由委员会规定，同时不为减轻情节的准入设置门槛。以控方承担量刑事实的证明责任，并且原则上以排除合理怀疑为量刑事实的证明标准。量刑证明程序分为陪审团认定有罪事实后的量刑程序与被告人做出有罪答辩后的量刑程序。对于后者，如果被告人与定罪相关的事实与控方产生争议，则要启动"牛顿听审程序"来解决。如果在未启动"牛顿听审程序"情况下，亦可以通过适用补强证据规则来认定事实。在美国，传统上基于刑罚个别化和对人权的尊重，法律并没有过多地限制量刑事实的证明活动，但是伴随着20世纪80年代的量刑规范化改革，量刑事实的证明问题逐渐引起了关注。1949年的William案将正当程序原则扩充到量刑程序之中，并于此后通过一系列判例法将量刑事实的证明进行了法定化。判例法没有限定量刑证明对象的范围，但是规定了法官考虑量刑因素时所应当遵循的标准。加重以及减轻的量刑事实证明责任分别由控方和被告人承担，并且在原则上，证明标准要达到优势证据的程度。证据规则原则上不适用于量刑程序，并且为了保证量刑的准确性，量刑前报告是必需。在加拿大，刑法典修正后，量刑证明对象必须同时以犯罪行为的可归责性和犯罪人的自身情况为识别依据。原则上控方应当承担量刑事实的证明责任，并且要证明至排除合理怀疑的程度。证明程序上，其与美国的制度相似，但是，在加拿大还有特色的量刑圈程序。这一程序中，法律的限定性更为宽松，其要旨在于促进被害恢复的目的。

"罪分三类""无罪推定"以及"自由心证"三大原则概括了法国量刑事实证明机制的特色。重罪、轻罪、违警罪的划分决定了量刑证明对象的层次，无罪推定原则将量刑事实的证明责任分配给检察官，而自由心证制度则将定罪事实和量刑事实的证明标准都委之于法官的内心确信来实现。证明程序上，虽然定罪和量刑审理在庭审中是合一的，但是人格卷的单独设立、庭审中定罪审理先行的设计意味着法国重视量刑审理的相对独立性。德国是以职权主义为刑事诉讼的基本模式，因此对量刑事实的证明更偏重于法官的自由裁量。责任主义原则和刑罚个别化原则决定了量刑证明对象的识别标准。由于职权探知主义，法官必须在庭审中查明与定罪和量刑相关的事实，因此并不强调对证明责任的分配，证明标准也以法官的内心确信为准。在程序上，法官有收集、审查量刑证据材料的权利和义务。庭审环节，与量刑直接相关的前科等证据一般在审判行将结束时调查。日本的刑事诉讼模式传承于法德，但是在美国的影响下形成了颇具特色的量刑事实证明机制。日本将量刑证明对象分为犯情和一般情状两种。对于后者，量刑事实的证明具有特殊性。理论上，证明责任存在控方承担说、片面构成说以及不存在说三种观点，它们对量刑事实的证明方法、证明标准理论产生影响。虽然证明程序采取定罪和量刑合一的庭审模式。但是受到裁判员制度和严罚化的影响，日本理论界再掀程序二分论的浪潮。

纵观域外量刑事实证明的司法经验，可发现两大法系法治国家既有相同之处，亦存在差异。相同之处是两大法系国家均主张在量刑事实的证明活动中贯彻罪刑均衡与刑罚个别化相结合的理念，且要将量刑的证明对象范围固定化。他们均承认量刑事实证明的法律限定程度低于定罪事实的证明，以及法官在量刑事实证明活动中的职权性和主动性。不同之处在于：罪刑均衡和刑罚个别化的偏向不同——英美法系国家更加偏向刑罚个别化，而大陆法系国家更加追求罪刑均衡；无罪推定的效力范围不同——在英美法系国家无罪推定不在独立的量刑程序中发挥作用，但是在大陆法系国家，直到最终宣告判决，无罪推定始终发生效力；获取证据的广泛程度不同——量刑程序制度的区别导致在英美法系国家的庭审中，法官能够获得更多的量刑相关的证据资料。

量刑证明对象的基本特征有别于定罪证明对象。它们必须反映刑罚的根据，还需具备法定性、可主张性以及可证明性。因此，相比实体法上的量刑情节的概念，量刑证明对象的范围要更加狭窄。从比较法的经验来看，法律无法穷尽量刑证明对象，因此，如何科学、合理地确立量刑证明对象的识别标准至关重要。一般地，量刑证明对象的识别标准分为以量刑根据论为中心的责任刑和预防刑识别标准，以及以规范化量刑方法为中心的犯罪构成事实与量刑情节的识别标准。如果以前者为识别标准，那么责任刑的证明对象要关注犯罪人本身，并且有必要构造有组织、科学地收集预防刑资料的制度，完成对预防刑事实的证明；如果以后者为识别标准，由于犯罪构成事实等同于定罪事实，因此量刑情节可以独立于定罪审理，并且法律还可以实现酌定量刑情节的法定化，进而促进量刑程序在刑事诉讼中的独立化。两种识别标准各有利弊，从长远来看，责任刑和预防刑的识别标准更能够实现刑罚的理念。但是从现有制度环境来看，以规范化量刑方法为中心的识别标准更加符合司法实践的需要。能够证明量刑事实的手段是量刑证据。典型的量刑证据有社会调查报告以及被害人影响性陈述。虽然刑事诉讼法并未明确规定社会调查报告属于法定刑事证据的一种，但根据实践经验，社会调查报告的证据属性毋庸置疑。实践中社会调查的实施较为混乱，应当确立有专业知识的专职调查官实施社会调查。为了实现社会调查报告的实质化，应当适当扩张社会调查的内容。被害人影响性陈述的证据性质亦存在着争议，但是从证据的三种属性视角出发，影响性陈述应当作为量刑证据。但是在决定是否导入被害人影响性陈述制度前，必须要充分考虑本土刑事诉讼的环境。个别的为定罪服务的证据规则也应当适用于量刑程序：首先，相关性证据规则应当适用于量刑事实的证明；其次，量刑事实证明需要证人出庭作证规则作保障；最后，非法证据排除规则亦应当适用于量刑事实的证明。

对于量刑事实证明责任的分配，司法实践存在着以法官为主要承担主体，检察官起辅助作用，而辩方只起到补充作用的现象。而学界则存在着"谁主张，谁举证"以及"控方承担证明责任"两种针锋相对的观点。定罪量刑一元化的庭审模式决定了即便法官确信被告人确实有罪，无罪推定仍不能丧失其应有效力。检察官客观义务的要求则决定了量刑事实的证明责任不能以"谁主张，谁举证"为基准进行分配。考虑到辩方的取证难度，为其分配证明责任并不适宜。出于以上的原因，量刑事实的证明责任原则上应当由控方来承担。证明责任的具体实践形式是：控方通过提出量刑建议进行主张，而辩方在例外的情况下承担证明责任。法官应当履行证明职责。此外，为了更好地实现证明责任分配，个别量刑情节的证明需要完善。

《刑事诉讼法》将量刑事实的证明标准与定罪事实的证明标准等同起来，给量刑实践活动带来了巨大的困难，因此学界主张应当为量刑事实设计多元化的证明标准。并合主义的刑罚观奠定了多元化量刑事实证明标准的基础。从认识论的角度出发，不同量刑事实的认知方法存在差异，因此证明标准需要区别。考虑到程序保障的基本原则，证明标准的设置亦应不同。在具体设计多元化的量刑事实证明标准时，必须要考虑到量刑事实的特性、量刑证明主体的证明能力、量刑做出的步骤、诉讼效率以及刑事政策的因素。由此，应当构建阶梯式的量刑事实证明标准。所谓阶梯式证明标准，是指将量刑事实分为三个层次渐进，为其配以不同的证明标准。第一阶梯是将量刑事实分为需法定证明的量刑事实和需自由证明的量刑事实。对于前者而言，法定证明需要"证据标准"而非"证明标准"。第二阶梯是将需自由证明的量刑事实分为责任刑事实与预防刑事实。对于责任刑事实，由于其证明模式与定罪事实类同，因此其证明标准应为排除合理怀疑。而预防刑事实的证明标准显然要低于责任刑事实的证明标准。第三阶梯是将预防刑量刑事实分为有利于被告人的事实与不利于被告人的事实。有利于被告人事实的证明标准要低于不利于被告人事实的证明标准，可以设置为优势证据证明标准。而不利于被告人事实的证明标准要设置为明晰可信的证明标准。

随着《刑事诉讼法》的修改，中国的刑事诉讼格局发生了重大的变化。截至目前，形成了被告人不认罪认罚、认罪不认罚以及认罪认罚三种不同的诉讼格局。在这三种格局之中，相对独立的量刑程序难以发挥其应有之效，因此应当从理论层面重新审视量刑事实的证明程序问题。完整的证明程序之结构包含量刑事实的主张、量刑事实的调查以及量刑事实的认定三部分。量刑程序的独立化与量刑证据紧密相关：程序是否独立，决定了量刑证据的收集程度、量刑证据调查的效果以及法官评价量刑事实的难易程度，所以有必要分析当前刑事诉讼不同的格局下如何设计量刑事实证明程序的独立性。鉴于相对独立量刑程序的效果的弱化，作为替代，应当在被告人不认罪认罚的案件中适用"审中审"证明程序。这一程序的舶来模型是英美法系庭审中关于认定证据可采性的"审中审"证明程序，并且中国刑事诉讼中的庭审排除非法证据程序亦为其提供本土化的借鉴经验。该程序的具体操作上，要以处理控辩双方的量刑事实的争议为目的，并且以法官的职权启动为原则，以及以控方提出的量刑证据的审查为主导方向。在这一程序中，法官应当当庭做出关于量刑证据的可采性的决定。"审中审"证明程序能够促使定罪证明和量刑证明的分离，并敦促控辩双方深入收集量刑证据，实现庭审实质化，且节约了诉讼资源。在被告人认罪认罚的诉讼格局中，应当构建"预决—审查"的证明程序。审前阶段，应在检察官的主持下，设计涉案当事人共同参与的量刑听证程序，就量刑证据的提出和采纳提出意见。而法官则要扮演审查该程序正当性以及合法性的角色。此外，关于证明程序的重点问题值得关注：关于量刑建议，应当取消无意义的量刑建议采纳率相关的考核，重视检察官客观义务的发挥，完善量刑事实的举证、质证等法庭调查规则。应当注重保障被告人及其律师的发表量刑意见的权利。应当进一步科学化、完善化量刑事实认定的说理机制。

关于量刑事实证明的所有问题，归结于为做出准确的量刑而放松证明规则以获得更多的量刑证据，和为纯化量刑事实认定而加强证明规则限制量刑活动之间的矛盾。量刑事实证明相关机制的法律完善，均是在试图权衡、调和这两者之间的矛盾。而这种完善，均要建立在实现报应刑和预防刑的刑罚理念，唯有如此，方能构造出系统、科学、正当的量刑事实证明机制。

《论被遗忘权的法律保护》概要

于 靓[*]

当今世界，网络技术的发展日新月异，互联网、云计算、大数据等现代信息技术深刻地改变着人类的思维方式和生活方式。大批互联网公司如雨后春笋般纷纷涌现出来，网络虚拟社会发展迅速。然而，伴随着技术的跨越式发展，人们日常生活的便利化，个人信息安全问题也日益凸显。个人信息泄露事件时有发生，个人信息的非法交易异常猖獗。网络运营商对公民的个人信息大肆进行收集、处理和使用。网络用户在互联网上发布的许多个人信息也会被互联网所永久记忆。在互联网时代，"记忆成为了常态，而遗忘则成为了例外"。网络的永久记忆，使人类进入了空间和时间的"数字化全景式监狱"，人类的自由和尊严因此受到严重的挑战。

在互联网时代，许多公司在招聘员工的时候会在社交网站上检索应聘者的相关个人信息，以作为是否录用的依据之一。有些学校在招收学生的时候，也会通过互联网来检索学生在网络上发布的个人信息，从而来判断学生的性格，并以此作为是否招收学生的重要依据。一方面，互联网通过收集、处理、储存人们的信息，扩大了人类记忆的范围。另一方面，网络上的发帖、评论、图片会对信息主体造成永恒的"烙印"。一个人的"数字历史"可能会影响其声

---

[*] 于靓，吉林大学法学博士，现就职于吉林财经大学。

誉和发展机遇。记录在网络上的违法记录、犯罪记录以及不良信息，将使许多人在升学、就业、参与社会公共生活等方面受到各种各样的歧视性待遇。有学者统计，至少有超过 160 部法律对于受过刑事处罚的公民进行了权利限制。如果对有负面记录的人进行过度排斥，将会人为制造出一个不断膨胀、恶化且难以消解的社会敌对阶层，并最终对社会安全构成威胁。因此，人类需要一项新的权利，帮助我们走出数字化的阴影，让遗忘回归常态。被遗忘权由此登上舞台。

被遗忘权是一项新兴权利。虽然早在 20 世纪 90 年代就有学者提出，但是直到最近几年，被遗忘权的立法及司法问题才逐渐成为人们讨论的热点。被遗忘权的概念之争归结为"一层含义说""两层含义说"和"三层含义说"。虽然人们对被遗忘权的不同定义在细节上存在差异，但普遍存在一个共同点，即被遗忘权以删除权为实现手段，以维护人性尊严为最终目的，其旨在使已经公开的个人信息重新回归隐私领域。被遗忘权可以分为前互联网时代的"传统被遗忘权"和互联网时代的"数字被遗忘权"。现在人们经常谈论的"被遗忘权"主要指的是"数字被遗忘权"，即数据主体所享有的对互联网上已经公开的、不适当的、不相关的或不再相关的、过时的个人信息进行删除的权利。从被遗忘权的法律属性进行分析，被遗忘权属于人格权的范畴，它是个人信息权的一部分，是独立于隐私权的一项新兴权利。

被遗忘权体现了信息自主的理念，对于维护人性尊严具有举足轻重的地位。在互联网时代，海量个人数据被互联网所永久记忆。互联网公司可以通过这些个人数据描绘出每个人的"人格画像"，信息时代里的每个人都有可能成为"透明人"，这给公民的生活安宁、人性尊严带来了严重困扰。传统隐私权保护的个人信息主要是未公开的个人信息。这些私密的信息关涉公民的人格尊严，因此不得非法披露。而被遗忘权所保护的个人信息主要是已经公开的个人信息，而且往往是合法公开的信息。对于这些已经合法公开的个人信息，传统隐私权鞭长莫及。因此，被遗忘权有利于保护人格尊严和信息自主，它的出现具有正当性。

被遗忘权的出现，可以让人类走出"数字化全景式监狱"，使遗忘回归常态，对于应对隐私风险、保护个人信息具有十分积极的意义，其应当被明确规定在法律之中。但到目前为止，对于被遗忘权的立法化仍然存在着一些质疑。反对者认为，被遗忘权的引入将会给言论自由、公众知情权带来威胁，影响经济的发展，甚至制约整个国家的核心竞争力。尽管赋予数据主体删除个人信息的权利，带来被遗忘权与言论自由、公众知情权之间的权利冲突，也带来被遗忘权与网络服务提供者、国家公共利益的权益冲突；但是，保护被遗忘权具有道德和法律上的正当性，被遗忘权也不是一项绝对的权利，可以通过引入"比例原则"来解决利益的冲突，以实现权益之间的平衡。为了应对数据信息化对个人信息保护所带来的挑战，许多国家与地区已经引入了被遗忘权，通过将被遗忘权确定为一项法定权利来保护人格尊严和信息自主。

欧盟在被遗忘权的立法和司法上起步较早。欧盟委员会于2012年提出了《通用数据保护条例》草案。在2014年的"冈萨雷斯案"中，欧洲法院对1995年《欧盟数据保护指令》第12条和第14条进行了扩张解释，扩大了数据删除的范围，从而在司法上确立了被遗忘权。《通用数据保护条例》草案经过多次修改，最终在2016年正式获得通过。"被遗忘权"正式成为一项法定权利，数据主体有权要求数据控制者删除其个人数据信息。可见，欧盟被遗忘权的未来发展方向，在保护经济发展、数据自由流通的同时，保护用户的人格尊严和信息自主。从欧盟的立法经验来看：其一，在立法理念上将个人数据保护权定为基本人权，具有宪法意义，优先于经济利益受保护。与言论自由的保护相比，人们普遍倾向于保护基于尊严的隐私。其二，欧盟采用综合立法的模式，主张使用统一的法律保护个人信息，同时确立了明确的个人信息保护标准。面对成员国之间不同的数据保护法律规则所带来的冲突，《通用数据保护条例》解决了成员国之间碎片化、不统一、不确定的法律给企业带来的沉重负担。

欧盟拥有独立自主的个人数据保护机构，可以履行调查职能，允许行使干涉权。其三，欧盟被遗忘权的权利主体更加广泛，《通用数据保护条例》过于原则化，权利主体为欧盟的所有公民。其四，在删除范围上，欧盟的被遗忘权范围广泛，不仅允许删除数据主体自己发布的个人信息，而且为删除第三方发布的原始信息提供了可能性。但是，欧盟所确立的被遗忘权还是存在着一定的局限性，《通用数据保护条例》既没有区分擦除权和被遗忘权的关系，也没有明确界定数据控制者的义务的范围。

美国仅在专门保护未成年人的法律中规定了未成年人的被遗忘权。《儿童在线隐私保护法》"加州第568号法案"《儿童防追踪法》都有未成年人被遗忘权的相关规定。可见，美国对被遗忘权的未来发展方向与欧盟有所不同，更加注重对言论自由的保护，对被遗忘权可能给言论自由带来的威胁非常警惕。从美国的立法经验来看：其一，在立法理念上，美国重视言论自由在宪法上的依据，言论自由在价值位阶上处于优先地位，这是美国文化的一个重要特征，民众有自由地进行意见表达的权利。其二，美国采用分别立法的模式，主张经济利益不完全弱于个人信息保护，突出行业自律的调控作用。美国早期的数据保护通过部门立法，只在金融领域、消费者权益、网络隐私，以及未成年人保护上进行立法，导致其他行业的法律空白。美国没有欧盟的有执法功能的数据保护机构，有利于信息的流转和运用。其三，美国被遗忘权保护的立法法案具有代表意义的加州"橡皮擦法案"，实施细则更为详细，但保护的主体只限于加州的未成年人，更有针对性。基于"儿童最大利益原则"，美国对未成年人被遗忘权的保护采取的是"单列模式"，即在专门保护未成年人的法律中规定未成年人的被遗忘权。其四，加州"橡皮擦法案"规定只能删除未成年人自己发布的信息，而不能删除他人发布或转载的与未成年人有关的个人信息。由于不能规制转载、再次上传的行为，所以有可能导致不能实现立法的初衷。当然，美国法律所保护的被遗忘权的权利主体非常有限，只限于未成年人；删除的范围也比较狭窄，只限于未成年人自己发布的个人信息，这给州与州之间的商业贸易施加了压力，将使企业花费额外的费用。

世界上多数国家和地区都基本认可被遗忘权的价值，因此被遗忘权的法定化是一项世界性的潮流和趋势。其他国家和地区都对被遗忘权持较为积极的态度。这些国家可以分为三类：其一，"立法派"。在这类国家中，有的主张通过立法的方式明文确立被遗忘权；有的主张将被遗忘权纳入到其他权利之中。其二，"观望派"。这类国家尚没有明确表示要将被遗忘权确立为一项法定权利，但是它们在某些司法判例中做出了保护被遗忘权的本土化的尝试，其做出的判决符合被遗忘权的理念。其三，"守旧派"。这类国家的立法仍停留在保护"传统被遗忘权"的阶段，而互联网时代的"数字被遗忘权"尚未提上立法议程。

相比之下，我国对被遗忘权的立法保护显得比较薄弱。尽管有些法律、法规及部门规章对于个人信息保护已经有所体现，但仍然没有专门性的个人信息保护法，现有法律中也没有明确将被遗忘权确定为一项法定权利。一方面，可以通过折中办法保护被遗忘权，对《人格权法》《网络安全法》《侵权责任法》等现有法律进行扩张解释。另一方面，可以借鉴欧盟保护被遗忘权的先进经验，将被遗忘权确定为一项法定权利。其一，在立法上，可以在未来的《个人信息保护法》中明确规定被遗忘权，要详细规定被遗忘权的权利主体、义务主体、权利内容、例外情形等。可以将被遗忘权的主体分为一般主体和特殊主体。一般主体指普通个人；而特殊主体则包括强势群体和弱势群体。强势群体包括政府官员和公众人物，弱势群体包括未成年人和被害人。对于不同的主体，被遗忘权的保护力度要有所差异，确定了四种删除方式。此外，在立法上要平衡好被遗忘权与言论自由、公众知情权等权利的关系。在当下，可以通过对《民法总则》第 111 条的扩大解释来保护被遗忘权。其二，在司法上，我国最高人民法院宜制定与被遗忘权有关的司法解释，以明晰被遗忘权的适用范围和操作流程。如果在法律规定得过于抽象、模糊，最高人民法院又没有出台相应的司法解释的情况下，法官往往倾向于采取消极的态度，否定当事人的权利主张，而不敢任意对法条进行扩张解释。这是因为我国法官不享有解释法律的权力，如果法官对法律做了扩张解释，有可能会被追究责任。但是，国外的法官则享有解释法律的权力。在2014年的"冈萨雷斯案"中，当时欧盟尚未将被遗忘权确定为一项法定权利，欧洲法院的法官们依据《欧盟基本权利宪章》的精神，对1995年《欧盟数据保护条例》第12条和第14条进行了扩张解释，从而将被遗忘权纳入到法律的保护范围之内。但是，在国内"被遗忘权第一案"中，主审法官则以任某所主张的被遗忘权不具有"利益的正当性"和"受保护的必要性"为由，直接否定了任某的诉讼请求。因此，我国在对被遗忘权进行保护的时候，法律应当规定得相对具体一些，最高人民法院也要及时出台相应的司法解释从而有利于法官做出司法裁判。因此，通过司法解释对被遗忘权的明晰化，能够减少法官的顾虑，有利于被遗忘权的保护。此外，要充分发挥行业自律的作用以有效保护被遗忘权。可以通过市场导向机制鼓励行业自律，并且利用技术手段为个人可识别信息设置有效存储期限等方式，弥补立法和司法上的不足，以充分保障公民的被遗忘权。

可见，被遗忘权为人们防止个人信息对信息主体的"反噬"提供了一种新的表达方式和保护方式，这就需要制定一系列相应的新的规则。被遗忘权的立法化是信息社会发展的必然趋势。被遗忘权为人们控制自己的数据提供了一种新的方式，它犹如一把奥卡姆剃刀，在记忆与忘却之间来回穿梭，将那些过时的个人信息剃除出去，使被互联网所永久记忆的个人信息被人们所遗忘，为人们的未来留下更多的选择机会和更大的发展空间。

《司法裁判中的道德判断——德沃金整全法理论辩护》概要

王　琳[*]

本书要处理的问题是：法官能不能在疑难案件中做出道德判断；如果做出了道德判断，我们是否还能够说在疑难案件中存在某种意义上的唯一正确答案？之所以要研究这样一个问题，是出于以下两方面原因。其一，这是解决中国司法实践难题的现实需要。在我国司法实践中，存在一个不断困扰法官裁判的两难处境。一方面，在一些适用法律规则会导致不正义结果的疑难案件中，如果不允许法官做出道德判断，则有可能机械司法、违反情理，进而导致普通民众对判决难以接受的情况出现。另一方面，如果允许法官做出道德判断，则有可能导致法官任意独断、权力不受约束的情况出现，同样会对司法公信力造成伤害。无论法官选择何种做法，都可能遭到来自另一个角度的批评。这个两难的问题让法官在司法实践中备感困惑，难以确定和坚持某种一以贯之的立场。

其二，该研究也是为了响应我国司法裁判理论发展的需要。我国学界在司法裁判中的道德判断这一问题上存在很大理论分歧。一方面，受西方现代法治理论影响的学者大多反对司法中的道德判断。有些学者认为法官对法条本身进行实质道德考量会带来司法任意性，危害法律的安定性，甚至最终威胁到法治本身。有些学者虽然赞同

---

[*] 王琳，中国政法大学法学博士，现就职于重庆大学。

法官基于实质合理性上的考虑来解释法律,但是主要建议法官通过社会科学方面的研究,补充事实、经验方面的认知,也同样反对法官在裁判过程中进行道德考量。另一方面,受中国传统法律思想影响的学者,试图从我国古代原情定罪、春秋决狱等司法实践中寻找智识资源,倾向于支持像我国古代司法那种追求情、理、法统一的司法风格。我国这些传统法律文化在今天究竟有何种借鉴意义,也是我们当前理论研究亟须回答的问题。如何调和中国传统和西方法学,从而为我们今天的司法实践提供方向,是摆在我国法学研究者面前的一个重要课题。

鉴于司法中的道德判断这个问题的复杂性,本书的讨论范围必然是有限的,它将聚焦于考察美国著名法学家罗纳德·德沃金(Ronald Dworkin)对这个问题的经典回答,以及学界对他的若干重要批判。之所以关注德沃金在这个问题上的回答,是因为他的整全法理论大胆地提出了一个鲜明而反传统的立场,并以富有系统性与创造性的精致论证为之提供支撑。整全法理论认为:(1)法官在疑难案件中确定法律是什么的时候,需要依赖道德判断;(2)包含道德判断的司法裁判可以有正确答案。对于德沃金的这两项主张,学界出现了多种多样的批评意见。本书聚焦于其中一类重要的批评意见,它们有一个共同点,即都是从对共同体道德生活的某些特征的观察出发,来思考法律对于共同体生活的(相对于道德的)独特功能与价值,并进一步在裁判问题上推导出与整全法理论针锋相对的结论。

在司法裁判过程中法官能否进行道德判断?包含此种判断的司法裁判还能否在某种意义上获得唯一正确答案?在这两个问题上,笔者支持德沃金的"道德判断命题"——法官在裁判过程中可以进行道德判断;以及他提出的"正确答案命题"——包含道德判断的司法裁判仍然可以追求唯一正确答案。笔者认为针对这两个命题的诸种批判意见,能够借助德沃金现有的理论资源得到有效回应。这一总体结论由如下分论点支撑。

首先，约翰·麦凯（John Mackie）基于道德怀疑论对德沃金唯一正解命题的批评并不成功。麦凯认为，如果法官可以基于道德判断来裁判案件，那么判决就不可避免地具有了主观性，进而可以推出德沃金的正确答案命题是错的。基于德沃金对外在怀疑论和内在怀疑论的区分可以看出，麦凯的这种理论是一种典型的外在怀疑论立场。德沃金通过质疑一阶和二阶道德命题的区分，提出了价值思维领域独立性命题，排除了形而上学争议对于回答道德问题的相关性，从而有力地批判了外在怀疑论。此外，德沃金通过将"真理"作为诠释性概念来理解，对人们就真理的界定问题所产生的分歧提供了一种有解释力的说明。作为诠释活动的真理探究鼓励我们发展适合于道德领域的真理观，一个价值命题由于它更好地实现了对相关价值判断的整体反思平衡而暂时性地为真，由此可以免于我们陷于单一的"自然主义的真理观"的泥淖。

其次，理查德·波斯纳（Richard Posner）基于法律实用主义立场、凯斯·孙斯坦（Caas·R. Sunstein）基于未完全理论化协议学说对整全法理论的批评，由于未能将自己的立场同德沃金的立场真正相区分而失败。德沃金承认法官所从事的推理是"自内而外"的，而不是像理想法官赫拉克勒斯那样"由外而内"的。但是，尽管推理的方向存在不同，两者的推理在性质上并无实质差异。普通法官通过将赫拉克勒斯作为理想型加以学习，在由个案出发所展开的"辩护梯度上升"的过程中，逐渐追求整全性的政治理想。无论是波斯纳的实用主义还是孙斯坦的未完全理论化协议，都无法将自己提出的方法真正区分于德沃金的内置型推理方法，它们并非是替代整全法的更优选项。

再次，对于斯科特·夏皮罗（Scott J. Shapiro）基于法律规划理论、杰里米·沃尔德伦（Jeremy Waldron）基于立法机构之多元性的分析对整全法展开的批判，也能够根据整全法的内在逻辑得到有效回应。夏皮罗的法律规划理论在寻求中立的概念分析与有效指导实践这两个目标上存在内在冲突。为了使这个理论具有夏皮罗所期望的实践意义，应当将之作为一种关于法律实践的诠释理论来理解。夏皮罗对法律价值本旨的说明存在缺陷。至少在某些时候，法律的存在并不是为了在各方相争不下的情况下确定一个行动方案，而是在相关考量不清楚的情况下，尝试性地确定行动者暂时依赖的行为准则。

沃尔德伦论证的缺陷在于混淆了道德实在论与道德判断客观性两个不同问题。德沃金对道德判断客观性的坚持并不依赖于道德实在论。道德实在论虽然与法官能否进行道德判断没有关系，但是道德判断客观性的有无仍然与法官的道德判断有重要关联。如果我们认为德沃金关于道德判断客观性及道德推理方法的说明是正确的，那么就可以认为，人们可以理性地辩论法官的道德推理的质量，从而对其推理实施有效监督。因此，法官的道德判断并不必然是任意的和不可控的。

最后，约翰·菲尼斯（John Finnis）基于价值之不可通约性对德沃金的唯一正解命题的批判也不能成立。我们应当区分价值之不可通约性的主张在伦理和道德领域的不同内涵。在伦理问题上，个体的选择能够为他追求一种善生活提供独立的理由。但是在道德问题上，不是选择给出理由，而是理由指引选择。在道德问题上不存在若干正确答案，不同答案在逻辑上不能共存。此外，笔者还比较了菲尼斯和德沃金对法律权威之正当性的不同解释进路。菲尼斯的公平观实际上是一种基于互利的契约主义，它对道德动机的说明存在缺陷；而德沃金的平等观是作为相互尊重的契约主义，后者作为对政治权威正当性的说明更为成功。

本书所考察的这些基于道德和价值问题的哲学思考对整全法理论提出的批判，能够借助德沃金自身理论资源得到有效回应。笔者暂时性地对其裁判理论中的"道德判断命题"和"正确答案命题"持认同态度。

本书是一种介于实践与哲学之间的中等抽象层次的探究，它试图发现法律实践中的疑惑会将我们引至哪些哲学议题。它不是一种自上而下式的、从哲学到实践的、演绎式或者应用式的讨论，而是一种自下而上的、从实践到哲学的、不断回溯辩护理由的追问式讨论。笔者希望通过这些分析可以更多揭示法律实践背后错综复杂的哲学议题，探索深化我国法治理论和法律方法研究之哲学层次的可能方向。

本书的学术创新点包括以下方面：

第一，从道德判断独特性质的角度，系统梳理了对整全法理论的一类重要批判意见。自整全法理论产生之后，很多重要的批评意见随之出现。综观这些讨论，有一类批评涉及的论证错综复杂且意义重大。此类论述涉及对道德判断之独特性的观察与思考，并进而阐发法律在人类社会生活中与道德的功能差异。学界尚未从这个大的角度对此类批评做系统梳理与整体探究。

第二，从整全法理论的哲学基础出发，为其裁判理论提供辩护。近些年，国内学界也出现了对德沃金的法律理论的大量讨论，其中不仅有若干出色的导读性和评介性质的研究，还有很多从某个专门的角度展开的支持性或者批评性的研究。但总体上还是缺乏对其后期哲学理论的认识和梳理，缺乏对其哲学思想与裁判立场的融贯理解。

第三，深入揭示司法裁判中道德判断问题背后涉及的哲学议题。通过考察德沃金与其批评者之间的论战，可深化我们关于司法中的道德判断问题的思考，通过揭示该裁判难题背后所牵涉的道德议题以及更为一般性的价值议题的复杂性，从而深化司法裁判理论研究在哲学层面上的反思。

本研究的学术价值在于：

第一，有益于丰富与充实我国司法裁判理论与法治理论的一体化综合研究。关于法治的讨论，可以区分立法层面上的争论和司法层面上的争论。司法层面上的形式法治与实质法治支持截然不同的裁判风格。但在我国学界，无论是司法上的形式法治论者还是司法上的实质法治论者，大都对德沃金所建议的裁判方法的正当性与可行性持怀疑态度。对德沃金的整全法这一当前尚不受欢迎的学说加以考察进而消除对于它的重大误解，将有益于丰富与充实我国的法治研究，亦为我国司法裁判理论与实践的发展提供借鉴。

第二，扩展对自然法与实证主义两大法学传统之外的"第三种理论"的认识。德沃金的裁判理论是在对实证主义之社会事实命题与自由裁量权命题批判的基础上发展起来的。此外，虽然和一些自然法立场学者一样，德沃金认为确定法律是什么是需要做出道德考量的，但是对于这样做的理由则给出了一套不同的论证方式。从立场的独特性和论证的新颖性上看，我们有理由对这一"第三种理论"予以关注。

第三，对审视我国当前的法教义学与社科法学之争是个很好的参照。我国法教义学者系统地提出一套法律方法来指引中国的司法实践，而社科法学者认为只有他们所倡导的经验性探究才能为法官提供裁判指引。本书要研究的整全法理论，既提供了一种像法教义学和社科法学（它的法律实用主义主张）这样的一阶的、规范性裁判理论，同时又包含了一个"元裁判理论"或者说"二阶裁判理论"，因而提出了评估不同规范性裁判理论成立与否的判准。研究整全法对于我们审视当前的法教义学与社科法学之争是一个很好的参照。

《环境标准法律制度研究》概要

周骁然[*]

"这是最好的时代,也是最坏的时代;这是智慧的时代,也是愚昧的时代"。随着科学技术的不断发展,人类利用自然、改造自然的能力得到了不断提升。在创造大量物质财富的同时,也不可避免地制造了大量现代性风险。可以说现代社会是一个"除了冒险而别无选择的社会",无处不在的风险萦绕在我们生活的各个角落。环境风险作为工业社会风险中的基础性风险,集中体现了现代社会自反性的特征。基于对环境风险生成原因的反思,要求未来须将生态环境的承载能力作为整体社会制度设计的基础性考量因素。为解决环境问题、应对环境风险而生的环境法便是此种反思的产物,这就意味着环境法律规范需要融入能够反映生态环境规律的规范要素,环境法与环境标准的融合便是对此种需求的直接回应,作为保障环境法与环境标准有效融合的环境标准法律制度也就在此背景下应运而生。从环境法学的视角研究阐释为积极应对环境风险而生的环境标准法律制度的基本问题,应当综合运用规范分析、比较分析和多学科交叉的研究方法,以环境标准法律制度在实践中出现的具体问题为中心。首先,通过探明环境法与环境标准融合的社会基础、理论支撑以及制度路径的问题,阐明环境标准法律制度同环境法与环

---

[*] 周骁然,西南政法大学法学博士,现就职于西南政法大学。

标准融合之间的关系，以阐明环境标准法律制度"缘起为何"。其次，通过明确环境标准、环境标准法律制度与现代环境法治国家的关系，阐释环境标准法律制度的价值目标、功能定位以及体系结构，以明确环境标准法律制度"应为何物"。最后，在环境标准法律制度功能定位和体系结构的指引下，结合现有环境标准法律制度存在的问题，构建、完善、整合环境标准法律制度体系中的各个具体法律制度，以描绘环境标准法律制度"如何架构"。

环境风险作为现代风险体系中的重要类型，其时时刻刻威胁着人类的环境安全。在此背景下，为了实现对于环境风险的有效回应，人类不断探寻着能够行之有效的控制手段。一方面，沿袭着工业社会现代化的内在逻辑，以科学理性为基础，形成了以具体技术指标为内容的环境标准体系，用以指引相关主体在技术活动中的行为操作；另一方面，基于对工业现代化内在逻辑的反思，以社会理性为基础，剖析人类行为选择与环境风险之间的社会关联性，形成了以权利（权力）义务为内容的环境法体系，用以规范相关主体在社会活动中的行为选择。随着对于环境风险认识的不断深入，作为两种不同理性表现的环境法体系和环境标准体系之间呈现出一种互动配合的样态，而这种样态就具体表现为环境法与环境标准的融合。从社会基础而言，环境风险作为工业文明中社会风险的结构性根源，对于环境风险的回应有赖于代表社会理性的环境法与代表科学理性的环境标准相融合。从环境法与环境标准的内在结构上而言，两者之间具有价值追求的一致性、认识基础的同质性以及作用方式的耦合性，故而两者具有融合的理论基础。环境法与环境标准在运行的过程中互为支撑，同时从环境法的角度而言，环境标准的融入能够强化环境法律规范的实施，但鉴于两者在本质上属于不同类型且相互独立的社会规范体系，故而确立环境标准法律制度是在保障两者彼此独立的前提下，实现环境法与环境标准融合的最终路径。

环境标准法律制度作为在风险社会中融合环境法与环境标准以充分回应环境风险的制度保障，其良好运行直接决定了融入环境法律规范的环境标准的正当性、合理性以及有效性。而环境标准法律制度的良好运行则有赖于对环境标准法律制度全面、系统地把握。为了更好地把握环境标准法律制度，需要从宪法溯源、价值追求、功能定位以及体系结构四个方面解构环境标准法律制度。首先，通过梳理现代国家宪法中有关国家环境保护义务的条款，阐明客观上存在不同层次的国家环境保护义务，并且明确融入环境法体系的环境标准就是现代环境国家界分国家环境保护义务层次的根本依据。其次，环境标准法律制度的价值目标，反映了环境标准法律制度所欲实现的效果，而现有理论和制度实践中对于环境标准法律制度的价值目标界定并不清晰，通过对现有价值目标界定的分析，阐明相关目标的局限性，并通过整体化、体系化的方式把握环境法价值目标，将"保护并且改善环境"确立为环境标准法律制度的价值目标。再次，环境标准法律制度落实国家环境保护义务、实现保护并且改善环境的目标，根本上依赖于融入环境法律体系中环境标准的正当、合理、有效，故而环境标准法律制度的功能应定位于保障环境标准的形式正当性、内容合理性以及实施有效性。最后，环境标准法律制度的功能定位决定了其体系结构，换言之，环境标准法律制度的体系结构需要能够保障上述功能的实现，故而应当确立由保障环境标准形式正当性的环境标准援引法律制度、内容合理性的环境标准制定修订法律制度以及实施有效性的环境标准适用法律制度，组成的"三位一体"的环境标准法律制度体系结构。

环境标准援引法律制度以保障环境标准形式正当性为功能，其是整体环境标准法律制度的起点。然而在我国现有的环境标准法律制度体系中，环境标准援引法律制度尚处于分散且混乱的"欠制度化"状态。在未来环境标准法律制度建设的过程中，全面系统地构建环境标准援引法律制度是此过程中的重要环节。首先，应当明确环境标准援引法律制度的内容包括：环境标准法律性质的界定、体系结构的设计以及环境法与环境标准融合方式的选择三个部分。其次，根据现有法律规范，明确上述三个部分分别存在性质界定不明、体系结构设计混乱、融合方式选择缺失的问题。最后，以上述三个问题为中心有针对性地解决各个部分存在的问题。一是对环境标准法律性质的讨论应当独立于环境法与环境标准关系的讨论，并将环境标准界定为纯粹的技术性规范。二是对环境标准体系结构的设计，应当在明确环境标准与产品服务标准的共性与个性的前提下，充分借鉴产品服务标准体系的经验，结合环境标准自身的独特性，构建独立于产品服务标准体系的环境标准体系。三是选择环境标准融入环境法的路径时，应当在厘清"强制性"环境标准内涵的基础上，准确把握环境标准融入环境法后"强制性"的实质来源，最终选择恰当的环境法援引环境标准的具体方式。

环境标准制定修订法律制度以保障环境标准内容合理性为功能，其是整体环境标准法律制度的关键。环境标准自身内容的科学性和合理性将直接影响到其能否发挥对环境法的技术支撑和实施效果强化作用。环境标准内容的科学、合理直接关系到环境标准融入环境法规范体系的效果，更将直接影响到环境法规范的实施。环境标准内容的科学、合理，有赖于环境标准制定修订法律制度的保障。现有环境标准制定修订法律制度存在制定制度残缺、修订制度虚位以及外部约束缺失的问题。针对制定制度的残缺应当从选择权威且中立的制定主体、确定科学且系统的制定依据以及确立充分且有序的制定程序三个方面予以完善；针对修订制度虚位的问题则应当构建以实施评估制度为逻辑起点、以定期复审制度为保障的环境标准修订制度；针对外部约束缺失的问题，应当通过建立诉讼类型恰当、原告资格明确、审查标准合理以及判决类型明晰的环境标准诉讼制度予以解决。

环境标准适用法律制度以保障环境标准实施有效性为功能，其是整体环境标准法律制度的终点。环境标准的实施有效性根本上有赖于与环境标准密切结合的环境法律规范的有效实施。整体上而言，环境标准适用法律制度应当着重明确两个方面的问题，一是明确与环境标准相结合的环境法律规范的适用主体，二是明确环境标准在为环境法律规范援引后其约束力（效力）的体现方式。现有环境标准适用法律制度的问题主要体现为环境标准融入环境法律规范后约束效力的混乱。在理论上，环境标准的约束效力具体应当体现为对政府的权力制约效力、对行为人的行为管制效力以及对利益损害的侵害矫正效力三个部分，但源于对环境标准效力认识的割裂，导致现有制度中仅仅重点突出了环境标准的行为管制效力，权力制约效力处于缺失、侵害矫正效力处于被否定的状态。针对权力制约效力的缺失，应当在掌握权力制约效力基本结构的基础上，通过构建政府遵守和实施环境标准的第一性义务和明确政府责任的第二性义务的方式强化环境标准的权力制约效力。侵害矫正效力"否定论"则源于对环境污染事实重视不足、环境标准体系认识偏差以及环境标准评价要件选择错误。欲突破此困境，需要在对环境污染事实进行类型化分析、准确把握不同类型污染中环境标准体系特点以及明确环境标准功能定位的基础上；通过以责任构成要件为基础的解释论进路，重塑环境标准在环境侵权和生态环境损害案件中的侵害矫正效力。

  工业文明的滚滚车轮催生了无处不在的社会风险，社会风险体系中的环境风险则催生了以有效应对和解决环境问题、实现人类社会可持续发展为己任的环境法。从环境风险生成的机理来看，其根源于人类行为逻辑与生态环境规律之间的冲突。环境标准法律制度之所以生成的关键，在于在环境法律体系内部形成一种常态化、稳定化、体系化的制度支撑，以保障体现社会理性的环境法律规范与体现科学理性的环境标准规范之间的融合。通过构建环境标准援引法律制度、完善环境标准制定修订法律制度以及整合环境标准适用法律制度，使得以保障环境标准形式正当性、内容合理性以及实施有效性为功能的"三位一体"的环境标准法律制度最终形成，进而实现对环境法与环境标准融合全过程的制度性支撑，以保障在风险应对过程中社会理性与科技理性的有效互动与配合，最终保障环境法能有效地回应风险社会中的环境风险。

理想的环境标准法律制度体系的形成无法毕其功于一役。虽然在整体上而言未来我国环境法治工作的重点将逐渐从立法转向法律实施，但现有环境标准法律制度在规范体系上仍存在众多的空白、混乱和不足。不难预见，我国未来环境标准法律制度的建设，需要同时面临新规范的制定和旧规范的整合两大工作，为了避免相关工作再次陷入"见招拆招"的窘境，需要在回应现实需求的同时，结合系统化、体系化的环境标准法律制度理论，以指导环境标准法律制度建设工作实践，最终在我国环境制度体系中建立体系完整、逻辑严密的环境标准法律制度。确保我国整体环境法律体系中社会理性和科学理性的互动融合，在以社会理性为基础的环境法制定与实施过程中，彰显出环境法特有的科学理性的光芒。

《比较法视角下中国判决效力体系化研究》概要

陈晓彤[*]

在最广泛的意义上,判决效力包含判决基于其性质产生的一切影响力,其中较为重要的一种效力,是判决中的判断对后诉产生的效力,为本书的研究对象。在现有的理论中,判决中的判断对后诉产生的效力中,最为核心的是既判力,即判决对后诉产生的遮断效与拘束力,前者为生效判决禁止当事人就与判决客体同一的事项再次提起诉讼的效力,后者为生效判决之判断禁止当事人在后诉中再次进行争议的效力。既判力这一核心判决效力的重要性,有时在一定程度上限制了人们的目光,使其他的判决效力成为不受关注、模糊不清的背景,此种倾向已在我国现有既判力理论中有所呈现。然而,在事物的本质上,判决的遮断效与非遮断效、拘束力与非拘束力在判决效力的"地图"上"领土"相接,将它们区分开固然有助于实现安定性、增强可预期性,但是断然分开的可能性与程度时常面临经验的质疑。转换思路而采取一种体系化的研究,则有助于将目光从既判力这一"焦点"转向既判力与"毗邻"的具体判决效之间的关系,以及由这些不同效力组成的整体结构(构成焦点既判力之背景)这样一个"面"。唯有如此,才有可能最终实现在整体中

---

[*] 陈晓彤,清华大学法学博士,现就职于对外经济贸易大学。

明确各部分的内容及彼此间界限，并最终合理地构成判决效力之整体。

生效民事判决内容对后诉产生的效力，决定了当事人在何种范围内不得提起后诉、在后诉中不得实施重复性争议，或在证明方面处于较不存在前诉判决时更加不利的地位。因此，判决效力体系与若干种法律的价值追求之间存在着紧密的联系。判决效力越严格，对当事人的限制就越大，原则上越有利于法的安定性，并节约成本与时间。因此，判决效力涉及的法律价值包含当事人的诉权自由、意思自治、法的安定性、诉讼经济、诉讼效率、实体法律关系的稳定性等，甚或包含诚实信用原则。形象地看，一端是当事人的意思自治及自决权（站在当事人及主观的立场），另一端是纠纷解决、对矛盾裁判的防止、法的安定性、诉讼经济与诉讼效率等有利于法院或维持法秩序的追求（站在法院及客观的立场）。值得注意的是，这些不同价值之间并非截然对立。更确切地说，事实上无法找到一个关于当事人最大程度意思自治的端点，纠纷解决、防止矛盾裁判、法的安定性、诉讼经济与效率各自也时常趋向不同的方向。然而，缺乏明确答案的法学基础理论层面之价值问题，是法律科学所不能回避的，因其提供了对各种互相冲突、互相重叠的利益进行评估的某种准则（罗斯科·庞德）。对法律价值的位阶排序、在个案或系列案件中大体上选择某种价值倾向，塑造了法学理论、法律制度甚至司法实务的品格。

考察中国民事诉讼法中判决效力制度的现状可知，中国判决效力的规范与实施中，首先体现出强烈的纠纷解决倾向，其次为矛盾判决之预防。至于当事人的诉权自由与意思自治，实践中呈现出保护过度与保护不足并存的状态，此种态度与中国历史传统的不同倾向有关：一方面，从中国明清时期的审判实践来看，地方官已下了堂谕，当事人已"甘结"的案件（《六部成语·吏部·甘结》注解："凡官府断案既定，或将财物令事主领回者，均命本人作一情甘遵命之据，上写画押，谓之甘结"），当事人仍可反复找地方官、其上级、新任官员要求重新审理，"有错必纠"也被视为优秀官员的品质，因此当事人的"诉权自由"范围相当大；但另一方面，当事人的要求并无制度上的保障，因为今日法治国下的个人自由在传统社会中仅为虚幻泡影，即使允许当事人反复"申冤"，也不过是基于整全性、客观需要上的考虑，而非站在当事人立场上的选择。正是传统的惰性与观念的延续，导致今日中国民事诉讼制度对当事人诉权自由保护过度与保护不足并存。然而，随着依法治国方略的逐步实施及市场经济的发展，奠基在个人自由竞争基础上的当事人自治与自由，开始得到愈来愈多的尊重。不过，判决效力制度涉及公共利益与客观的法的价值，因此目前诉权自由仍未被广泛接受为首位的原则。在西方国家的判决效力制度中，法的安定性价值乃是与当事人诉权自由旗鼓相当的最重要价值追求之一，其能够给予当事人合理的预期，形成未来相对稳定的行为模式和交往准则，对法律制度及法律科学具有根本重要的意义。然而，中国的司法实践亦不甚关注法的安定性价值，体现在个案法官仅关注自己能否解决眼前的纠纷，而并不考虑个案判决可能具有的一般性意义。这种强调纠纷解决、防止矛盾判决，忽视或不甚重视当事人诉权自由、法的安定性价值的实践品格，与中国社会的巨大流动性相匹配。纠纷解决与防止矛盾判决均体现个案的特性与要求，不注意一般性、体系性的要求。然而，忽视一般性、体系性的要求，意味着同案不同判现象的频繁发生缺乏应有的规制，最终将损害法院判决的整体性权威。在社会主义市场经济背景下，民事诉讼制度应当愈来愈尊重当事人自决权与自由，否则当事人诉权受损的后果亦将冲击法院作为最重要纠纷解决机构、诉讼作为最重要纠纷解决机制的正当性基础。中国判决效力制度正是法律价值冲突最明显、实践处理最混乱、理论争议最激烈的问题领域之一。对判决效力进行体系化研究的一个目标，正是确立合理的价值位阶，在适当的价值指引下促进中国民事诉讼法的完善，为法治理想的逐步实现贡献一份力量。

具体地看，目前中国判决效力的体系化程度不高，规则的缺失与现有理论稍嫌不接地气的状况，更加剧了上述实践品格的延续与发展。在规范层面，民事诉讼法相关规范中仅仅对体现了既判力遮断效的禁止重复起诉与可推翻的事实预决效力有所规定，因而法院在司法实践中充分动用了这两种效力规范作为"资源"，来处理一切前诉判决应当或法院认为应当对后诉产生某种效力的案件。这种做法一方面导致我国司法实务中既判力特别是禁止重复起诉的遮断效范围与可推翻的事实预决效力范围均较宽泛，包含了形形色色混杂在一起的不同案件类型；另一方面导致在既判力与预决效力之间、既判力的遮断效和拘束效之间界限均难以被明确地划定。此外，既判力的积极拘束力虽无成文规范基础，在司法实践中却以某种不太明显的形式得到了承认，不过其边界就更为模糊了。而在理论层面，现有的判决效力研究更为关注"焦点"，即既判力与事实预决效，且主要思路为借鉴大陆法系国家的制度或理论来对我国的规范与实践进行阐释、评价或给出建议，近来虽然逐渐脱离"唯大陆法系通说论"，但系统化思维仍较为缺乏，与司法实践的对话亦尚未能全面展开。

  本书在比较法视角下展开中国判决效力的体系化研究，与此前的研究一样重视对域外比较法知识的借鉴，但更为根本的是站在中国的语境下从中国的问题意识出发，具体表现在对中国的法律规范与司法实践进行解释、整理与剖析，并将不同的判决效力纳入一个体系化的结构。所谓比较法视角，乃是在详细梳理笔者掌握的比较法知识基础上，把握大陆法系与英美法系、同一法系中不同国家判决效力体系在整体精神气质上的差异——即对待法的价值冲突之态度，又深入讨论有关判决效力的具体制度安排与实践。在整体精神气质方面，不同国家为判决效力问题确立的价值位阶不同。大陆法系更强调当事人的意思自治，根据当事人起诉时提出的诉讼请求（或主张的实体请求权）来界定诉讼客体范围，限制了诉讼解决的纠纷之边界，因此基本能够保证判决效力体系中各部分之间边界清晰，给予当事人稳定的预期，兼顾当事人自决权与法的安定性价值。英美法系则更关注纠纷解决，试图在一次诉讼中对诉讼的起因（诉因）予以解决，在判决效力体系中以诉因或产生诉讼的纠纷事件作为界定判决效力的重要标准。与当事人的诉讼请求或主张的实体请求权相比，诉因或纠纷事件的范围的确十分不清晰，但英美法系民事诉讼中律师代理率高，律师与法官的职业共同体比较成熟，能在当事人（及其诉讼代理人）与法官之间形成有效的沟通与对话（discourse），从而有助于在界定判决效力边界时兼顾灵活性与当事人的可预期性。回看中国，判决效力规范与实践在总体价值趋向上更强调纠纷解决，故与英美法系国家相近；然而，中国的司法环境、法官素质、尚在形成之中的职业共同体都不及英美法系国家，而且实体规范与程序规范均在较高程度上借鉴了大陆法系国家的制度与理论。因此，为了理性地约束法官，在一个具有官僚制传统的国家逐步提高当事人的地位，中国的具体制度安排与理论解释上，均有必要更关注大陆法系的制度与学理，但亦应兼及英美法系的合理做法。

本书从比较法知识中撷取两个基本范畴——"同一性"与"先决性"，构筑起界分不同判决效力并将不同判决效力结构化的基本框架。这两个范畴指向前后诉的关系，前后诉的具体关系正是决定判决对后诉效力的基础性因素。关于前后诉之关系，须知诉本身可以分为诉讼客体与诉讼主体两个面向，故前后诉的关系就是前后诉诉讼客体与诉讼主体之间关系的组合。在不同前后诉之间关系与不同判决效力之对应"连线"上，笔者认为，若前后诉诉讼主体和诉讼客体均同一，或者诉讼客体同一且诉讼主体不同但后诉主体已被前诉主体所担当或没有必要赋予后诉主体独立攻击防御机会，前诉判决对后诉产生既判力的遮断效，又称消极既判力；若前后诉诉讼主体同一且诉讼客体之间存在先决关系，判决对后诉产生既判力的拘束效，又称积极既判力；若前后诉诉讼主体不同且诉讼客体之间存在先决关系，判决对案外人作为当事人的后诉原则上仅产生非拘束性预决效力，但假如判决对案外人有利，前后诉共同的当事人由于诚实信用原则也很难推翻判决中的判断，不妨承认一种接近既判力的拘束力；若前后诉诉讼主体不同且诉讼客体之间存在先决关系，后诉的当事人虽为前诉的案外人，但获得了事先的程序保障，如作为第三人参加了诉讼，可以这种事先程序保障为前提将非拘束性的预决效力"升格"为拘束性的参加效，参加效还可以类推适用于前诉中实际就彼此之间纠纷进行过争议的共同诉讼主体成为对立方当事人的后诉；若前后诉诉讼客体仅存在某些共通的事实问题或法律问题，无论前后诉诉讼主体是否同一，前诉判决对后诉产生一种证明效，是一种效力微弱的预决效力。

鉴于前后诉诉讼客体的同一性、先决性与诉讼主体的同一性对界分上述不同的判决效力有着标准式的意义，有必要对它们在我国语境下的特殊含义予以分析。在我国，根据《民诉法解释》第247条的规定，应将诉讼客体的同一性理解为：法律关系同一＋诉讼请求同一或相反，因此必须对《民诉法解释》第247条进行适度的限缩解释，从而使与前诉诉讼请求或判决结果并非直接相反而是存在实体上矛盾的诉讼请求获得进入案件实体审理阶段的途径。因此，我国作为诉讼与审判对象的诉讼标的概念，应根据法律关系与诉讼请求两个要素来界定，其中法律关系是指诉讼请求的基础法律关系，诉讼请求的属性包含同一性与直接矛盾性。诉讼标的还包含相反诉讼请求这一理解，在比较法中与德国的"矛盾对立面"实践存在呼应。在理解我国语境下前后诉诉讼客体之间的先决性时，为了合理界定积极既判力的范围并借助积极既判力更好地防止矛盾判决、实现法的安定性，有必要结合《民诉法解释》第247条中的实质否定及法律关系同一这两个要件，在案件类型化的基础上，适度扩大对先决关系的理解，将积极既判力不绝对限于判决主文，而是扩展至特定的判决理由——在前后诉法律关系同一的前提条件下作为后诉诉讼请求本身的前诉判决理由或者对于前后诉诉讼请求均具有直接决定性的判决理由。这两种判决理由均为判决确定的基本要件事实，因此将积极既判力适度向判决理由扩张，并不会过分违背当事人的预期或造成裁判突袭。关于我国前后诉诉讼主体的同一性问题，在单纯两造对立的一对一诉讼形态中，应当关注当事人适格的问题，因为仅适格的当事人才有权利获得实体判决，非适格的当事人获得的实体判决也不会真正在实体上产生影响；在复杂的诉讼形态中，则应当关注共同诉讼和第三人提起独立请求的诉讼合并中是否确有必要做出统一的判决以及判决实际上究竟处理了哪些内容。除了典型的必要共同诉讼外，在共同诉讼主体彼此之间成为对立当事人的后诉中，前诉判决都很可能并不对后诉产生既判力，因为前后诉的主体在判决效力的意义上并不具备同一性。结合上述理解，就能够将我国的判决效力整合为一个完整的体系，其中不同的判决效力之间具有相对明确的界限。

中国判决效力的体系化研究乃是本书的主线。鉴于判决效力从各个角度与诉讼客体、诉讼主体、证据与证明、程序保障、再审、强制执行的制度与理论存在紧密的联系，作为本书的副线，笔者的研究还涉及这些问题，甚至超出民事诉讼法学范围而进入与民法、行政法、刑事诉讼法的学科交叉领域，为进一步思考民事诉讼法学体系及整个法学体系提供一个独特的视角。

《界定公海保护区的国际法概念》概要

邢望望[*]

国家管辖范围外海域，原人力所不常及，然科技进步，社会发展，人类活动的影响不断深入，公海生态环境亦开始不断退化。由于公海在国际法上的特殊地位，面临着法律治理之零散空缺的问题，传统的海洋生态环境保护方法已难以有效应对。在公海上设立管理海洋保护区的两类国际法实践开始引起国际社会的关注：南极海洋生物资源养护委员会和保护东北大西洋海洋环境委员会等区域海洋组织先后设立起了四个公海保护区；基于国际公约的授权，诸多国际组织也通过划区管理工具来履行保护海洋生态环境的职能，如国际海事组织的"特殊区域"和"特别敏感海域"工具等。通过这些实践证明，管理良好的公海保护区已被公认具有积极作用。虽然国际社会不断呼吁通过设立公海保护区来保护全球海洋，但是在法律层面，除了2004年《生物多样性公约》特设技术专家组对海洋保护区的定义外，在国际法上对海洋保护区概念并没有专门的法律界定。

考虑到公海法律与治理的零散，以及在国家管辖范围以外海洋区域生物多样性与可持续利用问题上存在的法律空缺，2004年联合国大会第59/24号决议决定设立不限成员名额非正式特设工作组以

---

[*] 邢望望，上海交通大学法学博士，现就职于上海财经大学。

研究相关问题。在工作组成果的基础上，2015年联合国大会A/RES/69/292号决议，决定设立根据《联合国海洋法公约》的规定就国家管辖范围以外区域海洋生物多样性的养护和可持续利用问题拟订一份具有法律约束力的国际文书之筹备委员会，从而就包括划区管理工具和公海保护区在内的诸多问题进行讨论研究，为召开政府间会议做准备。无论是在工作组会议内，还是在筹备委员会会议中，各国代表就划区管理工具和公海保护区的法律定义、推进路径、管理措施、保护客体目标、既有国际法实践等问题进行了充分讨论和意见交换，但至今没有达成有效的共识。

在现行国际法框架内，缺少权威渊源对公海保护区这一专业术语进行法律界定，《生物多样性公约》的公海保护区定义亦非原创，而是并入了国际自然保护联盟所给定的有关海洋保护区概念体系。事实上，考虑到国际自然保护联盟是最早且一直致力于推动海洋保护区实践，并做出了大量的专业研究的国际组织，其给出的海洋保护区概念体系具有国际法和国内法上的广泛影响力，使得很多法律文件都直接引用了这一概念体系，比如北极理事会和南极海洋生物资源养护委员会等。通过分析海洋保护区概念的必要要素，如地理空间、保护方式、保护客体、保护目标等，可以发现虽然国际自然保护联盟的概念十分详细严谨并具有可操作性，但是考虑到公海国际法治理的特殊性，有关表述和概念内容在适用到公海保护区问题上时需要进一步修正。只有通过参考具体的国际法实践将海洋保护区概念界定清晰，才可能将该概念体系的海洋保护区概念适用于国家管辖范围以外的区域。

国际自然保护联盟之海洋保护区概念体系若要适用于公海区域，则必须可以用来描述已有划区管理工具和公海保护区之国际法实践。区域海洋组织设立管理公海保护区的国际法实践基本符合国际自然保护联盟之海洋保护区概念，不仅如此，还为丰富和探究公海保护区的法律概念提供了现实生动的案例资料，也进一步证实了公海保护区的现实可行性与必要性。相关国际法实践中出现的争议对国际自然保护联盟之海洋保护区概念体系也提出了挑战，更为公海保护区法律概念的完善提出了现实需求。国际组织划区管理工具能否被包含于国际自然保护联盟之海洋保护区概念体系则存在争议，由于不同国际组织的不同划区管理工具各有其特征，现有的国际组织划区管理工具与国际自然保护联盟之海洋保护区的定义分类之间存在一定概念维度的偏差，这也导致划区管理工具与公海保护区之间的协调与结合出现了不确定性。这显然不利于海洋生态环境的综合治理与保护。

公海保护区法律概念的不清晰不明确引发了国际社会诸多担忧，比如有些国家可能借机扩张管辖权、公海保护区可能会有损公海自由等。相对于人类共同继承财产，海洋（尤其公海）生态环境的持续退化是人类共同关注的事项，划区管理工具和公海保护区的设立管理是应对这一问题的有效手段。自1648年威斯特伐利亚和平会议确立了现代国际法上国家永久领土主权原则以来，20世纪起，不断出现的一些人类共享之国际问题开始以一种解构主义的姿态向威斯特伐利亚体系提出了挑战。这些需要人类共同承担和应对的国际问题是由于人类历史中的共同活动而导致的，亦无法由任何某一国家所单独解决。不得不说现代国际法在应对和处理这些人类共同承担应对的国际问题上并没有做好充分准备，主要是因为领土主权原则致使国际法很难去直接要求所有国家去执行共同的责任义务以解决共同的问题。于是国际社会开始持续的努力以应对这些共同危机，不仅通过增加国际社会和民众应对危机的意识，还创设和发展了一些法律概念和治理机制，而对"共同"（Commons）理论的创设就是其中的典型。

人类共同关注事项所表达的共同属性最早大致可以追溯到1907年海牙第四公约中的"马尔顿斯条款"（Martens Clause）在国际人道法上所体现出的"公众良心"这一表述。从更宽泛的意义上说，1949年起，金枪鱼和其他鱼类被认定为是共同资源，之后国际海底、月球和外层空间被国际法认定为人类共同继承的财产，于是各种不同的"共同"概念和表述不断开始出现，比如1959年的《南极条约》在其序言部分所确认的："承认为了全人类的利益，南极应永远专为和平目的而使用，不应成为国际纷争的场所和对象；……在南极科学调查自由的基础上继续和发展国际合作，符合科学和全人类进步的利益……"。1988年，联合国大会决议确认气候变化是人类共同关心的问题，确信气候变化影响全人类。从此以后人类共同关注事项开始成为一项被适用于多个条约的法律概念：（1）1992年《联合国气候变化框架公约》承认地球气候的变化及其不利影响是人类共同关心的问题；（2）1992年《生物多样性公约》确认生物多样性的保护是全人类的共同关切事项；（3）2001年《粮食和农业植物基因资源国际条约》也表达意识到粮食和农业植物遗传资源之所以受到各国共同关注，是因为所有国家在很大程度上均依赖来自其他地方的粮食和农业植物遗传资源；（4）2003年《保护非物质文化遗产公约》的有关表示承认意识到保护人类非物质文化遗产是普遍的意愿和共同关心的事项；等等。

1992年里约热内卢联合国环境和发展会议后，《里约宣言》体系通过"共同关注"的概念建立起了一套全球环境责任的法律框架体系，也标志了国际环境法的深化发展。也就是说"共同关注"这一法律规则体系不仅为国际社会这一整体设置了义务，还为其中的每一个成员施加了责任。"关注事项"一词主要指代国际上共同的未被解决的问题，从而呼吁国际社会成员去致力于解决。这一词语的解释也体现在国际法院法官维拉曼特雷（Weeramantry）在加布奇科沃-纳吉马罗斯（Gabcikovo-Nagymaros）项目案的独立意见中。维拉曼特雷法官就认为人类进入了一个新的国际法时代，即国际法不仅只针对个别国家的利益，而且应超越这些国家的利益，从而更深刻地看待了人类和地球福祉的更宏大利益。

人类共同关注事项与上文提到的人类共同财产、共同利益、人类共同继承财产都不相同，后三者都是为自然资源的国际法律性质设置了法律概念，强调了资源的共同共有属性，而人类共同关注事项则是强调应对共同问题和危机。人类共同关注事项与其他"共同"理论最大的区别就是对可持续发展理念的侧重点不同，如果说人类共同财产、共同利益、人类共同继承财产都强调了公共资源的全球重要性，那么人类共同关注事项则强调了国家间的共同责任和全球危机应对。人类共同关注事项另一最大特点就是其适用范围不论国家管辖范围内外。基于国际法设定的权利义务，国家基于领土主权原则对其领土范围内的事务有着绝对的主权，而大部分"共同"理论都是适用于国家管辖范围以外的公共区域，唯一的例外就是人类共同关注事项，其适用范围并没有明确的空间范围也不属于特定的地理区域，可以适用于无论国家管辖范围的内外。

考虑全球海洋对环境稳定、社会公平、全球治理的重要性；意识到全球海洋生态环境的持续衰退会影响到整个生态系统，从而影响到全人类的基本生存环境；关注到公海所面临的威胁，以及现在人类社会的努力没有能构建起综合充分的法律治理体系；所以，将公海（甚至全部海洋）生态环境保护认定为人类共同关注事项是合理的倡议。海洋，作为地球最大的单一生态系统，它的退化不是孤立的，其与生物多样性损失和气候变暖问题是紧密相连的，而生物多样性和气候变化问题都已经被国际法认定为人类共同关注事项。公海退化问题部分是由全球变暖引起的，而公海生物多样性也同样需要为了全人类的利益而进行保护，这些问题都是相互关联的。在一定程度上，将公海生态环境保护认定为人类共同关注事项，也是其他人类共同关注事项在国家管辖范围以外区域的体现。

作为国家管辖范围以外海域的公海对所有国家开放，无论是沿海国还是内陆国，任何国家都不可以向公海的任何部分主张主权或主权权利，对于公海资源，渔业资源由所有国家共享，"区域"和其内的资源是人类共同继承财产。除了这些之外，公海本身也是人类的公共区域。在此基础上，公海问题是全人类共同的问题，而这些问题是人类在长期历史过程中共同作用导致的，比如陆源污染物引发的海洋塑料污染，就是由于现代社会大量使用塑料制品。海洋塑料污染物不仅仅来源于某一单独国家，也不是海洋生态环境恶化的唯一因素。作为综合共同问题中的一个子问题，海洋塑料污染问题的解决离不开人类社会的共同努力和共同责任。人类社会的共同问题很难或无法由任何某一国家单独解决，而是要求国际社会通过国际合作来共同致力于解决方案。对鱼群的过度开发、珊瑚礁的灭绝、海洋生物退化、海水升温、海洋遗产的损坏，以及持续的公海法律治理零散空缺，所有的这些由人类共同行为引发的公海问题都必须由国际社会作为一个整体来解决。

  人类共同关注事项要求国际社会呼吁国际社会对环境保护的障碍和困难进行公平的分配，而不是将国际责任义务强加于各个国家。对公海进行保护的国际义务不仅仅体现在1982年《联合国海洋法公约》第十二部分，还是由国际司法机构案例所确认，在南方蓝鳍金枪鱼案（Southern Bluefin Tuna）中，联合国海洋法法庭就强调了国家需要进行更深入的合作来保证养护和最合理利用。不过国际合作的维持有时会导致国家主权和共同利益之间的冲突，因为在国际法下，在全球问题上进行国际合作的主要障碍之一是合作对主权的威胁，其中主要的"可见"后果是在人类共同关注事项下，各国现在主张主权权利相当于充分的主权。1972年斯德哥尔摩宣言就认可了通过合适的方式进行国际合作有助于控制、防止、减少和消除所有领域人类活动所引发的环境危害。仅仅鼓励进行国际合作是不够的，还需要强调国际合作的义务具有具体的实质内容，比如交换信息、定期通知和磋商、事故应对紧急程序等，对于这样的合作常常需要有区域性或国际性国际组织来进行集中和监督。国际海底管理局就是具有这样职能的国际组织之一，至于其他涉及公海管理的国际组织能否拥有这样的权能从而促进国际合作仍然具有争议。虽然各国在公海生态环境保护问题上进行国际合作的义务是具有普遍意义的，但是人类共同关注事项所阐释的国际法义务并不是绝对不加区分的，正如在应对气候变化问题上所阐述的共同但有区别之原则，人类共同关注事项在公海生态环境保护进行国际合作之义务前提也是共同但有区别的。

人类共同关注事项作为条约项下有拘束力的国际法概念，为应对公海保护区国际法实践中引发的争议和担忧提供了有益的启示，公海保护区法律概念应该体现人类共同关注事项这一理念。人类共同关注事项体现了共同但有区别的责任原则，具体到公海保护区法律概念中则意义非常，即国际社会共同承担保护海洋生态环境义务时，应注意发展中国家和地理不利国家等的具体区别性，在有区别的基础上谈论公海保护区国际法实践的制度化，强调经济援助、技术转移、能力建设等国际环境法和国际海洋法中的具体机制。

在公海保护区国际法实践制度化进程中，中国积极参与并就公海保护区的法律概念如何界定提出了很多有益建议，基于中国参与的划区管理工具和公海保护区国际法设立管理实践与立法实践，可以看出中国的一些基本诉求与主张。考虑到中国的发展中国家和地理不利国家身份，为维护中国在国家管辖范围以外海域的权益和诉求，比如远洋捕鱼需求、国际海底矿产资源权益、极地科考权益等，中国应在平衡中国公海权益维护和保护公海生态环境的基础上，在商谈制定新的具有拘束力之国际协定进程中，提出既符合中国现实权益立场又有利于保护公海生态环境之目标的划区管理工具和公海保护区法律概念方案。在总结划区管理工具和公海保护区法律概念应该或很可能会包含的要素之基础上，中国应积极推动宽泛广义的划区管理工具定义方案，积极推进对中国有利的法律要素在划区管理工具和公海保护区法律概念中得到体现。

《经济刑法的法益研究》概要

马春晓[*]

现代意义上的经济犯罪和经济刑法发端于 20 世纪初期的西方国家，英美的"白领犯罪"理论和德国的"集体法益"理论分别从犯罪学和教义学的维度对经济犯罪与经济刑法展开了研究。白领犯罪以犯罪主体的特定身份来界定犯罪，虽然与经济犯罪之间存在交叉关系，这种界定方法，并不能精确地勾勒出经济犯罪的本质。因此在方法论上需要从犯罪学的研究转向教义学的研究。在教义学的研究中，法益是理解经济犯罪与经济刑法的核心概念。大陆法系代表国家德国、日本围绕经济刑法的法益进行长期的经济刑法体系化的努力。德日两国对于经济刑法保护经济秩序这样的集体法益是形成共识的，集体法益成为经济刑法与经济犯罪最鲜明的特征、最核心的范畴。以第二次世界大战结束为分界点，前后两种不同的国家价值分别注入进集体法益的内涵，使得经济刑法从保护集权、统制的战时经济秩序到自由的市场经济秩序。法益的内涵依附于不同时期国家的意志和宪法的价值，这是第二次世界大战前后德日两国经济刑法法益观转变的根本原因。与德国不同，第二次世界大战后日本学者主张自由经济秩序这样的集体法益概念过于抽象，应当作为行政不法的前提，而刑法保护的法益应当是相对具体明确的法益，可

---

[*] 马春晓，南京大学法学博士，现就职于清华大学。

以具化为消费者的利益。这意味着德日对于集体法益在经济刑法中的体系性位置有了不同的思考，德国刑法学界仍然认为集体法益是经济刑法的适格法益，而日本刑法学界则认为刑法不应当保护抽象的市场经济秩序，而应当关注具体化的消费者利益。其为中国经济刑法的比较、借鉴与完善提供了重要的参照系。

我国当前的经济刑法学的研究缺乏法益的理论自觉，无论在经济犯罪的概念、经济犯罪的入罪化标准、经济犯罪的司法适用抑或是经济犯罪违法性判断等方面都存在着理论困境。比较中国与德日的经济刑法，不难发现，基于市场经济与刑法理论的双重共通性，立足于集体法益概念的体系化努力，无疑是建构经济刑法理论的正确方向。在法益的理论上，我们既要回答自己的问题，也要回答德日经济刑法尚未回答清楚的其余问题。中国经济刑法发展的法益之问，可以具体化为如下四个问题：一是如何理解经济刑法保护的法益（集体法益）的概念范畴；二是在经济刑法的立法与司法中如何理解集体法益与个人法益之间的关系；三是如何理解经济刑法针对集体法益保护的前置化手段；四是由于集体法益导致刑法与行政法在规范保护目标上的大范围的重合，如何准确地界定经济犯罪的不法。上述四个问题构成学理与实践中关于中国经济刑法法益的理解和认定的基本问题。

包括经济刑法在内的整个现代刑法领域中，集体法益的概念自身与刑法对集体法益的立法保护手段分别体现出"法益概念抽象化"与"法益保护前置化"两大特征。围绕着上述问题，学界就集体法益的概念、正当性以及现代刑法的法益观展开了长期的激烈的讨论。应当从法益保护人格自由发展的功能出发分析集体法益的概念。透过这场由集体法益兴起而引发的法益危机论，可以看到法益仍然是界定实质犯罪概念、回答社会损害性的根本标准，但是另一方面也应当承认现代刑法中法益功能的限度与变迁。特别是对于正处于急剧转型、知识更替过程中的中国刑法学，要避免"唯法益保护论"，应当客观地认知法益理论，理性地看待法益的功能变迁，正确地理解现代刑法中集体法益的价值内蕴。在科学界定集体法益概念范畴的基础上，经济刑法应当树立"二元论"的法益观。具体而言，虽然在宪法层面，个人法益与集体法益都是人的法益，都以实现人的自由发展为其根本目标；但是在刑事立法这一中观层面，应当承认集体法益相对于个人法益具有独立的地位与判断标准。"二元论"的法益观，可以从社会现实的变迁与国家任务的改变中获得理据，在理论上可以更为精确地阐述集体法益的概念，诠释法益内涵与功能。二元论也是人本主义法益论，它同样赋予集体法益以批判立法的实质内涵，而且更清晰地表明法益主体不仅包括"我"，还包括"我们"。集体法益适格与否，并非简单取决于能否还原为个人法益，而在于是否具有符合宪法规定的实体性内容。立足中国语境倡导二元论，有利于科学认知新兴法益的概念内涵和功能转型，能够更好地从根基处说明我国当前的刑事立法现状与发展趋势。

在当前中国经济刑法学的研讨中，以"秩序""自由"乃至"利益"等诠释经济刑法法益的概念的路径存在着方法论的错误。从区分个人法益与集体法益、区分法益与规范的维度，可以发现，"经济秩序说"主要是从实定法益入手进行探讨的，其主要存在的问题是对法益与规范的混淆；"经济利益说""经济自由说"主要是从前实定法益入手进行探讨，其主要存在的问题在于混淆了个人法益与集体法益的关系，未认识到集体法益的独立性地位。经济刑法的法益是社会主义市场经济，它是经济领域中实现个人自由的各种外部条件，是经济领域各种规范所共同保护的客体，是《宪法》第15条"国家实行社会主义市场经济"的刑法诠释。这是具有独立地位的集体法益。与此同时，经济刑法的法益研究不应当仅停留在抽象的概念界定层面，更为关键的是确立判定经济刑法法益适格性的判断标准。适格的经济刑法法益应当同时符合价值与存在两个标准：应坚持宪法赋予的价值内蕴，还应坚持"实体"与"可损"的法益概念。除此之外，经济刑法的犯罪化标准还要注重辅助性原则的补充与明确性原则的限制。

在经济刑法中，立法上前置法益保护的手段包括降低实害犯的成立标准，设置具体危险犯、抽象危险犯等。特别是抽象危险犯作为立法者的"宠儿"，成为经济刑法抗制经济犯罪的重要手段。关于"抽象危险犯的正当性问题"，其根据主要在于两点：一是保护法益的适格性，即抽象危险犯所保护的是适格的集体法益；二是对集体法益的保护符合合比例原则，未显著侵犯个人的内部自由。我国经济刑法中的抽象危险犯包括抽象危险性犯与实质预备犯两种。累积犯的概念本身存在悖论，所谓适格的累积犯已包含在抽象危险性犯的概念中，并不需要另设累积犯的概念。经济刑法通过设置抽象危险犯，满足经济风险控制需要，前置保护对国民经济具有重要意义的经济法益；发挥刑法规范对市场主体经济行为的形塑功能，指引市场主体从事合规的行为；同时适当降低国家追诉经济犯罪的诉讼证明标准。针对抽象危险犯在司法实务中可能出现的"过罪化"现象，应通过立法的限缩与司法的限制解释以节制抽象危险犯的可罚性。第一，可以运用客观处罚条件限制构成要件的处罚性；第二，为抽象危险犯创设特殊的中止犯；第三，由于我国立法上采取"定性+定量"的犯罪标准，要求相关抽象危险应达到值得科处刑罚的不法程度。

　　作为经济刑法的保护法益，集体法益使得刑法与行政法在规范保护目标上出现了大范围的重合。市场经济在受到行政法保护的同时，也逐步纳入到刑法的保护范围之内。由此，经济犯罪刑事不法的司法判断便成为亟待厘清的重要理论问题。当前我国刑法对这一问题认知的混乱很大程度上源于基本概念的混淆与基本理论的错位。在刑事不法的判断中，应当严格区分不法与违法性、法定犯与行政犯等基本概念。我国经济犯罪的不法类型是行政犯而非法定犯，经济犯罪的不法具有变动性与双重性的特征，我国经济犯罪的不法规范突出表现为空白的犯罪构成。

　　经济犯罪的成立以违反前置性的行政法为前提，这体现为经济犯罪不法的双重性。这种不法的双重性具体体现为经济犯罪的行政不法与刑事不法彼此重叠或交叉，两者之间界限模糊不清。关于行政不法与刑事不法的区分问题，德国刑法学界自 20 世纪以来先后形成了"质的区分说""量的区分说"和"质量区分说"。日本在学理上则形成了"违法一元论""缓和的违法一元论"与"违法相对论"等观点。当前我国学界往往对两种学说简单地等同视之，忽视了体系性的思考。行政违法与犯罪的界分应当在构成要件符合性阶层完成，法益侵害的实质考量应内嵌于构成要件的目的解释、实质解释之中。违法性是指行为与整体法秩序之间的冲突，而非行为对单一刑法规范的违反。因此法秩序统一原则不影响构成要件符合性的独立判断。刑法在法益保护上的辅助性并非体现刑事不法判断的从属性，而恰恰是独立性。我国犯罪构成要件是定性与定量的统一，中外学理上形成共识的质与量二元区分的判断方法论，在我国的立法语境中则集中体现为基于构成要件的质的区分标准。在我国"定性＋定量"刑事立法模式下，刑法所规定的犯罪成立条件是质与量的统一，量的差异即蕴含在质的区分中。在解释方法上，刑法对构成要件要素独立、实质的判断需要遵循事实判断向规范判断的递进方式，应从客观构成要件要素、主观超过要素与罪量要素三个层面，准确地适用质的区别标准，合理地界分行政违法与刑事犯罪。

  经济刑法的法益理论对于经济犯罪的认定具有基础性的指导作用。司法实践中引发热议的典型经济案件，可以分别从个人法益与集体法益的关系角度、集体法益与构成要件的关系角度，以及集体法益的本身视角进行反思与审视。在对转让他人许可证经营烟草行为的分析中，在判断非法经营罪法益的判断时，应当遵循法益侵害具体化原则和比例原则，严格区分程序违法行为和实质法益侵害行为，准确界分行政不法和刑事不法；关于侵犯集体法益抽象危险的判断，绝不只是事实层面的行为、目的或经验层面的盖然性判断，必须根据犯罪构造与风险创设的方式进行规范判断。其之所以被刑法归责，在于虚开行为创设了值得被刑法处罚的抽象危险。在"为他人虚开、为自己虚开"两种由行为人支配危险流程的情形中，应当以风险是否外溢为归责标准；在"让他人为自己虚开，以及介绍他人虚开"两种由他人支配危险流程的情形中，还应遵循共犯从属性原理，以他人行为造成风险外溢为归责前提；在分析贪污贿赂犯罪通说的"廉洁性"法益中，可以得出贪污罪和受贿罪具有不同的不法内涵，前者侵犯的是国家法人的财产，本质上是一种个人法益；后者侵犯的则是职务行为的不可收买性，是一种集体法益。由此可以澄清现有立法和司法的误识，明确贪贿犯罪的立法方向。

《债券违约处置中的政府定位》概要

段丙华[*]

在我国债券市场成立之初，债券市场主要为国企融资和经济发展政策服务。政府往往为债券的还本付息承担兜底责任，形成债券市场政府兜底的"刚性兑付"现象，债券一度成为政府担保下的无风险投资。随着债券市场的深化改革推进，政策要求打破刚性兑付和推进债券市场风险防控市场化、法制化。自2014年以来，债券市场违约事件愈演愈烈，市场稳定和投资者理性面临巨大冲击。在此背景下，"政府兜底"问题饱受诟病，债券违约处置中的政府身影面临巨大质疑。

在塑造健康的商事信用和市场信用的市场化改革背景下，实现契约自由与法律强制、市场自治与国家强制相融合，是债券市场风险防控的发展趋势。本书围绕债券违约处置中的政府定位这一个中心，挖掘债券市场刚性兑付和政府兜底的争议误区，厘定政府作用存在的理论基础，界定政府角色的"央地配置"和内容分工，并构建债券违约处置中的政府行为及其约束机制。定位债券违约处置中的政府角色、职能及行为框架，既有助于解决债券违约纠纷的法律适用和市场监管问题，也有助于厘定债券市场契约自治与公权干预的界限。

---

[*] 段丙华，武汉大学法学博士，现就职于中南财经政法大学。

当前争议对于债券市场刚性兑付及其与政府隐性担保的关系，尚未达到实质交锋的状态，并在债券违约现象、危害的本源认识等诸多方面存在误区，以至于产生"去政府"与否的片面思维。债券市场的刚性兑付与政府信用兜底存在复杂的因果关系，宏观意义上的"打破刚性兑付"不能简单地等同于破除债券市场政府兜底，亦并不是意味着要消除债券违约处置中的政府作用。实际上，在我国债券市场30余年的发展过程中，2014年以后债券违约风暴的出现并非首次，政府在债券违约处置中的地位呈现出一个演变的过程。政府作用对于实现债券兑付，包含着债券主体与品种的多样化信用发展、债券市场的结构和功能演进、债券的投资背景改变、市场约束机制从弱到强发展、债券违约处置中的社会期待发生变化、政府主导的主观意愿减弱以及债券违约处置中的主体博弈等深刻的历史原因和复杂的市场因素。因此，化解债券市场刚性兑付和政府兜底的矛盾，厘定债券违约处置中的政府地位，需要深入考察政府作用对于实现债券契约目的有否依据及其障碍如何化解。其关键在于，要通过建立债券违约处置中政府参与的确定性和权威性，来消除以往政府作用的不稳定性、侵犯市场决定性作用的可能性及其带来的不良的市场信用效应。

政府力量介入债券违约处置活动，遵循着债券违约处置及政府治理的法律逻辑。在经济法与商法的价值关怀下，政府与市场定位应遵从适度干预、有限干预和法治干预的逻辑，政府参与证券市场应符合政府应急性原则。证券法视野下的政府作用在于维护证券市场的制度规范，并保障其能正常发挥作用，以保障市场交易公平公正，控制和化解市场风险，维护市场秩序，并进一步促进市场健康发展。而债券契约作为本质上的商事契约，具有内容的发展性、交易的组织性和义务的关系性等特征，具有超越传统民事合同的公共性。同时，与民法中合同违约行为的不同之处在于，债券违约基于债券行为产生，具有商法和金融法上的特殊性。对其法律规制不仅应当考虑合同法规则，更应该吸收公司法和证券法的法律规制因素。

债券契约所体现出的契约群与契约链的特征，构成了债券运行的风险本质，债券违约体现出超越一般民事债权关系领域的强烈的社会性和市场性，且债券违约的法律后果存在市场失灵。这些特征体现了债券违约处置是为矫正和维护债券交易的公共秩序，需要综合运用政府力量和市场手段引导债券投融资矛盾市场化、法治化解决。其本身就是一项私人权利实现和市场秩序维护的"公私合治"活动，需要私权和公权的合力共治。同时，政府在经济领域固有风险处置职能和政策执行职能，政府作用在债券违约处置中还存在现实依赖。因此，政府参与债券违约处置不仅具有理论上的正当性基础，还具有实践上的正当性基础。

以实现债券契约目的为核心的债券违约处置，不仅需要合同法、公司法等私法规制，也需要证券监管法等公法保障。当前债券违约处置除了面临合同法、公司法等私法规制所存在的契约解释受限、组织性保护不足等困境，也面临证券法上公法保障不足的困境。对债券契约目的的法律实现，单一的合同法制路径存在缺陷，还需要公司法制和证券法制的共同发力。在现代公司法的发展历史中，大部分观点都已经接受债券持有人的合同私法保护作为规制公司破产道德风险的合理途径。而实现合同目的的主要因素为，合同的强制执行机制、债务人组织的代理问题以及投资者的谈判能力。除了合同本身为了创造或设定保护性权利，债券持有人没有理由要求债务人公司为了持有人利益采取正确合理或者违反自身利益的行动。因此，需要引入公司法作为团体法和组织法的实质公平权利，平等地对待公司债券持有人与股东。此外，契约的规范审查和指引以及行政处罚等证券监管的保障手段，在债券违约处置活动中，对于培育市场信用和维护政府信誉也发挥着重要的作用。

政府力量作用于债券违约处置，除了需要充分的正当性基础，还需要遵循一定的现实基础及符合一定的限度，这体现为政府定位所应考量的因素、依据和思路。我国当前债券违约处置面临多头规范导致债券违约处置缺乏统一路径、债券违约处置的商事自治理念不明确、债券持有人保护的制度体系低效甚至无效等制度困境，并且存在厘定债券违约处置的统一与特殊、突出债券违约处置的市场化导向、协调投资者保护与市场培育目标以及平衡债券违约处置的监管定位等现实需求。进一步，债券违约处置中政府定位面临的核心问题是政府错位，即政府存在越位和缺位的现象，政府作用要么是不当地过度存在，要么是不足地缺乏保障。而政府发生错位的原因在于政府信用与市场信用混同，表现在政府对市场缺乏足够尊重以及缺乏明确的政府行为机制。而债券违约处置中政府定位的比较经验表明，要实现债券市场的成熟发展，需要区分政府作用的模式、范围以及程度，制定合理的政府作用机制。其中，政府信用支持需要考量债券违约事件的涉众性、违约风险的扩散性以及投资者承受能力的强弱性等因素，可以选择经常性支持、特殊支持及违约后的支持等模式，和财政支持与非财政性支持等方式。

债券违约处置中的政府作用表现为政府的多种角色。债券违约处置中的政府角色，可以从形式上界定为中央政府的指导与协调角色，和地方政府的属地处置角色。中央政府在债券违约处置中的指导与协调角色，主要包括宏观引导金融监管的协作与配合，指导和协调各个地方政府的具体行动及处置职责。中央政府居于主导和指导地位，地方政府需要严格履行中央的宏观市场调控政策，克服地方保护主义、消除短视行为，在自身利益追求上应力求与中央保持一致，共同实现债券市场的长远发展和经济繁荣的长期目标。内容上，债券违约处置中的政府需要承担市场服务者、利益协调者和市场监管者等基本角色，以及政策执行者和投资责任等或有角色。多向度和多层次的政府角色，体现了债券违约处置中政府定位的复杂性，将政府定位立体化，使政府人格化特征更加栩栩如生、更加鲜活。

在不同的角色定位下，对于政府应当如何行使权力和约束权力，需要设计不同的政府行为机制。在债券违约处置中，政府的市场服务者角色可以通过债券违约事件评估机制、违约债券市场转让机制以及债券违约信息处理机制来实现；政府的利益协调者角色可以通过债券违约先行赔付机制和债券违约过错追责机制来完成；政府的市场监管者角色可以通过债券违约监督报告机制、债券违约声誉规制机制以及债券市场危机救助机制来实现；政府的融资责任者角色则需要构建政府债券违约的偿债机制；而政府作为政策执行者和弥补自身失灵，则可以通过政府处置失灵的矫正机制来实现。债券违约处置中的政府角色界定和政府组织与行为机制构建，从理论和制度两个立体的层面回答了政府定位。

结构上，本书第一章深入剖析我国债券市场上发生过的两次债券违约危机，厘清其中政府定位发生转变的内容与原因，指出债券违约处置中的政府定位面临的实践困境和理论分歧，并提炼政府定位所要解决问题的核心。第一章提出一个基本的分析路径，即债券违约处置中的政府定位问题，并非简单的"去行政""去政府"，实质上是要清楚地认识政府为何要介入债券违约处置过程，发现债券违约市场规则机制的缺陷，并通过构造债券违约处置中的政府行为机制来明确政府介入市场的界限。沿着第一章结论的分析路径，文章第二章分析政府介入债券违约处置的法理逻辑，论证政府应当在债券违约处置中起到一定的作用，或者说债券违约处置需要政府干预的必要性和正当性。进一步，第三章指出债券违约处置本身面临的难题，分析债券违约处置中政府定位存在的错位问题，并指出政府定位应当如何进行，即政府定位应当主要考虑的因素和遵循的思路。在确定债券违约处置中政府定位的依据之后，第四章从政府角色和政府职能的角度构造政府定位的路径。第五章在制度上确定债券违约处置中的政府行为机制和相应规范，是对前四章的论证结论从价值到制度、从问题到对策的逻辑推进。整体上，第一章确定第二章、第三章、第四章和第五章论证的基本内容，第二章构成第三章的理论前提，第三章构成第四章的直接依据，第四章构成第五章的基本框架，第五章是对第四章的具体化和深化；第四章和第五章是全书的结论部分，是对第一章的直接回答，第二章和第三章是该回答的具体论证过程。全书五章构成层层递进的论证逻辑，整体上形成立体化的研究框架。

　　总结而言，债券市场中政府作用的历史经验表明，当前市场的发展障碍本质上是来自于政府早期的盲目干预，解决之道在于重新厘清政府权威的确定性和稳定性，不仅应立足于理论界定，还应立足于实践需要。政府需要参与债券市场，不仅在于市场的阶段性需要，也在于债券交易本身具有公共性，因为政府作用本身亦具有其一定的独立性，有着其公共秩序规制、经济建设和社会发展的调控逻辑。政府对市场信用支持的积极要求是保障和实现市场在纠纷化解和风险消除中的决定性作用，消极要求是政府权力的运行必须遵循适度干预、有限干预和法治干预的逻辑。进而，定位政府作用的边界，除了技术层面需要构建政府行为框架以外，更为重要的是使政府权力在具体领域内按照科学稳定的逻辑运行，而不能恣意妄为。这需要进一步加强对市场基础理论的研究，以确定市场的能力边界和实际需求。

《数据产权的私法构造》概要

文禹衡[*]

习近平总书记在 2017 年中共中央政治局第二次集体学习时强调："要制定数据资源确权、开放、流通、交易相关制度，完善数据产权保护制度。"党的十九届四中全会《决定》进一步确立了"数据作为生产要素由市场评价贡献、按贡献决定报酬"。运用习近平新时代中国特色社会主义思想，立足时代需求构建符合中国特色社会主义法律体系的数据产权理论和制度至关重要！

当下，在国家数据经济发展的浪潮中，企业争夺数据资源和个人需要数据安全之间的矛盾越来越明显。数据具有产生即时性、使用非损耗性和非独占性等自然属性，其社会属性表现在数据是社会活动产物、人与数据的关系、围绕数据形成的人与人之间的关系三个方面，而法律属性则表现在数据的人格要素和财产利益。数据的属性决定了数据具有潜在的经济价值、社会价值和安全价值，企业追逐数据的经济价值，政府追求数据的社会价值，个人需要数据的安全价值。经济价值和社会价值的大小取决于数据利用程度，而安全价值的高低取决于数据保护强度。如何平衡数据保护与数据利用背后的利益诉求，是政策和法律所需要解决的重要问题，而数据的权利归属及其流转显然是基础性问题。因此，有必要沿着概念构造、

---

[*] 文禹衡，湘潭大学法学博士，现就职于湘潭大学。

本体构造、立法构造的逻辑，在私法视野下具体从"构造基础""构成要素""立法构想"三方面建构数据产权制度体系。

数据，即"网络数据"，而非脱离网络空间之外的数据，其是指通过网络收集、存储、传输、处理和产生的以电子或者其他载体形态存在的且按一定规则排列组合的物理符号。"数据"是包括记录、计量等在内的"量度化"的结果，也包括数字化和模拟化在内的"电子化"的产物。数字（Number）并不等同于数据（Data），数字（Number）只是数据（Data）的一种；当下所称的"数字化"常常被等同于"数据化"，但数字化也只不过是数据化的一种形式；人们直观上将"数据"等同于"数字"，将"数据化"等同于"数字化"，最主要的原因在于用于表述二进制码的"0"和"1"是具体的数字。数据是"大数据本身"的构成要素，是"大数据技术"作用对象，是"大数据应用"的基础。

私法上创设产权有两条不同进路：其一，只要至少有一种法权为基础，则可以形成某种产权；其二，基于财产直接通过法律确认某种事实产权的存在，再通过具体规则设定特定的权能。对于创设数据产权而言，必须考虑到数据是否具有财产性利益，即数据本身是否是财产、数据人格要素是否具有财产利益、与数据有关的权利是否可以成为权利性财产。

数据本身具有财产的效用性、可控性和稀缺性，数据人格要素在商业利用中表现出经济价值，通过数据可携权可例证确实存在与数据有关的权利性财产。数据的使用价值主要体现在数据的利用活动，以及其衍生产品/服务能够满足生产/生活的需要，数据的交换价值主要体现在数据及其衍生品可以通过许可、转让等方式流转给其他主体，具有带来经济利益的可能性。技术措施是数据可控的基础，行业自律是数据可控的拓展，法律规则是数据可控的保障。从数据控制者角度而言，可以通过技术保护措施、行业自律准则和平台协议三个方面实现事实上的控制；就数据主体角度而言，其对数据的控制则是通过"用户授权协议"或法定权利而实现。虽然数字代码是取之不尽用之不竭的，但其还表现出"数据获取"和"数据使用价值"的稀缺性。因此，数据可以产权化，即在私法上构建数据产权是可能的。

数据产权制度应该以数据财产利益为中心，还应纳入数据人格要素之上的财产利益，但要将数据荷载的人身利益归入人格权范畴。数据人格要素是否可以财产化，关系到数据产权构建的统一性问题。如果仅仅是人格权的数字化，那么依然可以适用"人格权"加以保护，就没有必要考虑以数据产权的形式加以保护。即便人格权的要素数字化，如果受侵害的是人格权客体，此时人格权客体对应的数据仅作为载体工具对待，那么该侵害行为依然受人格权规制。反过来，人格要素之上除了存在人格精神利益之外，确实还存在财产性利益，那么就不是人格权的数字化问题，而是数字化的人格要素成为一种新财产，就可以成为数据产权的基础。数据人格要素并不仅限于传统人格要素的数据化，新型数据人格要素在事实上被商业化利用。人格要素的商品化利用出现了新的形式——数据画像，在数据和数据画像的基础上，甚至连生命、健康等人格要素都可以被商业化利用，进而获得财产性利益。

与数据有关的权利都可以单独行使，其中删除权、可携权、拒绝权，既是典型的财产性权利，也可称为典型的权利性财产。以数据可携权为例，"获取数据"和"移转数据"两项权能就足以赋予权利主体足够的议价能力，即可以要求数据控制者以加强数据安全作为对价，也让要求数据控制者支付财产利益作为对价成为可能。

从权利范式、权利—权力范式、私权—经济范式上看，数据产权的称谓经历了从数据权、数据权利到数据产权的嬗变。在私权—经济范式下，遵循实质主义进路，选择数据产权作为数据确权后的元概念，不仅能够兼顾保障数据安全所需要的正义和发展数字经济所需要的效率，而且还能统摄数据确权的人格权路径和财产权路径。在比较形式主义和实质主义的数据产权内涵基础上，可将数据产权概念界定为：设备的所有者或使用者，对基于数据行为而产生的网络数据，享有使自己或他人在财产性利益上受益或受损的权利。

脱离技术条件和社会制度，纯粹从理论上分析会得出数据属于公共产品的假象。在"技术措施"和"支付对价"双重约束条件之下，企业存储的数据是典型的非公共产品，政府开放的数据是典型的准公共产品，网络空间中可被任意获取的数据才是典型的纯公共产品。破除数据公共产品论的迷思还需要厘清一点，即便数据作为公共产品，也并非天然否定对数据进行私有产权安排，应该以是否有利于节约社会成本、提高经济效率为判断依据，可以选择是以政府安排还是产权安排来解决公共产品供给问题。

在劳动价值理论中，支持企业与用户享有数据产权的有利条件"大致相当"，可以统一归属于"数据生成者"（可分为数据产生者和数据生产者，前者主要是用户，后者主要是企业），非人类干预生成的数据的初始产权应该配置给数据生产者（主要是企业），人类干预生成的数据的初始产权应当配置给数据产生者（主要是用户），自然人、法人、非法人组织以及政府（国家）等主体在不同的情景下可以成为用户或企业。在经济效率理论中，与"赋予用户数据产权将会导致企业成本过大"的感性认识相反，用户获得数据产权更具有降低社会总成本的优势。在分配正义理论下，用户应当享有数据产权以应对免费网络服务突然"终止"的尴尬境地。无论是从经济效率理论上看，还是就分配正义理论而言，将数据的初始产权配置给用户为最优。赋予用户初始数据产权，通过市场交易，数据产权最终会流向企业，然而这仅仅是基于理论的推演，现实的情况也必须正视——企业事实上控制用户数据，而且用户数据并不像有体物那样容易界分。换而言之，必须考虑到企业在数据产权配置中的应有地位。

以所有权为中心已经难以适用现代数字经济发展的需要，不利于实现各方主体（主要是用户和企业）实现各自利益诉求——用户的数据保护和企业的数据利用，而且在理论上和实践中往往会陷入无休止的"所有权"之争。着力于构建"数据产权"，就是为了跳出所有权的思维窠臼，借助经济学上的产权理论，在私法的法律框架之下，实现数据保护和数据利用的平衡。其并非一定要以"占有"作为逻辑起点，只要满足各主体的现实诉求即可。将目光聚焦到"强数据产权，去数据所有权"的制度，不仅是数据经济市场的制度创新，而且也是目前最佳的制度路径选择。

围绕"收益"，而设定私有产权的收入权，并配套设定使用权和转让权，但是"使用"和"转让"并不是一成不变的，应该根据不同产权客体的特殊性而设定具体的权利，才有助于"收益权"的实现。具体到数据产权上，数据作为客体，其特殊性在于：从用户端流向企业端之后，它几乎不可能实现"回流"，即无法从企业端以原本形态回流到用户端，一旦进入企业端，在物理层面就脱离了用户的控制，而被企业完整地控制。仅仅就为了实现"收益"而言，并不一定非得在权能中强调或明文表述一种"收益权"，既能够通过行使其他权能就实现收益的效果，并且还能够实现其他积极效果才是理想的模式。因而，对于用户而言，其核心在获得"控制能力"，才具有与企业谈判的议价能力，进而实现其数据的交换价值，还具有其他的积极效果——加强对其数据的保护；而对于企业而言，其核心在于获得"经营能力"，才具有获得使用价值、实现交换价值的能力，无须过分强调企业对数据的绝对控制。

有必要摆脱数据产权初始配置时"非此即彼"的思维束缚，数据产权初始配置的最优路径在于，针对不同的主体需求配置不同的产权权能。无论数据产权配置给何种主体，一旦这种"初始配置"成为现实，主体则会关心自己的"产权"不受他人侵犯，数据保护和数据利用都会基于"产权"展开。设定数据产权的权能必须要围绕一个核心，并遵循"最少必要"的原则。权能不是越多越好，过多的权能不仅增加了权能之间平衡的困难，而且可能会导致母权利"臃肿"或者陷入难以实现的困境。

数据符合权利客体的"有用性""为我性""自在性"，应具有我国民事权利客体的地位，数据可以被具体类型化为个人数据和非个人数据两类客体。个人数据兼具人格要素和财产要素，以个人数据为客体构建数据控制权，并将其配置给普通用户，用以赋予用户控制个人数据的能力，但并不排斥将个人数据用于交易，而是让用户决定是否将个人数据交易出去；非个人数据已经去除了人格要素，以非个人数据为客体构建数据经营权，并将其配置给企业，用以赋予企业经营数据的资格。针对用户控制数据的需求设立数据控制权，针对企业经营数据的需求设立数据经营权，围绕各自的权能核心又可细分为多项具体权利。

为了实现用户和企业间数据产权的权利能力平衡：在设置数据控制权时应以"控制"为权能核心，确立用户对数据的拒绝权、可携权和删除权；在设置数据经营权时应以"经营"为权能核心，确立企业对数据的相对性占有权、生产性使用权、经营活动自主权和增量财产收益权。对于数据控制权而言，主要是用户与企业之间的互动，因为用户对数据的控制能力直接与企业发生关系——企业作为数据的事实控制者，而用户作为数据的法定"控制者"；对于数据经营者而言，除了企业与用户之间的互动以外，还表现在企业与企业之间的互动。如此配置数据产权的权能，就是为了平衡个人数据的用户控制与企业控制之间的失衡，同时不至于使企业面临畸重的成本负担。

在数据产权保护的法律规则体系中，应当以管制规则为前提、财产规则为主导、责任规则为补充、禁易规则为例外，并将这些基本规则贯穿于数据产权的相关立法，以实现"在追求数据价值最大化的同时，将公共领域和私人领域的风险最小化"效果。结合《民法总则》对数据的既有规定，可推知数据具有"隐性"民事权利客体地位，在我国当前的民事权利体系中，数据产权应被视为特殊类型的财产性权利，与物权、债权、知识产权等处于同一位阶。在具体开展数据产权的单行立法活动时：既要遵循利益平衡原则，平衡数据红利与数据安全的利益诉求；更要恪守马法之议原则，约束立法必须以"必要为限"。从立法的问题导向来看，数据产权单行立法命名为"数据流通与保护法"更能体现数据产权的目的与功能。

《数据流通与保护法》体例设计为总则、数据流通、数据保护、法律责任、附则，不追求面面俱到、无所不包，而是以问题为导向、有的放矢：一方面，增补空白点，在遵循上位法、不冲突既有同位法的前提下，将数据流通、数据保护等须解决的现实迫切问题纳入立法；另一方面，补强薄弱点，将经过实践检验的政策依据、行业准则融入立法，确保单行法"接地气"和可操作。无论数据产权单行立法最终如何命名，但数据产权在单行法的总则、分则和附则中均要有所体现。总则主要安排与数据产权有关的立法目的和依据、基本原则、适用范围，分则主要明确数据产权的主体与归属、构建数据产权的权能规则、规范数据交易主体及其行为，附则主要安排诸如数据、数据产权、数据控制者、数据处理者、数据生产者、数据产生者、数据处理、数据行为等与数据产权有关的特定法律术语界定。此外，并不需要强调为数据纠纷在程序法上设定专门的"救济之门"，将数据产权纳入到民事权利体系之后，其救济自然可回归到现有诉讼程序。

《单位组织边界形塑与单位共同体变迁》概要

李珮瑶[*]

本书主要以20世纪50年代以来的大型国有工业企业单位组织为研究对象,围绕东北地区Y厂和T厂两所大型国有工业企业单位进行实证研究,通过文献分析和深度访谈等研究方法,描述一种"典型单位制"模式。本书在历时态的纵向变动过程中考察单位组织边界的塑造及变动过程,以此来回视作为"共同体"的单位从产生到衰落的总体性变迁,并对其变迁的内在逻辑加以分析和思考。

新中国成立初期,为恢复被战争破坏的国民经济,中国共产党和人民政府采取了一系列措施以维护社会稳定,保证和促进百业运营与发展,国家建设也急切需要重工业发展的支持。但从1927年至建国前夕,中国共产党的工作重点在农村,缺乏管理和建设城市的经验;同时工业的基础又来源于接管国民党的工业企业,缺乏管理和生产的经验,这无疑为城市社会建设和经济建设带来了困难。在这样的背景下,中国共产党在总结根据地实践的基础上,逐渐修正并完善组织体制"单位",作为一种重建中国社会的组织形式。在1956年"一五"计划基本完成之时,"单位社会"的"雏形"也基

---

[*] 李珮瑶,吉林大学社会学博士,现就职于吉林大学。

本定型。鉴于国有企业在经济建设和社会组织方面所发挥的作用，单位社会开始外延扩张，以大型国有企业为依托的"典型单位"便确立起其存在形态，成为计划经济时期单位研究的重要一环。其所带来的单位共同体的形塑及扩张，也成为了中国社会变迁的缩影。因此，如何看待单位共同体的内涵及作用、如何认识和理解单位共同体的变迁，对于理解中国社会的组织和建构以及中国现代化的整体性进程是十分重要的。

西方学界普遍认为，工业的发展必然会造成家族网络的解体，滕尼斯所言的"共同体"将随着工业化、现代化的进程而瓦解，以个体为中心的社会关系将取代整体本位的共同体。但事实上，单位的产生不仅没有造成传统意义上的共同体瓦解，反而形成了以业缘为基础并覆盖到职工家属的新圈子。在单位制的建立过程中，以单位组织外边界为限，实际上出现了单位组织内外的差异。这种差异明显表现为单位组织间的同质性，因此这种基于单位体制边界而产生的对内一致、对外排斥的特点，即塑造了单位体制内外的区隔。单位体制外的个体或组织不具备占有单位体制内资源的资格和能力，而单位体制内的单位组织成员则能够通过成为"单位人"的方式，获得工作机会、连带覆盖其家属的福利保障，并享有获得其他单位体制内资源的合法性。以单位组织为基本框架，单位共同体逐渐结成。单位共同体并非简单的制度或体制安排，其中发生作用的除了资源分配的理性逻辑外，还有"小共同体本位"的行动思想及"家国同构"的社会建设思想等。

单位体制边界的建立和单位体制内外区隔，伴随着单位闭合空间的塑造和单位人身份的福利待遇而逐渐强化。在单位体制内，单位职工的生产生活和家庭生活逐渐重合，私人生活也日益集体化和单位化，基于业缘、地缘和血缘关系而逐渐复合的单位共同体随之凝聚。伴随单位人身份的单位福利体系不仅是维系单位共同体的手段，同时也是其基础和结果。但单位制建立早期的单位共同体，其覆盖性仍然是有限的。这种有限性不仅表现为覆盖范围的有限性上，同时也表现为广度的未全面化和深度的非代际化。一方面，单位人家庭成员对单位身份及福利等一切资源的获取都要依赖于已获得正式单位身份的单位职工。一旦作为正式单位职工的身份丧失，除了少数子女允许顶替接班的情况外，其原本的家庭就会因为缺少正式单位职工这一联结单位与家庭的节点，而被排除在单位体制之外。另一方面，单位制早期，单位人家庭人口再生产还未进入高峰，并没有出现大量就业人口，单位人身份的再生产因而也没有成为当时单位框架内的首要问题。单位人身份的非代际化和不可传递性也由此体现出来，构成了单位共同体覆盖有限性的重要一面。

单位共同体在形成后并不是一成不变的，而是呈现出不断扩展的趋势。这种扩展首先表现为单位组织的扩张，即单位空间规模的扩大和单位组织的不断复制；其次体现在被纳入到单位中的"单位人"队伍的扩大；最后则带来了单位共同体的全面覆盖。虽然单位在成立之初就通过一些福利性、保障性政策的实施吸纳了一定的单位人家属进入单位体系，但这一时期单位共同体的覆盖范围有限，功能也并不完全。1978年，随着知识青年"上山下乡"运动中一些问题的暴露，国家也要求各单位对其"上山下乡"子女加强管理和生活安排，单位逐渐开始深度介入知识青年管理工作。单位逐渐把职工子女纳入到单位的"外围"，子女顶替接班和"厂办大集体"开始成为单位共同体持续扩张的又一标志。厂办大集体的举办，将解决单位人待业子女就业从临时性、照顾性的特殊措施变成了结构性、政策性的制度安排。单位人子女被正式纳入到单位组织中，作为单位成员具有享受单位资源的资格。厂办大集体的纷纷成立使单位组织的结构规模扩大，大量单位人子女获得作为单位成员的正式身份，使单位成员人数迅速增加，单位组织的人数规模膨胀，单位组织的结构性规模全面扩张。并且，将保障单位人子女就业纳入到单位责任的一部分，意味着单位在承接了住房、医疗、升学等社会功能外，又将就业归入了自身的功能范畴，单位组织的社会性实现了全面覆盖。伴随着单位组织的结构性扩张，单位共同体外边界扩展，从广度上将单位资源共享的范围向外延伸到了涵盖单位人家属的全面覆盖，从深度上全面包括了单位人子女在内的单位身份的代际再生产。

虽然厂办大集体带来了单位组织结构性功能的完善和单位共同体的全面扩张，但其同时塑造了单位组织内部二元化结构形态的影响仍是不容忽视的。厂办大集体的出现将集体所有制产权引入国营，从而造成了单位组织内部两种产权所有制的分化，使单位组织内部形成了"国营+集体"的二元化状态，在集体和国营之间构建了结构化边界，继而塑造了单位组织内单位人国营身份和集体身份的差异。随着厂办大集体与国营单位之间的差异化日益严重，单位组织内身份差异所连带的工资、福利等方面的差别日益明显，继而发展成了单位人对自己身份认同的区隔。逐渐固化的待遇差别和逐渐形成并深化的主观认知差异反过来强化了单位人对身份二元化的认知，从而巩固了单位组织内部二元化结构的固化。单位组织内边界的定型也为原本结构单一、内部稳定的单位组织注入了不稳定的因素。

在单位组织持续发展的过程中，单位组织内边界并没有固定或消除，单位组织内部从组织形式到职工身份体验逐渐走向分离。这种分离使得国营单位与厂办大集体之间差异不断拉大，原本存在模糊空间的、线性的体制内边界逐渐强势并似有形成壁垒的趋势，单位组织内边界的明显强化。来自国营单位和厂办大集体之间相互分离的力量不断冲击着单位共同体的结构边界，单位组织内边界的强化也成为了可能引发组织结构松动的自反性力量。

随着国家经济政策和社会政策的变化，一直以来闭合的单位组织开始与其他组织及市场与社会有更多的交流，这种尝试逐渐消除单位体制边界与社会、市场的区隔和分离，单位体制边界明显弱化。在这样的情形下，单位共同体开始出现松动，强化的组织内边界成为瓦解单位共同体的主要力量，而弱化的组织外边界则促使了单位共同体衰落的发生。在单位组织内外边界强弱的变化中，厂办大集体被推向了前台，并直接导致了单位组织自产生以来结构形态后的第二次根本性变革。厂办大集体的改制成为了单位组织改革的第一步，同时也是单位共同体衰落的先声，随后国有企业改制迅速发生，并直接造成了单位组织结构的瓦解。

单位共同体并非是单位组织的简单复合，相较于客观存在的组织实体，单位共同体更加强调共有的生存状态，因此置于单位共同体中的行动者逻辑是影响其变迁的重要因素。在单位共同体变迁的过程中，单位领导的身份和角色发生了重大转换。单位领导身份从"内部人"转变为"外来者"，对于单位共同体的疏离感以及身份属性的多重变化，使其不得不实现角色转换与权威的重塑，单位内部基于"熟人社会"的人情权力交换的逻辑环境也随之瓦解。普通单位成员的单位身份和参与感也随着单位共同体的变迁发生变化，从"单位人"到企业职工的身份变化带来了单位成员对自身身份认同的转变，这种身份的变化不仅仅是从非契约关系到契约关系的转变，更意味着单位成员从单位组织的依附关系中逐渐抽离的过程，这也从根本上瓦解了单位共同体内涵。

从"单位共同体"的角度对"单位"进行回视，研究其产生、发展、变迁及转型过程中构建逻辑的运行模式，对于深入理解单位具有十分重要的作用。单位共同体的变迁是阶段式的渐进过程，并且每个阶段的变迁都是有层次性的，其变迁的过程中呈现出的是国家希望在单位体制不断的变动中实现资源重新配置的尝试，是国家对单位合法性的重塑。一直以来国家试图实现的合法性认同实则包括两个方面，一方面是保障人民的基本生活（feed the people），而另一方面则是国家经济水平和整体实力的提高（growth of the state）。单位制早期，合法性诉求表现在维持社会稳定和保障人民的基本生活，而市场经济体制转型后合法性的诉求则转向了希望企业提高竞争力从而实现国家整体经济的增长。这种合法性诉求的变化，促使国家改变了原本的结构设定，将单位组织从闭合的单位体制中取出，代之以现代企业的模型置于开放市场之下，从而实现了资源共享从封闭单位体制内到社会范围的重新配置。

单位共同体"从闭合到开放"的变迁过程，也是对单位共同体的拆解和破除。这主要是因为，"共同体"本身就带有着闭合性，换言之，"单位共同体"与开放的逻辑之间是矛盾的。单位共同体的结成，依赖于闭合的资源分配方式、闭合的单位空间以及闭合的单位关系，单位共同体的不断扩张使闭合的单位体制几乎无法承载，单位体制边界的瓦解打破了单位共同体存在的形态基础，单位关系的开放性进一步打破了单位共同体的内在一致性，造成了单位共同体内部凝聚力的丧失和单位意识逐渐消除，单位共同体的衰落也成为了必然。

单位组织的建立和发展，对于推动国家工业化的建设具有基础性意义。在计划经济体制下，国家强力控制和动员机制具体通过单位发挥作用，以确保资源能够被有效地集中、分配并落实到现代化建设的具体实践中。单位对于中国现代化的意义却不仅如此，以单位组织为核心的城市社会组织，"既是国家推动工业化的组织载体，又是国家动员的组织基础"。单位组织不仅是一种国有经济形式，同时也是国家对社会重构的模式探索，是在生产方式变革的基础上对于国家、家庭和社会关系的重新塑造。由此，中国通过"单位"的实践形成了社会主义现代化的独特路径。单位组织通过"单位办社会"塑造了单位共同体，实现了对中国社会的重组与再编。它不仅承载了现代化的工业化面向，更实现了对现代化关系的塑造。从这个意义上来理解，单位制的建立与变迁过程，就是中国现代化进程的缩影。随着传统单位制走向消解，单位共同体所蕴含的共同体原则和逻辑在现代社会中仍持续发生着作用，不仅表现为对国有企业政治性和社会性的重提，对"后单位时代"中国社会的再组织化也具有基础性意义。

本书以东北地区大型国有企业为案例，描述一种典型的单位制模式。在实际调研的过程中，主要对黑龙江、吉林、辽宁三省共5

家大型国有工业企业进行了考察，并通过对曾身处这些企业中的职工进行访谈，积累了大量访谈资料。与此同时，也零散地对新疆维吾尔自治区一所石油企业以及吉林省两所"三线厂"的退休（退职）职工进行了访谈，对本书所描述的典型单位制下单位共同体变迁的过程加以印证以及作为相关案例的补充。本书实际写作主要围绕Y厂和T厂两所国有大型工业企业而展开。Y厂坐落于东北地区C市，是我国第一个五年计划期间苏联帮助建设的156项工程中最大的项目之一；T厂坐落在东北地区T市，在伪满时期就曾有制钢的历史，目前的T厂集团股份有限公司是C省最大的钢铁联合企业。这两个案例厂的选择主要基于两点考虑：第一，根据调研资料基本可以确定，东北地区其他国有工业企业与Y厂和T厂的变迁经历有明显的共性，并且在诸多案例中，Y厂和T厂的规模和变迁模式更加突出和典型。第二，Y厂与T厂相比较而言，Y厂企业级别更高、规模更大，因此两个案例厂在改制过程中，尤其在辅业改制和社会性功能剥离上存在着一定差异，这种差异也可以视为典型单位制改制的两种不同程度的表达。

《煤炭业包工制的运行及其制度困境》概要

王 勇[*]

包工制是资本主义早期盛行的一种生产组织方式，在工业革命与生产技术变革的冲击下于19世纪晚期趋于消失。包工制不仅存在于西方工业化进程中，也是中国近代工业化中主导的雇佣和生产方式，特别是在煤炭行业更为典型，直到中华人民共和国成立后，包工制作为一种"封建剥削制度"才被废除。但笔者通过调查和文献检索发现，包工制已经成为当前中国煤炭生产行业虽隐蔽、但普遍存在的一种生产组织形式，越来越多的煤矿企业通过包工队来完成一线的生产任务。在此情况下，我们不禁要问为什么一种资本主义早期的生产组织方式会在改革开放之后的中国煤矿企业重新出现？包工制作为一种非正式制度，是如何随着国企改革一步步嵌入诸多煤矿企业中并成为生产一线最重要的生产组织形式，为什么煤企要大量使用包工制？它是如何运作的，这种运作方式又会带来什么样的影响？

本书以南矿为田野研究点，运用个案研究方法，从组织社会学的视角出发，通过对南矿包工制组织结构及其功能的分析，揭示包工制下的权益相关方——矿方、包工头和工人在包工制组织结构中

---

[*] 王勇，华中科技大学社会学博士，现就职于湖北大学。

的权力和地位，分析包工制的运行机制，以及由此所导致的工人权利缺位和安全生产困境。通过对包工制组织运行机制—工人权利缺位—安全生产困境相关性的建构，揭示煤炭业包工制的制度困境及其可能出路，并与包工制的相关研究进行对话，在此基础上反思国有企业组织在改革开放以来的具体实践逻辑。

制度学派认为，组织面对两种不同的环境——技术环境和制度环境，这两种环境对组织的要求不同。技术环境要求组织有效率，组织要遵循效率逻辑，制度环境要求组织服从合法性逻辑，组织正是在不同环境条件的多重压力下发展变迁的。研究发现，组织环境形塑了南矿包工制的变迁与发展，合法性逻辑和效率逻辑的交互作用是推动包工制形成和发展的重要因素。合法性逻辑是包工制出现的前提条件，即煤炭基建制度和企业用工制度的改革是包工制出现的前提。包工制的发展则是基于效率逻辑的支配，而包工制的进一步发展则是基于合法性逻辑和效率逻辑的共同支配。由此，南矿包工制从20世纪80年代初的井下巷道工程逐步扩展到整个采掘生产一线。

包工制内部层级分明，分工明确。其具体由横向部门结构和纵向层级结构组成，各层级分工明确，责权清晰，且有相对明确的薪酬体系。管理上包工队虽然开始逐步制度化，但在许多方面还是以包工头或工头个人化的方式对工人进行简单粗暴的管理控制。南矿包工队工人是一个文化程度较低，相互之间有着亲戚、老乡和朋友关系，以中年男性为主体的外地农民工群体，他们与包工头之间存在着一定的依附庇护关系。

包工制嵌入南矿后，南矿的治理结构由矿方—工人之间的关系转变为矿方—包工头—工人之间的关系。在这种治理结构下，矿方处在权力结构的顶端，居主导地位，拥有一切事务的最终决定权。包工头处于权力结构的中间，相对矿方呈弱势，相对工人又呈强势，拥有具体生产的实施分配权，决定着包工队内部的一切事务，其手下的工头也分享着部分的权力。而工人的地位则最低，权力最小，听从包工头及其工头的安排。首先，包工制作为一种生产发包制，矿方与包工队之间是一种委托—代理关系，包工制在两者间的运作逻辑可以概括为"双重包干"，即生产包干和安全包干。矿方拥有目标设定权，制定工作计划，然后交由包工队具体执行。为更好地完成计划，矿方把实施/激励分配权下放给各包工队，各包工队有比较大的自由裁量权并面临强激励。其次，在包工队内部，即包工头和工人之间，包工制的运作逻辑为生产任务的不断加码，安全责任风险的向下转移。为完成工作计划，各包工队会在矿方生产计划的基础上层层加码，并通过强激励来促使各个班组超额完成任务。最后，为了确保包工队能够安全生产、保质保量完成工作目标，矿方还拥有安全生产监督权和检查验收权，对包工队生产过程进行全程监督，并对完成计划情况进行检查验收考核。包工制正是在这样的激励和约束条件下运作，并不断发展壮大。由此，整个包工制的运作逻辑实质就是一个生产任务不断向下转移并层层加码的过程，同时也是一个安全风险不断向下转嫁并不断增加的过程。在这个过程中，收益与风险出现反向配置，收益呈不断上收趋势，风险却呈不断下移趋势。最终矿方获得了最大收益却承担风险最小，包工头次之，工人则获得收益最小但承担风险最大。

包工制的这种权力利益上收与责任风险下移的运作逻辑符合了煤矿利润最大化、风险最小化的要求。包工制既能转移企业的管理责任和安全责任风险，又能转嫁企业的用工成本，还能提高企业的生产效率，满足了煤炭行业受自身环境、市场环境和政治环境等因素形塑的要求，带来了非常明显的绩效。在管理方面，矿方把工队工人的管理权下放给包工头负责，由此矿方无须负责工队工人的生活安排、工作安排、生产管理、工资分配等一切人事管理的繁琐事项，这一方面有效地降低了矿方的管理幅度，提高了管理效率，从而将有限的精力放在煤矿安全与销售方面；另一方面，还能有效地解决井下管理人员和技术工人的短缺现状，而且可以节省大量中层管理人员的报酬，从而降低劳动管理成本。此外，把繁重的管理责任转移给包工头，使矿方不再具体面对大量工人，有利于转移劳资冲突，把冲突限制在各包工队内部。在用工成本方面，包工制具有去福利化、灵活性和低成本的特点，可以有效地转嫁用工成本。一方面，矿方无须给工队工人缴纳社保和提供福利，从而有效地降低用工成本；另一方面，包工制这种"招之即来、挥之即去"的弹性用工方式非常符合煤炭行业弹性生产的需要，煤企可以根据生产任务的需要随时调整工人的数量而不需付出多大成本，从而降低企业的用工成本，满足资本对于弹性生产积累最大化的要求。此外，在煤企周转资金困难的情况下，包工制还能够垫资运行，使企业在经济困难的环境下维持再生产。在生产效率方面，一方面，矿方制定了以"产量包干制"为基础的强激励机制来促使各包工队积极完成生产任务；另一方面，各包工队内部也实行了与产量相关联的薪酬制度，通过强激励极大地调动了工人的生产积极性，有效地提高了生产效率和劳动产量。在安全责任风险方面，煤企通过安全事故包干制，成功地把安全责任风险转嫁给包工头，降低了自身的安全责任风险。因此，其虽然在制度上不合法，但却普遍受到煤炭行业的欢迎，在南矿乃至其他大部分煤矿实质性存在并不断发展。

对包工制运作功能的分析，也进一步揭示了包工制权力利益上收与责任风险下移的运作机制。虽然包工制的这种运作机制带来了诸多绩效，但同时也带来了大量的问题和困境。其一，在包工制的低成本运作下，工人的合法权利得不到有效保护。研究发现包工队工人的诸多权利得不到有效保障。对于这种困境，不同的工人有不同的政治，面对侵权，不同群体的工人有不同的行动表达。首先，在日常表达上，与包工头关系比较近的工人由于薪酬待遇比较好而选择了服从，而边缘工人由于退出成本较大选择了消极服从，本地工人则常常通过抱怨来表达不满。除此之外，大部分工人通过讲粗话、黄话、喝酒来间接来表达对于当前境遇的不满。其次，除了日常表达外，工人们在无法忍受时，也会选择"用脚投票"这种消极反抗形式。其中，年轻工人由于煤矿工作环境、薪酬待遇、职业发展、社会地位等原因而常常会采取个体退出的方式，而更为普遍的是来自同一地域的班组常常因薪酬待遇不高而选择集体退出。最后，工人们也会因工伤赔付和欠薪等问题采取积极的依法抗争形式，虽然这种情况非常少见。

对于工人们采取的不同行动表达，包工头和矿方也采取了相应的对策。首先，面对工人们的日常表达，包工头也会通过与工人日常情感交流、及时发放工资和给工人提供一定的庇护来消除工人的不满。其次，面对频发的工人退出情况，包工头采取了工人替换的策略，一方面，不再新招年轻人，而是选择中年人替代；另一方面，开始大量招募与自己关系较近的班组或者南矿邻县的班组来保持工队的稳定性。最后，面对工人的依法抗争，南矿和包工头一方面通过霸王合同中对自己有利的形式来取得胜诉，另一方面通过说好话、打感情牌来消解工人行动，并通过不再录用抗争工人、招募经济实力雄厚的包工头来预防工人的集体行动。工人们虽然采取了不同的抗争方式，但在矿方和包工头的联合应对下，并没有赢得自己的合法权利，仍处于一种权利缺失的状态中。虽然无法改变困境，但引发了两个意外后果：一是工人的频繁流动降低了他们的技术熟练程度，不利于安全操作知识的积累，为应对高流动而大量使用文化程度较低的中青年工人则进一步阻碍了安全素质的提高，从而增加了安全风险；二是许多工人对当前生活境况和权利的解释，开始与更宏大的社会主义意识形态相联系，他们开始强烈地表现出对传统计划经济时代的怀念，甚至出现民粹化的倾向。

其二，包工制这种向下转移安全风险的运作机制引发了安全困境，导致安全事故的不断发生。研究发现，矿方、包工头和工人三方各自的行动逻辑取决于他们在当下中国煤矿特定的生产体制中的结构性地位与力量。包工制不仅是一种生产管理模式，更是一种强者对弱者的安全风险转移机制。从矿方到包工队，实现了安全风险的初次转移。不对等的市场关系，决定了矿方在将生产任务发包给包工队时，也将本应由自己承担的安全管理职责一并转移给了包工队。这实际上也就意味着包工队在承受生产任务时，也承受了各种可能的安全风险。从包工头到工人，实现了安全风险的再次转移，结果一线工人成为生产任务和安全风险的双重承载者。包工头的行为由特定的组织结构环境所形塑，紧迫的生产任务、矿方日常安全监督机制的实际缺失、生产高收益与事故低赔付的比较效益，都是这一环境的基本构成元素。如此的微观组织环境，显然更容易导致包工头追逐效益而忽视安全生产的过程管理。由此，不顾安全规章，以生产指令、经济激励甚至人情权威，迫使工人超时间、高强度的工作，便成了包工制下生产过程的常态。当这种常态被视作煤炭生产的"正常状态"时，既无"结社性力量"，又无"结构性力量"，甚至在多数时候还缺乏维权意识的工人们便很难摆脱。在理论上工人们似乎可以"用脚投票"，选择离开或者不离开，但是，在中国次级劳动力市场人力资源丰富的大环境下，更为普遍的情况是只能选择承受，即不仅承受高付出，也承受高风险。由此在生产过程中，接受安全培训不足的工人在任务进度控制和经济激励下违规作业，导致安全事故发生。因此，煤矿安全事故发生的表面原因看似工人违规作业，深层原因却是包工制权力结构下安全风险的向下转移机制。其在"确保"安全风险向底层弱者转移的同时，也"确保"了安全事故的内部消化，当然，也就因此为新事故埋下了再生的种子。由此，安全生产陷入了恶性循环之中，安全困境也就无法解决。

包工制的上述困境是包工制自身无法克服的，是组织内外部环境共同作用导致的。组织外部的市场政治环境要求生产组织具有灵活性、低成本和去风险的特点，组织内部环境中矿方、包工头和工人三者之间存在着极不平等的权力地位关系。矿方权力最大、地位最高，包工头次之，工人权利最小、地位最低。组织的内外部环境共同形塑了包工制这种权力利益上收与责任风险下移的运作机制，并由此导致了工人的权利困境和安全困境。要想解决包工制的困境，简单取缔包工制是不可行的，屡禁不止正说明了这个问题。如果其他行业的包工制主要受效率逻辑的支配，煤炭业的特殊性则让其包工制受到效率和安全逻辑的双重支配。当前包工制和中国近代包工制有很多异同点，其继承了中国近代包工制的诸多特点，摒弃了近代包工制许多缺点，并融合了当前环境的诸多要求。它是在向制度化、理性化不断发展的一种新的包工制，但当前煤企的组织环境却制约了包工制本身的制度化和理性化。而且与西方现代化不断向科学化和理性化发展不同的是，许多国企改革选择了形式上采用科学化、理性化的现代企业制度，实质上却仍使用较为落后的生产模式。而这种奇特结合的过渡状态却被认为是企业效益最佳的选择，从而导致改革的停滞不前，这种效益实质是"低人力成本优势"的必然结果。因此只要组织环境不变，包工制也将会继续存在。要解决这个问题，还要从其面临的市场政治环境和内部权力关系入手，规范资本和权力的责任与义务，充分发挥国家在这一过程中的重要作用。一方面，国家要继续深化企业改革，在煤炭行业治理中遵守市场规律，减少经常性的行政干预，充分发挥市场这只"看不见的手"的作用；另一方面，规范企业用工形式，切实保护劳工的合法权益，建构劳资双方的平等博弈机制。唯此煤炭行业才能继续走向科学化、理性化的现代化之路，从而化解当前存在的权利和安全困境。

《迈向优质优价：中国出口企业加成率决定因素及动态演进》概要

诸竹君[*]

进入 WTO 以来，中国企业依赖劳动力等成本优势嵌入全球价值链，通过出口导向型的发展模式获得了经济高速增长的"中国奇迹"。前期文献大都从出口数量或者"二元边际"等视角出发，解释中国出口高速增长的理论机制，阐释"中国奇迹"的出口端原因。伴随中国出口增速的显著放缓、国内产业转型升级的必要性日益突出，近期文献从关注出口的"量"转向"质"，从生产率、技术复杂度、出口产品质量等视角研究了出口企业的绩效情况。但是从盈利水平出发，分析出口企业盈利情况和市场势力的文献还较为鲜见。企业盈利水平可以通过加成率这一指标加以刻画。本书旨在通过构建一个理论框架分析中国出口企业加成率的影响机制、决定因素和动态演进，这是对现有国际经济学实证研究的边际拓展和基于"中国事实"的现实研究。

传统理论观点是出口企业加成率高于不出口企业，本书的重大实证发现是中国出口企业存在"低加成率陷阱"，即出口企业加成率低于同行业不出口企业加成率。这一发现证实了中国企业并未通过出口显著提升盈利水平，出口主要表现为数量增加而非盈利强化。

---

[*] 诸竹君，浙江大学经济学博士，现就职于浙江工商大学。

在此基础上，通过扩展基准理论模型，本书对中国出口企业"低加成率陷阱"进行了机制分析。理论研究表明，企业进入出口市场面临"竞争加剧效应"和"质量升级效应"，而中国企业较低的生产率水平决定了其以较低产品质量嵌入国际市场，"竞争加剧效应"大于"质量升级效应"，加成率水平较低。在静态分析基础上，本书通过动态效应扩展深入探讨了破解中国出口企业"低加成率陷阱"的主要渠道，从进口中间品、产品创新和出口模式转换等视角分析了其对出口企业加成率的动态影响，发现上述变量可能是推动中国出口企业向"优质优价"转型的重要因素。最后，本书在理论分析和实证研究的基础上提出了推动我国出口企业向"优进优出、优质优价"转型的政策建议，这对于培育我国外贸竞争新优势，推动由"贸易大国"向"贸易强国"转变具有重要意义。

本书的主要研究结论如下：

第一，通过扩展 MO 模型建立了本书的基准模型，理论模型显示，出口企业加成率并非是随生产率的线性关系，而是随生产率呈"U 型"曲线关系，即生产率较低的出口企业加成率低于相应生产率的不出口企业，只有当生产率超过门槛值时企业加成率才会与生产率呈现正相关关系。当进一步引入产品质量的影响，我们发现出口企业加成率的决定因素是最优产品质量选择。研究发现，出口企业面临"竞争加剧效应"和"质量升级效应"，存在正向"质量升级效应"门槛值，只有当企业跨越这一门槛值时才会选择"高质量、高价格、高加成率"的出口模式，反之，当出口企业的生产率水平较低时，会选择"低质量、低价格、低加成率"的出口模式，从而引致出口企业"低加成率陷阱"。实证结果表明，中国出口企业中仅有约 25% 越过这一门槛值，大多数出口企业处于"低加成率陷阱"，这是基准模型从理论和实证两个维度对这一学术命题的刻画和检验。

第二，基准模型通过全样本数据对"低加成率陷阱"进行了分析，但是忽略了可能存在的子样本异质性。Ahn 等指出中国存在较为广泛的贸易中间商问题，大量企业通过间接贸易出口。通过扩展基准模型，本书提出企业加成率除了由生产率决定外，还受到"需求冲击效应"影响，需求冲击越大企业出口加成率水平越低。引入出口模式的动态扩展模型表明，出口企业在动态下面临"出口中学效应"和"需求冲击适应效应"，直接出口企业相比于间接出口企业具有更加显著的正向"出口中学效应"和"需求冲击适应效应"，因而面临出口市场竞争时，直接出口企业的加成率水平显著提升，而间接出口企业加成率水平显著弱化，正是由于不同的贸易模式造成了出口企业"低加成率陷阱"。

第三，在静态模型基础上，本书通过对企业加成率动态的研究，试图回答促使中国出口企业跨越"低加成率陷阱"的重要途径，其中可能的途径之一是通过进口中间品。根据新增长理论，进口中间品通过水平效应和垂直效应提升企业生产率水平。本书重点考察了进口中间品的水平效应，出乎理论预期结果，中国进口中间品企业的加成率显著低于非进口中间品企业，这是本书提出的第二个重要学术命题——"低加成率之谜"。通过实证分析，本书发现通过加工贸易嵌入全球价值链并不能提高企业竞争力水平，而一般贸易进口中间品企业的加成率则显著提升。本书提高纳入全球价值链参与的异质性企业贸易理论，对上述问题进行了解释。一种潜在的可能性是中国企业（特别是民营企业）由于面临较强的融资约束，更倾向于通过加工贸易进口中间品。而贸易分成决定于企业的前置成本负担，融资约束较紧的企业由于初始成本投入较少缺少最终利润议价权，因此其贸易分成相对较少，加成率未能显著提升。本书通过实证研究对这一机制进行了检验，并提出应实现加工贸易转型升级的政策建议。

第四，除了通过进口中间品提升企业加成率外，产品创新也是动态改进企业加成率的重要途径之一。本书将企业产品创新简化为垂直层面的质量创新，理论结果表明，企业的产品创新行为可通过影响企业出口产品质量作用到加成率，但是产品质量对企业加成率的影响不是单调的，而是呈现"U型"曲线关系，只有当企业产品质量提升到一定程度时，产品创新才能提升出口企业加成率水平。实证研究结果显示，产品创新总体上提升了出口企业加成率，在各个子样本中均存在显著正向效应，这证实了产品创新是中国出口企业动态提升加成率的重要路径，创新驱动发展战略从实证层面确实是提升我国出口企业竞争力的必由之路。

本书的主要章节内容如下：

第一章是导论，介绍了研究背景与基本框架。根据 Melitz 和 Ottaviano 模型（以下简称 MO 模型）的基本结果，生产率越高的企业其加成率水平就越高。理论研究表明，外向型经济活动和产品创新能提升企业的生产率水平，因而自然的结果是：外向型企业的加成率水平应高于非外向型企业。已有文献从出口等角度探讨了企业加成率的决定因素，但仍缺乏对企业加成率决定因素的系统性研究，相关问题未能形成统一的理论见解，更缺乏基于中国本土化视角的研究，无法回答中国企业能否通过外向型经济活动和产品创新提升加成率水平，进而推动贸易转型升级。

第二章是文献综述。分别从加成率的内涵及早期研究、加成率的测度方法、出口企业加成率的决定因素和有关中国出口企业加成率的前置研究进行了文献梳理。在此基础上，提出现有文献在理论模型和实证研究等方面的局限性，论述了从微观层面基于中国现实经济背景下的可能扩展方向，并指出从企业动态演进研究出口加成率问题是可能的创新方向。

第三章基于生产函数法提供了加成率的测算模型。借鉴 De Loecker 和 Warzynski、De Loecker 等的方法，基于生产法（以下简称 DLW 法）测算中国工业企业加成率。本章首先介绍了直接基于收入法的企业层面加成率测算方法；其次介绍了根据中国工业企业产品产量数据，运用数量法测算企业—产品层面加成率的方法。本章在模型设定、约束条件、参数估计等方面对 DLW 法进行了适应性改进。

第四章基于扩展的 MO 模型揭示了出口企业加成率的决定机制，

提供了中国出口企业低加成率陷阱的经验证据，并从理论模型出发弥补了现有文献基于一般逻辑框架推演的不足。在基准模型基础上，本章引入出口产品质量和出口模式等因素，进一步扩展了 MO 模型，深化了对出口企业加成率问题的中国化理解。基于理论模型，本章通过工业企业数据和海关数据对理论命题进行了检验，一方面证实了中国确实存在"低加成率陷阱"，另一方面对可能的影响机制进行了充分检验。本章在全文中居于中枢地位，为之后各章提供了企业加成率数据和中国出口企业低加成率问题的特征性事实。

第五章基于进口中间品视角探讨了出口企业加成率的动态演进机理。本章衔接第四章，在 Kasahara 和 Rodrigue 的理论模型基础上，从静态和动态视角研究进口中间品企业的加成率动态演进机制，深入探讨进口中间品对于破解"低加成率陷阱"的具体效应，寻找推动出口企业向"优质优价"转变的潜在突破口。在这一分析框架下，本章纳入企业全球价值链地位和融资约束等因素，静态情形下分析了不同全球价值链地位和融资约束条件对进口中间品企业加成率的影响机制。基于上述理论分析结果，通过中国工业企业—海关匹配数据进行了实证检验，验证了静态和动态情形下的理论命题正确性。

第六章基于产品创新视角探讨了出口企业加成率的动态演进机理。本章从出口企业产品创新角度出发，考察了产品创新行为对出口企业加成率的影响及其动态效应。其内在关联是：进口中间品更多表现为企业吸收国外先进的投入品，提升最终品质量，进而增强企业竞争力。产品创新则直接反映企业通过"破坏性创造"实现企业价值重构，增强企业竞争力的主动性行为。相比于进口中间品引入而言，产品创新行为反映了企业更高水平的竞争力提升路径。产品创新能否成为出口企业跨越"低加成率陷阱"的关键路径是本章的研究重点。

第七章基于出口模式转换视角探讨了出口企业加成率的动态演进机理。根据 Das 等模型的设定，将企业出口模式选择和出口动态效应引入 MO 模型，以此论证中国企业在不同出口模式选择下加成率的效应，并进一步探究不同出口模式可能对企业加成率动态的异质性影响及作用渠道。理论结果显示，间接出口企业由于较弱的"出口中学效应"和"需求冲击适应效应"降低了其出口定价权和质量升级敏感性，因而不利于其市场势力长期的提升。直接出口则表现出正向的加成率促进效应，该类企业加成率显著大于不出口企业。本章从出口行为动态出发，实证检验了不同出口方式下企业加成率的动态，考察了出口模式转换是否是改善出口企业加成率的有效渠道之一。

第八章是结论与政策含义。本章提炼本书的核心观点，系统、全面地呈现理论和实证的学术边际贡献，提供促进中国出口企业向优质优价模式转变的政策含义。最后，总结现有研究的不足，提供可能的研究方向，以供后续研究参考。

本书的学术创新点和学术价值如下：

第一，在理论层面，本书通过理论模型和逻辑框架研究了开放条件下影响企业加成率的微观机理，在此基础上扩展了MO模型，深化了异质性企业贸易理论在市场势力和企业盈利水平方面的研究范畴。相比于MO模型基于发达经济体的理论结果，本书对发展中经济体的出口企业加成率进行了更为深入的探讨，发现加成率与企业生产率之间的关系并非是单调正向关系，而是存在局部的"U型"曲线关系。解释了我国面临的出口企业"低加成率陷阱"现象。通过扩展MO模型，深化了对不同出口模式下企业加成率静态和动态效应的理解，研究发现，直接出口企业通过"出口中学效应"和"需求冲击适应效应"两种渠道能够获得更大加成率动态效应。

第二，本书将Kasahara和Rodrigue模型纳入异质性企业贸易理论，构建了一个可解释进口中间品对企业加成率影响的理论框架，表明进口中间品会提升企业加成率的水平。实证结果说明中国企业存在违背理论结果的"低加成率之谜"。本书引入加工贸易这一概念，以中间品进口企业全球价值链地位对"低加成率之谜"进行了解释，并认为融资约束是造成企业内生选择较低全球价值链地位的重要原因，从而深化了对该谜题的理解，提供了破解该谜题的潜在路径。

第三，针对企业加成率提出了更为准确的测度模型。本书在DLW法基础上，充分考虑中国经济的实际情况对之进行了适应性改进，进一步根据工业企业—海关匹配数据库测算企业出口产品层面加成率，拓展了有关中国出口企业加成率研究的范畴。本书从更细维度观察多产品企业加成率，更准确地加总企业加成率，为多产品出口企业在特定冲击下的加成率变动提供实证研究方法。

第四，首次从出口企业盈利水平出发研究产品创新的福利效应，拓展了从微观层面研究产品创新与出口企业异质性的文献。本书建立的理论模型为破解出口企业低加成率问题提供了思路。通过引入产品质量作为中间变量，笔者分析了产品创新影响企业市场势力的作用渠道，对我国推动"优进优出"贸易政策实施路径、优化产业政策、增强产品创新转化效率具有较强的指导意义。

《民国西安城市道路系统演变研究》概要

郭世强[*]

民国时期是西安城市由传统向近代转型的重要阶段，古老的西安在此期间实现着由农业文明向工业文明的转型发展。近代城市的发展，其根本推动力是工业革命，以蒸汽机车或内燃机车取代马车为主要内容的交通方式的改变，不仅仅是技术系统的变革，更带来了一场城市革命。道路作为城市最重要的基础设施之一，其发展演变往往是城市变革的先导。基于此种认识，为深入理解民国时期西安城市近代转型的过程，本书运用历史地理学及相关学科的理论方法，以民国西安城市道路系统演变为切入点，从复原民国西安城市道路系统演进过程，分析道路系统演变与市政管理变革的关系，探察道路利用过程中路、车、人之间的冲突和管理所体现的城市治理转型三个层面展开论述。

第一个层面即复原民国西安城市道路系统的演进过程，包括道路系统本体发展和道路配套设施的建设两方面内容。

民国西安城市道路系统的演进先后有三个发展阶段。第一阶段为中华民国成立至1930年底。辛亥革命后，满城的拆除和东大街、北大街的兴筑，彻底打破了清代以来形成的以满城为重心的城中城

---

[*] 郭世强，陕西师范大学历史学博士，现就职于暨南大学。

格局，形成了以钟楼为核心，以东、西、南、北四大街为主干道路的新的空间格局，通过东、西、南、北四门与四关城相连，使城市交通的通透性有了极大提升，是民国初年西安道路建设最为突出的成就。此外，伴随着新市区的开发，新城成为陕西省政府所在地，周边道路系统逐渐兴筑，开辟了南新街、北新街、东新街、西新街等四条道路，成为原满城区域与城内主要大街沟通的主要线路。同时，随着西安市政府的成立，新市区得到进一步开发，原满城区域逐渐规划兴筑了七纵八横的道路网络，成为日后新市区道路的主体。另外，中山门和玉祥门的开辟，适应了城市交通发展的需要，是对以城门为连接城市内外交通瓶颈的突破，反映了明清以来城墙军事防御功能的衰退，以及城市对外联系加强的趋势。不过，由于民国前期军阀混战以及天灾人祸的影响，西安整体道路状况同晚清相比并没有得到改善，相反却因"围城之役"（1926），城市社会经济发展出现严重倒退。"围城之役"后，西安开始归国民政府管辖，城市建设和发展进入了新的历史阶段。民国十六年（1927）陕西省建设厅成立，除统筹规划全省建设事宜外，西安市内各项市政建设也归其管辖，城市建设逐渐步入正轨。从整体上而言，这一时段西安城区大部分街道依然具有明显的"街市合一"特点，并没有走出传统街道的窠臼。

  第二阶段自1931年开始，至全面抗战爆发后不久，即1931—1938年。在碎石马路道路系统的建立过程中，西安城市近代转型特点得到了较为充分的显示。首先，从道路规划设计上来讲，无论是西安市政工程处还是西京市政建设委员会，均是基于城市功能分区的考量，立足于城市交通发展的需要，将市内各街道宽度予以增加，以满足汽车等新式交通的需要。除通巷等城区基层街道外，其他各等级道路都实行行车道与人行道的分离，以增强道路作为城市交通快速通道的需要。其次，在碎石马路道路系统的建设过程中，碎石机、压路机、运输汽车等近代机械工具的使用，从生产力角度突破了传统的人力、畜力模式；在道路工程建设中以招投标为形式的承包制，从生产关系角度来看具有明显的资本主义雇佣色彩；在道路建设管理方面，西安市政工程处、西京市政建设委员会等市政建设专业机关得以建立并发展，使城市建设职能趋于专业化及独立化，近代城市市政管理机制逐渐确立。因此，该时段西安城市道路系统的发展从基于现代城市功能分区的规划设计到近代机械动力下的道路铺筑，不论是承包制的工程建设还是近代市政管理下的工程管控都具有明显的近代转型色彩。民国西安城市碎石马路道路系统绝大部分在该时段修筑完成，作为城市主干道路最重要的构成部分，碎石马路道路系统改变了西安城市干道空间格局，使城市道路演变具有明显的外向型发展特征。

  第三阶段自1938年起至1949年西安解放前夕，该时段西安城区道路演进的主要内容是修筑煤渣路、平治土路和养护已有道路等。自1938年崇廉路、北新街等处煤渣路工程开始修筑，到西安解放前夕，煤渣马路成为民国后期西安城市道路系统演变的主要内容。在此期间，西京市政建设委员会及之后成立的西安市政处、西安市政府，在战乱频仍、经费不济的艰苦条件下，依然对城区道路系统通过修筑煤渣路勉力维持，完成煤渣马路约62条，成为民国时期城区道路系统的重要组成部分。除了煤渣路的修筑流程和管理采取同碎石马路一样的承包制和市政机构专业管理外，这一时段，煤渣马路的修筑也得益于西安近代工业的发展。西京电厂、大华纱厂、华峰面粉公司等近代工业的建立和发展为煤渣路的铺垫提供了重要的煤渣来源，也就是说，民国西安近代工业的发展为城市煤渣马路道路系统建设提供了物质基础。从民国后期城市道路系统建设的分布而言，东北城区碎石路和煤渣路的建设成果最为突出，先后形成了以新城为中心的东北城区与城内其他交通要道相衔接的碎石马路道路系统，以及较为完备的煤渣路纵横交通网络道路系统。造成这一分布局面的原因，一方面是新城作为政治中心地位的确立，另一方面也和陇海铁路西安至潼关段的建成通车，尤其是全面抗战爆发后民族工业的内迁有着密切联系。这种分布局面的出现，体现了近代城市转型发展中新式交通工具和工商业因素越来越成为城市发展的决定性因素。

道路系统不仅仅包括作为主体的各类路面通道，也包括相应的配套设施。在这些配套设施中，城区道路下水道排水设施建设最为完备，在道路养护和城市排水方面发挥了重要作用。下水道排水系统不同于明清西安城区以涝池、渗井等下渗为主体的排水系统，具有明显的现代转型意义。除下水道排水系统外，路灯、行道树与公共厕所也是城区道路的重要配套设施。路灯的建成使用，使夜间道路的交通功能得以顺利发挥，从时间上拓展了道路发挥功能的效用，同时也减少了交通事故和不法分子侵害夜间出行人群的人身财产安全等事件的发生。行道树的栽植不仅具有保水蓄水的作用，能够减缓雨水对于道路的侵蚀，同时也使道路在功能发挥上兼具绿化的作用。公共厕所的建立，一方面给市民出行如厕提供了极大便利，另一方面也有利于路面和市容的整洁，提高了城区道路的利用质量。下水道、行道树、路灯与公共厕所作为道路配套设施的最主要构成部分，与道路路面一同构建起路上、路面、路下一个有机结合的道路综合立体空间结构。

第二层面是分析道路系统演变与市政管理变革的关系。

随着以城市道路系统建设为代表的市政建设的不断推进，民国西安市政建设和管理职能逐渐独立并纳入近代管理机制中，形成了专业化、独立化的市政管理机构，突破了传统时代城市设施建设基本上采用大工程由官府组织兴建、小工程则由地方官吏或士绅捐资兴办的建设机制，具有明显雇佣关系色彩的包工制成为该时段市政建设的主要组织方式。与之相关的职能部门和管理规章制度的不断完善，实现了对道路建设前、中、后三个时段的有效管理，极大地促进了西安城区道路发展的进程。道路养护制度作为管理制度建设的另一个方面，对于道路功能的持续发挥有着重要作用，尤其是在民国中后期西安城市道路系统基本成型之后，且市政当局无力兴修新路之时，道路养护制度愈来愈成为当局城市道路管理的主要内容。

民国中后期,以碎石马路和煤渣路为主体的西安城区道路系统基本成型。虽然以西安市政处、西安市政府为代表的城市管理及建设机关想要进一步推进城市道路系统的完善,但由于较为落后的社会经济条件,城市道路建设规划大多成为泡影。而以道路的翻修和清洁为主体的养护工作,则逐渐成为西安市政当局关于城市道路管理的主要内容。经济基础决定上层建筑,虽然以西京市政建设委员会、西安市政府及警察局为代表的市政建设的工作者、管理者为推动西安城区道路系统的近代化竭尽所能,但由于抗战及内战的影响,城市建设经费捉襟见肘,各项建设成果相对较小。

第三个层面是探察道路利用过程中路、车、人之间的冲突和管理所体现的城市治理转型。

随着西安城市道路系统的逐渐发展,西安城区路面上既有传统的铁轮骡马车穿梭其间,也有以人力车、公共汽车等为代表的新式交通工具的出现。各式各样的交通工具极为混杂,给当时的城市道路建设和管理带来了挑战。

民国初年,一些传统的木质车轮大车进一步发展为铁轮大车,但由于这种铁轮大车车轮一般较窄,外钉铁皮或凸起的铁钉对道路的损害十分严重。为了减少大车对路面的损坏、同时又不影响其使用道路以便利市民生活,当时的西京市政建设委员会从以下三方面入手:改良旧式车轮,建立西京市四关货物转运站,制定载重大车出入城内路线图。但在实际的操作过程中却困难重重,铁轮大车特殊的车轮材质对以初步路面硬化为表征的新修马路造成了较为严重的损坏,影响了道路交通职能的发挥。

西安人力车最早出现于民国元年(1912),囿于当时城市道路发展的滞后,人力车公司成立伊始,规模较小。直至1931年西安市政工程处成立和1934年西京市政建设委员会成立,对西安城区道路修筑多有建树,初步改变了西安历史时期道路的路面面貌,人力车业也在这期间获得了长足的发展,车辆数目由1933年的2043辆发展到1943年的4500辆。人力车作为一种新式交通工具,对近代西安城市交通方式的变革和市民出行产生了深远的影响。除人力车外，公共汽车和载重大车等各类交通工具逐渐在城区各道路活跃起来，但各类交通工具使用者及行人大多没有规则意识，以致交通事故频发。有鉴于此，陕西省会公安局为整饬起见，在市内设置各类指示牌，以维秩序而利交通。

在民国特殊的经济社会条件和时代背景下，西安城市公共汽车发展相对滞后，人力车逐渐成为公共交通的主体，人力车夫也就日渐成为市内人数最多的工人群体，对于城市公共交通乃至社会稳定作用甚大。人力车夫队伍的扩大，给城市治理带来了诸如管理和救济等一系列问题，急需西安城市管理当局完善相关制度予以规范解决。当时西安城市管理机构对人力车夫的管理主要包括控制人力车数量登记车夫、规定人力车价格标准、成立工会加强控制、协调劳资关系四个方面。

人力车是近代中国城市交通工具由传统走向现代的过渡，随着人力车业的兴盛，在城市中形成了庞大的人力车夫群体。尤其是在西安这样一座极度缺乏现代交通工具的古都，在抗战这一特殊的政治社会经济环境下，人力车夫群体的发展有着自身的特点。西安当局对于人力车夫的管理大致经历了三个阶段。以1932年西京筹备委员会成立为分界，在此之前为第一阶段，该阶段对于车夫的管理是以车厂主为主导的商业团体性自治管理；第二阶段是从西京筹备委员会成立到1938年成立人力车夫职业工会，该阶段对于车夫的管理是省会公安局（警察局）与车厂主的共同管理；第三阶段为成立人力车夫职业工会之后，这一阶段的管理是市（县）党部领导下的工会管理。

总之，由于民国特殊的经济社会条件和时代背景，围绕道路的利用问题产生了以铁轮大车为代表的传统车辆与道路使用和道路养护之间的矛盾，新式人力车和公共汽车为争夺公共交通运营空间而产生的利益冲突，以及基于道路发展扩大的人力车夫群体导致的城市治理问题等。西安城市治理当局通过对上述问题的解决，一方面构建起了现代交通秩序，另一方面也在一定程度上实现了城市治理的近代转型。

以民国西安城市道路系统演变为切入点，通过对民国西安城市近代转型的分析，可以发现该时段西安城市的近代转型在生产力、生产关系、上层建筑三个层面都发生着演变。工业革命背景下新式机械动力的使用，增强了西安城市道路系统建设的能力；以包工制为主体的工程建设模式，在推动城市道路建设的同时，也促进了西安民族资本主义工商业的发展；近代化的市政建设和管理机制，既推动了城市市政管理的专业化和独立化，也带来了城市社会治理的近代转型。本研究以道路系统演变为载体，尝试从物质实体建设、上层制度演变、城市社会变迁三个层面，为近代转型视角下的历史城市地理研究探索新的思路。

《皇权与教化：清代武英殿修书处研究》概要

项　旋[*]

武英殿修书处是康熙十九年（1680）设立，并于1911年随清王朝覆亡而消失的皇家出版机构。其运转前后历经九朝，延续了232年。武英殿修书处最初隶属于武英殿造办处，其后逐渐独立出来，直接隶属于总管内务府，下设监造处、校刊翰林处和御书处，专门从事内府书籍的校勘、刷印和装潢等工作。

本书以"武英殿修书处"为研究对象，大量爬梳新发掘的武英殿修书处档案、内阁大库档案、军机处档案、内务府奏销档案等第一手档案史料，意在对武英殿修书处的刊刻、校勘和装潢等活动予以全面整理，考察武英殿修书处的成立始末、职官设置、日常管理、人员分工以及殿本刊印、殿本流通等基本问题，探究武英殿修书处的日常运作机制。结合存世殿本，从版本学、书籍史等角度揭示武英殿刻书的基本特征。并在上述研究基础上，深入揭示武英殿修书处的政治文化内涵。

本书主要由绪论、正文和结语组成。正文分为七章，每章下设若干小节。

绪论阐述了选题缘由和意义，全面梳理了有关武英殿修书处的

---

[*] 项旋，中国人民大学历史学博士，现就职于北京师范大学。

国内外研究成果，同时对本书涉及的核心概念——"殿本"进行界定，认为殿本应特指康熙十九年武英殿修书处成立后在武英殿刊刻、装潢完成的内府典籍。

第一章为"清代武英殿修书处创立的背景与渊源"，重点厘清了清代创立武英殿修书处的历史渊源。首先追溯了历代中央刻书机构刊印书籍的传统。其次辨析了明代司礼监经厂刻书与武英殿修书处的历史渊源，认为清代内府刻书虽然继承了明代经厂刻书的一些特征，但在操办流程、办事人员上有很大的不同，明代以司礼监专司，清代则选拔翰林词臣从事。最后将武英殿修书处放置于清代政治文化的时代大背景下进行考察，揭示其得以创设发展的社会历史背景和经济基础。

第二章为"武英殿修书处的成立与发展脉络"，详细爬梳了武英殿修书处从成立、发展到衰微的历程。其一，确证武英殿修书处成立于康熙十九年十一月，其与同年成立的武英殿造办处属上下级隶属关系，并非同一机构。其二，重新统计清代殿本总数为 670 余种，呈现了清代各朝刊刻殿本的基本面貌。其三，对武英殿修书处发展进行分期，在此基础上重点论述了修书处在各个时期的制度发展、技术变革、时代特色及刊印殿本的成绩。

第三章为"武英殿修书处的组织机构、职官设置与人员管理"，全面考察了武英殿修书处的组织管理制度。首先聚焦武英殿修书处的办公处所武英殿各殿堂布局及作坊用途。其次，探讨了修书处下设的监造处、校刊翰林处的组成和职责，指出监造处负责书籍刷印和装潢，校刊翰林处则负责缮写和校勘，二者各有分工和合作。最后，利用官书档案动态考察了武英殿修书处的职官变迁、品级俸禄、迁转方式，爬梳了武英殿总裁、监造官等人员的选拔录用、奖惩机制；同时梳理以往学界较为忽略的武英殿刻字匠等各类匠役的来源、数量及待遇。

第四章为"武英殿修书处的日常运作机制"，动态考察了武英殿修书处的运作机制和管理体制，认为武英殿修书处建立了一套完备的组织管理体制和后勤保障制度。其一，揭示武英殿修书处日常所需经费、物料来源于内务府广储司。其二，厘清武英殿修书处经费支出主要用于支销缮写、刷印、装潢书籍及匠役的公费、饭食等项。其三，探讨武英殿修书处的日常工作，指出修书处与内务府、内阁、修书各馆等机构存在合作协调关系。

第五章为"武英殿修书处的刊刻与校勘活动"。首先，厘清了雕板采办、刻字改刻、刷印正本等整个刊印流程。其次，从聚珍馆的角度考察乾隆年间武英殿聚珍版的制作和刷印。在此基础上，探讨了聚珍馆的人员设置和具体分工，对武英殿聚珍版25万多个木活字去向进行了查考，认为在同治年间大火中烧毁可能性最大。最后，考察了武英殿修书处三校三修的书籍校勘制度，辨析校刊翰林处人员素养和奖惩机制，厘清武英殿修书处的校勘流程和校勘成效。

第六章为"武英殿修书处刊印殿本特征与著录订误"。以《清代殿本编年总目》著录的殿本版刻形制为基础，重点梳理了殿本的版刻特征、用纸特征等细节问题，揭示出殿本在书题、序跋、内容编排及刻工、钤印方面都独具特色；同时利用大量文献档案，再证之以殿本实物，考察了部分殿本书目著录的讹误之处。

第七章为"武英殿修书处刊印殿本的流通"，考察了武英殿刻本的流通制度。具体包括：其一，讨论殿本进呈御览和陈设各处殿宇的制度；其二，考察殿本从颁发、赏赐到回缴的流通环节；其三，讨论了殿本售卖制度，研究发现殿本的通行售卖始自雍正朝。乾隆九年成立的武英殿通行书籍售卖处，标志着殿本的售卖走向制度化。指出殿本售卖书价只须收回成本，旨在扩大书籍流播范围。

结语系统总结了武英殿修书处的性质、地位与局限。揭示了武英殿修书处的历史局限性，指出武英殿修书处本质上为皇家刻书机构，并从皇权政治、书籍传播等角度揭示出修书处与清代政治文化的内在关联。强调武英殿修书处在组织管理上有重要的创新和发展，建立了切实可行的奖惩制度，既保证了校刻工作的高效有序进行，又保证了殿本刊刻的质量。

附录为笔者编制的"清代殿本编年总目",著录武英殿修书处刊印殿本670余种,对现存殿本予以较为全面的著录。

本书的核心观点如下:

第一,确证了武英殿修书处的设立时间。关于武英殿修书处成立时间,学界有较大分歧。爬梳相关文献,可确证武英殿修书处设立于康熙十九年(1680)十一月。其与同年成立的武英殿造办处属于上下级隶属关系,二者名称接近,但并非同一机构。同时,通过新发掘的满文档案,证明雍正七年铸给"武英殿修书处图记"的真正原因,是为了方便内府旗人办事出入方便而铸造一批衙门图章,从而否定了雍正七年铸给"武英殿修书处图记"等同于武英殿修书处彼时正式成立的通常看法。

第二,重新界定了殿本概念。殿本是武英殿修书处的直接成果,是武英殿修书处研究的重要组成部分。但由于概念范畴界定不清,以往著录殿本较为混乱。笔者回到清人语境,通过梳理官书《钦定国子监志》所载"刊于武英殿,谓之殿本",以及时人笔记《养吉斋丛录》所记"武英殿……刊行经史子集,谓之殿版",认为殿本特指康熙十九年武英殿修书处成立后在武英殿刊刻、装潢完成的内府典籍。内府写本、抄本、石印本、铅印本以及地方进呈本均不能计入殿本。在此基础上,笔者编制了"清代殿本编年总目",首次对现存殿本进行较为全面系统的著录。统计得出清代殿本总数为674种。其中康熙朝29种,雍正朝59种,乾隆朝411种,嘉庆朝72种,道光朝50种,咸丰朝17种,同治朝12种,光绪朝20种,宣统朝4种,由此呈现出清代各个时期内武英殿修书处刊刻殿本的成就和特色所在。

第三,明确了武英殿修书处发展历程分期。结合武英殿修书处制度发展和刊刻殿本数量两项因素,将武英殿修书处的发展历程划分为四个时期:康熙朝为武英殿修书处创始期,雍乾朝为鼎盛期,嘉道时期为式微期,咸丰至宣统时期为衰亡期。四个时期各有鲜明的特点。笔者认为,武英殿修书处的兴衰与清王朝的历史进程基本保持一致，康乾盛世时，武英殿修书处发展迅速，制度完备；而当清廷由盛转衰时，武英殿修书处亦走向衰落，制度涣散，最后一起走向衰亡。

第四，注重"活"的制度史研究。动态考察武英殿修书处的制度损益和机构运作机制，关注武英殿修书处制度的源流、流变，从文献制度研究转变为实践制度研究。首先，动态考察了武英殿修书处的职官制度变迁。其次，深入揭示了武英殿修书处下属监造处和校刊翰林处两大机构的分工与合作关系。最后，全面梳理了武英殿修书处人员情况，对管理武英殿的总理、内务府司官及武英殿总裁、提调、总纂、纂修、校录等人员进行查考，还原了武英殿修书处各类匠役（如写字匠、刻字匠、刷印匠、折配匠等）的日常生活、奖惩以及写刻字工价等情况。

第五，还原了武英殿修书处的经费收支和物料采办细节。武英殿修书处的经费、物料来源主要依靠"奉天子之家事"的内务府，有稳定可靠的机制保障，这是武英殿修书处能够取得辉煌成绩的物质基础。同时，还全面探讨了武英殿修书处与内务府、修书各馆、翰林院等机构的合作协调关系。武英殿修书处直接隶属于总管内务府管辖，在人员选用、考核以及行取等方面由内务府负责。修书处与修书各馆的关系更为密切。修书各馆负责书籍的编纂和校对，编竣后往往交由修书处进行刊刻、装潢，彼此行文往来非常频繁，互有分工与合作。

第六，从聚珍馆机构运作的角度考察武英殿聚珍版相关问题。提出聚珍馆的得名与"聚珍版"的命名密切相关，早期名为"聚珍版处"或"排印聚珍版处"，设立于乾隆三十九年而非学界通常认为的乾隆三十八年。至乾隆五十一年，聚珍馆完成摆印"应刊"书籍的阶段性任务后，并未闭馆，而是将后续工作移交给武英殿，继续摆印其他书籍。除此之外，本书还重新辨析了"武英殿聚珍版丛书一百三十八种"的流行说法，通过爬梳文献，发现"丛书"一词相当晚近才出现，清代官方只有"武英殿聚珍版"或"武英殿聚珍版书"的用法。更为重要的是，聚珍版书"一百三十八种"之说，并不符合实情。查乾隆帝所定的《钦定武英殿聚珍版书目录》，只收录聚珍版书129种。因此，按照武英殿聚珍版书属于乾隆朝武英殿摆印、经乾隆帝钦定的收录数目，其数字是129种而非138种。长久以来形成的"武英殿聚珍版丛书一百三十八种"说法应作修正。

第七，厘清了摆印聚珍版书籍的25万多个木活字的去向。否定了坊间普遍流传的"守门的士兵用以生火取暖"之说，认为此说是以讹传讹。档案所见，迟至同治四年仍有聚珍馆的记载，说明此时木活字还存在。同治八年武英殿大火造成包括浴德堂在内的大部分殿堂烧毁，这批木活字应该就是在此次大火中被烧毁。

第八，复原了武英殿修书处校勘书籍的流程。嘉庆十九年以前，校刊翰林处视情况参与校对，如无原馆原校者，由校刊翰林处校阅；有原馆原校者，仍交原修书官原校官覆校。嘉庆十九年新定校勘章程，规定武英殿初写底本，仍交原馆校对。刻样就由武英殿各员校对。武英殿修书处制定的校勘章程保障了校勘工作的有序进行，是清代宫廷刻书、校书的重要实录。

第九，考证清代殿本常用印刷纸张为连四纸而非开化纸。通过梳理清代殿本用纸档案，证明清代殿本常用纸张为连四纸，极少有开化纸刷印殿本的记载。在辨析开化榜纸与开化纸为同一类型纸张的基础上，结合清代用纸档案同时记载开化榜纸与连四纸，可以确证连四纸与开化纸是不同类型的纸张，近代以来"殿本多为开化纸"刷印的说法需要重新审视。

第十，纠正了殿本书目部分著录讹误。通过爬梳文献档案及考察殿本实物，发现殿本书目著录存在不少讹误之处。通过审慎的考证，确定现有书目著录殿本讹误者达48种，其中刊刻者讹误21种，刻竣时间讹误者27种。这些考订结果都反映在笔者编制的"清代殿本编年总目"中。

第十一，爬梳了殿本的流通过程。殿本流通包括进呈与陈设、颁赐与回缴，以及翻刻与售卖等环节。笔者结合殿本案例，对于前人关注极少的殿本回缴、售卖进行了重点探讨。考察发现，殿本回缴目的包括补充内府库藏、掩盖是非等因，回缴方式为回缴内府，或就地销毁改刻。殿本售卖是清代官刻本主要流通方式，殿本通过五城书铺、琉璃厂书肆、书商贩卖等途径流播海内外。根据文献所载200余种殿本书价，可核算出乾隆时期平均每册殿本售价约为0.1两，这一数字可作为当时官方刻本书价的参考。

本研究的积极影响包括：

第一，武英殿修书处作为清代最重要的内府出版机构，是研究中国古代中央刻书制度史的一个重要窗口。武英殿修书处建立的高效组织管理制度，是考察古代中央刻书机构制度的绝佳切入点。

第二，武英殿修书处是彰显清廷政治文化政策的集中体现。武英殿修书处与清王朝兴衰同起同落，修书处的发展历程为认识清朝历史发展提供了独特视角。

第三，探讨武英殿修书处精湛的印刷装潢工艺有助于推动文化传播与技术传承。武英殿修书处在雕版技艺、活字印刷、装帧等方面达到了相当高的技术水准。通过开展系统研究，这些技术工艺可以得到充分发掘和继承发展。

第四，武英殿修书处精校精刊的管理制度为当今出版管理提供有益借鉴。武英殿修书处任用博学之士主持刻书，对书籍校勘质量把关极严，严格执行三校三修的校勘程序，其精校精刊的经验为今天的图书出版和管理提供了重要借鉴。

社科基金评审专家认为，本书是"首次对清代武英殿修书处进行全面系统研究的优秀著作"与"讨论武英殿修书处相关问题迄今最系统的创新成果"。本研究"原始档案的使用数量及综合度超过了前人"，"丰富、推进了清代文化史、出版史的研究"。

总之，武英殿修书处是专门从事内府书籍刊印、校勘和装潢工作的清代"皇家出版社"。从康熙十九年（1680）设立到1911年裁撤，这一机构前后持续运转了230余年，刊印殿本数量达六七百种，殿本以"精校精刊"著称于世，在中国书籍文化史中占有重要地位。

系统全面地厘清武英殿修书处的历史源流、发展历程、运作机制、匠役管理等细节问题，对于中国古代出版史、藏书史、文化史等诸多领域均具有重要意义，可以为当今图书出版和管理工作提供有益的借鉴和启示，也将会进一步凸显武英殿修书处在清代学术文化脉络中的地位和价值。

《词学文献东传与日藏词籍》概要

刘宏辉[*]

中国词学文献东传日本的历史十分悠久。早在平安朝初期，张志和《渔歌子》就已经东传至日本，引起包括嵯峨天皇在内的日本宫廷文人的唱和。据日本词学大家神田喜一郎所述，这首词是由遣唐使将当时新近流行的作品带到日本的。此后的千余年，词学文献以多种途径东传，在日本传播与被接受，对日本词学带来深远的影响。本书以词学为切入点，先概述词学文献东传日本的途径与价值，再以时间为序勾勒东传的历程，分析每一个时段的总体特征。在此基础上，择取具有代表性的词籍作为个案，对其东传历程、文献价值、对日本词学的影响等展开更细致、更全面的考索。

本书绪论部分有三个方面的内容。一是叙述了本课题的研究意义，认为课题的深入研究有助于梳理中日词学文献交流历程、分析词学在日本的传播与接受、挖掘日藏词籍的文献价值。二是辨析了相关概念，尤其注重区分"词学文献"与"词籍"。词学文献包含了词籍，词籍是词学文献的一部分。之所以使用两个不同的概念，是因为早期中日词学交流中只有零星的词作、词论东传，促成了日本词学的萌芽，而词籍东传的历史要晚得多。但词籍是词学文献中最集中、最重要的部分，江户时代以后，词籍的东传带来了日本词

---

[*] 刘宏辉，复旦大学文学博士，现就职于上海大学。

学的飞跃，使日本词学从诗学中独立出来。以词籍作为个案研究可以将论题集中在词学领域，又可以抓住对日本词学影响最深的词学文献，因此也是合适的。三是从中日文学交流、日藏汉籍研究、日本词学三个角度评述了研究现状，指出以词学为切入点将三者综合起来探讨的成果尚付阙如。本书从根本上说是对前贤研究成果的一次细化、深入和扩展。

本书正文分为上下二编。上编以词学文献东传为中心，分为四章；下编以日藏词籍为重点，分为五章。具体内容如下。

第一章为日本词学文献概论。将日本词学文献视为一个整体，考察其构成与规模，并重点关注汉字文化圈视野下的日本填词与词论。《日本国内词学文献目录》梳理了明治元年（1868）以来在日本刊行的词学文献，包括一部分日本人在海外刊行的著作。这主要指日本人著述、翻译的词学文献。日本词学文献还包括东传的词学文献、明治以前产生的词学文献。三者结合起来才可窥见日本词学文献的全貌。日本词学文献规模庞大，按照文献来源的不同，可以将其划分为来自中国或朝鲜半岛的东传文献、日本本土产生的文献；按照书写语言的不同，可区分为汉字文献、日语文献、其他外语文献。在汉字文化圈视野下，东传的汉字词学文献是本课题关注的重点，在它的影响下产生的衍生文献是本研究的重要参照。

第二章分析词学文献东传的途径与价值。东传途径主要分为采购、输入、翻刻、馈赠四种，每一种途径都有典型的东传例证。采购以仓石武四郎中国留学时所购词籍为例，从其留学日记中整理出他在留学期间购买的词籍，其中部分词籍非常讲究版本的择取；战后仓石武四郎主持编纂《宋代词集》，该书收入于日本"中国古典文学大系"中，产生了深远影响。输入以江户时代的书籍贸易为例，从《赍来书目》《大意书》《长崎会所交易诸帐》等贸易文书中辑录东传之词学文献，探索江户时期传入日本的词籍的规模。翻刻以《中州集》为例，朝鲜本、和刻本两种翻刻本中附有《中州乐府》。此书朝鲜翻刻本于丰臣秀吉入侵朝鲜时期传至日本，今藏于蓬左文库；又有五山版，为仿刻元至大本。馈赠以近人徐珂赠送久保天随词籍为例，徐珂不仅在会面时赠送了词籍，而且还通过邮递方式寄送了大量词籍。另一方面概述东传词学文献的价值，以唐圭璋编纂《全宋词》过程中利用日藏词学文献为例，分析日本词学文献的价值。唐氏曾寄信日本词学家中田勇次郎，托其查阅和刻本《事林广记》、静嘉堂文库《梅苑》等。此外，东传词学文献在日本的传播与接受反映了日本人的独特审美，体现出东传词学文献的文学文化价值。

第三章勾勒中国词学文献东传日本的总体脉络，将其历程按东传规模及主要途径的不同划分为三个时段。第一时段为平安时代至五山时代。词学文献主要依附于其他典籍而东传，从事词学交流的多为遣唐使、僧人等并非以词人身份著称的人员，日本填词的沉寂以及滞后的词学观是与长期受冷落的中日词学交流密切相关的。这一时期传至日本的词学文献主要包括诗话中的词话，如《苕溪渔隐丛话》《诗人玉屑》等；笔记、小说中的词学资料，如《冷斋夜话》《剪灯新话》等；韵书、类书、史书等附录的词，如《韵府群玉》《全芳备祖》《方舆胜览》等；总集所附词，如《中州集》等。这一时期，也有少量的词籍东传，如《注坡词》《花间集》等。第二时段为江户时代。词籍作为贸易商品流播至日本。这一时期，单行本词籍、丛书中收录的词籍大量东传，不少受欢迎的词籍还不止一次地东传，扩大了词在日本的传播，促进了日本词学的飞跃。这一时期传至日本的词籍，举其影响较大者如《词学全书》《词律》等。第三阶段为明治维新以后，词学文献的东传主要依赖于藏书家、汉学家、词学家，东传的词学文献逐步向专业学人、藏书机构聚拢。如森川竹磎所藏词籍达几百部，他编《词律大成》所利用词籍不下百部，中国大部分词籍在这一阶段完成了东传。值得注意的是，这一时期还出现了日本词籍回流的现象，近代中日词学交流实绩显著。

第四章探索中国词学文献东传对日本填词、词学观念及词学研究的影响。通过梳理词学文献东传的历程、分析中日词学交流对日本词学产生的影响，可以发现，每一次日本填词高潮的到来、词学观念的进步，都与东传的词学文献密切相关。再以神田喜一郎的词学研究为例，他的家传词籍丰富，有不少珍贵词籍都是他少时熟读的，这些词籍为他的词学研究奠定了坚实的基础，他曾撰写论词绝句记述他少时读词的经历；他的词学研究缘起与京都时代的王国维颇有关系，加上与龙榆生、唐圭璋、夏承焘等中国词学大家的切磋交往，使得其《日本填词史话》成为日本填词研究的集大成者。

第五章主要分析万树《词律》的东传及其对日本词学的深远影响。在《词律》东传日本前，日本词律学已经历草创期、发展期。草创期为平安时代中期至五山时期，日本人已具备初步的词体意识，将词视为合乐之歌，并已关注词句的字数等词律学问题。发展期为江户时代中期，随着《草堂诗余》《诗余图谱》以及《词学全书》等词籍的东传，日本书人的词体认识达到了较高的程度。但直到《词律》的东传，才促使日本词学从诗学中独立出来，深受《词律》影响的田能村竹田编订的《填词图谱》标志着日本词律学的成熟，预示着日本词学一个新的发展阶段的到来。《填词图谱》在编纂缘起、编排体例、词学观等方面承袭了万树，但也做了面向日本受众的改编。该书在日本影响深远，带来了江户时代晚期的填词高峰。明治时期，日本词学大家森川竹磎又订补《词律》成《词律大成》，代表了日本词律学的最高水平。森川氏在日本能利用的词学文献比万树更为完备，充分说明日本词学文献总量丰富。

第六章详细考订"大仓文库"词籍丛编《南词》的东传历程及其文献价值。《南词》经赵昱、厉鹗、彭元瑞、李之郇、方功惠等人递藏，吴昌绶、董康、王国维等人校阅，于民国初年由董康售予日本大仓财团。吴昌绶曾校阅并抄录副本，多方考证，发诸多研究成果之先端，如考订《虚靖真君词》为张继先词集、李祺为明初人、张辑词辑录情况等，《宋金元词集见存卷目》又将《南词》视为重要的文献来源。董康曾抄录部分稀见词集，成《南词十三种》；又拟顺次校勘，已校《杜寿域词》《竹友词》《吕圣求词》《简斋词》

《樵歌》《知稼翁词》，留下了宝贵的词籍校勘资料。《南词》庋藏于日本的近百年，国内学者不易得见，其价值未得到充分利用。一方面，《南词》所抄词集多存宋元旧貌，校勘价值极高，"足以订正毛误不少"。如《全宋词》编纂过程中，未能直接利用《南词》，只能间接利用同出一源的《彊村丛书》中的"彭氏知圣道斋藏明钞本"。《南词》不仅可以订正毛晋《宋名家词》中的不少疏误，可供校补《全宋词》的地方也不少。另一方面，《南词》中的部分词集有着极高的版本价值，如《元草堂诗余》，《南词》本过录有厉鹗的校勘文字，可以视为《元草堂诗余》的"厉鹗校本"，在版本源流中处于枢纽地位，从而解决了《元草堂诗余》版本系统的源流问题；又如《乐府补题》，《南词》本为《知不足斋丛书》本的重要来源，可作为《知不足斋丛书》多收录厉鹗校本词集的例证。

第七章详细考订"大仓文库"词籍丛编《汲古阁未刻词》的东传历程及其文献价值。《汲古阁未刻词》经毛晋、毛扆、纳兰揆叙、彭元瑞、郭諴、况周颐、董康等人递藏，于民国初年由董康售予日本大仓财团。清初侯文灿刻《十名家词》，多种词集与此丛编版本相同，其中《阳春集》《东山词》得自顾贞观。顾氏或在纳兰揆叙谦牧堂收购毛扆《汲古阁未刻词》过程中发挥了重要作用。此后彭元瑞从谦牧堂藏书中得到《汲古阁未刻词》二十二帙。晚清况周颐得此丛编时，曾加以校勘，留存不少校记文字；王鹏运又借以校勘《四印斋所刻词》，江标抄得副本并交由湖南思贤书局刻为《宋元名家词》。董康得此丛编时，吴昌绶曾抄录副本。经诸多名家的校勘、抄录、刊刻，此丛编的文献价值得到彰显。

第八章考察日本收藏的王国维旧藏词集。王国维辛亥革命之际避居京都，曾随身带有《静庵藏书目》中的大量词曲书。王氏在京都时以及归国之际曾将部分词曲书赠送给罗振玉、罗振常，后辗转都归罗振常。王国维去世后，田中庆太郎从罗振常蟫隐庐购买去，归入东洋文库。也有部分王氏藏书流散，如《国朝词雅》为吉川幸次郎所得，后归中田勇次郎，最终藏入立命馆大学图书馆。东洋文库所藏王国维手钞手校词曲书得到榎一雄、周一平、李庆、彭玉平等学者的关注，但其中的《鸥梦词》手稿，还有值得深入挖掘的文献价值。该手稿为刘履芬自抄本，刘氏在1879年自戕后，藏书流散，王国维于1905年在苏州购得。该手稿过录有杜文澜、勒方锜、潘锺瑞的评骘商榷之语55条，三家评语与万树《词律》、戈载《宋七家词选》关系密切，体现吴中词派的声律观。《鸥梦词》词集版本众多，但《清名家词》本与其余诸本不同，据此手稿可以推断《清名家词》本是刘履芬据三家评语更换词调、修改题序、调整韵律、斟酌润色等改订而成。此手稿对考察刘履芬词集版本源流以及清代吴中词派的词坛生态有重要意义。

第九章考察胡适《词选》这一特殊的东传案例。作为词籍翻译的个案代表，《词选》在日本的传播与接受有其独特性。由于胡适在欧美的声望非常高，其著作得以在欧美广为传播，《词选》先出现英语选译本。1933年，英国汉学家克拉拉·凯德琳出版了译著《风信：宋代的诗词歌谣选译》。占该书主体部分的词作选译自《词选》，胡适在该书序言中指出六十余首词都是典范，并阐释了"词起源于民间""诗词之别""从诗到词、从词到曲的演变"等词学观。该书在英美多次出版，流播广泛。日本在第二次世界大战期间对胡适采取敌视态度，第二次世界大战结束后胡适在日本的接受出现了一个高峰。《词选》由小林健志翻译成《宋代的抒情诗词》，这是最早的一部中、英、日三语诗词译本。在中日以往的翻译史上，或是经汉语译为日语，如佛经经中国而传到日本；或是经日语译为汉语，如西学词汇多有从日语转译而来。但《词选》完成了先西传再东传的特殊译介历程，这在中国诗词的外译史上是值得注意的。《词选》的日语转译带动了词在日本的译介，影响到花崎采琰、日夏耿之介等人的词学译介，在战后初期出现了一个中国词日译的高峰。

以上内容的编排具有一定的内在逻辑性，上编注重宏观的梳理，下编侧重微观的考订。具体说来，第一章具有概论性质，论述本书主要研究对象东传词学文献在日本词学文献中的位置，并指出它与其他日本词学文献的关系，这是本研究的出发点。第二、三章论述词学文献东传的过程、途径与规模，重在对"东传"的勾勒描述；第四章分析东传词学文献的价值与影响，重在对"接受"的考察。这构成了一个词学文献产生——东传——接受的动态过程。第五章至第九章按照词籍东传时间的先后编排，但又各有侧重。对万树《词律》，重在考察其东传时代的日本词坛背景以及给日本词学带来的巨大影响。对"大仓文库"《南词》与《汲古阁未刻词》，重在考订词籍丛编本身的文献价值。对王国维旧藏词集，除了考订刘履芬《鸥梦词》的文献价值外，也分析这些词籍对王国维词学本体的意义。对胡适《词选》则将其放在诗词外译的视野中分析其特殊性，并揭示其价值。择取的五种日藏词籍虽说都有其代表性，但不得不说本研究还有极大的扩展空间，五种词籍实难反映日藏词籍的全貌，日藏词籍也非仅限于此。

《唐代教坊考论》概要

张丹阳[*]

本书的主要内容，由四个部分组成。

第一部分为"唐代教坊制度研究"。这一部分主要是通过梳理唐代教坊及其相关音乐机构建制的史料，辨析以往研究中存在争议的问题，提出唐代教坊制度的一些新构想。具体包括四个方面内容。

第一，唐代各种教坊名号考辨。唐代不同时期、不同空间中存在武德内教坊、左教坊、右教坊、内教坊、仗内教坊、鼓吹署教坊等用法，这些机构的建置和沿革有区别也有联系，研究者们根据不同的材料提出了多种说法。如何将相关研究成果统合起来，建立一个比较合理的机制去理解唐代教坊名义、建制、沿革等诸问题，使其能够合理存在，相互之间不冲突、不矛盾，这既是唐代教坊问题研究的重点，也是研究的难点。我们认为，要辨明唐代教坊诸多名号，必须将历时与共时这两个层面有机结合，深入、全面地了解教坊机构在设置上具有其特殊的动态效应，辨析清楚唐代诸教坊名号在不同时期、不同空间下的具体内涵以及它们之间的关联，从根本上解决唐代教坊歧义之问题。本书的基本观点是：开元以后由于武德内教坊的衰微，仗内教坊也称为内教坊。俗乐教坊（即唐玄宗开元二年所置）是由仗内教坊和左右教坊所形成的三位一体的格局。

---

[*] 张丹阳，浙江大学文学博士，现就职于大连外国语大学。

而这种三位一体的格局，是各种原因综合作用的结果。

第二，唐代"中央—地方"教坊体系探析。唐代是否存在地方教坊系统是学界争议已久的难点问题，而地方教坊的研究迟迟未能突破很大程度上是受制于材料稀缺。本书借助地方志中有关教坊遗迹的资料，尤其是眉县教坊的遗存，结合历史地理学、音乐考古学成果，以眉县教坊为个案，集中讨论了唐代地方教坊的情况。我们发现眉县教坊村这一地名，其形成的年代可以追溯到宋代以前。结合文献中关于唐玄宗开元年间幸眉县凤泉汤、骊山华清宫温泉的相关记录，对比骊山华清宫的随驾教坊机构、随驾梨园机构的建制模式，我们推导出眉县凤泉汤有随驾教坊设置的可能，而眉县教坊村正是这种音乐历史记忆的遗存。

同时，通过对"府县教坊"这一专有名词的辨析，我们认为唐代地方教坊至少下设至府属之县，即所谓"府县教坊"，而诸州则有散乐机构。除眉县教坊外，唐代京兆府教坊位于宣平坊，河中府闻喜县有教坊，河南府河阳县有教坊。这些府县教坊的遗迹不仅为我们呈现出唐代地方教坊体系的形态，同时也为我们研究唐代地方乐户群体的形成提供了机制上的线索。因此，我们认为，唐代除了两京之中设置有教坊之外，在府县也有教坊机构，诸州则有散乐机构，形成了一套完整的"中央—地方"的教坊制度。

第三，唐代梨园、宣徽院与教坊关系探析。唐代内廷音乐机构并不限于教坊，其他内廷音乐机构如梨园、宣徽院等，与教坊有密切的联系。厘清这些内廷音乐机构的发展轨迹，揭示出它们在音乐表演形态上的内在关联，同时关注这些机构职能、职官的区别和联系，是从根本上把握唐代教坊制度发展脉络的重要议题之一。这部分内容重点辨析了唐代梨园位置、乐艺组织及与教坊关系等问题。我们认为，开天之际法曲梨园与俗乐内教坊一样，同置于大明宫东内苑中。俗乐教坊与法曲梨园在乐艺上存在融合、渗透，在职官上存在互动、合作。中晚唐时期，宦官势力逐渐膨胀，宣徽院成为宫廷乐艺的重要主持者，对教坊及梨园的音乐活动产生了一定的影响。

第四，唐代教坊职官考补。关于唐代教坊职官制度，史籍语焉不详，从传世文献和新出石刻文献来看，其官职设置有教坊使、教坊副使、教坊判官以及其他一些低级职官，基本认为唐代教坊的高级官员一般不具备乐艺技能，而低级官员则多为音乐能手。通过对前人在教坊职官研究中的一些问题的辨析，以及对新出唐代墓志和传统文献的搜集、整理，补充了不少唐代教坊职官人物、乐人的信息。目前，可以确认的唐代教坊使有多位，包括范安及、王毛仲、窦元礼、彭献忠、王日盈、高继蟾、苏日荣等。而通过对窦元礼家族、田章家族以及梁元翰、王日盈家族的进一步考证，我们更加明确了唐代教坊职官存在一定的家族纵向传承性和互相联姻的横向扩展性，这也可以认为是唐代阶层分化的结果。这些教坊乐官、乐人的生平家世、官历变迁、活动踪迹，是研究唐代教坊职官的重要资料，也是进一步完善唐代教坊职官设置规律的重要依据。

另外，本书还从乐人活动空间的角度探讨了教坊、梨园职官和乐人的活动轨迹与教坊所在里坊的关联性。结合新出墓志中所示教坊、梨园职官及其相关乐工的居住里坊，以及内教坊、左右教坊的空间设置，我们总结出唐代教坊、梨园职官活动在空间分布上的规律。而对于梨园职官的研究，本书一方面根据新出材料进行了一些补充；另一方面，则根据新出梨园弟子《曹乾琳墓志》，论证了梨园职官早期"帝妃教习模式"的特征。又据李邕所撰《逸人窦居士神道碑》"天宝六年窦元礼担任梨园教坊使"，梳理了过渡时期梨园、教坊职官合流的特殊形态。安史之乱以后，梨园职官参照教坊得以完备。

本书第二部分为唐代教坊乐研究。关于教坊乐的研究已经有很多成果，这一部分从前人研究尚未解决和存在争议的两大问题入手，具体包括两方面内容。

一是教坊乐部研究。乐部是教坊乐组织、表演的主要方式。关于唐代教坊乐部的研究，从目前学界争议未决的四个问题展开：太常四部乐与教坊四部乐的关系，教坊四部乐具体所指，胡部乐与教坊四部乐的关系，教坊四部乐的组织表演。出现这些争议的原因主要是对教坊名义的不同认识和对相关文献的不同解读。本章节在前一部分对于唐代教坊名号辨析的基础上，进一步辨明前人的研究成果，对于教坊乐部的演进提出了新的看法。部乐是一整套的乐器、工衣组合，是成套的乐舞形态，教坊四部乐来源于太常四部乐。安史之乱后，盛唐时期的太常四部乐多已散失，借南诏、骠国献乐的契机，新的太常四部乐得以重建，但其式微局面已不可避免。而受益于社会思潮、帝王好恶，教坊在中晚唐时期大盛，雅、俗乐部等都渐渐向教坊集中，至唐末出现的"贴部教坊"现象是其极端体现。由此可见，从太常四部乐到教坊四部乐，从武德雅乐教坊到开元俗乐教坊，既是唐代宫廷音乐发展、演变的表现，也是中古音乐向近古转变的表征。有关教坊四部乐具体所指的问题，也应放到这一线索中来考察。我们赞成教坊四部为胡部、云韶部、龟兹部、鼓架部的说法。云韶部进入教坊四部的历程较为复杂，是唐代雅乐与俗乐升沉的结果，也是我们重点推进的地方。而从"教坊四部乐"向"胡部"一家独大的发展，则进一步挽合了雅、俗两股音乐潮流的转变的力量，是唐代音乐文化发展的缩影。新出土的《张渐墓志》中所说的"仗内教坊第一部供奉"，是解决这一问题的关键。至于教坊四部乐的组织表演形态，从唐宋时期音乐文献及其他文献的零星记载中，可以很大程度恢复。

二是教坊曲研究。这一部分内容从下面四个方面展开：教坊曲的来源和创作，教坊曲的编排和运用问题，教坊曲辞的选择和搭配问题，以教坊曲《文溆子》为个案研究。现存唐代教坊曲，主体为《教坊记》中所载343个曲调，还有一些见载于《乐府杂录》等书。这些曲调可以分为前朝旧曲与唐代新制曲两个部分，其创作群体上至帝王贵族、朝臣文士等士族群体，下到平民百姓、里巷无名歌手，根据不同曲调可以做具体分析。唐代教坊曲的编排和运用遵循特别的程式。崔令钦在《教坊记》中提到了唐玄宗对于教坊乐曲的一种叫"进点"的方式，从文献记载来看，当时曲名的制作和选择、曲目表的编制顺序、不同场景的曲调对应都有讲究，这些问题都值得具体探讨。

唐代教坊曲辞搭配有选诗入乐与因声度词两种方式，曲辞与曲调之间存在多重关系。结合具体案例，我们总结出了教坊曲调生成的一些规律：其一，教坊曲本事与选诗主题相呼应；其二，教坊曲本事与选诗内容相契合；其三，教坊曲调与曲辞格律和体式相配合。而对教坊曲调《文溆子》生成的考察，则集中反映了唐代教坊曲创作的规律。《文溆子》曲源于唐代著名俗讲僧文溆，其人生平富于传奇。我们结合传世文献和新出墓志，对其生平事迹做了详细的钩沉，铺垫了《文溆子》曲调创作的文化背景。根据传世文献和敦煌俗讲资料，我们进一步补充了《文溆子》曲由民间俗讲到宫廷教坊曲调的生成过程，曲调、曲辞的特征，在后世的流变等情况，大体上还原了该曲调的历史形态：教坊曲《文溆子》是唐代教坊乐工在文溆和尚俗讲基础上创作的新曲，后经唐文宗的改编，方为最终形态。《文溆子》的创作和流传过程，是教坊曲调生成模式的样板。

本书的第三部分是关于唐代教坊与文学的研究。唐代教坊与文学存在密切的关联，相关研究多从文本的角度展开，着眼于诗（曲辞）乐（曲调）关系的讨论。本书在这一部分中，聚焦空间的维度，从下面两个层次展开新的研究。

第一个层次是对教坊与藩邸文学的研究。关于唐代藩邸文学、音乐的研究，由于资料稀缺与零散一直处于空白状态，加之唐代王府建制开元前后的显著变化，使得整体研究的系统性并不明确。从音乐角度看，俗乐教坊的成立看似机缘于一场热戏，实际上则是由玄宗藩邸旧部发展而来，可视为从王权向皇权的一种转变。因此，唐代藩邸是雅俗音乐活动的另一个中心，藩邸的文学活动、音乐活动自然就与教坊密切相关。

藩邸在教坊音乐的传播中有着联通意义。一方面，由于藩邸与帝王的特殊政治关联，教坊的乐艺活动往往由帝王临幸、赐乐等方式得以进入藩邸，使得藩邸中人有机会接触到教坊音乐以及教坊乐工。而诸王多通音律技艺，这又为教坊曲调、乐艺演奏的改编、润色提供了契机。另一方面，藩邸属官多为文人名士，他们在论乐、诗文唱和等交游的过程中对一些当时流行的曲调、曲辞进行再创作，经由藩邸这一特殊空间传播，并得以进入宫廷教坊演出，成为教坊曲调。由此可见，唐代藩邸由于其特殊的政治性因素以及诸王的个人音乐文学修养，不仅是唐代教坊乐艺演奏、曲调创作的特定空间，同时也是文人活动、交游的文学发生场域。因此，这整个过程可以看成是教坊文化自上而下、由内而外传播的一种过渡，而唐代藩邸正是这一过渡的关捩。最后，本书以教坊曲《簇拍相府莲》的曲调生成作为经典案例，从曲调发生学的角度展开藩邸空间场域对教坊音乐文艺的影响等相关问题的讨论。

第二个层次是对教坊与饮妓文学的研究。中晚唐时期，外廷教坊机构（包括府县教坊）开启了商业化的进程，广泛参与到官方、民间的宴饮活动之中。与这种潮流相应的情况是：在城市中形成了各种娱乐中心。长安的娱乐消费中心就在平康坊，即所谓"北里"。孟棨《北里志》提到"京中饮妓，籍属教坊"的现象，是唐代教坊发展史上的一个重要变化——从上层社会向下层社会转移，从御用、官用属性向商业属性转变。以平康坊为中心的娱乐饮妓空间，深刻影响了当时上层、下层文化，在文学中也有明显的表现。依托于这一空间，形成了俗讲、曲子词、诗文创作、唐传奇等雅、俗文学蔚兴的局面，是长安文学最活跃的区域。

与长安不同，洛阳娱乐饮妓空间分布的资料相对较少，没有呈现出像"北里"那样明显的集中效应，但也是以洛阳三市为中心：其一是洛水以北，以北市为中心；其二是洛水以南，以"明义坊教坊——西市"为轴心；其三是洛水以南，以南市为中心。洛阳并没有发育出类似长安"北里"的娱乐空间，但从仅有的一些饮妓活动和文人家妓分布特点来看，还是可以看出其与商业市场密切的空间关系，这也可以看成是对中晚唐时期教坊商业化的一种补充。更重要的是，这一时期教坊发展所衍生出的饮妓文学，成为了教坊与文学结合的一个重要环节。

本书第四部分的附录包括唐代教坊研究过程中衍生的相关成果。

其一是利用新出墓志材料推进教坊相关研究。目前搜集到的唐代教坊乐官、乐人墓志有：房次卿撰《苏日荣墓志》、韦述撰《范安及墓志》、苏繁撰《梁元翰墓志》、张元孙撰《张渐墓志》、刘玄休撰《王夫人墓志》、盛延丕撰《高继蟾墓志》、王逢撰《濮阳郡吴夫人墓志》《吴德廊墓志》《曹乾琳墓志》等。此外，还有一些身份不明确，但可以推测为教坊乐人的墓志，如《郝闰墓志》等。还有一些与教坊人物有关的石刻，如开元二十九年《燃灯石台赞》。这些石刻资料是研究唐代教坊的第一手史料。利用这些新出材料，能够有针对性地推进教坊相关问题的研究。附录《崔令钦生平与家世补考》，即相关联成果。

其二是从文本书写的角度对唐代音乐史料的再解读。在前期进行文献搜集过程中，陆续发现了不少唐代音乐文献以及今人校注本中出现的讹误，并做了收录和考辨。对于传世文献中一些尚未解决的问题，从文本书写、文献校勘等角度出发，结合音乐考古学成果以及唐代的音乐生态发展，提出了全新的理解和认知，力求做到对历史的"理解之同情"。附录《高丽伎与胡旋舞新说——从〈新唐书〉的一则错简说起》，即相关联的成果。

《苏轼的自我认识与文学书写》概要

宁 雯[*]

  苏轼以其充满智识、趣味与个性的人格，以其治愈心灵创伤、超越现实困境的思想，成为中国文学史上最引人入胜的研究对象之一。关于苏轼的个体研究，涉及其事履、心态、观念、文化人格、文学表达等诸多方面，均已取得了丰硕成果。然而，若从深细揭示其面貌及人生体验的角度而言，则仍存在较大的研讨空间。事实上，无论是在文学作品中留存大量关于自我的信息，还是在人生实践的各个方面展现出自主选择、理性内省的主体精神，苏轼都以强烈的积极性与自觉性彰显着自身的价值，从而提示读者关注作者的"自我认识"这一既往研究中较少涉及的考察角度。透过作者反观自我的视角，分析文学文本中记录的个人体验，不仅能有效地回溯苏轼的生命历程，探知他在具体境遇中的真切感受，更能提供一种有别于纯粹客观评判的理解苏轼的方式，即通过呈现苏轼眼中的自我以及自身与周遭事物的关系，尽可能走近一段真切存在过的冷暖自知的人生。

  欲探究苏轼如何重视自我、认识自我，并自主地作用于文学和人生，大致需要考察他的生活体验、内在思考以及文学表达这三方面的内容，三者构成了抽绎、提炼的过程，苏轼的自我认识也在这

---

[*] 宁雯，北京大学文学博士，现就职于陕西师范大学。

一过程中生发、建立，继而通过文学表达传之久远。而对于后世读者来说，经由可接触的文本去体察苏轼的自我认识，则恰恰需要回溯这一过程。因此，有必要依循从文本现象、人生实践到思考生成的论述逻辑，通过构建一个包含文本、人事、外物及思想的立体考察视域，勾勒出活跃于字里行间而又置身于生活经验中的苏轼，并探讨他在与人生所遇之重要对象的互动中所体现出的自主选择、自我定位、自我期许与价值判断。

从文本现象上看，苏轼"自我"在其作品中的"层出不穷"非常引人注目。作者笔下大量存在的自称、自喻、自嘲与自许，体现出强烈的自我表达意愿，并且在呈现作者自我认识方面承担着各自的表达功能。此类自我表达提供的信息，能够帮助我们初步了解苏轼笔下的自我形象，拼合其留存于文本中的私人化体验的痕迹。作者以大量第一人称宣示自己的在场，彰显表达主体的地位，并明确地以自身作为观照、评判与剖析的对象，以内省精神与理性思考，使自我的形象、性格、遭际与情感清晰地凸显于文本之中。第三人称形式的自称，一面共同制造了客位审视的态度，一面带着其各自的诞生语境介入诗意的表达。"苏子"以其"置身事外"的姿态，展露出作者颇具戏谑意味的自我定义，并往往在某些特定情境下代替"自我"出面，规避主观化论断或"耽溺于物"可能招致的诟病。"东坡"连带着其背后丰富的黄州记忆，多出现在自我思考的语境中，作者通过定义"东坡"进行着自我剖析，塑造着自我形象。"幽人"则倾向于政治身份的自我体认，与仕途逆境紧密相关，并被赋予孤高自许的内涵。这些由苏轼创造并冠以自身的诸多称谓，勾连着具体多样的人生经验，也提示着个体及其自我认识的丰富性。苏轼亦善用自喻来揭示自我认识，通过选择性质各异的喻体，如衰朽无用之物、处于束缚中的高洁之物等，极为形象地喻示自身在不同际遇中的品格与心境，展现了他难以消除的人生悲感与始终坚持的清刚自守。对于整体性的人生样态，苏轼往往借助动态之喻来阐释。凿井、弯弓、转磨之喻，真切地呈现了他对人生历程的深刻感受。此外，苏轼还通过自嘲来完成对自身形象、性情、际遇的戏谑化揭示，并引入"他者之笑"以印证或反衬自我认识。而自许则展露出苏轼对士人身份与政绩事功的重视，以及自负才学、自矜声名的一面，进而关联着作者对自我价值实现的理解。自嘲与自许作为看似迥异却内在相关的两种形式，不仅鲜明地展现了苏轼自信昂扬、天真幽默的人格面貌，亦微妙地传达出轻快戏谑背后的自我定位与人生重量。

除了文本中形式多样的自我表达，苏轼的人生实践也同样能够体现他的主体意识与自我体认。作为苏轼平生密切接触且在文学书写中多有涉及的三种对象，仕宦、社会关系、自然互有交集而又互为补充，以较大的覆盖面形成了关于苏轼人生实践的研讨范畴。

作为苏轼毕生的事业与最大的困扰，仕宦在人生的各个阶段、各种境遇中考验着他尊重自我、持守本心的努力。苏轼以功成身退为人生设计，却在仕宦实践中进退两难，这导致了一系列主体选择与实际境遇的断裂龃龉。早年为官时，苏轼一面唱出"用舍由时，行藏在我"的激愤声调，频频在言论中表达疏离政治的态度，另一方面却在实际行为中尽其所能地投身政事，"疏离者"与"参与者"两种身份的并存，揭示出苏轼在仕宦处境中对自我价值的定义。贬谪时期，丧失政治参与权的苏轼怀着对逐臣身份的深刻自觉，却无法做到弃置旁观，其借由各种方式关怀民生的举动，表现出职位与责任分离的观念，甚至在相当程度上剥离了个人价值对朝堂仕途的依附。此外，贯穿苏轼一生各个阶段的衰病之叹，也与其仕宦处境息息相关。倅杭时期正当盛年却自言衰病，往往暗寓对政治立场与独立人格的坚守，元祐时期重返朝堂而频言"老病当归"，实则流露出宦海浮沉之后对仕宦价值的重新思考。无论是居官时的愤激之语与务实之举、贬谪时的不在其位却谋其政，还是还朝时的位高权重与兴味索然，皆共同汇聚为"不合于时"的仕宦体验。在"逆人"与"逆己"的冲突中，苏轼力图尊重自我，并随境遇调整着实现自我价值的方式，同时也清楚认识到，宦途蹭蹬成为持守本心的代价。

不仅如此，仕宦生涯也影响到苏轼对社会关系的感知。与亲人、友朋、同僚、民间等对象的互动，呈现了苏轼在各类人际关系中的自我定位与情感体验。在聚少离多、跌宕坎坷的人生中，亲情不仅是珍贵的慰藉，也带来精神的牵绊与现实的负累。透过苏轼笔下有关弟弟、父母、妻妾、子侄的不同程度的记录，能够见出作者对亲情意义的感知，对亲情关系中自身角色的反思，以及"扫除情累"的自我开解思路。苏轼泛爱天下，友朋众多，然而"亲友疏绝"却成为他在政治祸患中孤苦体验的重要来源。苏轼关于友情的自我表述与实际状况之间，形成了一定程度的张力，可由此管窥他在人生低谷中复杂的心理体验。相较于亲友，同僚、政敌等则是明确糅合政治因素的人际关系，苏轼自认对应酬人事兴味淡薄，而其逞才使气、锋芒毕露的失当言行更加剧了"取疾于人"的状况，使得他对自我在"人世"中的处境较难抱以乐观的判断，也在一定程度上促成了他的自知与自省。与此形成鲜明对比的则是苏轼笔下普通民众的亲切友好。作者有意识地"混迹"民间，居官外任时固然有意淡化身份区隔，贬谪时则更反复明确自己与普通百姓等同的位置。百姓的友善、凡俗生活中的美感与自足之乐，促使苏轼对人生价值及自我本质重新确认，向民间生活中寻求本质的复归。然而在某种意义上，这一充满主体意志的选择，同样可视为"与世疏离"的图景中较为含蓄的一笔。苏轼笔下屡屡可见的"世"，作为一种笼统的对象，与作者自我构成相处关系上的矛盾。在苏轼的指涉中，"世"在某种意义上以社会关系为内核，并往往与负面的仕宦经验相勾连。"我"与"世"的并立设置，"身"与"世"的伴随出现，都可作为有意义的切入口，体现苏轼如何勾画自我与世的相处模式。而"我与世疏"的表述，则吐露了作者内心孤立于人世的感受。

相对于人世，苏轼在自然中倍感自由，备受关爱。广大而不朽的自然虽难免反衬出人生的渺小与有限，却经由苏轼主体性的阐释，具有了透视其自我观照的意义。作为苏轼文学作品中较为重要的两种自然意象，水与月映衬出作者在强大、流逝的自然物面前充满主体性的自我定位。苏轼与东去之水建立亲密的联系，从西流之水中发掘人格伟力，借江月澄明反照心境，又从水与月的恒常之性中发掘出持久陪伴的长情，从而以个人化的思考方式走出了生命个体的渺小、短暂之悲。苏轼乐于与自然物为伴，将自己作为主体置于后者善意的围绕之下，并常常展露童稚化的观照视角，以对话、诉说、独白等认真交流的姿态，以饶有兴味的参与者的角色与自然物天真互动。同时，自我观照也在无形中与苏轼的自然观照相交融，致使他往往从自然现象中生发对个人处境的省察与反思，而与自然的亲密交流亦不时反衬出人世给予的冷遇、孤独和束缚。面对无法抗衡的时空变迁，苏轼通过反复回望某些物事场景，串联起人生中的重要节点，达成对既往生命的梳理，又借助悬想来弥补现状的缺憾，从未知的事物中获得更有趣味、更遂心愿的体验。回望与悬想的叠加在文本中制造出丰富的情感层累，标示出作者重要的私人化体验。此外，苏轼还常以操纵命运的造物为对象，在文学书写中思考并调整着应对之道，甚至与之展开力量的角逐。他着意彰显自我存在的意义和生命主体的价值，而并非一味自居于渺小的位置。

苏轼主体性的思考往往维护了自我的内心安宁。在人生实践的不同方面，苏轼生发出某些具有个人特质的思想命题。与困扰终身的出处问题相关联，"归处"成为苏轼不断思考的对象。故乡与他乡两种选择在其笔下交织并存，在不同阶段、不同语境中彼此抵牾，而"不必归乡"呈现了作者在仕宦生涯中的自我调适。作为无法确指的归隐之所，田园、山林、江湖、江海等归处表述，以其各自的含义倾向，体现了苏轼对自我生存方式的设想与期许，又共同标志出对仕宦生涯的背离。"无何有之乡"则指向终极意义的人生归宿，通过在内心葆有这一归宿，苏轼将一切归处在"吾生如寄"的前提下消弭了差别，获得了随遇而安的心境。苏轼不断调整对"归处"的理解，帮助自己超越不得归去的现实，流露出在跌宕生命中消解困苦、自我说服的内心理路。"人生如梦"是苏轼笔下极为重要的思想命题，它与作者的人生经历之间并非简单的逻辑关系，而是伴随着有迹可循的生发情境。苏轼投向不同时空的思绪和视角也在很大程度上影响着"如梦"的意义，回望与悬想常与"如梦"之感并存于文本中，便是其中值得注意的现象。回望旧事而生的"醒时看梦"之感，因现状与过往的强烈对比而生的"如在梦中"之感，跳出现时个体的局限视角，整体观照普遍人生规律而生的"何曾梦觉"之感，都不同程度地借助回望与悬想，使苏轼建立起对自我人生的通透认知。他的"人生如梦"不是一蹴而就的大命题，也并非单纯从佛道思想或前人成说中因袭而来，而是在很大程度上由生命中许多次微小的、具体的"如梦"感受酝酿而成。这一命题在苏轼手中重新熔铸，被注入个人化的理解与自我人生的体验，从而获得了更为丰富的层次及饱满的内涵。此外，苏轼作品中多次提及的"至乐"是一个体现作者价值追求的思想命题。以颜回为典范的"箪食瓢饮之乐"，体现了苏轼在逆境中简化生活、默自观省的态度。与此相较，"乐莫乐于还故乡"的想法则更倾向于认可凡俗生活中最为朴素的情感需求。此类表述并非简约含蓄地诉说思乡之情，而是以其具体的设想、丰富生动的细节以及紧紧依赖日常生活而存在的幸福感，凸显出苏轼经历忧患之后对于人生意义的反思及内心的缺憾。另一因不可达成而倍感珍贵之事则是"身无病而心无忧"，生理的病痛与心理的忧思相互缠绕，屡屡出现在文学书写中，时时啮噬着苏轼对轻快人生的期许。苏轼对"至乐"的定义向现实生活归依，体现出他对个体生命价值的重视。这些看似皆有所本的思想命题，无不根植于苏轼的阅历之中，重新经历了从个人体验中抽绎提炼的过程。苏轼在接纳、融会既成的外部思想的同时，也建构、抉发其适用于自我人生的逻辑与内涵，这不惟体现了苏轼的主体意识与思维能力，也展示了生活实践对思考生成的启迪意义。

在鲜活的生命历程中，苏轼如何认识自我、看待人生，这些认识与时人的客位评价以及现有研究结论之间是否存在差异，此类问题可作为有效的切入点，使读者依循作者自我的视线，开启通向其内心的探幽索微之旅。在旷达超绝、光风霁月之外，苏轼尚有丰富的面向，需要借助其自我认识加以补充。例如自嘲之中潜藏的焦虑无奈的仕宦感受，亲情带来的情感羁绊与经济负累，自然物书写当中流露的人世冷遇，为化解"求归不得"的矛盾而常年纠结反复的思考过程，以及疾病缠身的多番倾诉，都是苏轼自身并不讳言、却在既往评价体系中较受轻视的体验。与此相关，其文学作品长于思理、富于内省精神、抒发自我情志的特质也得到进一步的揭示，并凸显出新的阐释意义。文本中的自足自适与自怜自伤、自贬自嘲与自得自信，往往矛盾并存，这是苏轼自我表达的特点，而又可以从作者的自我定义中寻求部分解释。苏轼既以士大夫自律，又以耕田夫自居，将二者的价值观较为均衡地交融于一身。在不同境遇中，与自我定义相称的价值观念发挥了各自的作用，因此苏轼记录下的自己既有投身社稷的抱负，又对凡俗生活充满热望，既有洞彻人生的思考能力，又一一体会着世间的离合悲欢。苏轼超凡拔俗而又亲切可感的人生样态，正与其自我认识有着千丝万缕的联系。

人生体验五味杂陈，这仿佛不待言而可知，却恰恰是探求苏轼的真切面貌时往往被轻易过滤的部分。个体的自我认识虽然未必最接近于历史的真实，却可能直达主体每一次际遇中的情感体验，深入解释每一个决定背后的心理动因，由此拼合出细节丰盈的人生。从这一意义上说，从个体自我认识的角度考察其文学书写与人生实践，是一种回归文本表达、具体情境与作者情感心理的内在化研究思路。它不仅对还原个体的生命体验独具意义，也可为推进苏轼研究的深细化提供助益。

《文学团体"谢拉皮翁兄弟"研究》概要

张　煦[*]

20世纪20年代是继白银时代之后俄罗斯文学史上又一次大规模的"文化复兴"。这是一个被革命推入高速运转轨道的年代，发生在其中的文学现象大都具有急剧转换和融合互渗的特征，表现在艺术创作在种类和体裁上的更新、艺术形式的层出不穷以及艺术家创作观点的进步，等等。

位于这一股强劲的文学实验飓风中心的是文学团体"谢拉皮翁兄弟"。他们在小说领域的探索和实践不仅反映了当时文学进程中的种种复杂现象，也指引了现代主义文学的发展方向，具有十分重要的研究价值。然而，这一文学团体却在相当长的一段时间内（包括"解冻"和"停滞"时期）并未引起很大的关注，其中一个主要原因是在其参与者当中几乎没有被打入冷宫的作家（除了在一段时间内被禁的左琴科以外），成员们都是当时受欢迎的苏联作家，尊重俄罗斯的经典文学传统，并在作品中试图将其与新的形式和题材相融合。这就直接导致解冻时期恢复作家名誉、拓宽对20世纪20年代文学进程认知的浪潮没有覆盖到"谢拉皮翁兄弟"——事实上团体中没有一个成员的声誉被恢复，他们早期的散文作品仍处于未发表

---

[*] 张煦，上海外国语大学文学博士，现就职于上海外国语大学。

的状态。"谢拉皮翁兄弟"引起关注是随着近几十年来对苏联文学看法的改变而出现的，即不再将其看作是一场文化浩劫，而看作是20世纪的一个社会文化现象；如此一来，"谢拉皮翁兄弟"得以发生发展的文学史背景就有了一个较为公允的整体观景，以往遭到忽略的细节也一一浮出水面。

20世纪20年代苏联文学的重要性很大一部分表现在，它继白银时代之后再次呈现了现代主义语境下对"文化复兴"现象的独特诠释，并在一个世纪之后的今天通过具体实例实践了这一诠释结果。俄罗斯作家沙罗夫曾经指出包括他在内的俄罗斯当代作家与20世纪20年代作家的同源性，他说："我想，从遗传学的角度而言，我们更接近20年代和30年代初的作家：我们命中注定将成为那个年代所开启之物走向终结的见证者。……我们不仅仅肩负着完成他们未尽之使命的任务，不仅仅要补全他们未完成的书稿，我们还具备告诉他们如何结尾的能力。此外，我们与那一代人对生活的感受也十分相似。"而新型现实主义（новый реализм）的领袖沙尔古诺夫（С. Шаргунов）在2001年发表的宣言《反对哀悼》（"Отрицание траура"）无论在风格、腔调，还是情感、内容方面都令人联想到隆茨的《为什么我们是"谢拉皮翁兄弟"》，二者的目的都在于开创一个全新的文学创作空间。由此可见，20世纪20年代被革命所激发的变革与创新并不是作为历史进步的基座而受到重视，而是作为一种潜在的复活因子沉睡在文化史的序列编码中，等待着下一次程序的启动和召唤。在这里，以往"'文化传统'被'文化神话'的理念所取代，……历史现象先前被视为相互联系的因果关系，现在则被理解为不同现象的结合"。也即是说，20世纪20年代文学进程中出现的哲学和审美问题实际上早已在俄罗斯的文化历史中数次出现过，因此既可以视之为对以往相似编码的印证，也可以看作是对未来即将启动之序列的预演；与此相对应的，探讨20世纪20年代的文学现象，分析其成因及后果，并构建相应的阐释模型也具有"印证"和"预演"的双重功能。

本书以俄罗斯 20 世纪 20 年代文学进程中的两大趋势——体裁转型和思潮变更——为主线，选取散文作家卡维林在这一时期的文学实验作为重点研究对象，并将其放置于文学团体"谢拉皮翁兄弟"的创作整体中进行考察，在此基础上，运用社会历史批评、艺术本体批评和接受反应批评相结合的方法，从继承与创新的关系角度分析包括卡维林在内的"谢拉皮翁兄弟"在 20 世纪 20 年代的实验性创作，并对其中与主流文学问题相呼应的诗学特征予以较为深入的阐释，旨在建立作家、团体与时代之间关系的嵌套式模型，从而为理解和复现相类似的文学现象提供一个可行性方案。

以往在研究作家个人或者文学团体时，通常采用历时性或共时性的方法，即将研究对象置于纵向的时间轴上或是横向的空间轴上进行对比分析。本书首次尝试将二者结合起来：首先，在团体研究的层面上采用历时性的方法（并未讨论"谢拉皮翁兄弟"与这一时期其他文学团体的关系，而是更多地关注其历史上的原型和 20 世纪 20 年代主要文学问题在该团体成员创作中的体现）；其次，在个人研究的层面上采用共时性的方法（在"谢拉皮翁兄弟"的整体语境下看待卡维林的创作），最终目的在于透过"谢拉皮翁兄弟"这一介质观察时代与个人的相互作用（限制与反限制、突破与反突破）并揭示作家是如何在这一过程中确立自身和作品的权威的。

在研究文学团体"谢拉皮翁兄弟"时，打破以往的"两分法"，不以团体成员莫衷一是的诗学理念为分析的切入点，而是将其视为一个有着特殊遗传基因序列的有机组织结构，是本书的创新性尝试。所谓的"两分法"，是指将某个文学团体简单地划入某个流派或置于某种思潮的影响之下，使之与其他流派或思潮相对立。具体到"谢拉皮翁兄弟"研究的语境下，主要体现在：第一，大多数欧美学者将其纳入形式主义学派与俄罗斯散文传统相对立；第二，部分俄罗斯学者拒绝承认该团体创作中的现代主义（或者说先锋派）倾向，坚持将他们置于俄罗斯文化遗产的语境下来研究。事实上，距离那个时代越远就越能够清楚地看到，"谢拉皮翁兄弟"的诗学和美学观点并不具有某种一以贯之的流派特征，其内部"西方"（западная группа）和"东方"（восточная группа）的分野证实了这一点；如果说他们的根基确实有一部分深深扎在俄罗斯古典文化的土壤中的话，那么剩下的一部分必然是受到了欧洲（特别是德国）浪漫派的滋养，霍夫曼和斯蒂文森的小说是他们最亲切的老师。因此，本书倾向于认为，对"谢拉皮翁兄弟"的认识应当基于其在组织结构上与20年代文学进程所具有的同质性，以及历史上的原型（列米佐夫的"猿猴议会"）赋予它的独特性。

本书主体部分围绕"传承与革新"的主题，从传承的历史语境、传承的文学密码以及革新的理论准备、革新的艺术实践这几个方面入手，对文学团体"谢拉皮翁兄弟"在20世纪20年代的文学探索做了较为完整而深入的分析，重点在于最大限度地揭示文学实验表象下盘根错节的源流关系以及由此产生的可能性后果。"谢拉皮翁兄弟"文学传承的历史语境是20世纪20年代的文学转型，这一时期的文学发展呈现出"过渡性"的特征，而这一特征以镜像的方式反映在该文学团体的组织结构和创作实践上，为成员们日后的文学探索奠定了基调。除了受到文学进程本身的影响，来自遥远和切近年代的和声也为他们的文学探索提供了有益的启示，这些文学前辈包括俄国浪漫主义中篇小说的始祖奥陀耶夫斯基，根植于俄国民间文学土壤的象征派作家列米佐夫以及站立在现实主义（大地）与象征主义（天空）之间的"异教者"扎米亚京。在历史语境和文学密码的双重作用下，"谢拉皮翁兄弟"在小说领域的探索呈现出明显的幻想性特征，希冀通过幻想故事的创作一方面使得自由创作的权利回到作者手中，另一方面达成在文学领域重建新秩序的目的。幻想题材与中小型叙事体裁在不同历史阶段的结合以及俄罗斯本土科幻故事同传统民间故事之间的渊源关系规定了这一幻想性特征的表现形式和变化趋势，在一定程度上可被视为文学革新的前奏。革新的理论准备与革新的艺术实践实际上是不可分割的两个部分，在以往的研究中，这两个部分不是被刻意割裂开来，就是出现厚此薄彼的倾向。事实上，革新的基本问题并不在于理论准备或者创作实践是否充分，而在于它们之间的关系：理论对实践起到的是阻碍还是促进作用？实践究竟在何种程度上贯彻了理论？实践是否也具有理论化的反向过程？将这些问题放置于人物的框架内讨论是本书的创新性尝试：在具有代表性的单个成员（卡维林）的文学实验中，理论与实践通常是一致的、不相矛盾的，革新的问题在此处突出表现为"如何在继承的过程中实现突破"。不论是奥陀耶夫斯基的人偶主题、炼金术主题，还是扎米亚京的"综合主义"理论都在卡维林处得到了重新诠释，《匪巢末日》这部具有里程碑意义的作品则体现了革新的最终意义——实践理论化的反向过程。与此相对应的，如果从整体上看待"谢拉皮翁兄弟"在20世纪20年代的文学探索，则会发现很多情况下理论与实践的不一致性，突出表现在装饰散文与情节小说、去自传化写作与作者身份的确立这两组常量的对立上，此时革新的问题隐含在"实践究竟在何种程度上贯彻了理论"这一问题中。

费定认为，继隆茨之后（更准确地说，与他一道），卡维林肩负了在俄罗斯土壤里唤醒"谢拉皮翁兄弟"的神话种子并修复其神话基因的神圣使命。通过观察卡维林在20世纪20年代的创作历程，我们发现，这一"唤醒"和"修复"的过程实际上就是作家不断突破自身界限，并最终令"炼金师兄弟"与"散文作家卡维林"的形象相融合的自我确立过程。之前对卡维林认识的不足主要集中在两个方面：一是认为他在20世纪30年代转向现实主义创作实际上是全盘否定了"谢拉皮翁兄弟"时期的文学实验；二是仅由他在自我介绍中表达的对西方作家的喜爱就断言他是霍夫曼的继承人，进而忽视其文学实验作品中的俄罗斯经典散文传统。从本质上而言，这两个略显偏颇的看法都与"继承和创新的关系问题"有着密切的联系，因此，本书一反往常以诗学特征或创作经历为主线的论述方式，而选择以卡维林对待该问题的态度及创作实践为主线来展开研究。这条线索并不与之前所设定的主线（体裁和潮流的转型）相悖，因为既然是过渡和转型，就一定涉及两个在时空关系上具有差别的对象，简单来说，就是传统与反叛之间的融合、对立。

如果说奥陀耶夫斯基代表了经典的浪漫主义传统，那么在他的对面则站立着携带现代主义反叛基因的扎米亚京和隆茨，在与后两者的交流和互动中，卡维林逐渐确立了自身的风格。可以说，扎米亚京和隆茨在卡维林的创作历程中扮演了不同的角色：扎米亚京是卡维林散文实验的直接授意者，是老师；隆茨则是伴随卡维林一起探索和成长的志同道合者，是兄弟。在本书中，有关扎米亚京、隆茨与卡维林的关系问题是放置于"谢拉皮翁兄弟"的整体语境中考察的，尤其对扎米亚京的"综合主义"诗学理念在成员创作中的体现以及在隆茨宣言笼罩下"谢拉皮翁兄弟"的"去自传化倾向"进行了较为详尽的阐述。通过研究我们发现以下几个值得注意的问题：首先，由于每个兄弟的生活和阅读经历的不同，其受扎米亚京影响的程度和方面也不尽相同，比如斯洛尼姆斯基表现出的对重复和叠句的爱好，尼基京在拼接艺术上的大胆尝试以及卡维林受到的数学思维的启发，然而并不能由此断言他们所受的影响就是单一化的；事实上，我们可以很轻易地在卡维林的作品中找到重复和叠句，而尼基京的作品里也不难发现数字所扮演的重要角色，这也即是说，"谢拉皮翁兄弟"是作为一个有机的整体共同接受影响的，而每个成员的接受方式既有其特殊性也有其普遍性，正是在这个层面上，卡维林的案例在研究"谢拉皮翁兄弟"的语境下具有范式意义。其次，一般意义上而言，作家具有自传性质的自我介绍不能与其文学创作混同（尤其是在社会历史批评大行其道的时代），然而，"谢拉皮翁兄弟"们的集体式自我介绍却可以被视为其文学实验的组成部分，因为前者包含的某些特征在他们的散文创作中也有迹可循——几何构图的情节、缺乏行为动机和心理活动的主人公以及压缩至最小的体裁篇幅等，凡此种种都导向自传式作品与实验性散文之间界限的模糊，赋予了前者某种"文学理论寓言"（литературно-теоретичная притча）的性质；从这个角度而言，隆茨那篇一向被视为诗学宣言的《为什么我们是"谢拉皮翁兄弟"》在集体的自我介绍中并不具有特殊性，只是在篇幅上稍长，其真正包含自传性质的作品实际上是与卡维林相互呼应的《祖国》一文。最后，纯粹意义上的创新和继承是不太可能存在的，创新必然意味着以传统和经典为基础，而继承的内部也一定孕育着创新的种子，本书中所提出的作家、体裁、流派之间的新旧对立也只在一个特定的时空范围内才有讨论意义，这意味着 20 世纪 20 年代对于"传统"和"革新"的主流看法在本质上是有巨大偏差的，对卡维林及其所在团体"谢拉皮翁兄弟"当代价值的重新评估具有十分重大的意义。

在一个世纪后的今天，回望苏联文学的历史，那些在当时炽热的气氛中摇旗呐喊、响声震天的文学流派和团体，如今大多都变成了短短几行令人眼花缭乱的术语名称。而既没有宣言，也没有口号的"谢拉皮翁兄弟"却将他们最鲜活的容貌保存在了体裁、风格各异的作品中——随着书页每一次被翻开而重新获得生命。当费定在他的《高尔基在我们中间》（1943）一文中大胆写道，"在文学史上'谢拉皮翁兄弟'绝不会默默无闻地被忽略过去"时，他这一段话竟被指责为"很成问题，毫无根据"。现在看来，这一论断绝非毫无根据：该文学团体在 20 世纪 20 年代所进行的文学探索不仅对同时期的作家（如奥列申、列昂诺夫、布尔加科夫、巴甫连科等）产生了震荡，令他们或是靠拢，或是受其影响；也为之后的叙事体裁发展提供了可靠的蓝本，预示着下一个与抒情诗分庭抗礼的散文时代的到来。

《跨媒介的审美现代性：石黑一雄三部小说与电影的关联》概要

沈安妮[*]

诺贝尔文学奖获得者石黑一雄（日裔英籍）是当代英国文学代表作家。他的小说具有强烈的电影性和现代性，把握这两种特性对于了解其作品的隐含意义和深层意义有着至关重要的作用。但迄今为止，这两方面都未引起足够的重视，仅有一些零散的评论，且分别关注其中一个方面，忽视了两者在跨媒介意义上的联系，以及建立在此联系基础上的文本的隐含深层意义。本书将石黑一雄小说与电影的关系与其小说的现代性关联起来讨论，并对具体作品展开深入细致的分析，试图展现石黑一雄作品在广义和狭义两方面与电影的关联。

从广义方面来说，本书将石黑的小说与电影的关联理解为一种跨媒介的审美现代性特征的体现。这是一种深度和感知层面上的意义背叛了现代理性和进步的初衷，从而对现有认识及认识途径进行反思和怀疑的审美现代性特征。本书深入分析石黑对审美现代性问题的思考及其小说与电影之间的关联，以说明电影所表现出的审美现代性在石黑的小说中唤起了基于媒介却又跨越媒介的共鸣。从狭义方面来说，本书在以往对石黑作品与电影的讨论的基础上，紧密

---

[*] 沈安妮，北京大学文学博士，现就职于厦门大学。

结合《远山淡影》《被掩埋的巨人》和《别让我走》三部小说与小津安二郎、黑泽明、沟口健二和塔可夫斯基四位导演的电影，在风格、叙述手段及人物塑造上的关联，来分析石黑一雄的作品，揭示石黑小说中对认识存疑的审美现代性主题。这个主题在《远山淡影》中体现为，小说借鉴了小津电影中用物哀和留白表现情感的方法，一面邀请一面又挫败着读者对其笔下人物形象和情感上的认同感，以此来使读者对叙述者的所见及所述产生怀疑。在《被掩埋的巨人》中，石黑通过借用黑泽明、沟口健二以及塔可夫斯基的电影中的一些经典场面调度场景和叙事手法，呈现了小说中对"现实"和"现时"世界存疑的审美现代性主题。石黑小说与电影的关联还体现在其原著与影视改编的互动中。本书将《别让我走》与其分别来自西方和东方两种文化语境的两部电影及电视改编并置解读，揭示了以往批评不常关注的关于小说中的主人公情感以及认识层面的审美现代性主题。通过细致剖析三部小说中的跨媒介的审美现代性，本书揭示出小说中与文本表面意义相悖的隐含意义，以此达到对作者创作目的更好的把握，对作品的主题意义、人物形象、人物之间的关系和艺术手法更加全面深入的理解。

本书的绪论部分先梳理了以往的石黑一雄研究，评介了其东方和西方溯源的两个阶段，并以此引入石黑与电影的关联以及石黑与具有反思和质疑特征的审美现代性的关联。然后，以跨媒介的审美现代性为中心线，阐明本书各章的研究思路和基本框架。

第一章先结合 19 世纪末以来的文学与电影基于审美现代性这一共性关联，对本书所涉及的跨媒介的审美现代性加以界定，并说明从这一角度理解石黑小说的重要性。在思想方面，本书主要沿用卡林奈斯库对审美现代性的定义，来描述和讨论石黑作品的现代性特征。我们所讨论的审美现代性指的是于 19 世纪上半叶从启蒙的现代性分生出来，并在 20 世纪以来的文化艺术中集中表现的，以反思和质疑为特征的审美现代性思想。这种审美现代性在文学领域与现代主义本质相通。但这种跨媒介的、逼近媒介本质的审美现代性，无论是在所涉及的时段还是范围方面，都远远大于在文学领域中常用的现代主义。现代文学与电影基于此，有了深层的和共源性的联系。在这部分的最后，我们对石黑在创作时所受的电影方面的影响、作者积极参与电影改编制作的经验，以及与其创作相关的批评和问题做了详细的梳理。

接下来的三个章节依照石黑的作品与电影的关联程度的顺序，先后对《远山淡影》《被掩埋的巨人》和《别让我走》进行讨论，以探索文学与电影关联研究的三个不同方向：《远山淡影》聚焦小说与日本鬼故事电影以及其中的东亚文化的关联，《被掩埋的巨人》侧重探索小说对除蒙太奇以外的电影技巧的借鉴，《别让我走》则从电影改编角度，反观原著并揭示小说中未被发现的隐含线索及意义。

第二章聚焦《远山淡影》与小津安二郎的《东京物语》中的物哀式感伤与留白技巧的关联。本部分认为，石黑在《远山淡影》中借鉴了《东京物语》中的物哀式感伤，来描绘主人公悦子对女儿、公公和自己这三方面的回忆。由此，小说体现并发展了两种审美现代性特点：首先，小说继承了现代怪诞鬼故事的特点，并加入了小津电影中带有东方特点的物哀，来表现主人公的思想和感受的分离。这使小说逼近一种内外世界界限消失的、以凸显现实中隐藏的怪诞和超现实为特点的欧陆式审美现代性特点。其次，小说体现了精神与肉体、情感与理性失联的英美式审美现代性特点。同时，石黑也试图通过小津电影中的物哀与留白，从记忆和心灵深处发现缝合这种"感性断裂"的可能。本章的第一节围绕小说的欧陆审美现代性特点展开，而后两节则围绕其英美审美现代性特点展开。

第一节聚焦悦子与两个女儿的关系并指出，《远山淡影》跨媒介地将小津电影中的"物哀"和"留白"的技巧，与趋向于将内心之鬼外化的现代欧陆鬼故事相结合，来诠释悦子对女儿充满感伤和愧疚的内心世界。如此，石黑将悦子与好友的女儿万里子自称经常看到的鬼女人联系起来，隐秘地展现了悦子过去在自己的女儿眼中的虚像性，以及悦子对女儿留白背后的哀伤。悦子的哀伤，在石黑的笔下被赋予了现代鬼魅的形式，萦绕不散地盘旋在悦子的叙述中，却因为看不见、听不着而呈现出一种"鬼变成了现实本身，而不是过去回到现在"的现代鬼魅性特质。石黑同时通过悦子的回忆，展示了一个督促人"知物哀"的过程，让读者通过悦子与女孩三次会面中被悦子间或省略的三个关键"物存"，去感受其中微妙的情感和氛围，以此来体悟这些"物"中所寄托的人的情感与哀伤。

第二节聚焦悦子与公公绪方的关系。石黑在小说中利用小津电影中被人熟知的角色类型，来塑造《远山淡影》中人物的表面形象，以制造其与人物实际的社会形象之间的反差。通过比较小说中悦子对公公的情感与《东京物语》中儿媳对公公的情感的异同，本部分旨在揭示，悦子对公公除了体现出小津电影中所表现的"理性只是理解现实生活的诸多方式之一，但绝不是唯一方式"的思想之外，还体现了一丝对感性认识的警觉。作者一面邀请我们在感性层面给予悦子最大的同情和理解，一面也提醒我们对其在回忆公公时表现出的侧重于情感的叙述保持警惕，这让小说具有了对认识持有怀疑态度的审美现代性特点。

第三节聚焦现在时中的悦子与过去时中的悦子之间的割裂关系。本节在以往批评认为悦子和幸子是同一个人的观点的基础上，进一步指出，石黑用小津式的"物哀"与"留白"呈现了悦子在现时及过去所体验的两种不同的真实，以及其共时性存在的复杂性——一种是作为受害者的"我"的真实，另一种则是作为施害者的"我"的真实；一个源自现时中以冷静的旁观者身份，回眸并反思着过去的作为叙述者的"我"，另一个源自过去时间中在纷乱、痛苦的感受的烦扰下，只顾生存和行事却无法思考的"我"。如果说物哀描述了一种"人在还没有开始形成对事物的认识之前，就感觉到这个事物的无法认识性"的敏锐感受的话，悦子叙述中的物哀性则表现在，悦子在还没有对女儿漠不关心，没有给女儿成长过程留下阴影而致其日后的悲剧之前，就感觉到她对自己的这种行为及其后果的无法避免性。通过这样的分析，本章旨在说明，石黑不但借助现代鬼故事手法和日本战后电影中的物哀，凸显了人们对回忆和自我认识存疑的审美现代性特点，也揭露了故事的主人公在追溯过去伤痛的过程中表现出的闪躲、遗憾、愧疚，尝试与过去、罪过、哀伤进行和解的复杂的感伤，以及作者对此所持既理解又警惕的矛盾态度。

第三章通过挖掘石黑一雄的《被掩埋的巨人》与日本导演黑泽明的《罗生门》、沟口健二的《雨月物语》以及俄国导演塔可夫斯基的《潜行者》的关联，分三个方面分析小说中表现的质疑"现实"和"现时"的审美现代性——故事中的主人公对现时中的人（爱人和陌生人）、上帝信仰以及现实世界的怀疑，读者对复杂多面的中性叙述眼光的质疑，以及作者利用电影叙述中的思想实验叙述展现对"现实"和"现时"的质疑。

第一节先讨论石黑如何借鉴了沟口健二的《雨月物语》中带有东方特点的女鬼诱惑情节以及魂鬼思想，来揭示《被掩埋的巨人》中的女主人公比阿特丽斯与女鬼之间的隐秘联系。石黑利用小说与电影以及相关神话故事的关联，塑造了小说中的"摆渡人"以及"黑衣女人"这两个容易被忽略的"他者"式人物形象以及相关的隐藏故事线。这让埃克索在比阿特丽斯引领下的寻真之旅，演变为一场被鬼魅引诱而走向死亡的旅程。这些主人公现时中的"他者式"人物，一方面提示着读者现实世界不能满足于单一解释的多元性和复杂性；另一方面暗示着小说中所隐藏的某种复魅式的前现代思想，它对小说世界中既成的上帝观念提出质疑。由此，借由与沟口健二和黑泽明电影中的部分情节的关联，石黑的小说鼓励我们用审美现代性式的质疑性眼光，重识现时中的平凡之人与既成的观念及秩序。

本章的后两节主要从《被掩埋的巨人》与塔可夫斯基和黑泽明电影的对话关系，以及与电影中的"新现实主义""思想实验""观影机制"等叙事风格及技巧的对话关系中，探寻小说如何通过文学与电影的对话，继承和发展对认识存疑的审美现代性。在叙述风格方面，本章的第二节结合塔可夫斯基《潜行者》中电影镜头的中性特质，以及罗兰·巴特的观念域思想，分析了石黑小说所运用的神话方法，以及叙述者所呈现的"中性""非个性化"特点与其中令人生疑的现实世界之间形成的反讽关系。在时空观方面，本章的第三节讨论并揭示了小说的叙述者利用常见于现代电影的"思想实验"叙事，在小说的"塔中之战"部分以及故事的整体，呈现出一种融和了心理时间（柏格森绵延式的）、空间时间（围绕某一地点场域的）和纯粹时间（摆脱了主体差异、消除了内外界限的）的深度时空性特点，从而进一步颠覆了小说故事的现实根基。通过以上探讨，读者可以对石黑作品中与"现实"和"现时"相关的现代主题意义、现代他者式的人物形象，及现代艺术手法有更加全面和深入的理解。

第四章结合小说的英国同名电影改编（2010）和日本同名改编电视（2016），分析《别让我走》中凯茜的认识在两方面上的不确定性：对自己私情的认识和对自己记忆的认识，以此来说明小说所呈现的带有质疑性特点的审美现代性主题。本章把小说与其电影和电视改编并置解读，从凯茜与露丝和汤米的私人情感关系维度深入分析。此部分先梳理了现代主义小说在电影的启发下，逐步通过语言克服在文学性、视角上限制读者透视性的两种方式，来塑造人物的特点。通过对比读者在认识《别让我走》的露丝、福克纳《喧哗与骚动》中的班吉、艾米莉·勃朗特《呼啸山庄》中的凯瑟琳时所受的限制，来说明《别让我走》对现代主义小说用模糊来塑造人物深度的两种方法的继承和发展。由此，我们总结出凯茜对好友露丝认识不清的主客观两方面原因。

第一节结合电视电影改编，围绕客观性原因展开分析。不同于很多评论者认为的露丝是出于妒忌、自私等个人品性上的原因，而恶意地拆散凯茜与汤米的观点，本书将露丝的谎言理解为一种为了掩饰其真实情感而实施的自我保护性策略。露丝真实的意图在于遮掩她爱着凯茜又害怕被其抛弃的脆弱之心。通过电影改编反观原著，本节揭示出与凯茜回忆中截然相反的，集脆弱、隐忍与悲伤于一身另一面的露丝形象。

第二节聚焦凯茜对露丝认识不清的主观性原因。凯茜叙述的不可靠性与凯茜的记忆紧密相连，而其记忆与影像相似，有一种潜在的不可靠性和选择性特点。本节结合罗兰·巴特的影像媒介理论来分析凯茜回忆性叙述的影像性特征。与巴特描述的明晰背后隐藏着模糊意义的影像性相似，凯茜的回忆的不确定性，并非通过被凯茜聚焦的记忆场景本身的模糊性描述来实现，而是通过那些在凯茜记忆之外的、模糊的细节反映出来。石黑利用凯茜记忆的类影像性特质，使我们对人类认知途径及记忆媒介本身产生怀疑，并鼓励我们探入凯茜记忆的盲区，以发现凯茜叙述的事实与实际事实之间的出入。通过聚焦小说中被叙述者的记忆媒介所模糊的汤米与露丝的爱情细节，本部分揭露了凯茜爱情的臆想性实质，以及与小说中人类对克隆人的集体性排斥共同构成主人翁悲剧的重要内在原因。恰是因为凯茜对理性的执着和对感性的忽视，才导致了她与周围一切从触觉到心理的隔绝。除此之外，本部分还揭示出凯茜与露丝和汤米之间相互猜疑又不能割舍的复杂又深刻的情感关系，以及对即将逝去的信念及旧秩序怀念和乡愁的同时，又对眼前的新认识以及不得不投身于其中的新秩序充满焦虑和怀疑的审美现代性特点。通过这样的探讨，读者可以更好地理解石黑一雄在塑造和刻画复杂多面的人物性格及各种人物之间的隐含关系时所持的深层包容性立场和态度，更准确地把握其创作目的。

结语部分总结了本书通过探讨石黑的创作与电影在审美现代性上的关联所发现的关于石黑小说的隐含主题性意义及深层创作立场，并概括了这种综合了现代电影与现代文学特征的跨媒介的审美现代性研究对当代小说研究的意义和价值。最后还总结了本书从跨媒介的审美现代性角度考察石黑一雄的小说与电影的关联，在石黑一雄研究的框架以及在文学与电影研究的整体框架中的意义。一方面，本书通过跨小说与电影两媒介的研究，发掘了石黑一雄小说中被忽视、被误解的文本细节和主旨，揭示出小说的另一种人物形象和人物关系。另一方面，本书拓展了文学与电影的关联性研究。20世纪以来对两者关系的探讨，通常关注单方向的影响，或一个媒介中的艺术对另一媒介中的艺术在某技巧上的转喻式借用，而本书关注的是两者基于"跨媒介的审美现代性"的联姻式关系。本书旨在指出，电影所表现出的审美现代性，在文学中唤起了基于媒介却又跨越媒介的共鸣。以此来表明，从文学和电影联姻的角度来做文学研究，有助于更完整、更深刻地解读多媒体文化时代中的当代小说，亦有助于更丰富、更完整地解读20世纪以来的电影。

《中英语码转换加工机制的多层面研究：来自眼动的证据》概要

李 锐[*]

新近，语码转换的研究业已呈现跨学科融合之势，相关领域研究成果丰硕。然而，学界关于语码转换的理论及实证研究间的融合仍有待深化。首先，国外学者针对句法学视角的语码转换研究才刚刚起步，尚不成熟，基于同一（印欧）语系所建构的语码转换理论，亦有待得到跨语系语码转换汇流性证据的支撑。相较而言，国内学者专门针对句法学视角的语码转换的多层面研究更是较为欠缺。其次，就句法学视角的语码转换理论来看，学界尚存较大争议，其争论的焦点为：语码转换是否存在独立于双语句法系统的转换特异的"第三语法"（third grammar），由此引发了句法学视角的语码转换的"制约观"（constraint-based account）和"非制约观"（constraint-free account）之争。再次，学界在语码转换加工时间进程（time-course of CS processing）及受试水平（language proficiency）等方面的考察尚无定论，仍有较大的挖掘空间。有鉴于此，本研究试图从句法学和心理语言学双重视角出发，依托于时间分辨率较高、生态效度较好的眼动阅读技术研究手段，在语素、语音和句子三个层面对不同语言水平的英语学习者展开实证考察，冀为揭示句法学视角的语码

---

[*] 李锐，南京师范大学文学博士，现就职于华中科技大学。

转换理论提供一定的跨语系在线加工证据支持。主要研究问题有三：（1）中英语码转换在语素层面是否存在转换代价？如果存在，其转码代价具有怎样的特征？（2）中英语码转换在语音层面是否存在转换代价？如果存在，其转码代价具有怎样的特征？（3）中英语码转换在句子层面是否存在转换代价？如果存在，其转码代价具有怎样的特征？

针对上述问题，本研究开展了三项中英语码转换的眼动实验。实验一：语素层面的功能语类短语。通过分析不同水平受试在目标词上的眼动指标，探讨中英语码转换在语素层面的加工机制。实验招募年龄相仿的 31 名高级水平受试（英专硕士生）及 32 名中级水平受试（非英专硕士生）参与眼动阅读任务，从而构成 2（语言水平）×4（呈现条件）的混合实验设计。其中，"语言水平"为组间变量，而"呈现条件"为组内变量。实验二：语音层面的音节重复短语。通过分析不同水平受试在目标词上的眼动指标，探明中英语码转换在语音层面的加工机制。实验招募年龄相仿的 28 名高级水平受试及 29 名中级水平受试参与眼动阅读任务。实验前后分为两个测试阶段，为了防止记忆效应，两个阶段相隔近两个月，且每个阶段测试材料为音节重复或不重复的短语，从而构成 2（语言水平）×2（音节重复性）×4（呈现条件）的混合实验设计。其中，"语言水平"为组间变量，而"音节重复性"和"呈现条件"均为组内变量。实验三：句子层面的 Wh-疑问句。通过分析不同水平受试在目标词上的眼动指标，探究中英语码转换在句子层面的加工机制。实验招募年龄相仿的 28 名高级水平受试及 29 名中级水平受试参与眼动阅读任务，从而构成 2（语言水平）×4（呈现条件）的混合实验设计。其中，"语言水平"为组间变量，而"呈现条件"为组内变量。

根据以上三项实验，本研究得到如下结论：（1）中英语码转换在语素层面存在转换代价。表现为，不同呈现条件的语码转换限定词短语具有不同的转码代价。就句法学视角的语码转换理论来看，语素层面的中英语码转换可能并不支持以"制约观"为代表的"功能中心语原则"（functional head constraint），而支持以"非制约观"为代表的"最简理论（minimalist program）"。（2）中英语码转换在语音层面亦存在转换代价。虽然在音节重复性条件下并未发现显著的转换代价差异，但不同呈现条件的语码转换限定词短语仍具有不同的转码代价。基于句法学视角的语码转换理论，语音层面的中英语码转换可能并不支持以"制约观"为代表的"触发理论（triggering theory）"，而支持以"非制约观"为代表的"最简理论"。（3）在句子层面上，中英语码转换与语素和语音层面一样，存在明显的转换代价。在不同呈现条件的 Wh-疑问句中，语码转换的目标词均具有不同的转码代价。就句法学视角的语码转换理论而言，这一结果进一步支持句子层面的中英语码转换以"非制约观"为代表的"最简理论"。从上述三个层面的研究结果推测，语码转换可能并不存在独立于双语句法系统的"第三语法"。此外，对于中英语码转换时间进程的综合考察，三项实验均表明，中英语码转换的句法效应在语言加工的早期阶段业已肇始，并一直持续到晚期阶段。该结论可由"层级符号运算模型"（gradient symbolic computation）的"双语句法系统非选择性激活观"进行阐释；而就语言水平对中英语码转换的调节作用而言，三项实验均显示，不同语言水平的受试对转换代价的调节作用较为有限。因此表明，不论是中级英语学习者还是高级英语学习者，均习得了"不可解"的句法特征，本研究所得结论总体上符合二语习得的"完全迁移/完全通达（full transfer full access model）"理论预期。

　　本研究的意义体现在以下几个方面：（1）从理论贡献来看，本研究对以"第三语法"为代表的"制约观"提出理论挑战，明确了中英语码转换所遵循的"非制约观"这一句法学理论阐释；对于语码转换时间进程的考察，为"层级符号运算模型"的"双语句法系统非选择性激活观"提供了新的实证研究证据。此外，针对不同语言水平学习者的研究，进一步明确了二语习得的参数重设理论观点，即"完全迁移/完全通达"的二语习得观。（2）从研究方法来看，本研究结合了业界认可的句法接受任务和时间分辨率较高、生态效度较好的眼动阅读技术，为句法学视角的语码转换理论提供精密、可靠的数据支持，有助于揭示其加工的时间进程。（3）从研究对象来看，本研究通过对不同语言水平的中国英语学习者的研究，丰富了语码转换的研究对象，为句法学视角的语码转换理论提供较为翔实的跨语系语码转换汇流性证据，有助于丰富其理论的普适性。（4）从研究内容来看，本研究较为全面地考察了句法学视角的中英语码转换在三个层面（语音、语素和句子）、两种句法操作（"合并"和"移位"）及两大理论争议（"制约观"对阵"非制约观"）下的具体表现，为句法学视角的语码转换研究提供了可资借鉴的多层面研究框架及内容，有助于拓宽其后续研究维度。

《"名词动用"与上古汉语名词和动词的语义属性》概要

任 荷[*]

名词和动词是人类语言中最基本的两个词类范畴，研究二者的语义句法属性及相互转化关系，是词汇语法研究的重要课题。从汉语的历史发展来看，名动相互转化的现象在上古汉语时期最为活跃，中古以后则明显衰落，到了现代汉语时期已颇不活跃（除了某些新出现的修辞现象）。因而上古汉语名动转化现象，特别是"名词用作动词"的现象，历来受到研究者们的关注和重视。早期的研究通常将"名词动用"放在"词类活用"概念下进行讨论，着眼于对"活用"的界定、对"兼类"和"活用"的辨析，等等。近二十年来，一些研究者开始转向对名词动用的理据性的探讨，取得了不少有启发性的研究成果。但总的来说，三个根本性问题——上古汉语时期哪些名词能够动用？哪些因素制约了名词的动用？动用的具体过程与内在机制是怎样的？——仍未得到真正解决。

有鉴于此，本书从三个最关键的问题——动用的事实、动用的制约、动用的过程与机制——切入，系统、全面、详尽地考察了上古汉语中名词动用的现象。与以往研究不同的是，本研究特别强调通过对名词、动词的语义属性的细致描写和深入分析，来探究名词

---

[*] 任荷，北京大学文学博士，现就职于北京大学。

动用的深层规律与机制。基于分布分析方法和词义分解方法，详细描写了名词动用现象所涉及的原生名词和派生动词的句法表现与词汇概念结构，及原生名词和派生动词在彼此的词汇概念结构之中所处的位置和扮演的角色。在此基础上，集中探讨了名词动用的语义基础、名词的语义属性对动用行为的制约、名词动用的实现机制等问题。此外，还简要讨论了聚合概念场与组合概念场对名词动用的影响、名源动词的层级性等问题。

除绪论和结语以外，本书共有四章。

绪论部分介绍写作缘起，简要评述前人研究成果，提出本书的研究思路；在概述上古汉语名动关系的基础上明确界定研究对象的范围；说明本书所用到的研究方法、研究材料及章节安排。

第一章借鉴了生成词库理论、事件结构理论、题元角色理论等多种理论方法，结合古汉语语言事实加以改造，建构了多层次的综合性的词义描写体系，拟将之用于上古汉语名词和动词的词义描写。上古汉语名词的词义描写体系分为四个层次：概念分类、物性结构、词汇类型结构、词义—句法映射关系。上古汉语动词的词义描写体系也分为四个层次：概念分类、事件结构、论元结构、词义—句法映射关系。文中重点介绍了名词的物性结构和词汇类型结构、动词的事件结构和论元结构，对其所涉及的各个参项（如各个物性角色）的定义和范围做了说明。

第二章是上古汉语名词动用现象的分类描写。通过对上古汉语常用名词（1816 个）的穷尽性考察，搜集到可动用的名词 473 个，所构造的配对词共 573 对。在名词概念分类的框架下，将"名→动"配对词分为十一大类——自然物、植物、动物、人物、身体构件、人工物、抽象物、属性、空间、时间、事件。在每个概念类之中，首先概述"可动用名词"的基本情况；继而根据动用所激活的语义要素类型的不同，将所有配对词分为若干小类，进行细致描写，探讨各小类之间的差异并做出解释；随后探讨源于该类名词的派生动词的语义特点，重点考察原名词概念在派生动词的论元结构中所处的位置和扮演的角色；最后简要讨论名词概念场与相关动词概念场之间的名动互转现象。

第三章系统地总结了名词动用的语义基础、制约因素与制约规则。主要结论包括：

（1）名词词汇概念结构之中描述行为或事件的概念要素是名词动用的语义基础。名词动用的首要制约因素是原生名词的语义属性，可分为"深层语义属性"和"高层语义属性"两个方面。深层语义属性对于名词动用的制约是根本性、决定性、全面性的，高层语义属性对于名词动用的制约是大体趋势上的、局部的。

（2）"深层语义属性"也就是名词的词汇概念结构，分为词汇类型结构和物性结构两个方面。从词汇类型结构来看，纯人造类名词触发动用的倾向度最高，动用比例达到了58.5%；典型人造类名词触发动用的倾向度也比较高，动用比例为36.1%；自然类名词触发动用的倾向度较低，动用比例仅为19%。

从物性结构来看，描述行为或事件的物性角色或规约化属性的"凸显度"制约了名词动用的可能性及具体路径，具体来说：如果一个名词的物性结构之中含有凸显度高的（且描述行为或事件的）物性角色或规约化属性，那么它更有可能发生动用；当一个名词发生动用时，其物性结构之中凸显度最高的角色或属性最容易被激活并实现为派生动词的核心词义。

物性角色或规约化属性在"核心性""语义类型""语义特点"这三个方面的表现决定了它的凸显度。"核心性"较高的角色或属性，凸显度也相对高。在"语义类型"的优先等级序列上排位越靠前的角色或属性，凸显度越高。具体来说，属于"功用"类型的角色或属性的凸显度最高，触发动用的频次也最高，达到了256次。"施成"类型和"处置"类型的凸显度低于"功用"类型，触发动用的频次分别为98次和90次。"定位"类型的凸显度低于前三种，触发动用的频次为30次。"评价""构成"和"行为"类型凸显度最低，触发动用的频次分别为21次、13次和10次。符合"明确具体性""区别性""单一性""述人性"四个特点的角色或属性，凸显度比较高；不符合这四个特点的角色或属性，凸显度较低。四个特点之中，"述人性"的作用非常突出——表达"有人类参与的事件场景"的角色或属性比表达"无人类参与的事件场景"的角色或属性更容易触发动用。这一趋势在"自然物""植物""动物"三类名词的动用情况上体现得最为明显。"述人性"之所以会成为触发动用的优势条件，主要有两方面原因：其一，在名词和动词的语义知识体系之中，"直接关涉人"与"不直接关涉人"之间的区分是十分重要的；其二，在事件场景的编码和表达之中，述人事件的优先级别比非述人事件更高。

（3）"高层语义属性"也分为两个方面：名词的范畴层级和名词的典型性。"范畴层级"制约了名词动用的可能性：处于基本范畴层级的名词最容易发生动用，具体级名词之中也有部分成员可以动用，抽象级名词则很少发生动用。这是因为，人们通常都是通过基本级范畴来与外部世界打交道的，基本级名词能够与动作行为或事件场景构成最自然的关联，那么也就容易通过联想来激活后者。"典型性"对于名词动用的可能性没有明显的制约作用，但却制约着动用的"方向"：由名词范畴中的典型成员派生而来的动词通常是动词范畴中的典型成员，而由名词范畴中的非典型成员派生而来的动词通常是动词范畴中的非典型成员，即原名词的典型性强弱与派生动词的典型性强弱呈"不严格的正相关"。

（4）名词动用的次要制约因素（或曰影响因素）是名词所处的聚合概念场、组合概念场中词语的分布及相互作用。聚合概念场的影响表现在两个方面，一是同步引申，二是阻断。同步引申发生于概念场中同一层级的名词之间。阻断则发生于上位词与下位词之间，且多数是基本范畴层级的名词对具体级名词的阻断。组合概念场的影响体现为两种情况——"阻断"和"异化"。当某个概念节点上不存在词汇空位时（即已存在专门表达此概念的原生动词），往往会阻断相应名词的动用。比如，绝大多数食物名词都不能利用直接功用角色派生出"饮食"义动词，这源于两个见频极高、句法功能又颇完备的原生动词"食"和"饮"所造成的阻断。有的时候，虽然在原生动词场之中存在表达特定概念的专门动词，但是名词依然利用该事件概念派生出了动词义——但这一词义会与原生动词的词义构成细微的差别，以使二者能够在词汇系统中共存。比如，"粒"虽利用直接功用角色派生出了动词义，但其义不是普通的"食谷米"，而是"以谷米为食（以维持基本生活需求）"。

第四章集中阐释了上古汉语名词动用的实现机制。首先讨论了名源动词的"动词身份"是如何获得的。上古汉语名源动词之中超过90%的成员都是词汇或语用型：它们或是（在词库内）借助词汇规则由特定名词派生而来，或是（出于语用修辞上的目的）由名词活用而来，总之都是以动词身份直接插入句法树上的相应结点（V）的。约有8%的成员是句法型，先将原名词插入句法树上的相应结点（N），随后通过句法操作——轻动词吸引 N 移位——推导出名源动词。

其次讨论了名源动词的语义诠释是如何得到的。对名源动词进行语义诠释的过程是一个语用推理的过程。语用推理的依据是以下两方面信息：其一是语义信息，指的是言语社团所共知的、储存于心理词库之中的关于该名词的语义知识，即名词的词汇概念结构；其二是相关的语境信息，包括语篇内信息和语篇外信息（物理语境；言语双方所共有的背景知识和文化常识）。语境信息发挥作用的方式主要有三种：确认性激活、选择性激活和强迫性激活。

对某些名源动词进行语义诠释时，所激活的物性角色或规约化属性就是原名词物性结构之中唯一凸显且意义确定的角色或属性。此时，依据原名词所编码的语义信息即可推理出正确的词义，语境信息仅起到了辅助确认的作用，故而称之为"确认性激活"。如：权（秤锤，秤＞以秤称量）、椎（敲击的工具＞以椎击打）。有的时候，语义信息首先激活了若干个储存在人的认知心理当中的稳定的认知框架，而语境信息对这些框架进行选择，尽可能地确保在特定用例中只有一个框架被真正激活，最终实现为一个比较确切的意义——可称为"选择性激活"。如：防［拦水的堤坝＞筑堤防，以堤防阻塞（水流）］、水（水＞用水淹灌，用水浸渍）。有的时候，虽然语义信息已激活了认知心理当中比较稳定的认知框架，但语境信息强迫我们推翻之前的推理，并临时激活一个不够稳定的认知框架，帮助我们完成新的推理，得到恰当的语义诠释——可称为"强迫性激活"。如：戟［一种兵器＞使（手）成戟形］、轼（车厢前所架供人凭扶的横木＞伏轼致敬）。在"强迫性激活"的情形下，语境的作用强度最大，甚至覆盖了语义信息的作用。在"选择性激活"的情形下，语境的作用强度也比较大，但小于前一种情形。而在"确认性激活"的情形下，仅依靠语义信息就可推导出正确的词义，此时语境所发挥的作用就很小了。

  为了获得名源动词的语义诠释而进行的语用推理，本质上是一个转喻的认知过程。具体来说，是如下过程：把原名词的词汇概念结构当成一个结构复杂的来源域，在其中选定一个描述行为或事件概念的下位域，作为目标域；启动"域强调"机制，将目标域在整个域（来源域）中凸显出来，并提升为上位域；在提升的同时，对目标域进行"解压缩"，将其所隐含的域结构释放出来，实现为一个非压缩形式的复杂域（其表征形式就是派生动词的词汇概念结构）；此时，本属实体类型的上位域被替换成了一个事件类型的域，以上位域为背景而"勾勒"出来的概念，也就由一个名物概念转化成了一个行为或事件概念；最后，经常还需要将原本结构复杂的来源域压缩成一个简单域，并将其嵌入解压缩后的目标域，使其成为目标域的一个下位域，不过这一步骤是非强制性的。

  上古汉语大多数名源动词的语用推理都只涉及转喻，但也有少数词（39个，占总数的6.8%）同时涉及转喻和隐喻。可分为两种情况，一是在转喻的基础上隐喻，二是在隐喻的基础上转喻。"在转喻的基础上隐喻"指的是：以A义（名词）为起点，先通过转喻创造一个具象的动作行为概念A'，但A'并未真正实现为实际用例中的动词，而是随即发生隐喻，滋生出更抽象的动作行为义 B，并将 B 实现为名源动词。如：掌（手心，手掌＞掌管，主管）。"在隐喻的基础上转喻"指的是：以 A 义（名词）为起点，先通过隐喻创造一个抽象的名物概念 A'，但 A' 并未实现为实际用例中的名词，而是随即发生转喻，滋生出动作行为义 B，并将 B 实现为名源动词。如：玉（玉＞使……成为玉一样的人）。在 39 个名源动词之中，有 33 个词属于前一种情况，只有 6 个词属于后一种情况。

在第四章的最后，简要讨论了上古汉语名源动词的层级。根据"是否只涉及转喻""是否包含原名词概念""是否具有语境多义性"，可将上古汉语名源动词分为 A、B、C、D 四个层级。在三个参数上都取"＋"值的 A 级名源动词，综合性特征突出且具有语境多义性，是上古汉语名源动词之中最典型的成员，如"水""门""君"。在"转喻"和"包含"两个参数上取"＋"值的 B 级名源动词，是次典型成员，如"冠""帷""权"。只在"转喻"参数上取"＋"值的 C 级名源动词，是不太典型的成员，如"仆驾车""寨提起,撩起""典典藏"。在三个参数上都取"－"值的 D 级名源动词，是非典型成员，如"泥滞塞不通""掌掌管""箴劝谏"。最典型成员（A 级）与次典型成员（B 级）加在一起，占到了上古汉语名源动词总数的 70%。

结语部分概括了全书的主要结论，指出了本研究的不足之处及在未来研究中需要进一步探讨的问题。

《科研主题演化过程中的词语迁移研究》概要

陈柏彤[*]

  科研主题演化及主题内容分析，是信息科学相关领域长期关注的问题。目前数量庞大的学术文献既对科研主题分析提出了挑战，也为学术文本挖掘工作提供了充足的资源。科研主题是动态演化的，在一个科研领域的发展过程中，新兴主题涌现，已经形成的主题越发活跃成熟或者逐渐老化衰退，各个主题的研究内容不断变化，单一主题发生分化，多个主题之间相互融合。理解科研主题的演化过程并对其进行深入的内容分析，可以帮助新入领域的研究者了解领域概况，促进领域专家之间进行领域内部和跨领域的知识交流，向科研基金管理机构和政策制定者提供科学创新的发展轨迹，帮助决策者跟进领域知识的流动情况。

  鉴于科研主题研究的重要性，以数据挖掘领域为代表的各学科均对其投入了很大的关注，相比之下，情报学领域对于科研主题演化的研究成果较少，对于演化动态和演化过程中主题结构变化的分析尤为欠缺。而在数据挖掘等计算机科学相关领域中，由于学科本身技术导向的特性，对于科研主题演化的考察比较注重演化模型的构建和优化，疏于探讨主题间的知识交流情况和主题在不同时期的

---

[*] 陈柏彤，武汉大学管理学博士，现就职于上海大学。

发展状态，以及更进一步深入到词语层面的内容分析。

目前以情报学和数据挖掘领域为代表的信息科学相关领域对科研主题演化分析的现状是：情报学领域缺少成熟的技术方法对主题结构的动态演化过程和词语在主题中的分布变化进行识别和抽取，数据挖掘领域由于其技术导向的特征，缺乏对科研主题深入的内容分析。

基于上述认知，本研究结合数据挖掘和机器学习等领域的主题建模和文本挖掘方法，以及情报学领域注重文本内容分析的优势，以信息检索领域的学术文献为例，对科研主题的演化过程及演化过程中各主题下词语的分布及语义变化进行考察。全书共计七个章节。

第一章为引言，主要介绍选题背景与研究意义，国内外研究现状，词语语义和词语迁移概念的界定，本研究的内容、方法及创新之处。

第二章为理论基础，包括科学范式的转变，贝叶斯网络和主题建模原理，以及创新扩散理论，为后文进行主题抽取、演化研究和词语在主题中的分布研究提供理论支撑。

第三章为科研主题的划分与确定。基于 LDA 主题模型对科研文献构成的文本数据集进行了主题抽取和分析。选取的研究样本为信息检索领域的研究论文，数据来源为 Web of Science 数据库，时间检索跨度为 1956—2014 年，检索结果共计 20359 条文献数据。共计抽取五个主题，作为信息检索领域的重要主题进行后续的演化研究和词语分析。

第四章为对科研主题的演化过程进行分析，对信息检索领域五个重要主题的生长趋势和演化动态进行识别和考察。在生长趋势分析中，对 LDA 主题模型训练结果中的文档—主题概率分布按年分组进行聚合，从而得到每一年每个主题下的内容占当年文献总内容的比例，以表示各主题在对应年份的活跃程度。在目前研究对主题活跃度的测量仍停留在对发表文献进行简单计数的基础上，本章的生长趋势分析结果较好地保留了一篇文档以不同比例包含多个主题的特性。在演化动态分析中，针对目前主题演化研究对主题分化融合、知识交流和不同时期的发展阶段分析的不足，对应上述三点展开了研究。整体语料被划分为六个时间窗口，每个时间窗口另外抽取存在于该时间段内的局域主题，第三章抽取的五个主题称为全局主题。全局主题内部和主题之间的知识交流情况，由局域主题之间的分化融合表示。通过计算主题之间词项概率分布的相似度，可以得到全局主题与局域主题之间的相关关系，以及相邻局域主题之间的分化融合情况。不同时期局域主题与全局主题的相关性，能够反映全局主题在这一阶段的发展状态。

第五章在前面章节的基础上，将科研主题演化分析深入到词语层面，重点关注科研主题演化过程中的词语迁移现象。科研主题表达为具有语义功能的词语的集合，科研主题演化过程实质上是与词语相关的创新和应用的变化。从词语分析入手，是进一步理解科研主题演化过程的关键。本章首先阐述了词语迁移现象存在的普遍性，并对词语迁移的定义进行了表述，即：相同的词语出现在不同的主题当中。类比现实世界中普遍存在的迁移现象（如人类种群的地域性迁移），词语相当于人群，主题相当于不同的地域。并对词语迁移的类型，稳定性和词语在迁移过程中的语义变化进行了测量和分析。

第六章对词语迁移活动存在的一般性规律进行了验证和分析。提出了词语迁移规律的三个假设，其一为相似性假设：拥有相似上下文的词语具有相似的迁移方向；其二为多样性假设：语义多样性较强的词语具有较高的迁移程度；其三为凝聚性假设：主题中的重要词语具有较低的迁移程度。根据信息熵理论，本章首先对词语迁移程度进行了定量化表示，以方便后文对词语迁移规律的验证。相似性规律表示的是词语语义相似性与词语迁移方向之间的关系，基于 Word2vec 词嵌入模型将词语表示为词向量，词语语义相似性由词向量之间的余弦相似度表示。多样性规律表示的是词语语义的多样性与词语迁移程度之间的关系，词语的多义性通过计算词向量在 K 最近邻网络中的局部聚类系数表示。凝聚性规律表示的是词语对于主题的重要性与词语迁移程度之间的关系，词语的重要性通过在主题中的 Tf-idf 值的计算表达。

第七章对全文研究进行总结与展望，包括研究结论，研究不足与展望。

经过理论与实证分析，本研究得到以下三个方面的结论：

第一，信息检索领域五个重要主题的发展演化，总体上遵循从调整期到成熟期的发展阶段过渡过程。部分主题在发展成熟后，可能重新进入调整期，在经历新知识的引入和主题内容重组后，达到一个新的发展成熟期。由主题分化融合活动反映的主题知识交流，既在主题自身内部发生，也在主题之间形成。领域内率先发展成熟的主题在后续发展独立的主题的形成阶段会产生知识输出，相对地，后续发展独立的主题也会反馈本主题创新的技术和方法向其他主题形成知识流动。部分主题由于研究范畴在本领域的独特性和自身研究内容的较高凝聚性，与其他主题之间的知识交流较少，从而形成了一条较为封闭的主题发展路径。

第二，科研主题演化实质上是主题下具有语义功能的词语发生的变化。理解科研主题中的核心词语在不同时期发生的变化是对科研主题演化进行深入内容分析的关键。本研究将科研主题演化过程中，相同词语在不同主题中出现的现象定义为词语迁移。词语迁移现象关注词语语义的变化，在科研主题演化的过程中，实际上对应的是与词语关联的创新和应用的变化。词语迁移活动可分为无迁移，双主题迁移和多主题迁移三种类型。当主题中的多个词语均表现出向其他主题迁移的趋势时，表示与这个主题相关的研究问题在本领域的热度下降，主题整体处于收缩和衰退的过程中。在词语迁移的稳定性方面主要关注了收敛型迁移词语和发散型迁移词语。词语的发散式迁移过程反映的是词语语义由主题普遍性向主题特异性发展的过程，与之相对，词语的收敛式迁移通常反映出与词语相联系的研究和应用在多个主题当中均获得了关注，成为领域的热点研究问题。

第三，通过考察词语上下文相似性、语义多样性和在主题中的重要性与词语迁移方向和迁移程度的关系，本研究指明关于词语迁移活动的三个一般性规律。其一为相似性规律：具有相似上下文的词语具有相似的迁移方向；其二为多样性规律：语义多样性较高的词语具有较高的迁移程度；其三为凝聚性规律：主题中的重要词语具有较低的迁移程度。研究表明，信息检索领域各主题下高概率词语的迁移活动验证了关于词语迁移的三个规律。相似性规律方面，上下文相似的词语主要包括近义词和共现词两种类型，这类词语通常具有相似的迁移方向，但当多个词语互相之间经常共现时，这些词语之间的语义会相互影响，使得在迁移过程中形成不一致的方向。多样性规律与凝聚性规律存在一种相互制衡的关系。单纯考虑多样性规律时，词语的语义越单一，越容易稳定在一个主题中，若将凝聚性规律也考虑在内，那么语义单一的词语可能对多个主题都很重要，或者说虽然这个词语总是与相同的上下文共同出现，但常常被多个主题同时使用，那么也会使得词语在多个主题中形成迁移。

本研究的创新性学术贡献体现在以下三个方面：

第一，以信息检索领域为例，发现科研主题的生长趋势和演化动态。结合数据挖掘领域的主题模型和情报学领域的文档内容分析，发现科研主题的生长趋势、科研主题演化过程中的知识交流情况，以及科研主题在不同时期的发展状态。基于 LDA 主题模型训练得到的文档—主题概率分布矩阵探测主题生长趋势，保留了一篇文档由多个主题以不同比例混合而成的特性。针对目前科研主题演化研究对主题间知识交流和发展阶段分析的不足，从主题分化融合、主题内部和主题间知识交流、领域重要主题在不同时期的发展状态等角度进行了科研主题演化过程的分析。

第二，明确词语迁移的概念，深入分析词语迁移现象，揭示词语迁移与科研主题演化的关系。在科研主题演化分析的基础上，结合词语迁移活动实现从词语层面进一步理解科研主题的演化过程。科研主题表现为具有语义功能的词语的集合，在了解信息检索领域重要主题演化过程的基础上,将分析深入到词语层面,明确了词语迁移的概念。针对科研主题演化过程中的词语迁移现象,基于文本挖掘技术分析了词语迁移的类型和稳定性,以及词语在迁移过程中的语义变化,并探讨了词语迁移活动与科研主题演化之间的联系。

第三,揭示并验证了关于词语迁移的三条规律,分别为:相似性规律、多样性规律和凝聚性规律。相似性规律表现了词语上下文相似性与迁移方向之间的联系,多样性和凝聚性规律表现了词语语义多样性以及在科研主题中的重要性对词语迁移程度的影响,并基于信息熵理论对词语迁移程度进行了定量化表示。

《中国图书馆转型风险研究》概要

陈 一[*]

社会信息环境与经济环境的变化既给图书馆发展带来了新机遇，也带来新的挑战，导致全球图书馆业态都发生剧烈的变化。为了应对新型环境与保持图书馆传统价值，转型发展已经成为全球图书馆的共同趋势。但转型进程中又面临着来自外部环境的经济、政策、技术、文化等多方面的不确定性，这些不确定性又被理论和实践所忽略，这就使得图书馆转型也伴随着风险，乃至灾难的发生。

本书认为，为了促进图书馆事业的健康发展，需要系统梳理我国图书馆转型实践，科学认识转型中存在的风险，及时识别并治理风险，防止转型灾难。本书结合组织发展理论、社会认同理论、图书馆发展理论以及不确定性理论展开研究，使用文献调研法、案例分析法、问卷调查法、语义强度分析等研究方法开展研究。社会发展对图书馆提出的新要求使图书馆转型发展成为必然，而图书馆在发展中面临的挑战又使得在转型过程中必定会伴随着不确定性，"发展与不确定性"矛盾推动风险演化。本书通过梳理我国图书馆转型现状，确定转型风险测度，找出其中的风险来源。通过对图书馆从业人员对图书馆转型风险的认知调查，以及对风险因素的多维度分析，总结出图书馆转型风险的主要特征。研究重点在于凝练出我国

---

[*] 陈一，武汉大学图书馆学博士，现就职于武汉大学。

图书馆转型存在的主要风险，并构建图书馆转型风险演化模型。探索构建治理手段专业、合法，风险控制有效、高效的图书馆转型风险迁移路径。为探索我国图书馆转型方向，规避图书馆转型风险提供参考。本研究一共分为十章：

第一章论证了本研究的选题背景及意义、界定了相关术语、阐述了本研究的理论基础，并明确了本研究的目标、方法及内容。

第二章从国际和国内两个方面，分析了图书馆转型研究现状。调研发现，国内外有关图书馆转型的研究已经比较丰富，而且研究轨迹比较类似。从宏观上讨论信息环境对图书馆事业发展的冲击，分析图书馆转型的社会价值，到探索具体的转型策略，以及对一些典型转型案例的探讨。但目前研究中缺乏对图书馆转型整体风险的研判，也缺乏对风险长期性和演化性研究，而且结合中国实践的研究较少。

第三章阐述了图书馆转型发展的时代要求。伴随着信息技术的高度融合和互通互联，大众的生活方式、工作方式等都发生了翻天覆地的变化，包括图书馆在内的各行各业都面临着产业转型升级带来的挑战。我国图书馆整体发展态势良好，但距离全面满足用户信息需求还有较大差距，必须通过转型来适应新常态、新业态。在服务经济增长、国民素质提升、文化强国、社会建设以及生态文明建设方面，社会发展对图书馆也提出了新的要求，而且图书馆在投资、人口数量与结构、人力资源与技术、其他行业竞争以及内部治理方面还面临着严峻挑战。必须通过转型，使得图书馆优化工作流程，节约运作成本，提高服务质量。因此，图书馆转型势在必行。图书馆转型并不是对传统图书馆的全盘否定，而是在原有基础上的升级变革，是一个循序渐进的过程。本书将我国图书馆转型主要归纳为：服务模式转型、业务流程转型以及组织结构转型。这三种形式并不是彼此独立，在图书馆具体的转型实践中，三者也有交叉融合。

第四章确立了图书馆转型风险测度，不同的图书馆采取的转型措施不同，转型侧重点各异，但其评判标准存在一致性，即转型能够实现预期目标，提升用户满意度，提高工作效率，节约工作成本，能进一步提高图书馆组织凝聚力，更突显其在公共文化发展中的关键作用，具体可用转型效率、转型成本、转型效益以及转型文化来测度风险。之后，分析了图书馆转型风险来源。本书从服务模式转型、业务流程转型以及组织结构转型三个角度总结了转型实践中遇到的不确定性，其中涉及图书馆经费、人力、法律、价值定位等各个层面。

第五章筛选了我国图书馆转型风险因素。本书利用系统性、完整性、重要性原则进行风险因素筛选。在参考国际组织调查的基础上，根据对国内图书馆转型现状的梳理，对各类转型中存在的风险事件进行归纳，同时关注各社交媒体平台上用户的留言反馈，留意媒体的相关报道。在此基础上，拟定了包含图书馆业务、战略、财务、人才、法律、运营、技术、价值等在内的 40 种风险因素，并就这 40 项风险因素，向业内人士展开意见征询。采用因子分析，对风险因素进行降维处理，最终将我国图书馆转型风险归纳为运营风险、技术风险、环境风险、法律风险、财务风险、价值风险 6 个类别，共 29 项风险因素。

第六章通过问卷调查法调查图书馆业内人士对转型风险的认知。调查问卷采用李克特 5 级量表测度图书馆业内人士对转型风险发生的可能性及后果的感知。研究发现，业内人士对图书馆转型风险整体认知水平较为一致，绝大多数的风险发生可能性及发生后产生的后果均值都在 3 以上，业内人士认为在转型过程中风险是普遍存在的，但对风险发生后带来的后果认识并不十分明晰。本书基于不同的图书馆性质、受调查者不同的职业层级、职业背景以及图书馆不同的发展水平 4 个角度分析业内人士对转型风险的认知差异，研究发现，从图书馆性质上看，"环境风险"对于各类型图书馆来说是风险程度最高的因素。可见，外部环境对图书馆价值会产生巨大冲击是业内的共识，而"价值风险"对于各类型图书馆来说是风险程度较低的一类；从图书馆业内人士的职业层级来看，负责专业技术、业务工作的从业人员对风险的认知相对客观，业内领导相对具有更强的风险意识，整体风险认知程度明显高于从事技术、业务工作以及从事教学工作的业内人士，而且表现出对外部给予图书馆地位冲击的更强关注；从业内人士的职业背景来看，仅有非图情学科背景的业内人士在风险认知明显低于具有图情学科背景的从业人员；从图书馆发展水平来看，西部地区图书馆从业者的风险认知比整体数据高出很多。本书进一步从主观—客观、行业内—行业外、领导—管理这3个维度和6类属性对转型风险进行多维分析，从而更全面的认识风险本质。

第七章总结了我国图书馆转型的主要风险。其中包括：（1）环境风险，这是客观存在于行业外部，由外界信息环境、技术环境、用户环境变化对图书馆转型所造成的影响。这些风险业内不能很好把控，一旦发生就会给图书馆造成较大冲击。外部客观信息环境、经济环境很大程度上直接影响图书馆转型走向。颠覆性信息技术的出现，用户不断变化的信息需求使得图书馆要随时调整运营策略。（2）运营风险，这是统筹图书馆转型整体发展方向、控制转型进程的一类因素。转型方向明确是保证转型顺利进行的关键因素，但目前还存在转型发展模式不确定、组织结构调整存在困难等风险。（3）财务风险，经费是图书馆的命脉，是立馆之本，但经费短缺已经成为世界图书馆事业普遍存在的问题，经费不足是制约转型的关键因素，资本风险是图书馆转型中最普遍的风险，目前我国图书馆转型中投资保障不足、财政投资的可持续性不够、社会力量投资热情不高。（4）法律风险，具体指图书馆转型过程中缺乏相关政策支持，我国图书馆法律地位模糊、图书馆忽略责任与义务、图书馆特权政策缺失。（5）技术风险，一些"突破性技术"和"破坏性技术"给图书馆传统的信息技术造成了很大冲击，图书馆技术采纳相对迟缓，技术融合效果不佳。（6）价值风险，具体指转型对图书馆社会价值地位的影响，其中主要包括图书馆价值的社会可视性和传统服务弱化。

第八章归纳我国图书馆转型风险演化规律。本书研究发现，图书馆转型风险具有普遍性、可预知性、可变性和相对性。图书馆为巩固社会地位，提升社会价值，转型成为必然，而同时，业态环境中资本的投入水平、持续保障能力，新信息技术的更迭，法律政策的支撑水平等诸多不确定性又可能制约转型进展，可能给图书馆转型带来风险。发展与环境中的不确定性都必然存在，"发展与不确定性"这对矛盾相互作用，导致转型过程产生风险。同时，图书馆员和用户的感知差异对风险产生"催化"作用，可能共同推动风险向纵深演进。

第九章探讨了我国图书馆转型风险治理策略。在坚持风险识别前瞻性、风险管理专业化、风险迁移合法性以及风险治理社会化的原则的基础上，本书提出通过环境洞察把控风险，通过优化治理迁移风险，通过业务创新降低风险，通过制度建设规避风险。

第十章为总结与展望。本书认为，应该运用图书馆转型风险测度，通过一定理论或技术手段，实现风险前瞻，用系统的方法应对决策的不确定性，及时监控转型风险，提高风险的可控性，保障图书馆转型顺利进展。图书馆转型应该正视风险，防止转型灾难。发展与风险是密不可分的，发展路径的选择其实质是基于风险的决策，要正视风险本质，科学决策，防止转型风险演化为灾难。业内人士对图书馆转型存在认知忽略，风险虽然客观存在，但就某一具体风险而言，风险事故的发生具有偶然性，或者说是随机性，即有些风险一直未造成较大损失，这就可能导致业内人士对一些风险存在侥幸心理或认知忽略。明确风险存在、识别风险是实现风险管理的首要步骤，对风险的忽略无疑加大了风险的潜在破坏程度。本书认为，应树立风险文化意识，构建基于不确定性视角的图书馆风险治理理论，促进我国图书馆事业健康发展。

《全民健身公共服务绩效模型构建与实证研究》概要

史小强[*]

"拥有健康"是人类追求幸福最本真、最主流、最质朴的价值取向。构建完善的全民健身公共服务体系是建设"健康中国"的重要组成部分，是率先全面建成小康社会的重要内容。随着我国"服务型"政府建设目标的确立，加强绩效评估工作，已成为地方政府全民健身公共服务推行供给侧结构性改革的主流理念。全民健身公共服务绩效评估作为政府部门职能转变、巩固政府合法性、保障百姓体育健身权利以及促进社会公平正义的现实着力点，已经成为"十三五"时期学界和社会公众普遍关注的焦点问题，也是地方政府深化行政体制改革的前沿课题。

目前学界关于全民健身公共服务绩效评估已见不少探索和研究，但纵观现有研究可以发现，这一领域的研究状况参差不齐，普遍认同的研究范式与体系尚待形成，研究缺少对话与争论。绩效评估模式依然呈现以结果为导向、注重投入和产出、成本与效益分析的客观测量模式。大多成果还停留在理论研究层面，操作性、应用性较差，公众对于绩效评估的辨识性、理解性和关注度都较低，真正被体育主管部门用于公共服务绩效考核的模型还为数不多，且绩效评

---

[*] 史小强，上海体育学院教育学博士，现就职于上海体育学院。

估的理论成果在学者之间的相互认同度较低。

基于此，本研究在新公共服务理论、国家治理理论以及政府绩效评估理论的指导下，以构建我国地方政府全民健身公共服务绩效评估模型为主要内容，运用结构方程模型方法实证分析了我国地方政府在"健康中国"战略背景下全民健身公共服务绩效的现状和问题，旨在为提升我国地方政府全民健身公共服务绩效提供理论依据和实践策略。

笔者采用规范研究和实证研究相结合的方法，综合运用文献研究、专家咨询、问卷调查以及数理统计等方法，旨在回答了以下问题：(1) 在"健康中国"建设和"全面建成小康社会"的宏观社会背景下，对新时期我国全民健身公共服务的内涵和发展目标会有哪些新的理解？(2) 构建全民健身公共服务绩效评估模型，应遵循哪些基本原则，又有哪些特殊原则？在具体操作时，如何确定我国地方政府全民健身公共服务绩效应涵盖的内容和范围？(3) 选择什么统计方法、运用什么数据处理软件能够增强所要构建的全民健身公共服务绩效模型的科学性、客观性、合理性？(4) 如何选择全民健身公共服务绩效评估模型的实证应用研究的对象，选择合适的样本，从而保证数据来源的可获得性和可操作性？

具体内容包括以下几个方面：

第一，对地方政府全民健身公共服务绩效评估的基本内涵与理论基础进行了阐释。首先，限定了此次"全民健身公共服务绩效评估"研究的政府层级范围，即"地方政府"是指"地方各级体育行政机关（体育局）为主、其它地方政府部门（如地方教育局、财政局、卫生局、旅游局等）为配合的部门构成"。其次，在"健康中国"建设和"全民健身上升为国家战略"的大背景下，地方政府全民健身公共服务被赋予了新的时代特征，并进一步决定了其绩效测度模型构建所应遵循的价值取向。研究认为，新时期我国全民健身公共服务的时代特征包含三个方面：(1) 全民健身公共服务的核心理念是共建共享、以人为本；(2) 全民健身公共服务的改革逻辑是多元供给、合作治理；（3）全民健身公共服务的前沿路向是科技创新、提升绩效。此后，本书将地方政府全民健身公共服务绩效评估的本质和特征进行了梳理。研究认为，地方政府全民健身公共服务绩效评估的主体包括政府内部评估系统、社会公众评估系统和专门性评估机构系统。绩效评估的关键流程主要包括思想维度的建构、前期工作的准备、评估对象范围的限定、评估主体机构的选择以及反馈结果的应用。之后，将地方政府全民健身公共服务绩效评估的特征归纳为：（1）地方政府的权力非自主性在一定程度上有利于其全民健身公共服务绩效评估标准的统一；（2）地方政府管辖的局部性无形中加大了全民健身公共服务绩效评估的工作难度；（3）治理的差异性加大了不同地区全民健身公共服务绩效评估内容的特殊性。

第二，构建了地方政府全民健身公共服务绩效评估的理论模型，提出研究假设。首先，明确了构建理论模型的基本原则，包括科学合理性原则、系统全面性原则、简明易懂性原则和实用可比性原则。其次，对地方政府全民健身公共服务绩效评估模型的内涵和构成进行了解释，将全民健身公共服务绩效的指标构成分为四个大类：即"服务效率""服务质量""服务回应性"和"服务民主性"。在以往研究的基础上，本书将全民健身公共服务绩效评估的层次限定在地方政府层面，选择公众主观评价的方式作为本书的实证调查方法。将组织协调、财政支出、设施配置、政策执行和信息技术能力五个变量作为结构绩效的影响因素，并进一步构建了地方政府全民健身公共服务绩效与其影响因素之间的初始关系模型。

第三，设计开发了地方政府全民健身公共服务绩效评估的调查量表。首先，明确了新时期地方政府全民健身公共服务绩效评估模型量表设计的价值取向，即应该彰显"权利共享、以人为本"的公共性本质，应该坚持"效率优先、兼顾公平"的有效性原则，应该追求"公众满意、民主参与"的回应性目标。其次，基于研究假设，在研究方法论的指导下，进行研究问卷的科学设计，从而实现假设被转化为观测量，并对研究所要观测的变量内容和结构做出真实、客观、严谨和科学的设计安排。通过借鉴前人文献中的现有测试题项，结合专家打分重新梳理、修改、完善，形成了包括19个题项的结构绩效量表和23个题项的影响因素初始量表。通过对初始问卷量表的预先调查，收集250份样本数据，结合专家隶属度判断方法、信度分析方法以及探索性因子分析方法，对量表进行了修正，最终得到了包括17个题项的结构绩效量表和21个题项的影响因素量表。

第四，对构建的地方政府全民健身公共服务绩效评估模型进行了实证检验。正式调查本研究采取分层、随机便利抽样的方法，选取除港澳台地区以外的"四大地区"具有代表性的12个省、自治区和直辖市进行问卷发放，总共向社会公众发放问卷2400份，共得到有效问卷2130份，占发放问卷总数的88.8%。研究结果显示，地方政府全民健身公共服务结构绩效四个潜在变量以及影响因素的五个潜在变量的观察变量的载荷系数均在0.7以上，达到了模型检验标准的要求。之后，使用AMOS工具，运用极大似然估计法，通过对全民健身公共服务影响因素测量模型进行初始估计、模型求解、模型评价和11次的模型修正后，得到地方政府全民健身公共服务绩效结构要素与影响因素的关系路径模型。

第五，对地方政府全民健身公共服务绩效评估模型的实证结果进行现实反思和探讨。研究结果显示：（1）研究提出的20组理论假设中，有17组假设被实证检验通过，3组理论假设未通过，分别为"信息技术能力"对于全民健身公共服务的"服务质量"不产生直接正向影响；"设施配置"对于全民健身公共服务的"服务回应性"不产生直接正向影响；"财政支出"对于全民健身公共服务的"服务民主性"不产生直接正向影响；并分别对结果产生的原因进行了理论解释。（2）组织协调、财政支出、设施配置、政策执行和信息技术能力五个因素，均正向影响地方政府全民健身公共服务绩效中的"服务效率"；（3）对于地方政府全民健身公共服务绩效中的"服务质量"，除去信息技术能力因素不直接对其产生正向影响作用，其余四个因素均产生正向影响作用；（4）对于地方政府全民健身公共服务绩效中的"服务回应性",只有"设施配置"因素不直接对其产生影响;(5)对于地方政府全民健身公共服务绩效中的"服务民主性",只有"财政支出"因素不对其直接产生影响;(6)地方政府全民健身公共服务结构绩效维度中,"服务民主性"和"服务质量"绩效受"组织协调"因素影响最大;"服务回应性"受"政策执行"因素影响程度最大;"设施配置"对地方政府全民健身公共服务绩效中的"服务效率"影响程度最大。

第六,从组织协调、财政支出、设施配置、政策执行与信息技术能力五个关键影响因素入手,提出今后提升地方政府全民健身公共服务绩效的对策建议。其中主要包括四个方面:(1)拓宽民主渠道,构建地方政府全民健身公共服务组织协调机制。首先,优化行政组织结构,破除全民健身公共服务沟通障碍。其次,建立部门协同机制,实现全民健身公共服务多元共治。最后,落实人员责任分工,树立全民健身公共服务意识。(2)实现公平正义,推进地方政府全民健身公共服务资源均衡配置。首先,加强财政资金投入和设施建设力度,夯实资源均衡配置基础。其次,优化财政支出结构和设施空间布局,提升资源均衡配置水平。最后,创新财政支出方式和设施运营机制,丰富资源均衡配置模式。(3)回应公众关切,加强地方政府全民健身公共服务政策执行力度。首先,明确全民健身公共服务政策执行目标,对接公众需求。其次,加大全民健身公共服务政策执行宣传,纳入公众视野。最后,完善全民健身公共服务政策执行监督,开展公众评议。(4)提升行政效率,开发地方政府全民健身公共服务信息技术能力。首先,加强信息技术基础设施建设,推动全民健身公共服务信息公开。其次,重视信息技术人才队伍培养,科学全民健身公共服务信息决策。最后,利用新兴信息技术关系资源,促进全民健身公共服务信息共享。

本研究可能的创新之处如下:

第一,为全民健身公共服务绩效评估赋予了新的时代内涵。现有文献对体育领域公共服务的绩效评估维度论及很少,尽管已有学者利用结构方程等模型对体育领域公共服务各要素、各维度的相关关系开始进行探讨，但由于目前学术界对于我国体育领域的公共服务现象的指称问题还没有达成共识，理论研究中"全民健身公共服务"和"公共体育服务""体育公共服务""基本公共体育服务"等相关术语依然存在着严重的混用现象。体育领域公共服务的要素构成尚无公认权威的标准，多数研究还是按照体育领域公共服务的内容分类进行维度划分，其仅仅是对若干指标的随意堆砌或简单罗列。这使得同维度之间、上级指标与下级指标之间的关系往往没有形成一致的逻辑，在一定程度上割裂了维度之间的潜在相关关系。这不仅加剧了绩效评估的难度，降低了绩效评估的准度，更直接降低了目前我国公共体育事业发展改革的有效性以及理论研究的精准性。本研究结合"健康中国"战略背景，重新明确了新时期我国全民健身公共服务基本内涵和时代特征。

第二，将更多能够反映全民健身公共服务改革动态的指标纳入到绩效评估的理论模型之中。当前我国经济社会发展日新月异，加之"全面建设小康社会"和"健康中国"建设目标的提出，国家为体育领域公共服务事业的发展赋予了新的时代使命。无论是体育领域公共服务的供给方式还是公众对于公共服务质量的预期和感知都发生了前所未有的变化。而现有部分研究所构建的指标体系已经不足以反映当前新形势下体育领域公共服务的现状和特征，因此相应的绩效评估指标也要与时俱进，不断确定新的评价标准并逐步完善。

第三，构建了地方政府全民健身公共服务结构绩效模型和影响因素关系模型。本研究创新性地提出地方政府全民健身公共服务的结构绩效由服务效率、服务质量、服务民主性和服务回应性四个维度构成，并以量化和指数的形式分析了当前地方政府全民健身公共服务总体的绩效水平现状。此外，研究同时分析了组织协调、财政支出、设施配置、政策执行和信息技术能力五个因素对地方政府全民健身公共服务绩效的影响。针对目前研究或只分析影响因素，或只讨论绩效构成的现状，本研究对理论模型进一步丰富和拓展，具有一定的开拓性。

最后，研究的主要不足包括：（1）本研究数据搜集采用便利抽样的方法，且调查城市没有涉及全国所有省份，可能影响结论的普适性。因此，在后续的研究工作中还应以更加严谨的态度，遵守量表开发的科学范式。在财力、精力和人力允许的前提下，尽可能提高样本的数量和质量，扩大调查范围，保证结论更加科学合理。（2）本研究采用结构方程方法对地方政府全民健身公共服务绩效水平进行公众主观评价，因此这种方式受限于被试者的主观性判断以及对所在地区全民健身公共服务了解的片面性。由于目前学界在全民健身公共服务领域探讨绩效公众评价有效性的研究还很少，所以今后研究中还要加强这方面的探讨。（3）本研究仅仅是区别了中央政府与地方政府之间的不同，并没有区分地方政府中省级政府、县级政府以及乡级政府全民健身公共服务绩效评估的不同。因此，如何构建一个能够综合反映不同层级地方政府全民健身公共服务绩效的评估模型，是后续研究应该努力的方向。

《空间规划有效性评价：
理论、方法与案例》概要

沈孝强[*]

空间规划在世界范围内被广泛用作保护耕地与生态环境、治理城市蔓延、优化土地开发利用空间格局和促进可持续发展的基本工具，并日益成为我国公共治理能力现代化建设的重要载体。有效性是空间规划的"生命力"。规划实施有效性评价是一个评估、认知、学习、反省、提高的过程，目的在于了解规划实施进度与实际作用，发现问题及其原因，并据此采取措施，最终服务于提高规划实施绩效。因此，规划实施有效性评价的重要性不言而喻。然而，当前在国内外普遍存在一种被称为"新规划综合症"（New Plan Syndrome）的现象：规划部门不关心前一个规划运行得怎么样，也不去了解规划目标是否实现，更不会费力去调查为什么有些规划看起来是成功的而另一些规划没有达到预期效果；规划部门只是一味地调整和修订规划，用新的规划代替旧的规划。

此外，我国乃至世界上很多国家和地区的空间规划制度正面临深刻调整或变革。改革是以问题为导向的。对现行空间规划制度的改革应当首先建立在充分了解现行空间规划制度的实施成效、不足与问题，及其影响因素的基础上。但在目前，规划实施有效性研究

---

[*] 沈孝强，浙江大学管理学博士，现就职于兰州大学。

仍然滞后，对于"规划如何影响行动以及行动如何产生结果""规划在多大程度上影响着地区的发展""如果规划失灵，问题出在哪里"等基本问题，缺少清晰的答案。这些问题不解决，空间规划制度改革在一定程度上就可能带有盲目性。推进规划有效性研究能够促进规划理论与实践的发展。

空间规划实施有效性的评价标准问题一直是困扰相关研究的核心理论问题。当前，针对这一问题的争论聚焦于采用一致性理论的标准还是规划效能理论的标准。前者将规划视为蓝图，强调规划的严格落实，以规划实施结果与规划的一致性作为规划实施有效性的评价标准。当结果偏离规划时，规划即被认定为缺乏效力。后者认为，规划不是决策本身，规划的目的在于为决策提供指导框架，帮助决策者认识、分析和解决相关实践问题；因此，规划的有效性体现于对有关决策行为所产生的影响和作用。只要规划能够参与决策过程并为决策提供某种帮助，即便决策违背规划、结果与规划不一致，规划也被认为是有效的。一致性评价具有客观、易操作的优点（比如，通过对土地开发利用与规划图的叠加分析反映实际结果与规划的吻合度），能够反映规划的总体落实度。由于规划的有限理性和未来的不确定性，结果与规划完全一致既是难以达成的也可能是不明智的。因此，一致性理论被认为过于僵化和简化，不能完全反映规划所发挥的实际作用。规划效能理论体现了对规划基本功能定位更为深入的认识，将规划实施有效性评价的重心从实施结果转移到决策过程，能够在一定程度上弥补一致性理论的不足。但由于规划对决策行为影响与作用的主观性、多样性和抽象性，规划效能理论一直陷于缺乏具体评价方法的困境中，从而导致理论研究与实践应用相脱节的问题。另外，一致性理论和规划效能理论还面临共同的不足：均未回答"规划实施结果是否令人满意""规划目标是否最终得以实现"。这些问题对于规划实施评价而言是十分重要的。

鉴于此，本书着力于规划实施有效性评价理论及其具体测度方法的研究。一致性理论和规划效能理论看似相互冲突，但存在内在联系，在内涵上是相互交叉的。将两者进行有机结合能够起到取长补短的作用。通过在评价规划效能时引入一致性理论，不仅能够解决最浅显情形下的规划效能评价问题，也有助于解决最隐晦情形下的规划效能识别问题（决策违背规划方案时，如何考察规划目标是否对决策产生了影响，以及如何考察规划是否有助于改善决策）。效能理论是对一致性理论的合理补充，能够弥补一致性理论过于苛刻、对违背规划方案的合理决策行为不兼容的问题，并且有助于对规划和规划实施结果产生检讨作用。本书在整合一致性理论和规划效能理论的基础上建立空间规划有效性分析框架。

对于一致性理论和规划效能理论的共同不足，本书引入规划实施事后效益评价，用意包含三个方面：第一，以事后效益评价分析规划实施结果的可接受度和规划目标的实现程度；第二，在此基础上，进一步分析规划方案的合理性、规划方案和规划目标对改善决策的作用；第三，以事后效益的积极性反观和检讨决策违背规划方案的正当性，并揭示规划目标是否对与规划方案不一致的决策行为产生了引导作用。

综上，本书通过整合和拓展一致性理论、规划效能理论建立综合性的空间规划实施有效性分析框架，并改进了一致性和规划效能的具体测度方法。继而，将所建立的分析框架与方法应用于考察案例"城市土地利用总体规划"在保护耕地、管控城镇用地方面的有效性；基于本框架所蕴含的对规划和规划实施的检讨作用，进一步分析了案例区规划有效性的影响因素，并阐述了相关政策启示。在此基础上，结合与已有理论（分析框架）、方法的对比分析，进一步总结、阐释本书所提出的评价理论与方法的特别之处和可取之处。

本书的具体章节安排为：第一章是绪论部分，介绍本书的研究背景、意义，主要研究内容、思路和方法，并对案例区和案例研究内容及相关数据来源做了说明；第二章综述了有关规划实施有效性评价所面临的难题、评价理论与方法和有效性影响因素等方面的已有研究成果；第三章通过整合一致性、规划效能和规划实施事后效益建立新的空间规划实施有效性分析框架，并对具体评价方法进行改进；第四章、第五章和第六章根据规划实施有效性分析框架内部构成的逻辑顺序依次展开案例区土地利用总体规划在耕地保护和城镇用地管控中的有效性研究，因此三章合起来构成一个基于有效性分析框架完整应用的总的案例研究；第七章分析了案例区规划实施有效性的影响因素，提出了以规划有效性为导向的政策建议；第八章对已有规划实施有效性评价理论、方法与本书提出的分析框架、方法进行了比较研究；第九章总结了全书的主要研究结论。

具体研究成果与结论如下：

第一，提出了结果与规划一致性评价方法的改进方案。针对我国土地利用总体规划的特点，提出结合指标执行情况和实际土地利用状况评价的一致性。通过实际土地开发利用规模与各类规划控制指标的比较反映指标执行情况。从三方面改进了土地开发利用与规划一致性的评价方法：（1）建立包含合规率、饱和度和容余率的空间吻合度量化测度指标体系；（2）从土地利用演化的角度，将一致性分为强有效、弱有效、强失效、弱失效四种情形；（3）从土地利用与规划分区空间位置关系的角度，将规划实施效度区分为有效、次有效和无效三个层次。改进后的评价方法能更好地揭示实际与规划的吻合度、吻合度变化的直接驱动力（即与规划空间不一致的用地行为是否由规划分区范围不足造成，结果与规划一致性水平的变化是由合规用地还是违规用地的增加或减少造成），以及空间吻合度等级差异。

第二，明确了空间规划效能内涵并重构了规划效能评价方法。将规划效能内涵解构为规划影响决策和规划改善决策两个层面，阐明了两个层面规划效能的内在关系及分别对评价规划效能的作用。进而，提出了规划效能评价的两个关键性难题：一是，在决策违背规划方案情形下，如何考察规划对决策是否产生了影响；二是，如何评价规划对于改善决策和实际问题解决能力的作用。为解决这两个难题，本书首先对规划目标和规划方案进行了定义，以将规划方案的实施区别于规划目标的实现。在此基础上，对于第一个难题，提出可以从违背规划方案的决策与规划目标之间的作用关系及规划目标的合理性入手评价规划目标对决策的引导力，以此反映规划是否对决策产生了实际影响。对于第二个难题，提出可通过评价规划实施的事后效益与规划目标的实现程度来反映规划对改善决策、解决实际问题的作用。新建的评价方法可以缓解当前客观评价规划效能与直接评价规划效能难以兼得的困局。

第三，建立了综合性的空间规划实施有效性分析框架。通过整合一致性理论与规划效能理论、引入规划实施事后效益分析，建立涵盖"过程—结果—事后效益"的有效性分析框架。评价内容包括：决策执行结果与规划方案的一致性，规划方案对决策的影响，结果所带来事后效益的满意度，以事后效益及结果与规划的偏离度判断规划目标是否实现，以规划目标的实现度回顾规划目标对决策的引导力。另外，规划实施的事后效益和规划目标达成度也被用于检讨规划对决策影响的积极性、结果的满意度、决策违背规划的正当性和规划的合理性。根据结果与规划的一致性、规划方案对决策行为的影响力、事后效应的积极性、规划目标对决策行为的引导力、规划目标的合理性等，可以将规划实施的有效性划分为不同的情形。不同有效性情形下，规划实际作用与影响是存在差异的：（1）规划方案被采纳、结果与规划一致、事后效益较好、规划目标得以实现，规划的有效性等级最高；（2）决策虽然违背了规划方案，但规划目标得以实现，体现了规划目标对决策的引导作用（规划目标的实现重要于规划方案的实施），规划仍然是有效的；（3）取得了较好的事后效益，但与规划的关联度低，反映了决策违背规划的正当性，从规划效能的角度看这样的决策行为并不损害规划有效性，但规划本身仍然是缺乏效力的；（4）规划方案被采纳，但由于规划方案不合理导致所取得的与规划内容一致的结果的事后效益较差或未能取得与规划一致的结果和预期的良好效益，说明规划方案对决策产生了错误的引导作用，有效性等级较低；（5）决策忽视规划且决策执行的事后效益低，说明这样的决策缺乏合理性并损害了规划的有效性，有效性等级最低［相较而言，情形（4）中规划方案至少产生了一定影响］。

第四，应用所建立的分析框架及其具体评价方法对《GC市土地利用总体规划（2006—2020）》在保护耕地和管控城市扩张方面的有效性进行了案例研究。结果显示，GC市新增建设占用耕地指标消耗快而补充耕地任务实施滞后，一致性评价指标中合规率、饱和度下降，容余率上升。合规耕地减少和新增耕地中违规耕地比重高是上述指标变化的主要驱动力。但从空间形态来看，仅少量新增耕地和被转用耕地属于规划无效等级。建设用地配额消耗过快，合规率、容余率大幅下降，饱和度显著上升。新增合规与违规城镇用地规模均较大，但规划城镇建设区不连续的违规城镇用地开发行为较少。案例区较为显著的新增违规耕地和城镇用地现象并非分别由规划耕地保护区（包括基本农田保护区和一般农地区）和规划城镇建设用地区空间范围不足造成，但这些规划分区的破碎性是导致不一致的重要原因。

后续决策对规划的总体参考度较高，但一些微观层面的决策与规划存在一定出入。部分违背规划的决策并不阻碍规划目标的实现；而那些违反规划目标的决策由规划目标不合理或决策者无视规划造成。新增违规城镇用地可被纳入规划调整完善、低丘缓坡开发、统计口径调整、地方语境下的城乡建设用地增减挂钩、未批先建五种情形。大多数情况下前两种情形与规划目标不冲突，情形三、情形四符合规划目标，最后一种情形损害规划有效性。

就耕地保护的规划实施事后效益而言，案例区建设占用耕地快于规划控制要求、占优补劣现象突出，新增耕地单位面积农业产出能力低于被转用耕地。当地耕地开发还很有可能引发了生态环境负面影响。建设用地管控的规划实施事后效益方面，GC市单位面积城镇用地的投资密度和产出能力得到显著提高，但人口承载水平明显下降。城镇建设占用大量耕地，建成区扩张速度相对其他省会城市和直辖市超前于非农人口与城市经济的增长；新增违规城镇用地高效利用和低效闲置并存。

第五，分析了案例区规划实施有效性的影响因素和相应的政策启示。规划不合理，规划刚性与规划弹性及规划实施管理的缺陷，地方政府执行意愿不足和市场力量的驱动是案例区规划失效的重要原因。在项目开发选址决策行为视角下地块尺度的微观案例研究显示，违规城镇用地开发是地方政府选择和市场驱动共同作用的结果，其中地方政府在遵循和利用市场机制的基础上扮演了更为关键的角色。对此，本书提出从耕地保护战略重心转向稳定农业产出能力、增强约束性和提升灵活度相结合协调、规划刚性与弹性、改善对市场主体的引导力和包容性以及优化规划实施管理等方面入手，提升土地利用总体规划的实施有效性。

第六，比较了本书所建构的空间规划有效性分析框架与其他评价理论、方法。结合指标执行情况、土地利用与规划的吻合度测度一致性能够弥补其他方法的不足，更加迎合我国土地利用总体规划的特点。两个层次的规划效能解构方案能够涵盖已有学者所解读的规划效能的要点和当前效能测度指标所指向的主要对象。所建立的规划效能的具体评价方法能够缓解当前客观评价与直接评价规划效能难以两全的困境。总体上，本书所建立的空间规划有效性分析框架相较于一些简单的理论，在内容上更加全面；相对于一些综合性的分析框架，则具有较好的可操作性。

《城市居民垃圾分类行为驱动机理及引导政策》概要

陈飞宇[*]

随着中国经济的发展和城镇化水平的提升，城市居民资源消耗量及生活垃圾产生量和复杂程度不断增加。如何解决城市生活垃圾带来的污染问题，且实现资源的重复利用已成为资源环境领域亟须探究的重要议题。垃圾的源头分类活动是确保其有效回收、循环利用的根本前提，决定了整个垃圾资源化和减量化处理过程是否能够有效地进行。厘清垃圾分类行为驱动机理，并据此设计、实施有效的干预政策，对居民垃圾分类行为的引导，实现垃圾的循环利用具有重要的意义。

本书依据"提出问题—理论研究—实证研究—演绎仿真研究—解决问题"的技术路线，以我国城市居民垃圾分类行为为研究对象，综合运用行为学、心理学和经济学等领域的基本理论与方法，围绕涵盖行为驱动、政策响应和政策仿真的综合路径模型展开研究。具体来讲，首先对城市居民垃圾分类行为的内涵进行清晰界定，并结合质性分析构建并验证其结构维度。同时，通过质性研究，探索出垃圾分类行为的核心驱动因素及其作用机制，进而构建我国城市居民垃圾分类行为驱动机理理论模型。接着，基于文献分析构建城市

---

[*] 陈飞宇，中国矿业大学管理学博士，现就职于中国矿业大学。

居民垃圾分类行为引导政策的响应模型。根据理论模型中的各个驱动因素及政策响应内涵,开发我国城市居民垃圾分类行为及其驱动因素、引导政策响应机制测量量表,以获取我国城市居民垃圾分类行为及其驱动因素、政策响应分析的基础数据,并通过统计分析方法分析城市居民垃圾分类行为的现状、差异性特征,检验和修正本书构建的理论模型。进一步,使用计算机仿真的方法,探究了城市居民自身执行并带动他人进行垃圾分类的路径条件。最后根据质化分析与量化分析结果,为引导城市居民垃圾分类行为提供政策建议。现将本书主要内容及结论总结为以下几个方面。

第一,城市居民垃圾分类行为内涵及其呈现特征。本书基于居民垃圾分类活动中主体、标准、执行和目标的过程逻辑,将城市居民垃圾分类行为界定为在垃圾管理的过程中,城市居民作为垃圾产生和处理的源头,将其按规定类别进行分类收集,并投放到指定地点,进而降低垃圾的处置难度,促进实现垃圾无害化、资源化和减量化的行为。进一步从行为发生动机的视角,结合质性研究,构建并验证了垃圾分类行为的四维结构,分别为习惯型分类行为、决策型分类行为、人际型分类行为和公民型分类行为。在此基础上开发、检验了城市居民垃圾分类行为及其驱动因素测量量表。描述性统计分析发现,城市居民垃圾分类行为总体处于一般水平,且高达45.78%的城市居民垃圾分类行为呈现出劣性特征,特别是习惯型分类行为与公民型分类行为劣性特征尤为突出。

第二,城市居民垃圾分类行为驱动机理的质性研究及其量化检验。本书运用质性研究方法探究了城市居民垃圾分类行为的关键驱动因素,构建了城市居民垃圾分类行为驱动机理理论模型。单因素方差分析、多元回归分析、结构方程模型的实证检验结果表明,垃圾分类行为在年龄、婚姻状况、学历、政治面貌、月收入、月生活支出、家庭住宅面积、家庭成员数、家庭排行、家庭月收入、家务承担倾向上存在显著性差异。个体心理因素中的利己价值观、利社会价值观、预防聚焦、促进聚焦、节奏偏好、品质偏好和分类知识,情境因素中的产品技术条件、设施条件、标准可识别度、分类环节信任、收运环节信任、家庭氛围、组织氛围和社会氛围，分类授权感知及其各维度，均能够显著地直接预测城市居民垃圾分类行为。分类授权感知在利关系价值观、分类关注、数量偏好与垃圾分类行为间的关系中存在完全中介效应，在利己价值观、利社会价值观、分类知识、预防聚焦、促进聚焦、节奏偏好、品质偏好与垃圾分类行为间的关系中存在部分中介效应。情境因素中的设施条件、标准可识别度、生产环节信任、分类环节信任、收运环节信任和处理环节信任对分类授权感知与垃圾分类行为间关系存在显著的调节效应。

第三，城市居民垃圾分类行为引导政策的响应特征研究。本书基于"执行侧"视角，结合个体态度反应模式，构建了包括了解度、支持意愿、执行意愿和带动意愿的城市居民垃圾分类行为引导政策响应模型，并探究了城市居民对垃圾分类行为引导政策的响应机制。统计分析和二次响应面回归分析发现，公众对政策的了解/支持/执行/带动情况呈近似"倒U型"变化，表现出低了解度和带动意愿、高支持意愿和执行意愿的特点，且42.51%的个体对垃圾分类引导政策的了解度处于劣性水平。仅支持意愿能显著影响公众对政策的执行意愿，但了解度和支持意愿均能够显著地正向预测带动意愿。尤其是，了解度、支持意愿的一致性对执行意愿、带动意愿呈"递增"响应，了解度与支持意愿二者一致且一致性程度较高时执行意愿、带动意愿更高。

第四，城市居民垃圾分类行为复现的演化仿真研究。本书从行为"执行—带动"的视角，对信息交互干预机制和协作分类机制下的城市居民垃圾分类行为进行政策仿真分析，探究垃圾分类行为形成及复现的演化机制。

在信息交互干预机制下，固定响应效度情景中，政策情境因素与偏向信息的交互干预促使个体习惯型分类行为的学习速率高于其自学习的速率，其中最关键的三类政策情境干预因素依次为分类环节信任、生产环节信任和设施条件。不同响应效度的情景中，政策高响应效度和高了解度、低支持度促使在仿真初期的个体具有较高的学习速率，低响应效度与低了解度、高支持度的学习速率较低，且与自学习相同。随着仿真步数增加，低了解度、高支持度响应效度情景下的学习速率下降速度较快，高了解度、低支持度响应效度情景下的学习速率先是略微下降，随后呈现上升再下降的趋势，并在一段时间后超过低了解度、高支持度响应效度情景下的学习速率。在仿真演化进程后端，不同响应效度情景下的感知收益与行为发生概率呈现出趋同特征。整个仿真过程中，高响应效度促使信息交互干预机制下的分类行为最快形成与复现；低响应效度下行为收敛速度最慢。

独立分类情境下，无论处于何种初始状态，个体垃圾分类行为最终收敛于｛不分类，分类｝或｛分类，不分类｝策略，政府对个体分类行为的管制效用低下甚至失灵，垃圾分类活动中易发生"搭便车"行为。垃圾协作分类机制是实现个体间共同参与垃圾分类活动的重要路径，其稳定策略向形成协作分类状态或不分类的方向演进。协作收益是促进个体间积极协作分类的必要条件，协作社交成本及政府管制力度影响个体间协作关系的稳定性。

第五，根据质化分析与量化分析结果，注重管理策略和激励方法之间的有机结合和协同作用，系统建立行为引导策略模型，形成综合城市居民垃圾分类行为引导体系。本书从行为驱动、政策践行及现实机制运行三个方面提出了城市居民垃圾分类行为干预政策建议，为有效引导城市居民垃圾分类行为提供借鉴。

本书的创新点主要体现在以下四个方面。第一，基于居民垃圾分类活动中主体、标准、执行和目标的过程逻辑，界定城市居民垃圾分类行为内涵，并从行为发生动机视角，结合质性研究，提出垃圾分类行为四维结构。进一步构建并验证了城市居民垃圾分类行为驱动机理理论模型，是对垃圾分类行为及其驱动机理理论研究的重要创新。第二，将分类授权感知作为核心因素引入到驱动机理理论模型与信息交互干预模型中，探索并验证城市居民垃圾分类的授权感知与行为结果体验对其行为复现的影响,实现了行为形成与稳定复现的动态研究,拓展了垃圾分类行为研究视角。第三,基于"执行侧"视角,结合个体态度反应模式,构建包括了解度、支持意愿、执行意愿和带动意愿的垃圾分类行为引导政策响应模型,探究城市居民对垃圾分类行为引导政策响应机制,厘清了政策践行应有的保障基础,开发了提升政府政策效力性研究的新模式。第四,将行为干预内涵从个体单一执行延伸至多方带动,构建信息交互干预和协作分类两种垃圾分类行为引导机制,通过系统仿真演化不同干预强度与响应效度情景下分类行为的形成和复现过程,比较有(无)政府约束下个体独立分类和协作分类机制下的行为演化规律,为垃圾分类行为干预及行为学习研究提供了崭新的研究思路和方法论基础。

本书的理论意义主要体现在以下三个方面。第一,城市居民垃圾分类行为选择是一个复杂的过程,厘清城市居民垃圾分类行为的驱动机理,是有效干预垃圾分类行为的前提条件。基于实证分析探究城市居民垃圾分类行为的驱动因素,构建并检验城市居民垃圾分类行为驱动机理理论模型,为引导微观主体的垃圾分类行为提供了重要的理论支撑。第二,政策的制定与实施过程中,忽视政策执行者的态度和反应,不仅会偏离政府、企业、公众等多主体合作治理城市生活垃圾的现实趋势,还可能引起政策的回弹效应。通过对城市居民垃圾分类行为引导政策响应的研究,对有效引导城市居民垃圾分类行为,避免行为的回弹效应提供了重要的政策践行依据,是对政策设计与执行相关研究领域的拓展和丰富。第三,基于行为"执行—带动"视角构建垃圾分类政策引导机制,将行为干预的内涵从个体单一执行延伸至多方带动,是对资源环境领域个体行为干预理论的拓展。通过演化博弈、系统仿真的方法,探讨垃圾分类行为的形成与复现机制,促进了行为经济学、行为心理学、计算机科学等多学科的交叉应用,完善了个体垃圾分类行为演化路径相关研究的方法体系。

本书的实践意义主要包括生态意义、健康意义和经济价值等。

一是生态意义。城市生活垃圾是城市环境的主要污染物，中国四百多个城市处在垃圾围城的困境之中。有效地引导城市居民积极参与垃圾分类，能够从源头改善垃圾的收运和处理难度，进而降低垃圾的乱排现象，减少城市污染。另一方面，对垃圾的分类回收和资源化再利用，会进一步节省资源、避免浪费，解决日益增长的资源供需矛盾问题，促进生态环境可持续发展。二是健康意义。中国现阶段垃圾基本是通过填埋和焚烧两种方式处理，填埋的处理方式对土壤和水会造成严重的污染，焚烧的处理方式则会产生大量的二噁英飘浮在空气中，均会损害居民的身体健康。居民"别在我家后院"的态度也反映了他们对垃圾不健康处理方式的厌恶与抵触。垃圾的源头分类会有利于相关部门对其进行无害化处理，进而为居民带来健康效益。三是经济价值。中国政府仅在环境污染治理方面每年的投入达万亿元。引导城市居民在源头对垃圾进行减量化，减少垃圾乱扔现象，不仅能够降低污染治理的难度，还能降低垃圾的收运和处理难度，从而降低政府治理成本，带来经济效益。

《中国农业知识产权协同创新机制优化研究》概要

陈祺琪[*]

  创新驱动发展，农业科技创新作为引领现代农业发展的第一动力，有力地推动了农业现代化的进程。自2004年始，连续16个中央一号文件的持续出台表明了政府对"三农"问题的重视。2012年中央一号文件，直接强调加快推进农业科技创新，持续增强农产品供给保障能力；近三年，尤其是2019年中央一号文件，强调加快突破农业关键核心技术，打造产学研深度融合平台，强化企业技术创新主体地位，支持企业牵头实施技术创新项目；并继续组织主要粮食作物和畜禽良种联合攻关、加强农业领域知识产权创造与应用等。十九大、十三届人大会议均强调企业创新主体地位，构建产学研深度融合的技术创新体系，加快创新成果转化应用。

  在政策的调节及驱动下，我国粮食总产量曾一度出现"十二"连增现象，虽近几年略有波动，但基本实现供需均衡。粮食产量的稳定增长为农业生产结构调整、农村生产力的解放与发展及农业现代化的建设奠定了深厚的物质基础。我国农业科技创新已略显成效，主要体现在提升农业生产竞争力，提高农产品附加值，促进农民增产、增收等方面。然而，伴随着经济增长速度的减缓，农业资源环

---

[*] 陈祺琪，华中农业大学管理学博士，现就职于中原工学院。

境压力的加大、农产品生产成本的上升及农产品有效供给保障能力提升后劲的乏力，使得农业科学技术必须从后台走向前台，从有所担当走向全面担当，并逐渐成为支撑与引领农业发展的核心动力。目前，我国农业生产仍存在科研创新与生产实际脱节、农业科研成果不能有效转化为实际生产力、农业科研投入不足且主体偏少以及市场机制作用发挥不足等一系列问题，必须改变现有的农业科技创新体系，重视并充分发挥创新主体的协同作用。

然而，已有研究多集中于对农业科技创新内涵界定、水平评估、主体行为分析及成果保护方面，研究深度有待扩展；针对农业知识产权的研究多以现状与对策为主，缺少深层的量化分析内在机理；针对协同创新的研究相对较少，且多倾向于宏观层面的科技协同，对农业知识产权协同创新的研究更为稀少；针对不同创新主体的研究，更是忽略了主体差异化、格局演化与协同创新的问题。事实上，农业科技创新主体格局已发生变化，自2011年，企业的农业科技创新能力迅速提升，尤其是以植物新品种为代表的农业知识产权创新已超越科研机构和高校。鉴于此，在当前国际外部输入性风险上升和国内下行经济压力加大的经济形势下，探讨农业知识产权创新问题，无疑成为深化农业现代化进程的重大理论与政策问题。当然，上述问题的解决是提高农业科技创新水平的有效途径，也应是农业经济管理研究领域的重点问题。

此外，随着经济全球化及知识经济的深化发展，知识产权在国际贸易与竞争中的地位日益凸显。作物良种作为农业科技的重要物化成果，对提升农业综合生产能力作用明显。因此，本书以植物新品种为例，探讨农业知识产权协同创新问题。具体而言，在对相关支撑理论与文献进行梳理的基础上，本书首先分析了农业知识产权创新的理论效用，论证了农业知识产权创新的现实必然性，分析了农业知识产权创新的现状，找出现存农业知识产权创新的问题；然后，在归纳总结农业知识产权创新时序演进特征及空间分布格局的基础上，量化了农业知识产权创新的实践公平性；接下来，识别了农业知识产权创新的收敛性，量化了其收敛速度，并基于此分析了农业知识产权创新的制约因素；进一步地，分析了农业知识产权协同创新的微观机理，界定了创新主体的科学内涵，并分析了不同主体的参与协同创新的影响因素；进而，基于对现有农业知识产权协同模式的分析，提出优化思路和原则，并构建了"政产学研用＋中介"的农业知识产权协同创新模式；最后，在借鉴国外相关经验的基础上，结合研究结论，提出推进中国农业知识产权协同创新的对策设计。

基于上述研究框架及研究内容，在本研究的论证过程中，采用定性分析与定量分析相结合的方式，深入分析现象及问题背后的内在机理，并借助实证分析加以辅证相关观点，以实现理论分析与实证检验的统一。具体而言，在研究方法上，主要涉及文献分析法、比较分析法、归纳演绎法，Moran's I 等空间计量方法以及相关计量经济学方法。主要研究结论可以概述为以下六个方面：

第一，中国农业科研机构数量以及人力资源投入数量均呈下降趋势，农业科技经费投入、课题数、发表科技论文数、出版著作数以及相关的农业知识创新成果均呈增长趋势，但上述农业科技投入与产出资源在行业与空间分布上均具有明显的不均衡性。

研究结果表明：（1）1993—2014 年中国农业科研机构数量呈下降趋势，年均降幅 0.37%，且种植业农业科研机构独占鳌头，区域农业科研机构分布不均。（2）农业科技人力资源与经费投入变动趋势不同，且东部沿海及经济发达地区科技人员数量略高于西北与西南地区；农业科技经费收入以政府资金投入为主，且科技活动支出多用于扶持与促进种植业农业科研机构的科技活动。（3）中国农业科研机构课题数、发表科技论文数、出版著作数以及农业知识创新成果总体均呈上升趋势；此外，中国农业知识创新呈良好的发展态势，其成果申请与获权能力、质量及有效维持年限均有所提升。

第二，我国农业知识产权创新呈现出良好的发展态势，且创新主体与作物类型格局均呈多元化发展，但省域及区域农业知识产权创新存在明显的差异；农业知识产权创新与农业经济发展存在因果关系，且农业知识产权创新对农业经济发展具有正向影响。

以植物新品种为例的实证分析发现：（1）1999—2014 年 UPOV 成员国植物新品种申请数与授权数总体均呈增长趋势，且每年累积有效植物新品种授权数呈稳定增长趋势；但不同国家在植物新品种申请、授权与累积有效授权方面存在一定的差异性。（2）1999—2014 年中国植物新品种创新呈现出良好的发展趋势，不同品种及创新主体的申请与授权量均呈增长趋势，且品种格局及育种研发投资主体均呈多元化发展。然而，中国省域及区域植物新品种申请量远高于授权量，且不同区域植物新品种创新意识及其成果转化能力存在差异。（3）植物新品种创新能力与农业经济发展互为格兰杰因果关系，且植物新品种创新能力当期及滞后 1—3 期均对农业经济发展产生正向影响。

第三，我国农业知识产权创新具有良好的发展态势，创新主体的格局趋于合理化，且伴有创新能力低值地区增长幅度较大，而高值地区增长幅度偏小的特征，农业知识产权创新能力落后地区与创新能力高值地区间具有明显的"追赶效应"；但不同区域及创新主体农业知识产权创新仍存在明显的差异，且总体差异主要来自于区域间总体差距。

实证分析表明：（1）2002—2014 年我国植物新品种创新具有良好的发展态势，不同创新主体及区域植物新品种创新整体均呈增长趋势，且创新主体格局趋于合理化；但不同创新主体及区域创新能力存量及增幅具有明显的差异。（2）中国植物新品种创新能力落后地区与创新能力高值地区间具有明显的"追赶效应"，但创新能力整体差异较为悬殊，并呈现出三个明显的"降—升"特征。（3）中国区域内、区域间植物新品种创新能力差异明显，且总体差异主要来自于区域间差异。从区域内部差异看，华北地区整体差异略微增加，其余 5 个地区差异均呈缩小趋势。从区域间差距看，西南—华北、华东—东北两个区域间差异存在轻微的增大趋势，其他 13 个区域组合差异均呈缩小趋势，但速度不同。

第四，我国农业知识产权创新存在明显的 α 收敛趋势，但东、中、西三大地区及六大区域变动趋势存在明显的差异；我国农业知识产权创新在时序和空间上均存在显著的绝对 β 收敛特征；但全国、东中西三大地区以及六大区域条件收敛因素存在明显的差异性。

研究结果表明：（1）2002—2014 年我国植物新品种创新能力呈明显的 α 收敛，且呈波动下降、持续下降和波动上升三阶段特征；但区域变动趋势不一，并存在明显的差异。（2）我国植物新品种创新能力在时序和空间上均存在显著的绝对 β 收敛，但其收敛速度存在差异。以东、中、西三大地区为例，西部收敛速度最快，达 4.18%，中部居中为 3.69%，东部最慢为 2.27%。（3）植物新品种创新能力增长率的影响因素不同，但新古典经济增长理论与技术差距理论在模型中均得到了强有力的验证。

第五，我国农业知识产权创新主体创新格局发生变化，且公司与个人创新意识不断增强，并超越科研机构；不同创新主体关键因素存在差异，但亦具有一定的共性；基于现存协同创新模式，提出农业知识产权协同创新机制优化的思路与原则，并构建了"政产学研用+中介"的农业知识产权协同创新模式。

研究发现：（1）不同创新主体农业知识产权创新呈良好发展态势，但创新主体科学内涵、特征与逻辑关系不同。（2）我国农业知识产权创新主体不再一家独大，呈多元化、协调发展，以公司与个人（企业）为核心主体的创新主体格局演化是理论逻辑、历史发展与现实需求的统一。（3）不同创新主体参与协同创新的关键因素存在差异，但可以从政策协调机制、法律保障机制、中介调节与服务机制以及管理运行机制等方面优化农业知识产权协同创新机制。（4）基于国内外协同创新模式，提出我国农业知识产权协同创新模式构建需遵循科学性、适用性、有效性和柔性经济性等原则，并基于协同、技术扩散与创新等理论以及农业生产现实的需要构建"政产学研用+中介"的农业知识产权协同创新模式。

第六，从政策保障机制、财政调控机制、产权调节机制、市场经济调节以及主体协同创新机制五个方面构建提升我国农业知识产权协同创新的政策设计。

首先，应完善并更新现有政策法规，构建农业科技创新成果的政策保障机制，主要包括现有农业科技创新成果保护法规的完善、更新与宣传；其次，应构建并发挥农业科技创新的财政调控机制，以缩小区域差异，主要涉及稳定科研经费投入强度与调节投入结构两个方面；再次，应明晰农业科技创新成果的产权机制，激励创新主体的积极性，可从简化申请流程、降低管理费用及延长保护年限三个方面着手；接下来，应构建农业科技创新成果的有序化交易平台，实现其科技创新的经济价值，具体包括明晰农业科技创新成果的所属权、构建创新成果的交易平台、规范成果交易的合同文本三个方面；最后，构建多元主体协同创新机制，提升整体农业科技创新实力。具体包括三个方面，一是基于不同创新主体的关系及作用，强化其创新特色与优势；二是基于创新主体格局演化趋势与协同创新的冲突，优化协同创新协调与管理机制；三是基于协同、技术发散与创新等相关理论以及农业生产发展的需求，构建"政产学研用＋中介"的农业知识产权协同创新模式，并完善辅助性调节机制。

研究可能的创新，主要体现在以下三个方面：

第一，从研究视角看，本书基于知识产权的视角，以植物新品种为例，探讨农业知识产权协同创新问题。已有研究至多是将农业科技创新、知识产权保护以及植物新品种三个主体中两个主体进行有效的组合，比如研究知识产权保护对农业科技创新的影响，研究植物新品种保护制度对技术创新、农业创新主体科研行为的影响，鲜有研究将三者结合起来。然而，本研究以植物新品种为例，探讨知识产权视角下的农业科技协同创新问题，既充分考虑知识产权保护对农业发展的重要性；又深入分析种质资源的发展现状，并量化其对农业科技创新的影响。

第二，就研究方法而言，本书综合利用文献分析法、比较归纳法、演化博弈论方法与计量经济方法，并将空间因素融入计量经济方法中，体现了方法应用的多元化。已有对知识产权与植物新品种保护的研究，多以定性分析为主，定量研究所占比重较低。而本研究所涉及的方法，有文献分析法、比较分析与归纳演绎法以及计量经济方法等。就计量经济方法而言，首先利用单位根检验、协整分析、因果关系检验等识别农业知识产权创新与农业经济发展的关系，继而构建了二者的分布滞后模型，并利用阿尔蒙多项式法与普通最小二乘法量化了农业知识产权创新对农业经济发展的影响。然后结合技术扩散及经济收敛理论，利用Dagum分解的基尼系数研究其空间差异。最后，利用收敛性模型研究农业知识产权创新的变动趋势及影响因素，将多种计量方法组合应用，对农业知识产权协同创新问题进行深入研究。

第三，从研究内容来看，以植物新品种为例，对农业知识产权协同创新问题进行研究，是对已有研究的深化与扩展。已有研究，特别是针对知识产权的研究，多是停留在对其现状的分析上，仅部分研究涉及知识产权变动趋势的特征及影响。而本书以植物新品种为例，探讨知识产权视角下农业科技协同创新的机制优化与提升策略。具体而言，本研究首先分析了农业知识产权创新的现实必然性及其现状与问题，然后，归纳总结了农业知识产权创新时序演进特征及空间分布格局，量化了农业知识产权创新的实践公平性；接下来，识别了农业知识产权创新的收敛性，量化了其收敛速度，并分析了农业知识产权创新的制约因素；进一步，在分析了农业知识产权协同创新的微观机理的基础上，构建了"政产学研用+中介"的农业知识产权协同创新模式；最后，在借鉴国外相关经验的基础上，结合研究结论，提出推进中国农业知识产权协同创新的对策设计。

《消费者行为视角下的
渠道管理研究》概要

田 晨[*]

随着全球经济一体化的推进，市场竞争日益激烈，市场上消费者的购买行为越来越多样化。为了吸引消费者、增强产品竞争力，企业有时会在销售期末进行降价促销活动。虽然，低廉的价格将会吸引到价格敏感的消费者，从而占据一定的市场份额，然而，正是企业的打折促销活动使得消费者学会了在正价销售期间等待、而后在促销期间购买产品的策略性等待行为。如此的等待行为使得市场需求难以预测，企业决策变得更加困难。市场需求的不稳定性必然会严重影响供应链成员的定价和订货策略，影响整个供应链的良好运转。本书考虑到渠道纵向集中化管理策略，通过将供应链尽可能地缩短，达到对市场的快速响应；与此同时，敏捷供应链中的限制库存能够抑制策略型消费者的延迟购买行为、引导消费者在正价阶段购买产品。那么，当消费者能够策略性地抉择购买时间时，在这复杂多变的市场需求面前，企业应该如何合理地构建供应链渠道结构，以及供应链中的各个成员应该如何在不同的渠道结构下决策价格和库存，是本书关注的问题之一。

近年来，电子商务和网络技术飞速发展，由传统零售渠道和网

---

[*] 田晨，南京大学管理学博士，现就职于南京财经大学。

络直销渠道共同组成的双渠道供应链越来越受到各大知名企业的青睐。网络渠道的引入有助于企业拓展市场，吸引更多消费者。但不可忽视的是，网络渠道的存在激化了企业供应链内部的冲突。以往的制造商和零售商是供应链中的上游和下游，存在垂直竞争关系，而双渠道结构中的制造商和零售商之间又增加了渠道之间的水平竞争。供应链结构更加复杂，相关的管理工作也更加困难，网络渠道和传统零售渠道争夺市场份额，这样的渠道间冲突问题不容小觑。纵观供应链渠道管理的发展史，不乏有一些企业正是因为盲目引入网络渠道而蒙受巨大损失。尤其是当网络渠道和零售渠道中产品高度可替代时，跨渠道的产品蚕食问题严重损害实体零售商店的利益。近年来，电子商务蓬勃发展，各大企业都渴望通过网络渠道进一步拓展消费者市场、获得更多收益，与此同时，双渠道供应链中相关的决策和管理问题需要众多学者和研究人员的广泛关注，这也是本书关注的第二个问题。

在与网络渠道的竞争中，实体零售商店充分发挥场地优势，通过提供店铺服务、专柜试用品等方式来吸引消费者；同时配备专业的产品介绍人员和服务人员，为消费者提供更为丰富的产品信息，有助于消费者更好地了解和使用产品。然而，有一些消费者被称为搭便车者，他们会先到零售商店体验产品，在获得了更多的产品信息之后，转移到网络渠道中，最终以更为低廉的线上价格购买产品。如此的搭便车行为将会严重影响零售商提供店铺服务的积极性，增加服务成本而损害零售商的收益，并且无疑将会加剧两个渠道之间的冲突。本书考虑到双渠道产品差异化策略，通过将不同渠道中的产品定位和目标消费者群体区分开，以达到削弱渠道冲突的目的。那么，在面对市场中潜在的搭便车者时，双渠道供应链企业应当如何最优化两个渠道中的价格和产品策略，是本书关注的第三个问题。

传统的供应链管理领域的研究中多是考虑消费者是否购买产品的决策，然而，现实情景中市场上的消费者越来越具有策略性，他们不仅考虑是否购买产品，而且考虑何时购买、从哪购买以及怎样购买产品。市场中日益多样化的消费者行为将会影响供应链成员对市场需求的预测，进一步影响企业的决策和收益。因此，本书从消费者行为的视角出发，探究供应链渠道结构选择规律和最优的渠道管理策略。

考虑到具有多样化购买行为的消费者会对需求预测造成不确定性影响，本书首先从外部、整体地刻画市场不确定性，然后分别从时间和空间两个维度具体刻画每一个消费者的延迟购买行为和跨渠道搭便车行为。这种从整体（整个消费者市场）到具体（每一个消费者行为）的研究方法，有助于更加系统地分析消费者多样化购买行为带来的影响。

在充分考虑消费者多样化购买行为的前提下，本书分别从横向和纵向的角度研究供应链渠道管理。在纵向渠道管理中，通过比较集中型和分散型供应链收益，揭示供应链纵向分散化规律，同时分析产品的最优定价和订货策略。在横向渠道管理中，探究企业在传统单一零售渠道的基础上引入网络渠道的动机，并进一步揭示双渠道供应链中产品差异化规律。这种市场营销和供应链运作管理相结合的研究思路，有利于更好地分析市场相关因素对企业决策的影响，有助于企业更加准确的做出决策。

市场上的消费者群体互相异质，具有不同的产品偏好、购物成本等，消费者与消费者之间具有交互作用，他们的购买决策互相影响；供应链成员在做出决策时，需要充分考虑市场需求的变化、市场上不确定因素的冲击以及其他供应链成员的决策。如此复杂多变的系统环境对于传统的数理研究方法来说是一种考验。因此，本书选择将计算实验方法和博弈论结合起来，作为模型的研究方法。

具体来说，本书以供应链渠道管理作为研究背景，分析企业的渠道结构策略和双渠道产品差异化策略的实际背景。从消费者效用理论出发，充分考虑市场上消费者复杂多变的购买行为和消费者群体的异质性。以构建模型的相关文献为理论基础，通过整理、消化和吸收已有文献和研究成果，利用博弈论知识刻画供应链成员之间的博弈关系、构建数理模型。结合消费者行为学的相关知识，准确刻画消费者的多样化购买行为，并最终反映在渠道需求和供应链成员收益中。运用多代理思想将供应链中的每个成员抽象为计算实验中的一个代理，在多周期的多代理博弈模型中，上下周期的决策之间互相影响。同时，将面向对象编程技术和优化算法相结合制定学习规则。计算实验中的代理根据外部环境、其他代理策略和自身决策偏好变化相应地调整自己的行为，通过多个代理在多个周期内的交互作用、自下而上地"涌现"出系统的各种行为和现象。计算实验模型易于控制，并且能够重复进行的。在模拟各代理之间的相互影响和整体表现时，既考虑了每个供应链成员的个体行为，同时也考虑了群体行为。最终，通过抽取与研究目的相关的参数、分析参数变化对各供应链成员策略和收益的影响，得到较好的管理启示。

本书从消费者行为出发，将市场营销理论和企业的运作管理结合起来，运用博弈论和基于多代理思想的计算实验方法，研究多个供应链成员在多周期博弈中学习和最优化决策的过程，通过分析实验结果得到有意义的管理启示。具体来说，本书的章节内容安排如下：

第一章为绪论。指出本书研究是在消费者行为多样化和供应链管理工作越来越复杂的背景下，将营销市场上的消费者行为研究和供应链运作管理中的最优决策问题相结合，对企业发展具有指导意义。同时，分别从消费者行为、供应链渠道管理和计算实验三个方面回顾文献，而本书进一步丰富了相关领域研究。另外，第一章介绍了整体的研究思路、简要概括主要研究内容和研究方法，并总结了重要创新点。

第二章考虑到现实生活中的企业决策者无法完全顾及市场上消费者可能出现的多样化购买行为，这就为企业决策带来了很多的不确定性。因此，研究市场不确定性对消费者需求的影响。在多代理组成的供应链系统中，制造商决策网络渠道价格和批发价格，零售商同时最优化零售渠道价格和订货量，探究制造商引入网络直销渠道、构建双渠道供应链的动机。研究结果表明，当消费者对网络渠道的接受程度较高时，制造商将会构建双渠道供应链。另外，当异质的消费者群体对于产品的价值评价趋于一致、市场不确定性影响较大、而单位生产成本较小时，制造商可以通过构建双渠道供应链获得高于单一渠道时的收益。进一步，在扩展模型中考虑多条互相竞争的供应链，并发现市场竞争环境不会改变基本模型中得到的定性管理启示。另外，当市场上与之竞争的供应链均采取的是单一渠道策略时，制造商能够从双渠道策略中获得最高收益，随着市场上竞争的双渠道供应链数量增加，双渠道策略能够带给制造商的收益逐渐减少。同时，当市场竞争程度越大时，制造商越有动机构建双渠道供应链。

第三章研究了季节性产品在正价销售阶段和促销阶段的定价和订货策略。市场上的策略型消费者会根据效用最大化的原则抉择"是否"和"何时"购买产品。在策略型消费者的影响下，关注企业将供应链纵向分散化的动机。通过比较分散型供应链和集中型供应链中成员的决策和收益发现，当消费者对时间的敏感度较低时，他们普遍更加愿意延迟购买，此时供应链的整体绩效降低，企业有动机构建分散型供应链来弱化策略型消费者带来的不利影响。另外，当消费者对产品的价值评价降低时，企业的收益水平降低，此时将渠道结构分散化能够提高供应链的整体绩效。其次，考虑到消费者对产品的价值评价互异，当消费者群体的异质性较大时，企业可以通过供应链分散化来增加企业收益。再次，在计算实验中为每个参数设置多组不同的默认参数值，从而验证多组实验结果中得到的管理启示是一致的。最后，通过将促销价格内生化，发现企业可以通过同时制定正价阶段和促销阶段的产品价格来有效地抑制策略型消费者的延迟购买行为。

第四章考虑了消费者在双渠道供应链中的搭便车行为。消费者在实体零售商店中享受服务、体验产品和补充产品信息后，转移到网络渠道寻求更低的价格。实体零售商店承担因提供服务而产生的成本，却没有增加销售收益。研究结果表明，搭便车行为有损零售商收益。双渠道供应链中可以提供完全相同或者具有差异性的产品。通过比较两种产品策略下供应链成员的决策和收益，揭示企业的产品差异化规律。研究发现，当两个渠道中提供的产品完全相同时，零售商在激烈的价格竞争中被迫降低零售渠道价格来争夺市场，同时，零售渠道与网络渠道的价格差值减少使得搭便车者的数量减少。另外，搭便车者的数量与单位服务成本、产品差异化程度和消费者到店后对网络渠道产品信息的掌握程度呈正相关关系，而与单位生产成本、旅行成本、网络搜索成本和消费者到店前对零售渠道产品信息的掌握程度呈负相关关系。进一步探究企业将产品差异化的动机，实验结果表明，只要单位服务成本不是过大或者过小，企业总是倾向于提供具有差异性的产品。其次，考虑将产品同时进行横向和纵向的差异化发现，当异质的消费者群体对理想型产品的偏好差别很大，或者对网络渠道中的产品价值评价很低时，企业能够通过产品差异化策略提高制造商的收益水平。

第五章总结了本书的研究成果和管理启示，并指明了本书的局限性和接下来的研究方向。

本书从消费者行为的视角出发，刻画异质消费者群体在不同渠道结构下的购买行为，结合计算实验和博弈论，构建供应链渠道管理的研究模型，分析计算实验结果，得到重要的管理启示。研究的创新点表现在如下几个方面：

第一，将消费者群体的异质性、市场不确定性和市场竞争嵌入到双渠道供应链模型中，从消费者多样化购买行为的视角出发，充分考虑市场不确定性和市场竞争对需求预测、供应链成员决策和收益的影响，探究制造商的双渠道策略。传统供应链管理相关文献中多是假设只有一个消费者或者是单一类型的消费者，与以往文献不同，本书关注市场上多个互相异质的消费者的群体。考虑消费者在对产品的偏好、价值评价以及购物成本等方面的差异性，使得模型更加贴近现实情景。通过比较单一渠道和双渠道供应链中制造商收益，揭示制造商引入网络渠道的规律。

第二，在考虑策略型消费者延迟购买行为的基础上，揭示供应链纵向分散化规律。消费者根据效用最大化抉择购买时间，异质消费者群体的购买行为互相影响，并受到渠道库存量限制和时间敏感程度影响。分析集中型和分散型供应链中策略型消费者延迟购买的意愿，比较不同渠道结构中供应链成员的决策和收益，探究策略型消费者影响下的渠道结构策略。

第三，在考虑消费者跨渠道搭便车行为的基础上，揭示双渠道供应链中产品的差异化规律。分析制造商的双渠道产品策略，比较同质产品策略和差异化产品策略下消费者搭便车的数量，探究双渠道产品策略对搭便车行为的影响；比较不同产品策略下供应链成员决策和收益，揭示搭便车行为影响下双渠道供应链中产品策略选择规律。

第四，将计算实验方法和博弈论结合起来构建供应链模型。运用多代理的思想，将供应链成员抽象为系统中具有独立性和自主性的多个代理。基于博弈论和供应链管理中收益最大化的优化规律，制定出供应链成员在多周期计算实验中的学习规则。在多周期的博弈过程中，上下周期之间的决策变量互相影响，各供应链成员以及消费者之间存在交互作用，最终"涌现"出供应链系统在稳定状态下的最优决策和收益。将数理建模和计算实验研究方法结合起来，能够得到更多有意义的管理启示。

总之，消费者复杂多样的购买行为决定了市场需求，并进一步影响了供应链成员的最优决策，同时，供应链中的渠道结构策略、定价和订货策略以及产品策略之间互相影响，并进一步影响消费者的购买决策。从消费者行为的角度出发，运用多代理思想刻画供应链中多个成员之间的博弈关系和交互作用。通过多周期计算实验对供应链系统进行抽象和仿真，构建起贴近现实情景的供应链模型。将营销市场上的消费者行为研究和供应链运作管理中的最优决策问题相结合，对企业的发展具有重要的指导意义。

《中小企业能力对供应链融资绩效的影响：基于信息的视角》概要

卢　强[*]

　　中小企业作为推动我国经济发展和社会进步的重要力量，成为我国国民经济的重要组成部分。因此，中小企业的健康稳定发展是保证国家经济平稳增长的重要基础。然而，融资难、融资贵等问题却一直以来是制约中小企业发展与绩效提升的桎梏。以往研究表明，造成这一状况的主要原因在于信息不对称。为了解决信息不对称问题，管理上就出现了交易借贷和关系借贷两种借贷形式。但由于受到经营年限少、财务报表不全、资产规模较小、不确定性高等因素的影响，交易借贷所需要的"硬信息"对于中小企业而言难于量化；关系借贷通过依赖银行和中小企业之间的"关系"以及中小企业在集群环境中的相互"关系"等"软信息"在一定程度上弥补了传统银行借贷中硬性信息不足所带来的问题，但由于关系借贷并没有能直接参与中小企业的实际生产运营，潜在的道德风险仍然存在，因而关系借贷中小企业同样面临较高的融资成本与难度。

　　近几年，越来越多的中小企业通过供应链金融解决其融资难问题。尽管供应链金融为中小企业提供了行之有效的新途径，但并不是所有的中小企业都能够通过供应链金融有效获取资金。大量研究

---

[*] 卢强，中国人民大学管理学博士，现就职于北京工商大学。

表明，供应链金融能够显著缓解中小企业信息不对称，提升其供应链融资绩效。但对于什么样的中小企业可以获得供应链融资，以及供应链金融如何降低信息不对称等问题却鲜有研究予以探讨。因此，本书通过围绕中小企业的供应链融资进行研究，拟解决与回答的主要问题包括如下两个方面：首先，什么样的中小企业能够通过供应链金融获得融资？在供应链金融中，中小企业需要具备何种能力能够帮助其通过供应链融资方案采用有效获取供应链网络中资金提供方的融资，即中小企业能力与其供应链融资绩效之间的内在作用机制。其次，供应链金融降低信息不对称的作用机制是什么？信息不对称作为影响中小企业有效获取资金的主要障碍，在以往的信贷理论中，将借贷双方之间的信息不对称主要划分为事前和事后信息不对称两类，而事前信息不对称导致信贷市场的逆向选择，事后信息不对称则会带来信贷市场的道德风险。本研究将探索供应链金融如何有效降低中小企业与资金提供方之间事前与事后信息不对称，提升其供应链融资绩效。鉴于此，一方面，本研究基于企业能力理论中"企业能力—竞争优势—企业绩效"的基本理论逻辑，构建了中小企业创新能力与市场响应能力通过供应链融资方案采用影响其供应链融资绩效的理论模型；另一方面，结合信息不对称理论，本研究通过引入供应链整合与信息技术应用等概念，探索供应链金融降低事前与事后信息不对称从而促进供应链融资绩效的作用机制。

作为供应链金融领域的一项探索性研究，本研究采用准复制研究方法，在采用多元回归分析对研究假设进行验证的基础上，同时利用模糊集定性比较分析（fsQCA）方法进行准复制研究。基于此，一方面保证研究结果的稳健性，另一方面进一步对各个变量之间的关系进行梳理与分析，以期对实证研究的结果予以丰富和补充。本研究采用问卷调查的方式进行样本数据收集。在预调研中，本研究共发放问卷 100 份，其中获得 84 份有效问卷。通过探索性因子分析形成本研究中创新能力、市场响应能力、供应链融资方案采用、供应链融资绩效、供应链整合与信息技术应用等主要构念的正式测量量表。基于前期调研发现的六家提供供应链金融服务的核心企业，并在其协助与支持下，向其提供融资的中小企业客户共发放正式问卷300份，得到合格问卷248份。结合多元回归分析与模糊集定性比较分析（fsQCA）的结果，本研究得到如下结论：

  首先，就中小企业能力与供应链融资之间的关系而言，本研究根据企业能力的来源将企业能力划分为两类：一是基于组织内部资源产生的能力；二是基于组织间资源（或协作）产生的能力。具体到供应链金融中，本研究主要考察中小企业基于内部资源产生的市场响应能力以及基于组织间资源形成的创新能力对其供应链融资绩效的影响。（1）中小企业能力积极影响其供应链融资绩效。本研究实证检验结果表明，中小企业创新能力对供应链融资绩效具有显著的正向影响，同时中小企业市场响应能力对供应链融资绩效也具有显著的正向影响。此外，在模糊集比较分析（fsQCA）中，中小企业创新能力与市场响应能力也都作为解释供应链融资绩效的核心条件，进一步表明创新能力与市场响应能力对供应链融资绩效具有积极影响。（2）中小企业能力积极影响供应链融资方案采用。企业能力理论的基本逻辑是"企业能力—竞争优势—企业绩效"，结合供应链金融而言，只有在供应链网络中具有竞争力的中小企业才能够获得资金提供企业的融资，这种竞争优势便反映为供应链融资方案采用。本研究结果表明，中小企业创新能力对供应链融资方案采用具有显著的正向影响，并且中小企业市场响应能力对供应链融资方案采用也具有显著的正向影响。（3）供应链融资方案采用在中小企业能力与供应链融资绩效之间具有中介作用。本研究实证检验与模糊集比较分析（fsQCA）结果均表明，中小企业能力对供应链融资绩效的作用发挥可以通过促进其融资方案采用实现的。其中，供应链融资方案包括传统的供应链融资方案（如反向保理）、创新性的融资方案（卖方票据转让、库存融资等）以及供应链协作融资方案（库存质押、供应链管理库存等）等多种形式。

  其次，就供应链金融中的信息传递机制而言，第一，中小企业能力作为一种竞争能力传递信号，在供应链金融中可以有效降低事前信息不对称。如前所述，基于企业能力理论，本研究结果表明中小企业创新能力与市场响应能力均对供应链融资方案采用具有显著的正向影响。本研究认为在供应链金融中，中小企业能力作为传递其在供应链网络中竞争力的重要信号，对于缓解借贷企业之间的事前信息对称，降低逆向选择的风险等具有重要作用，从而能够有效促进中小企业对供应链融资方案的采用。第二，供应链整合与信息技术应用对中小企业能力与供应链融资方案采用之间的关系不具有积极的调节作用，但信息技术应用本身在缓解事前信息不对称方面具有重要作用。第三，供应链整合与信息技术应用对中小企业供应链融资方案采用与供应链融资绩效之间的关系具有积极的调节作用，并且在供应链金融中供应链整合在降低事后信息不对称方面能够发挥更大的作用。此外，本研究通过模糊集定性比较分析（fsQCA）进一步发现，在以供应链融资方案采用作为结果变量进行的分析中，信息技术应用作为核心条件存在；而在以供应链融资绩效作为结果变量进行的分析中，供应链整合却是解释供应链融资绩效的核心条件。因此，本研究认为供应链整合在降低事后信息不对称、促进中小企业供应链融资绩效方面可以发挥更大作用。

本研究在一定程度上拓展了现有供应链金融研究深度与广度的同时，对于丰富与补充现有供应链金融研究具有重要意义。首先，本研究基于企业能力理论，揭示了中小企业能力影响供应链融资绩效的理论机制，回答了什么样的中小企业能够通过供应链金融获得融资这一问题。其次，通过引入供应链融资方案采用，打开了中小企业能力与供应链融资绩效之间的"黑箱"。再次，系统分析了供应链金融能够有效降低信息不对称，提升中小企业供应链融资绩效的作用机理，清晰阐明了供应链金融中的信息传递机制。

此外，本研究对中小企业管理实践也具有重要的指导与借鉴意义。具体而言：其一，有效整合供应链网络资源，促进企业创新能力提升，努力克服与供应链网络成员之间的关系惯性，基于紧密合作获取有价值的资源与知识，强化在供应链网络中的合法性；其二，基于企业内部资源以有效强化市场响应能力，从供应链管理的视角出发，改进需求管理柔性与物流分销柔性，增强自身在行业中的竞争力；其三，打破利用传统途径融资的思维定式，积极采用多种供应链融资方案，并通过对多种方案的综合应用，提高供应链融资绩效；其四，注重运用信息技术提升供应链合作伙伴之间的信息分享程度，通过信息技术的采用实现交易、运作等流程的信息化、数据化与标准化，促进信息在供应链网络中的分享与扩散，同时在采用供应链融资方案后，提高信息技术应用的强度，努力实现自己企业的信息技术系统与资金提供企业的系统相对接，在降低风险的基础上以较低的成本获得供应链融资；其五，通过供应链整合更好地融入供应链网络，并利用供应链网络提高交易信用，努力搭建网络生态并形成良好的组织场域，还应该通过供应链整合嵌入到更多的供应链网络中，降低对某一资金提供企业的依赖，提升供应链融资的可得性。

《自我威胁情境下的
消费者行为研究》概要

赵太阳[*]

自我威胁指来自外界的信息暗示个体在某些方面存在不足时，他们所感受到的现实自我和理想自我或现实自我和应该自我之间存在差距的心理状态。自我威胁对个体消费行为的影响存在着复杂性，并主要表现在以下三个方面：首先，自我威胁的来源具有多元性。消费者每天在日常生活中都可能会遭遇各种来源的自我威胁，例如，能力受到质疑、遭到他人的社会排斥、感觉自己的吸引力不足等。其次，自我威胁情境下个体的消费行为具有多样性。例如，他们可以通过购买自我成长型消费来解决所面临的威胁，也可以通过享乐性和放纵性的消费来逃避问题，还可以通过炫耀性消费来补偿受损的自我形象。最后，解释自我威胁情境下个体消费行为的理论也具有多元性。例如，象征性自我完善理论、自我肯定理论、应对方式理论、防御机制理论等。因此，对自我威胁情境下消费者行为的研究领域进行文献的整理、理论的建构和实证的探索具有重要的理论价值。

消费者可以有多种方式应对自我威胁，并且不同的应对方式会对他们的生理与心理健康产生不同的影响。例如，如果消费者选择

---

[*] 赵太阳，吉林大学管理学博士，现就职于吉林大学。

自我成长型的商品来应对自我威胁，他们的问题将会得到解决并收获个人成长；而如果他们选择酗酒、过度饮食、过度购物等放纵性消费的方式来逃避自我威胁，他们面临的问题不仅无法得到解决，还会损害他们的身心健康。除此之外，给消费者制造自我威胁还是成为很多商家的营销策略之一。例如，从事减肥和整容行业的商家会通过让消费者感觉到自身吸引力的不足来制造自我威胁，教育机构会通过让消费者感觉到自身能力的不足来制造自我威胁等。然而，有些时候这种营销策略不仅不会起到所要达到的目的，反而会令消费者反感，进而排斥商家所销售的商品。因此，无论是对于消费者个人而言，还是对于企业和商家而言，了解自我威胁情境下消费者行为的规律，对于指导他们的生活与实践都具有重要的实用价值。

基于以上理论价值和实践需求，本书通过十章的内容对自我威胁情境下的消费者行为进行了阐释和探索。本书的第一章为"绪论"，后续的章节是在这一章定位的框架和纲领下展开的。在这一章中我们主要向读者介绍了本书的理论背景与现实背景，并提出本书致力于解决的研究问题，然后我们介绍了本书的内容布局和演进逻辑，以及本书的理论意义和实践价值。

本书的第二章为"自我威胁与消费者行为研究概览"，主要对自我威胁的概念、理论和在消费者行为学中的研究现状进行一个统揽性的介绍。在这一章中我们首先基于"自我差异理论"阐释了自我威胁的概念，其次基于"延伸自我理论"解释了为什么自我威胁会影响个体的消费行为。由于自我威胁的来源多种多样，这造成了对其展开研究的复杂性。因此，在第二章我们根据威胁作用于自我的不同维度，将自我威胁分为三类并阐释了它们对消费者行为的影响。这三类自我威胁分别是："与自我价值和自我认同的相关的威胁"，包括智力威胁、权力感威胁和自我认同威胁等；"与归属和社会身份相关的威胁"，包括社会排斥和社会身份威胁等；"其他类型的威胁"，包括死亡凸显和控制感缺失等。鉴于不同类型的自我威胁对个体行为的影响既具有彼此之间的区别，也具有一致性和共同点，我们总结和概括了已有文献对消费者行为研究的两种视角。其中一种视角关注不同类型自我威胁对个体的消费行为会产生何种独特性影响，我们称之为"特性研究的视角"；另一种视角则关注不同类型的自我威胁会对个体产生何种共性影响，我们称之为"共性研究的视角"。不同视角下展开的研究所关注的问题和理论基础都有所区别。本书第三章和第四章的内容就是分别基于这两种研究视角而展开的。

本书的第三章为"特性视角下自我威胁对消费者行为的影响"。在这一章中，我们通过对四种有代表性的自我威胁进行综述，阐释了特性视角下消费者行为学研究的思路和逻辑。这四种类型的威胁分别为：社会排斥、死亡凸显、权力感威胁和压力。通过文献综述可以看到这四种类型的威胁分别作用于自我的不同维度，通过不同的心理机制对消费者的行为产生差异化的影响。这些文献分别基于不同的理论基础，采用不同的研究方法，揭示了不同类型自我威胁下个体的消费特征。之所以选取这四种类型的威胁为代表，一方面是由于他们分别威胁了自我的不同维度，具有一定的典型性，例如，社会排斥主要作用于自我的社会属性，死亡凸显是对自我存在的终极威胁，权力感威胁作用于自我的价值和效能；另一方面是由于消费者行为学对这四种类型威胁的研究较为丰富，通过对这四种类型威胁的综述可以让读者较为全面地了解相关领域的研究现状。

本书的第四章为"共性视角下自我威胁对消费者行为的影响"，本章着重介绍如何从共性的视角将不同类型的自我威胁当作一个更加整体性的概念展开研究。我们首先对"象征性自我完善理论""自我肯定理论""意义维持模型"这三个从共性视角研究自我威胁的理论进行了详细的介绍，并且对每个理论所能解释的消费行为进行了综述或展望。其次，我们对共性视角下自我威胁的研究方法与研究范式进行了介绍，并且强调了自我威胁操纵的情境性和多元性，即对自我威胁的操纵往往通过实验构建一个情景，并通常在一个研究中操纵多个不同类型的自我威胁，以保证发现的现象并不是某种特定类型威胁的作用。由于个体在自我威胁情境下可以采取多种消费行为，为了便于理论建构，我们概括了自我威胁情境下消费者行为的四种类型，分别为"符号补偿性消费""流动补偿性消费""问题解决性消费"和"逃避性消费"。其中"符号补偿性消费"的理论基础主要是"象征性自我完善理论"，具体指个体通过消费象征自己在被威胁方面其实非常优秀的商品来应对自我威胁的行为。"流动补偿性消费"的理论基础主要是"自我肯定理论"，具体指个体通过消费强化自己在其他未被威胁方面价值的商品来在整体上补偿自我完整性的行为。"问题解决性消费"和"逃避性消费"的理论基础主要是我们第五章介绍的"应对方式理论"，分别指个体通过消费解决其所面临问题的商品来应对自我威胁的行为和通过消费帮助他们转移注意力的商品来逃避自我威胁影响的行为。既然个体在自我威胁下有多种消费行为可以选择，那么何种因素会调节他们的选择呢？我们从"个体差异因素""威胁本身的特征""情境性因素"和"文化因素"四个角度对调节因素进行了总结。最后，不同的消费行为对消费者会产生何种影响，是否有利于他们的身心健康，对他们后续的消费会产生何种影响？针对这些问题我们对已有文献进行了总结并对未来的研究进行了展望。

本书的第五章为"对自我威胁的应对方式与商品选择偏好"，本章主要的目的是介绍应对方式理论，并基于应对方式理论阐释消费者自我威胁情境下的商品偏好。基于应对方式理论，个体对自我威胁的应对方式可以分为"问题聚焦应对"和"情绪聚焦应对"两种类型。前者指个体通过直接改变造成自我威胁的来源来应对自我威胁的应对方式，后者指个体通过调节自己对自我威胁的情绪反应来应对自我威胁的应对方式。我们提出当个体采取问题聚焦应对方式的时候他们更可能偏好自我成长型商品，当个体采取情绪聚焦应对方式的时候他们更可能偏好自我享乐型商品。所谓自我成长型商品指在消费者遭遇自我威胁的情况下，能够帮助他们解决所面临的问题，帮助消费者在所受威胁方面有所成长的商品。所谓自我享乐型商品指消费者遭遇自我威胁的情况下，能够帮助他们调节由自我威胁所导致的负面情绪，但是并不能帮助他们解决所受威胁来源的商品。我们还从四个方面对调节个体自我威胁情境下应对方式选择的因素进行了总结，分别为"人格性因素""情境性因素""威胁本身的因素"和"情绪性因素"。

本书的第六章为"对自我威胁的防御机制与个体的防御性消费倾向"。本章首先对防御机制的概念和理论发展进行了综述。其次，我们对防御机制与应对方式之间的区别进行了辨析。由于防御机制和应对方式都是解释个体自我威胁情境下行为的理论，并且都强调这些行为的适应性意义，因此在已有文献中经常存在将两者混淆的情况。我们基于前人的观点总结了防御机制与应对方式两个最主要的区分标准：第一，防御机制是一个无意识的心理过程，而应对方式是一个有意识的心理过程；第二，防御机制是个体无目的使用的、自动化产生的心理机制，而应对方式是个体有目的选择的心理策略。再次，我们介绍了防御机制的作用原理，并且选取其中两个与第九章实证研究紧密相关的防御机制"否认"和"隔离"进行了详细阐释。然后，我们阐释了防御机制如何影响个体的消费倾向，并且基于个体在消费决策时使用防御机制的情况，将个体的消费倾向分为"防御性消费倾向"和"接纳性消费倾向"两种。前者指当消费者面对自我威胁时，对宣称能够帮助他们提高受威胁特质的商品和品牌呈现出防御姿态和排斥态度的行为；后者指当消费者面对自我威胁时，对宣称能够帮助他们提高受威胁特质的商品和品牌保持认可和接纳态度的行为。最后，我们对防御机制的研究方法进行了阐释。将防御机制理论引入消费者行为研究的一个重要障碍便是防御机制的潜意识性使得在方法上对其进行研究存在一定的困难。因此，在这一部分我们首先阐释了对防御机制展开研究的困境，然后介绍了对防御机制进行实证研究的方法论基础，并且介绍了三种对防御机制进行测量的方法。

本书的第七章为"控制感与消费者行为研究"。由于第八章和第九章的实证研究是以控制感作为边界条件展开的，因此本章的目的主要是为这两章的实证研究提供理论基础的阐释。在本章我们首先对控制感的概念和内涵进行了介绍。其次，综述了控制感的不同来源及相关理论。由于控制感可以有多种来源，在这一部分我们分别从威胁的特征、个体的特征和个体已有经验三个角度阐释了控制感的三个来源，即"威胁的可控性""个体的内外控制源"和"个体的应对经验"，并且分别基于"初级与次级控制理论""控制源理论"和"自我效能感理论"对这三种控制感的来源进行阐释。最后，我们对"控制感对个体心理与行为的影响"以及"控制感对消费者行为的影响"两个内容进行了综述。

本书的第八章为"实证研究一：自我威胁情境下控制感对个体商品偏好的影响"。在"研究一"中我们基于应对方式的理论，推演出自我威胁情境下控制感对消费者应对方式和商品选择偏好影响的理论模型。具体来说，当消费者对所受威胁具有较强控制感的时候，他们更倾向于认为所遭受的威胁是可以解决或自己是有能力去解决的，进而更可能采取问题聚焦的应对策略，并表现出对能够帮助他们解决问题的自我成长型商品的偏好；而当消费者对所受威胁的控制感较弱的时候，他们更倾向于认为所遭受的威胁是无法解决的或自己没有能力解决的，进而更可能采取情绪聚焦的应对策略，并且表现出对能够帮助他们转移注意力和缓解情绪的自我享乐型商品的偏好。基于以上逻辑，"研究一"提出6个假设，设计并实施了"实验1"到"实验4"，分别考察了不同类型的自我威胁下（即死亡凸显、智力威胁、权力感威胁和社会排斥），不同控制感来源（即威胁本身是否可控、消费者的控制源、已有的应对经验）对消费者应对方式和商品偏好的影响。

本书的第九章为"实证研究二：自我威胁情境下控制感对个体消费倾向的影响"。在"研究二"中我们基于防御机制理论，推演出自我威胁情境下控制感对消费者防御机制和消费倾向影响的理论模型。具体来说，当消费者对所受威胁具有较低控制感的时候，他们会更倾向于采用心理防御机制，进而对宣称能够帮助他们提升被威胁特质的商品表现出拒绝和排斥的防御性消费倾向；而当消费者对所受威胁具有较高控制感的时候，他们会更不倾向于采用心理防御机制，进而对宣称能够帮助他们提升被威胁特质的商品表现出接纳和认同的接纳性消费倾向。基于以上逻辑，"研究二"也提出了6个假设，设计并实施了"实验5"到"实验8"，分别考察了消费者在不同类型自我威胁下（即吸引力威胁、智力威胁、地位威胁和社会排斥），不同控制感来源（即威胁本身是否可控、消费者的控制源、已有的应对经验）对消费者防御性消费和接纳性消费的影响以及防御机制的中介作用。

本书的第十章为"对实证研究的总结与未来研究展望"，主要内容是对第八章和第九章实证研究的结果进行总结，并对未来的研究进行展望。本书通过七章的理论研究和三章的实证研究对自我威胁情境下的消费者行为进行了探究，希望能为读者未来的理论探索和实践应用提供启发。

《全球治理机制复合体的演变：
人类基因信息议题探析》概要

俞晗之[*]

全球治理中的机制复合体（Regime Complex）指某一全球议题领域并行存在的彼此之间没有层级关系的治理机制。其特征是治理机制和治理主体的多元化，以及不同机制在遵循原则、规制、程序等方面存在差异和冲突。很多议题领域存在机制复合体现象，然而已有相关研究主要是对静态现象的描述和分析，没有回答机制复合体是如何形成和演变的，什么因素导致了机制复合体的演变。本书从历史制度主义视角出发构建理论框架，揭示机制复合体的演变模式和演变动力。

本书选择的案例研究对象是人类基因信息治理的机制复合体。如何规制人类基因信息的使用和流通是一项全球治理难题。一方面，由于基因信息具有的特殊生物学属性，使得人类基因信息具有极高的生命科学研究价值。如果能够在全球范围内实现人类基因信息的共享，将造福于全人类的健康发展。另一方面，基因信息又需要得到不同层次的保护。首先，从研究的分配激励而言，针对人类基因的研究成果存在知识产权保护需求；其次，从伦理角度出发，由于基因信息的生物学属性，个体基因信息蕴含着其本人和整个家族的

---

[*] 俞晗之，清华大学管理学博士，现就职于浙江大学。

遗传信息，如果被恶意泄露或滥用，可能造成在就业、保险等多方面的基因歧视。同时，一个民族的基因信息包含着这个民族特有的遗传密码，如果基因信息被恶意泄露和使用，将有可能引发安全风险。因此，对于人类基因信息的共享需求和保护需求，构成了实际的治理冲突和矛盾。此外，由于互联网时代信息的流通具有跨越国界的特性，也使得人类基因信息的规制成为一项典型的全球治理议题。

基于五个国家、十个城市、四十九次访谈的一手数据和大量史料数据，本书对机制复合体的演变进行过程追踪研究，指出机制复合体在三次关键时刻的重大变化。第一轮演变发生在20世纪80年代。以美国为首的很多国家、地区纷纷建立人类基因专利授权机制，允许研究者将其获得的人类基因申请知识产权保护。第二轮演变发生在20世纪90年代。一方面国家推动的基因专利授权机制仍然在运行，并得到来自企业的大力支持。另一方面国际科学共同体以及公益科研资助机构等联合建立了强制性的人类基因数据全球共享制度，要求参与人类基因组测序工作的成员实时、免费共享研究的人类基因数据。第三轮演变发生在进入21世纪以后的十年内。国家开始逐渐否定之前的专利制度，不仅取消了人类基因专利授权，还在国家内部推动人类基因数据的共享。由联合国、科学共同体等多方发起了新一轮人类基因数据全球共享，但是新一轮的数据共享不再是要求参与者强制遵守的制度，而是参与者自愿遵守的数据共享制度。

回顾人类基因信息治理机制复合体的演变过程，可以发现每一轮治理机制演变都发生在重大技术跃迁时期。技术跃迁引发新的治理问题，进而使得各方有可能获得重新调整治理机制的机会。随着基因技术的发展，人们对于基因信息的获取能力，由20世纪80年代提取少数基因，发展到20世纪末人类基因组时期获取大规模基因组数据，再到21世纪面对临床研发和应用所积累的海量基因大数据。这种数据量的变化，不仅带来了截然不同的科学研究和应用模式，更重要的是会引发新的治理问题，例如使得之前阶段没有凸显的权力冲突和矛盾变得严峻。这种外界冲击使得曾经较为稳定的机制复合体平衡一次次被打破，各方获得参与调整和建立治理机制的契机。

在上述每一次关键时刻中，技术跃迁引发新的治理问题，原有的治理机制复合体平衡被打破，相关治理主体的主动选择决定了治理机制复合体的最终演变走向。本书指出对于治理主体在关键时刻的行为选择研究，需要从主体的权力行使条件和主体的行为动机两个维度展开分析。

从主体的权力行使条件分析，在由多元主体共同参与的机制复合体中，国家政府、国际组织、企业、非政府组织等不同类型的主体，并不是一直具备参与相关治理活动的机会。只有当其面对的具体治理议题与自身所拥有的权力相匹配，治理主体才有能力在关键时刻改变已有治理机制或者建立新的治理机制。在全球化背景下，四种不同类型的社会权力——军事权力、政治权力、经济权力和意识形态权力，并不是完全被单一的治理主体掌握，而是有可能出现权力由不同类型主体所掌握的情况。在应对大部分国内治理问题和一部分跨国治理问题时，国家政府具备行使各种权力的条件；但同时，其他类型的治理主体——例如积累了强大经济实力的跨国企业、基金会，掌握着意识形态软实力的国际组织和非政府组织，也有可能在一些跨国治理问题中具备权力行使条件。并且，在一个没有世界政府存在的全球治理结构中并不存在唯一的权力中心，不同治理主体的权力行使即使相互冲突但仍然可以并存。在人类基因信息治理机制复合体演变过程的三次关键时刻中，相关治理主体的权力行使条件发生着变化。

从主体的行为动机分析，需要考察不同类型主体由于各自遵循的制度逻辑差异，使得其面对同一个治理问题时，往往具备不同的行为动机。在人类基因信息治理的机制复合体演变中，通过过程追踪检验分析，可以发现国家、跨国集团、基金会、专业组织、国际组织等主体并不是基于自身利益最大化来选择行动方案，而是基于各自的制度逻辑对特定治理问题做出判断。当外界冲击引发一个新的治理议题时，由于不同主体基于的制度逻辑不同，因此对问题做出的判断往往存在差异甚至完全相悖。

本书在理论层面构建一般性的解释框架，分析全球治理机制复合体的动态演变模式，并且揭示机制复合体的演变动力。对于人类基因信息治理的实证研究，则进一步细化和论证了本书的理论分析框架。上述研究得到的主要结论包括以下两方面内容。

本书的结论一有关机制复合体的演变模式。本书将全球治理机制复合体的演变模式抽象为两种时期的交替，一是相对稳定时期，二是重大变化时期。在相对稳定时期，机制复合体中的治理主体及其建立的治理机制不会发生重大的变化和调整，整个机制复合体的结构处于稳定不变的状态。而在外界冲击引发的关键时刻，机制复合体进入重大变化时期，原有的机制路径依赖被打破，机制复合体的机构有可能面临重大调整和变化：什么样的治理主体能够参与机制复合体的发展存在不确定性，什么样的治理机制能够被保留、调整、废除或者建立同样也存在不确定性。在经历重大变化时期的调整和改变以后，机制复合体最终将演变进入一个新的稳定时期。但新的稳定时期与之前的稳定时期相比，治理主体和治理机制都可能有非常大的差异，形成新的机制复合体结构。

本书的结论二有关机制复合体演变的动力机制。本书指出导致全球治理机制复合体发生演变的原因复杂，需要考虑外生因素和内生因素的共同作用。

其一，外生因素——即来自机制复合体以外的外界冲突，是机制复合体由稳定时期进入变化时期的导火索。外界冲击包括战争冲突、政治局势的动荡或者科学技术的颠覆式发展等。这些外生因素使得一个议题领域内出现了新的治理问题，或者原有的治理议题优先级发生变化，从而对原有的机制复合体结构带来冲击。不同于功能主义的解释路径，本书指出新的治理问题出现并不必然产生相适应的新治理机制，但是新的治理问题会给原有机制复合体中的治理主体和其他潜在主体带来调整其行动的机会窗口，让他们有可能基于各自的主观策略重新选择，使得机制复合体的结构进入高度不确定的调整时期。由于行为主体在面对新治理问题时的选择并没有必然方向，因此对于机制复合体的演进动力分析就必须进一步考虑相关内生因素。

其二，当外界冲击引发新的治理问题，需要关注的第一个内生因素是治理主体的权力行使条件。只有当主体面对的具体治理议题与自身所拥有的权力相匹配，才有机会在关键时刻改变已有治理机制或者建立新的治理机制。在全球化背景下，四种不同类型的社会权力——军事权力、政治权力、经济权力和意识形态权力，并不是完全被单一的治理主体掌握，而是有可能出现权力由不同类型主体所掌握的情况。在应对大部分国内治理问题和一部分跨国治理问题时，国家政府具备行使各种权力的条件；但同时，其他类型的治理主体——例如积累了强大经济实力的跨国企业、基金会，掌握着意识形态权力的国际组织和非政府组织，也有可能在一些跨国治理问题中具备权力行使条件。在关键时刻中，治理主体是否有机会参与治理机制的调整和建设，取决于其拥有的权力类型是否与当时情境下的具体治理问题相匹配。

其三，在分析机制复合体演变的内生性因素时，仅仅关注主体的权力不够，同时还需要关注第二个内生因素——主体的行为动机。由于国家、跨国集团、基金会、专业组织、国际组织等主体所遵循的制度逻辑并不一致，当面对外界冲击引发一个新的治理议题时，不同主体遵循的制度逻辑不同，对问题做出的判断往往存在差异甚至完全相悖。因此在机制复合体的演变中，只有考虑到不同主体的制度逻辑差异，才能进一步理解其行为动机，进而解释由不同主体建立的内容不同甚至相冲突的治理机制。

本书的理论贡献包括以下几个方面。其一，在与全球治理机制复合体研究领域的理论对话中，本书提出机制复合体不是静态现象而是不断演变的过程，进而通过构建一般性的理论分析框架揭示了机制复合体的演变模式和演变动力，这对于推动学界加深对于机制复合体的理论认识有显著的理论价值。已有关于全球治理机制复合体的研究主要是对具体现象的描述和分析，同时一些学者也指出该领域的研究尚缺乏足够的理论深度。本书对于机制复合体的理论研究不仅跳出了静态分析的层面，指出机制复合体形成与变迁的动态演变过程是该领域研究中很重要但尚未受到足够关注的问题，并且还对动态演变过程背后的机理进行理论探索，从而加深学界对于机制复合体研究的理论深度，启发该研究领域的学者从动态演变的角度认识全球治理各个领域的机制复合体问题，进而对机制复合体现象背后的原因、结果和管理获得更为深刻的认识。

其二，在与已有关于全球治理机制变迁的理论对话中，本书指出已有理论解释无法对全球治理机制复合体的演变做出解释，进而在吸收其他学科的理论研究基础上，建构机制复合体演变模式和演变动力的理论分析框架。已有关于全球治理机制变迁的研究通常从功能主义视角或利益竞争视角出发。功能主义视角的解释认为外界环境变化导致制度的自然演化，而本研究则指出尽管需要强调外界环境的变化，但同时也需要考虑不同主体行动选择的内生因素。利益竞争视角下的解释认为当前有更多主体获得权力，为了自身利益建立治理机制，而本研究则通过过程追踪检验，指出需要更多关注主体在行为动机方面存在的差异。进一步，本书吸收了观念建构视角的研究以及组织理论视角中关于制度逻辑的研究，构建由内生因素和外生因素共同决定的机制复合体演进动力分析框架。

其三，基于关键时刻的研究路径分析全球治理问题，本书指出历史制度主义视角分析全球治理问题的优势和局限性，进而对其做出补充和拓展，这是对历史制度主义研究领域的贡献。首先，在已有历史制度主义对于关键时刻的解释框架中，将主体的行动选择视为"偶然"，而本书则揭示了不同主体"偶然"选择背后的规律。其次，已有历史制度主义研究关注国家内部的制度情景，将不同主体之间的权力不对称性视为核心解释因素，而本书则指出，在没有全球政府存在的全球治理中，主体能否参与全球治理的机制建设，并不取决于主体之间的权力强弱关系，而是主体所具备的权力类型是否与具体情境下的治理问题相匹配。此外，本书吸收了组织理论中关于制度逻辑的研究，指出全球治理中的多元主体由于遵循不同的制度逻辑，面对同一个治理问题时可能出现不同的行为动机。因此，对于主体的行为选择需要同时考虑权力和动机两个维度的因素，从而弥补历史制度主义研究中通常忽略的理念因素。

此外，本书实践"第三代全球治理研究"倡议，突破了全球治理领域的传统研究范式。已有全球治理领域的研究通常关注宏观层面分析或者静态研究，本书则针对具体的全球治理议题，展开长周期的过程追踪研究，从微观层面揭示全球治理机制变迁的因果机制。

本书提供的现实启示包括以下四个方面。首先，本书对于全球治理机制复合体演变过程的分析，能够帮助人们对全球治理发展趋势进行预判。其次，本书对于人类基因信息治理的案例研究，能够启发学者进一步关注新一代技术革命——尤其是与互联网和大数据相关的技术突破可能引发的全球治理格局变化。此外，本书对于机制复合体的研究、对于中国未来参与全球治理的策略和方向有一定的政策启示。最后，本书的研究展现出在全球治理研究中加强学科融合与对话的可能性。

《美国公立研究型大学内部质量改进的实证研究》概要

王名扬[*]

  随着 21 世纪知识经济时代的来临，高等教育在促进经济社会发展和推动人类文化繁荣的进程中发挥着不可替代的引领作用。当世界高等教育由精英化向大众化、普及化不断迈进时，与规模扩张相伴而生的质量问题成为学术界和各国高等教育改革普遍关注的重要议题。我国自 20 世纪 80 年代实行了以本科教育教学评估为根本的高等教育质量保障制度，新时期确立了以高校自我评估为基础的"五位一体"高校本科教学评估制度，新时代正不断深化教育教学制度改革以全面提高人才培养质量。质量保障问题正逐渐成为我国高等教育领域改革与发展的焦点和重点，并将在未来很长一段时间内受到社会各界的广泛关注。在这个问题上，对于高校自身而言，有关建立何种内部质量保障机制、如何开展自我评估工作的问题，目前仍处于积极探索阶段，尚未形成一套规范且成熟的模式。他国的有益经验对我国具有学习和借鉴的必要。

  美国高等教育"黄金时代"逝去后，在高等教育大众化进程中爆发的入学人数激增、教育质量下降等问题引起了强烈的社会问责。

---

[*] 王名扬，中国人民大学管理学博士，现就职于北京外国语大学。

作为外部质量保障的高等教育认证制度为院校、专业的创立和发展确立底线和门槛，虽对美国高等教育的发展起到巨大的推动作用，但同时遭到高校教师们对于其损害学术自由和大学自治的广泛诟病。美国高校将内部质量改进视为一种自律行为，由自身掌握质量测量、评估和改进的权利，一方面通过教育成效证明教育教学的诚实可靠性，以回应社会问责；同时也是为了防止政府和外界对大学自治的过度干涉，以追求大学的卓越发展。

本书的研究以威斯康星大学麦迪逊分校作为研究案例，主要基于以下四个方面的综合考量：第一，该校作为美国一所著名的公立研究型大学，办学历史悠久，代表着美国大学教育质量的较高水平，其主体性质蕴含了办学资源受到政府拨款限制和教学相对科研较为弱势的双重约束属性，这与我国公立大学发展所面临的宏观制度环境和约束性条件具有较强的相似性。第二，该校具有浓厚的"教授治校"传统，充分体现了西方大学自治和学术自由的思想理念。对其开展研究，有助于我国在建立现代大学制度、完善大学法人治理结构、落实大学办学自主权的过程中取其精华、去其糟粕。第三，该校以"威斯康星理念"享誉世界，是大学服务社会职能的发源地，这与我国建设中国特色社会主义大学要为国家经济社会快速健康发展服务的目标具有高度一致性。第四，该校作为笔者的研究田野，具有地缘优势。笔者有幸在威斯康星大学麦迪逊分校访学一年，有机会采集到宝贵的一手研究资料，通过亲身体验、考察并挖掘该校内部质量改进的具体措施，得出较为真实和客观的评价。

本书的研究主要采用质化研究方法，以笔者本人为研究工具，深入研究田野开展实证调查，以一对一深度访谈、观察和实物分析为主要资料收集方式，深刻剖析和探讨案例学校内部教育教学质量改进领域中的"认知性问题""主体性问题""制度性问题"和"文化解释性问题"。研究以案例深描作为资料呈现的主要手法，试图在所收集一手资料的基础上，对不断探索和建构的研究问题做出情境化的、具有主体间性的解释性理解。研究的样本容量共计35人，受访者包括学生、教师、院校行政管理者三大主要群体。笔者基于与异文化人群的深入交流和对研究场域生活的亲身参与及体验，以解释者的身份对受访者关于高等教育质量认知所使用的语言符号进行解码，并进一步将采集到的定性资料在"深描"的基础上尝试向下"扎根"。

受批判教育学研究范式的启发，笔者对研究对象及其相关概念在本源上不断反思并追问：什么是高等教育质量？谁的高等教育质量？利益相关者对于高等教育质量各自的利益诉求是什么？威斯康星大学麦迪逊分校如何改进教育教学质量？从总体上看，本书的行文逻辑以研究问题为出发点，对主要研究问题进一步细化和聚焦，形成"如何认识""谁来做""如何做""为什么这样做"等子研究问题，同时运用与之相适切的理论工具开展较为深入的剖析和论述。分析框架体现由浅入深、环环相扣、层层递进的逻辑关系。具体来看，本书的写作框架主要包括研究概论、研究主体内容和研究结论三大部分。研究概论部分由第一章至第三章构成，具体包括绪论、研究设计、案例铺陈三个方面，主要对威斯康星大学麦迪逊分校的历史沿革、使命与愿景、战略规划、办学现状、治理体系进行较为详细的铺垫和陈述。第四章至第七章构成研究的主体内容，分别对该校内部质量改进的相关问题进行认知、组织、制度、文化等四个维度的分析。第八章为研究结论部分。

本书第四章为认知分析，主要运用利益相关者理论、结合对威斯康星大学麦迪逊分校学生、教师、院校行政管理者三大内部利益相关者的实证调查，回答"谁的高等教育质量"的问题。笔者基于与异文化人群的深入交流和对研究场域生活的亲身参与和体验，倾听他们真实的"心声"，以解释者的身份对作为高等教育消费者、生产者、举办者视角下关于高等教育质量认知所使用的语言符号分别进行解码，以厘清多元利益相关者对于高等教育质量的利益诉求和价值期待。本章的意义有二：第一，建构多元利益相关者在特定案例背景下对于高等教育质量的情境化理解，归纳其对于高等教育质量在认知层面的差异和共性，此为推动该校教育教学质量持续改进与提升工作的认知基础；第二，通过纯粹让当事人自己说话的方式，收集一手访谈数据，为研究过程中实物资料的收集以及进一步关于组织、制度、文化层面的分析提供线索和方向。

本书第五章为组织分析，主要运用组织分析理论解决"谁来负责实施内部质量改进"的主体性问题。首先，对涉及该校内部质量改进活动的实践主体进行较为深入地组织解构，弄清楚每个组织的创立与发展、人员与机构设置、职能与运行模式、在内部质量改进实践中扮演的角色；其次，在对组织进行描述分析的基础上，试图归纳组织间的共性以及作为美国公立研究型大学开展内部质量改进工作的实践特征，回答这些组织机构形成何种内部质量改进主体关系网络、它们是否建立起一套较为完善的内部质量改进体系、通过何种方式建立、这一内部质量改进体系与外部高等教育认证如何互动等问题。

本书第六章为制度分析，在对内部质量改进实施主体进行研究的同时，挖掘该校提升教育教学质量的关键控制点和主要行动策略，延伸"如何做"的递进逻辑。首先，依托 CIPP 评估模型，将校内实施的质量改进措施划分为背景改进、投入改进、过程改进、产出改进四个维度。在此基础上，运用理性选择制度主义理论筛选出对该校具有深远影响的"战略规划制度""教师质量改进制度""学术项目质量改进制度""课程质量改进制度""学生学习评估制度"等，全面、细致地对所收集到制度文本的内涵和要素加以分析，进而梳理该校内部质量改进的演化路径、归纳有效行动措施的内在特征。

本书第七章为文化分析，探讨内部质量改进背后所蕴含的文化支撑问题，是在对"谁来做""如何做"进行事实描述分析的基础上，形成"为什么这样做"的解释性分析。本章运用质量文化的相关理论和概念，深刻挖掘制度背后所蕴含的深层次价值理念，探索质量文化与内部质量改进实践之间的逻辑关联及相互作用关系。独特的大学文化为质量文化的形成提供土壤,两者之间表现为一种共生与分离的关系。"威斯康星理念"作为威斯康星大学最悠久的文化传统之一,以促进公立大学对国家的贡献为目标,主张高等学校应该为区域经济与社会发展服务的理念。这种教育成果接受社会检验的评估方式将形成一种反作用力,从外部迫使校内教师、学生和院校行政管理者采取一切有效措施改进高等教育质量,以达到或超越社会和市场的问责需求,同时从大学内部唤起多元主体对于提高教育教学质量的热情和动力,推动大学的卓越发展。在学校内部,"学生中心"文化、共治文化、内部审查文化和自律文化分别对应质量文化的物质(技术)层面、行为层面、制度层面和精神层面,共同对该校内部教育教学质量改进起到重要推动作用。

本书第八章为研究结论部分。所形成的基本结论包括:第一,以质化研究建构校内多元利益相关者对于"高等教育质量"内涵的情境化认知;第二,去中心化的组织环境衍生出自下而上的、协商民主的组织特征,为多元化内部质量改进措施提供充分的土壤;第三,以教务长办公室为核心的学术管理部门及其下设机构在内部质量改进工作中各自承担专业化的角色,为质量改进实践提供制度化模板和辅助性服务;第四,基于制度视角对内部质量改进行动策略的分析,发现该校内部质量改进制度呈现内生性、自主性、多样性、灵活性、操作性和内外联动性等主要特征,并理清关键内部质量改进措施的制度逻辑;第五,校内所传承的四大质量文化形成一股价值规范和内在驱动力,在引领质量改进制度完善的同时,从大学内部唤起多元主体对提升教育教学质量的热情。

本书的研究对完善我国大学内部质量保障制度,主要具有以下四点启示意义:

一是推进质量、教学、评估理念的转变。思想意识指导行动,稳步推进我国内部质量管理体制改革,提高教育教学质量,首先需要转变传统观念:强化学生本位的增值质量观、教学理念从以教师教学为中心转向以学生学习为中心、评估理念从注重教育投入评估转向注重产出评估。这些思想理念的转变有助于从根本上推动我国高等教育质量保障建设。

二是完善内部质量保障组织机构建设。我国"五位一体"的高校本科教学评估制度强调以高校自我评估为基础，学校自我评估工作有效开展的必要条件在于成立独立的内部质量保障机构、配备和培养专业的评估人才。

三是加强以"自我评估"制度为核心的高校内部质量保障体系建设。内部质量保障正逐渐发展为我国高等教育质量保障工作的重点领域，高校自我评估成为内部质量保障的重中之重。各高校应定期制定和调整校内各组织机构的战略规划，明确各部门阶段性的发展目标；将对教师质量、学术项目质量、课程教学质量的评估纳入高校内部自我评估的主体架构，赋予基层学术组织充分的评估自主权，鼓励其开展特色化内部质量保障措施；建立学生学习评估制度，采用多元评估方法和测量工具；建立评估数据库，公开评估信息。

四是打造并传承组织独特的质量文化，形成内部质量保障的内驱力。从内部质量保障主体性视角来看，高校及其成员提高教育教学质量的动力是内生的，不应从外部强加，从学校内部质量文化层面唤醒和激发人们对于自我评估工作的责任和意识更有助于内部质量保障工作的开展。大学作为松散耦合性组织，存在一定的张力，组织文化则成为一种隐形的内聚力约束并规范着校内活动主体朝着同一目标不懈奋进。质量文化作为组织文化中聚焦于教育教学持续改进的深层次价值观念，根植于大学的创设历史、发展历程、使命与愿景以及未来的发展规划，经历着历久弥新的蜕变。每所大学都有自己独特的文化传统和组织使命，我国大学应立足于组织文化，不断凝练和打造匹配自身发展的质量文化，并使之内化为校内各行动主体的价值取向，成为高校开展内部质量保障工作的内驱力，以推动大学对于卓越灵魂的追求，实现世界一流大学和一流学科的建设目标。

最后，本书的研究不求在宏观层面大规模地展开社会调查和政策预测，而旨在微观层面进行细致深入的动态观察。研究成果虽不能完全呈现美国院校内部质量改进的整体情况，但仍力求尽己所能系统地呈现美国高校内部质量改进的最新情况，以期为我国学者研究高校内部质量保障相关问题提供新的认知视角、为我国高校开展内部质量保障和自我评估工作的实践提供有益参考和借鉴。

《被默许的误认——当代大学教师对教育者身份的理解与建构的质性研究》概要

曾 妮[*]

在高等教育全球化和大众化的新时代,如何提升高等教育的质量是包括中国在内的世界各国高等教育发展所迫切需要解决的重大现实课题。而大学教师毫无疑问是高等教育质量得以切实提升的关键要素。

就当前现实而言,中国政策制定者和大学管理者通过制定各种师德规范、提供教师专业能力的各类培训等方式以提高大学教师的教育教学能力。但总体而言,这些措施更多是诉诸外在的要求,而对于教师自我关于其职业角色的内在认知则缺乏必要的提升手段和途径。诸多新闻和调查显示,许多大学教师虽然在制度层面仍保留着"教师"的称谓,但在实践中存在着不同程度的师生关系淡化,甚至异化的情况,部分教师在某些方面缺乏自觉的"教育者"的担当。

此外,已有研究主要从学术职业的角度来关注大学教师的外延拓展,即使有学者关心大学教师对于教育教学的理解,也并未从职业子角色的角度来考察大学教师对于教育者身份的认知和认同。在中国目前的社会情境下,关于这些身份理解是如何建构起来的实证

---

[*] 曾妮,北京大学教育学博士,现就职于中国教育科学研究院。

研究也非常缺乏。这就使得大学教师队伍建设缺少必要的研究基础。

基于此，本书围绕大学教师对教育者身份的理解与建构展开研究。大学教师对于教育者身份的理解，可以分为职业认知和职业认同两个层次。在职业认知方面，研究通过扎根理论的开放编码，得到了受访者描述其教育者形象的基本思路，即从内容、权责、意义等具体方面展开，并通过核心类属的总结发现，教师们在访谈中也展露了他们对于"究竟什么样的人才是大学教育者"这一"教育者"身份的性质的观点和看法。这种对于大学教师的教育者身份的性质上的认识直接影响了他们对于内容、权责和意义的理解。根据受访教师对于教育者身份性质的理解，可以将其分为六类：融通型、重研型、教支持研型、平行型、重教型、研支持教型。这六种类型的教师最大的共识即大学教师的教育者身份应该由是否以教育为目的、是否将教育与研究相结合这两个标准来衡量。其次，他们还共同表现出对大学教育者高教育复杂性、高利益涉入性、高伦理风险性和低价值引领性等职业特征的关注。不同的是，他们表现出了研究中的僭越、课堂外的缺场和教育里的迷失三种不同的职业认知偏差。这三种偏差从根本上反映出他们在职业认同方面的"双重误认"。

通过对访谈文本进行话语分析，发现受访者主要运用市场话语、管理话语、知识话语、身份话语、同侪话语和教育话语来建构自己的教育者身份。从话语秩序类型来看，主要分为市场话语置顶型、管理话语置顶型和教育话语置顶型三个类型。每个类型中，各个受访教师置顶话语资源之外的其他话语资源的具体排列顺序略有不同。其中，教育话语置顶的是融通型、重教型和研支持教型的教师，他们并非没有遭遇不同话语的挑战，但是在诸多话语资源的争夺中，他们凭借对于教育的信念坚定了自己的职业属性，从而收获了职业的意义感。重研型和教支持研型虽然对研究怀有热情，但从其对管理或市场话语的强调看出，他们的梦想未能圆满，大多数人表现出一种意义缺失的痛苦和迷茫。而平行型教师则是适应管理或市场的规则，将大学教师作为一份谋生的职业。虽然不同类型的教师可以自由选择话语资源，自主建构话语秩序，以描绘一个独特的大学教师形象，但深入分析发现，这种"可选择性"本身乃是社会建构的。也就是说，教师个体动用的市场话语、管理话语、知识话语、身份话语、同侪话语甚至是教育话语，实际上是中国社会现实在大学场域中的一种反映——是中国大学教师职业发展的特殊情境使其建构（且仅用这些方式建构）出这些教育者身份。

通过对15名大学教师的教育者身份展开质性研究，本书指出：受访的大学教师对于自己的教育者身份存在"双重误认"，即将组织认同误认为职业认同和将自我认同误认为职业认同。前者的表现是：教师们误认为自己自踏入大学校门起就贴上的制度性"大学教师"身份，是一种实质性教育者身份。后者的表现是：教师们误认为只要自认为在从事教育，且热爱教师职业，就是真正意义上的大学教育者。笔者之所以认为这两种理解皆是一种误认，乃是因为大学教师的教育者身份是一种需要个人践行的、具有特殊教育意涵的身份。前者不仅忽视了在学术职业多种子角色身份中进行教育者身份选择的重要意义，也忽略了个体实践在身份获得中的关键作用。后者则未能关注到大学教育的特殊性，另外也是对个体身份建构与社会文化之间交互作用的疏忽——教师认为自己的主观判断就能够帮助其实现身份，殊不知身份的定义需要与其他社会主体的共同协商方可获得。

这种"双重误认"其实是被默许的。大学对于其教育功能的处理与中国大学的特殊发展模式默许了大学教师们对于教育者身份的理解偏差。具体来看，高等教育中，首先存在着大学组织功能对于学术职业内涵之定义的僭越——大学组织的三种平行功能取代了学术职业中对于不同子角色的价值排序；组织对其功能实现的迫切愿望准许了大学教师对于职业内涵的模糊定位。其次，高等教育的强知识导向，在一定程度上导致了一种教学去教育化的倾向，教师们将教学与教育混同使用，认为自己完成去价值化的知识传递就是完成自己的大学教育使命。而中国社会情境对于大学教师教育者身份建构的影响也是十分明显的，导致教育者身份被弱化。

大学教师的教育者身份确认有赖于职业内涵明确、组织文化支持和教师主体认同三者的共同作用。这三条实施路径的提出一方面来自于本研究的实证结果：因为大学教师教育者身份认同的双重误认正是来自于这三者的无效互动。另一方面，也是借鉴了以往的职业认同理论：过往研究者认为，职业认同与组织认同和个人认同具有重要的相关性。首先，厘清学术职业中的子角色的不同地位和作用对于大学教师认识其职业内涵具有重要意义。教育者身份乃是学术职业的本原性身份，教育者身份的价值优先乃是大学教师的伦理义务。其次，大学教师的教育者身份确认还需要组织创设有制度保障的教育文化和有同侪支持的专业文化。最后，唯有教师通过自身努力，实现一种本真性的教育者身份，才能够真正在大学教育教学实践中获得属于自己的教育幸福。

总体而论，本研究采用的是质性研究方法。研究期待挖掘大学教师对于自身教育者身份的真实理解，并从其理解中探寻其构建理解的方式，从而获得真正产生影响之因素。而质性研究这种通过研究者与研究对象进行互动，并对其行为和意义建构解释性理解的研究范式，相较于超越他者经验的思辨研究和排除研究者经验的量化研究，具有明显优势。

具体来看，主要采用了扎根理论和批判话语分析两种研究手段。扎根理论致力于身份理解的探寻，即教师究竟如何看待自身的教育者身份（包括教育者身份认知与教育者身份认同，本研究有意区分"职业认知"与"职业认同"两个概念，前者指教师对于自身教育者身份的基本认识，而后者指教师对于自身教育者身份的肯定性倾向。故本研究对认同的总结是建立在认知的描述的基础上的）。而批判话语分析则有利于身份建构的阐释，即教师究竟动用了哪些话语资源，建构了何种话语秩序来合理化其教育者身份理解。

在研究过程方面，首先选取十名大学教师作为第一轮的访谈对象（并在性别、学科、大学类型等方面区分开来）。通过对第一轮访谈中的8名受访者（在分析时去掉了入职一年新教师以及教学任务甚少的行政领导的两位教师的资料）的资料分析，建立一个类型矩阵，并根据这一矩阵进行理论抽样，选择了7名访谈对象展开第二轮资料收集，最终实现理论饱和。扎根理论的特色之一便是抽样与编码是相互交织的过程，而非一个先抽样、后编码的过程。因此，资料收集过程与资料分析过程在研究"当代大学教师对自身的教育者身份持有何种理解"这一问题时是相伴相生的。在分析得出"双重误认"的特征后，运用费尔克拉夫的批判话语分析理论对15名受访者的访谈文本进行话语资源分析和话语秩序分析。

本书的学术创新点与价值主要有三点。第一，在国内第一次系统、立体地呈现了大学教师对其教育者身份的理解和建构状况，丰富了传统关于大学教师职业研究的内容和视角。在很长一段时间里，人们关于大学教师职业及其身份的研究一方面过于笼统，并未具体深入到其职业内部不同子角色的具体内涵的研究；另一方面则过于零散，尚未有意识地从一个完整教育者的形象的角度系统探讨和分析大学教师的教育者身份特点。针对这些问题，本研究一方面聚焦在大学教师的教育者身份这一长期被学界忽视的职业子角色，另一方面则是对教育者这一职业子角色进行一种系统化的整体关照，而不是将其"肢解"为各个功能要素的分类讨论。可以说，这是国内第一次有意识并系统化的研究大学教师教育者身份的积极努力，将有助于推进大学教师职业研究的全面性和精准性。

第二，以质性研究的方式，通过受访者的话语分析全面描述了大学教育中教育者身份的现实状况，在一定程度上揭示了大学教师教育者身份的"黑箱"，为社会客观评价大学教师的教育者身份，提供了大量真实且鲜活的实践依据。长期以来，人们对大学教师的"教育者"身份的认识是模糊的。在人们朴素的认识当中，大学教师当然是"教师"，但是，在大学教师的现实身份实践中，其所表现出来的种种言行，并不说明大学教师就天然拥有教育者的教师身份。

此外，还存在着对大学教师教育者身份的简单化认识问题，社会各界将当前大学教师在教育者身份方面的"失范"行为，简单归结为大学教师的师德问题，并未看到行为偏差背后的认知偏差——某些教师根本没有认清"作为教育者的大学教师"应该是什么样的。本研究以质性研究为基本方法，从大学教师作为当事人本身，去勾勒其所理解和建构的教育者身份，可以最大程度地呈现大学教师教育者身份的真实状况，从而有利于社会对大学教师教育者身份的客观评价。

第三，研究中所发现的若干重要问题，可以为高等教育决策部门和大学管理者思考大学教师队伍建设提供必要的政策参考。大学教师队伍建设，是高等教育质量提升的关键，这已经成为一种理论和实践共识。但是，如何提升大学教师队伍水平，则是一个需要深入研究的现实课题。本研究发现，当前大学教师在教育者身份认同方面存着诸多误区，这些误区的存着，在很大程度上消解了教师教书育人的自觉性、主动性和专业性。因此，相关管理和决策部门可以根据本研究所揭示的现实问题，优化当前大学教师队伍建设的思路。至少，在现有的教师队伍建设中，要审慎处理科研与教学、教书与育人的关系。要将大学教师的教育者身份认同以及与此相关的一系列组织制度与文化建设作为大学教师队伍质量提升的核心目标。

研究的局限，一是因致力于大学教师的教育者身份的整体性探究，故而没有深入考察学科、职业发展阶段、学校类型等因素对大学教师教育者身份究竟产生了何种影响。如从学科来看，研究虽抽取了不同学科的教师，但从分析来看，尽管教师动用的知识话语中具有一定的划界功能，但不同学科的受访者并未在学科这一变量上表现出教育者身份理解的显著不同，且同一学科的受访者在谈到其教育目标和方式、构建其话语秩序时也表现出较大差别。这种学科间的弱差异性，很可能是抽样本身的问题，如果研究能够专门考虑学科因素，就可以针对人文社科类专业和理工科类专业中的典型学科进行抽样，研究结果就可能会呈现出学科的影响。二是研究采用的是横向研究而非纵向研究的方式，可能也会影响研究的结论。正如上一点所提及的，大学教师的认识是不断发展的，虽然研究者在访谈中注意"发展性问题和阶段性问题相结合"，但还是没有办法了解教师教育者身份理解的发展全过程。三是研究的样本只有两名博士生导师，可能也会影响研究的结论。研究生（尤其是博士生）的培养，与本科生培养具有较大差异。

大学教师的教育者身份是一个内涵丰富的研究主题，本研究仅是本着特定的研究目的进行了一次初步探索，未来仍有诸多专题有待进一步深入探讨。笔者认为，至少可以在如下主题展开研究：不同年龄阶段的大学教师教育者身份研究、不同学科的博士生导师的教育者身份研究、中国大学教师教育者身份的历史社会学研究。

《幼儿园教师观察能力结构模型与评价标准》概要

高宏钰[*]

　　观察能力是幼儿园教师专业素质的重要组成部分。当今，观察已然成为幼儿园教师研究、了解和评价幼儿的主要方式，成为幼儿园教师支持、回应与促进幼儿学习与发展的重要依据，成为幼儿园教师基于"幼儿研究与支持"设计、实施与改进教育教学活动的逻辑起点。尽管幼儿园教师观察能力的重要意义得到反复强调，但当前幼儿园教师观察能力的提升遭遇如下几个瓶颈问题：一是尚未形成对幼儿园教师观察能力本质结构的系统认识，对幼儿园教师观察能力是什么、包含哪些要素缺乏共识，也就无法为幼儿园教师观察能力的提升提供思想基础和发展方向；二是缺乏对幼儿园教师观察能力评价标准的系统研究，对如何测评幼儿园教师观察能力的发展现状缺乏诊断依据与评价标准，也就无法判断幼儿园教师观察能力的现实水平和发展需要，从而有针对性地确定培训内容和方式，以促进观察能力的提升。从这个意义上说，只有厘清幼儿园教师观察能力的结构模型与评价标准，才有可能探寻适宜的专业支持系统，切实提升幼儿园教师的观察能力。因此，本研究围绕"幼儿园教师观察能力"这一核心内容，对其结构模型与评价标准进行了较为深

---

[*] 高宏钰，北京师范大学教育学博士，现就职于首都师范大学。

入的研究。

本研究分为四个部分展开。

第一部分是问题提出及研究设计。研究首先以自我导向学习理论、目标设置理论与区分性评价理论为主要理论视角，提出了本研究关于幼儿园教师观察能力发展的基本立场：幼儿园教师观察能力发展是教师自我导向学习的过程，在教师自我导向学习的进程中，设置明确的学习目标和有效评价改进自身学习是其专业发展过程的两大要素，这是本研究的逻辑起点。因此，对幼儿园教师观察能力的发展来说，一方面，明确的目标对教师来说具有激励作用，能够激励教师把个人发展的需要转化成行动的动机，促使教师朝着一定的方向努力。通过建构幼儿园教师观察能力的结构模型，能够设置幼儿园教师观察能力的理想目标与最高水平，为教师发展观察能力提供方向指引，促使教师朝向理想目标做出努力，最终实现最高发展水平。另一方面，有效的评价能够帮助教师找准现有水平与理想目标之间的差距，促进教师找出自身需要改进的关键能力，实施有针对性的专业学习计划，持续提升专业化水平。本研究通过建构评价标准，能够提供衡量教师观察能力的客观尺度和进阶引领，区分幼儿园教师观察能力的等级水平，引领教师从原有水平向更高层次发展。总之，结构模型规定了幼儿园教师观察能力发展的应然目标，而评价标准是衡量教师在多大程度上达成应然目标的客观尺度，两者之间一以贯之、有机联系，构成了本研究的主要内容框架。

第二部分为对幼儿园教师观察能力结构模型的研究。本部分包括三个方面的内容：

第一，对幼儿园教师观察能力结构模型的理论探讨。主要采用文献研究的方法对幼儿园教师观察能力的本质内涵与核心特征、幼儿园教师观察能力的价值意义、幼儿园教师观察能力的结构框架等进行了理论构想。这些问题是幼儿园教师观察能力结构模型最为基础、也是最核心的问题，指导着整个研究的设计与开展，也奠定着后续研究的基础。在本质内涵上，依据科学哲学中"观察渗透理论"

对观察的认识，幼儿园教师的观察是一种渗透了理论的经验活动，在其中观察始终和理论联系在一起——观察不仅是理论先行，而且是理论伴随和由理论解释的。基于"胜任力理论"对能力的认识，本书认为幼儿园教师观察能力是教师胜任力的基本类型，是幼儿园教师要胜任专业观察活动所需要的意识、知识、技能以及行为等各项胜任特征的综合。结合对"观察"和"能力"的认识，本研究将幼儿园教师观察能力界定为幼儿园教师在幼儿学习与发展理论指导下，在日常活动中有目的地观察幼儿的典型行为表现并采用适宜的方法和技术对幼儿行为进行观察、记录与分析的能力，具有理论先导性、过程结构性、意义建构性等核心特征。在价值意义上，本研究提出幼儿园教师观察能力具有发现幼儿——观察确立了幼儿的主体地位；改进课程——观察确立了课程的儿童立场；反思教学——观察奠定教师教学反思与改进的基础；研究幼儿——观察促使教师"幼儿研究与支持"意识的觉醒四个方面的价值。在结构框架上，形成了由"条件—目的—方法"三要素构成的幼儿园教师观察能力结构理论构想，其中条件要素指向幼儿园教师有效实施专业观察活动应掌握的幼儿学习与发展理论前提；目的要素指向幼儿园教师实施观察应明确观察的目的和内容；方法要素指向幼儿园教师实施观察应掌握的具体方法和技术。这一构想为后续结构模型的建构奠定了理论框架。

第二，幼儿园教师观察能力结构模型的实证研究。主要采用比较研究和调查研究相结合的方式进行研究。一方面，对贝雷迪的比较研究方法进行适当调整，遵循"选择—描述—并列—比较—建构"的"比较研究五步法"对美国、英国等不同国家和地区的幼儿园教师专业能力标准等15份政策进行文本分析，从理论层面建构了由"掌握幼儿学习与发展的知识、理解观察的目的与价值、使用适宜的观察方法、有效运用观察结果"4个基本维度和8个核心能力项构成的幼儿园教师观察能力结构模型；另一方面，采用焦点小组访谈法，通过目的取样对优秀园长、优秀幼儿园教师进行深度访谈，经过对质性资料编码与分析，从实践层面建构了由"掌握基本理论、具有观察意识、明确观察目的、明晰观察内容、分析观察结果"5个基本维度和17个核心能力项构成的幼儿园教师观察能力结构模型；之后将理论建构结果与实践建构结果进行对接、碰撞与互证，建构幼儿园教师观察能力的结构模型。

第三，幼儿园教师观察能力结构模型的检验研究。本研究通过理论研究、比较研究和调查研究多元互证以保证结构模型的信度，主要通过专家评议法验证结构模型的内容效度，同时对其不适宜的地方进行修正。通过征询37名专家的多轮评议意见，专家对结构模型中大多数指标的适宜性持认可态度，结构模型的内容构成基本合理。在此基础上，根据专家意见对结构模型中不适宜的地方进行修订，最终建构了由"把握年龄特征、具有观察意识、明确观察目的、熟悉观察内容、掌握观察方法"5个基本维度和13个核心能力项及其相应的教师典型行为指标组成的幼儿园教师观察能力结构模型。

第三部分为对幼儿园教师观察能力评价标准的研究。本部分按照评价标准"建构"阶段、评价标准"检验"阶段和评价标准"应用"三个阶段展开研究。

在评价标准"建构"阶段，主要采用理论研究和实证研究相结合的方式进行研究。首先，开展幼儿园教师观察能力评价标准的理论研究，界定评价标准的基本立场、本质特征与理论框架，为后续的实证研究奠定理论基石。对于评价标准的基本立场，基于区分性评价理论，本研究认为应该将建构评价标准的目的定义为激励、导向与促进幼儿园教师的专业发展，评价内容应该是可观测的幼儿园教师实际行为表现，评价主体是幼儿园教师的自我评价，评价形式采用等级水平评定方法等基本立场。在本质特征上，明确了评价标准具有价值导向性、区分性、可达成性的本质特征。在理论框架上，确定了幼儿园教师观察能力评价标准由"评价指标体系＋等级评定标准"构成的思路。由于本研究在上一部分已经完成了对幼儿园教师观察能力结构模型的建构，实际上已经对评价指标体系进行了限定，因此建构评价标准的核心在于确定等级评定标准。对此，本研究借鉴富勒的"教师关注"理论与布鲁姆的"认知目标分类学"理论确定了等级评定标准的基本形式和等级划分方式，即按照教师观察能力由低到高发展的顺序将每个评价指标划分为四个水平，每个水平下用典型的教师行为特征予以区分，并通过具体的教师行为表现加以描述。在理论构建的基础上，开展幼儿园教师观察能力评价标准的实证研究，具体步骤包括：基于结构模型确定评价标准的维度和评价指标；通过专家调查法确立评价标志；通过对8组41名优秀幼儿园园长、骨干教师、教研员进行焦点小组访谈，收集对每个评价指标的四级水平描述，通过编码归类，完成对每个评价指标的四级水平划分，初步完成评价标准的构建；最后，邀请学前教育领域专家对评价标准的适宜性进行评议，并在专家意见基础上进一步修订完善，最终建构了由5个基本维度、13项评价指标和相应的四级水平描述组成的幼儿园教师观察能力评价标准。

在评价标准"检验"阶段，主要是从单体验证和整体验证两个方面对评价标准进行检验。单体验证主要是针对评价标准的单一指标，从难度分布、区分度以及每个指标等级划分的合理性等方面，对评价标准每个指标的质量进行全面分析；整体验证主要针对整个评价标准的信度、效度，确认评价标准体系能够最终可以完成教师评价的目标及任务。本研究采用的方式是将幼儿园教师观察能力评价标准的13项评价指标和相应的4个等级水平描述编制为《幼儿园教师观察能力自评表》，由幼儿园教师进行自评以检验评价标准的质量。其测量学属性检验结果表明，单体验证表明，评价标准各指标的难度、区分度以及等级划分较为合理；整体验证表明，评价标准内部一致性信度系数为0.950，具有较好的内部一致性；验证性因素分析表明理论模型与观测数据拟合情况较好，具有较高的结构效度，表明评价标准质量较高、性能良好，可以作为幼儿园教师自我评价观察能力的依据。

在评价标准"应用"阶段，本研究主要是运用幼儿园教师评价标准对幼儿园教师的观察能力进行调查并结合教师访谈结果进一步验证评价标准的适用性。采用的方式是幼儿园教师运用《幼儿园教师观察能力自评表》进行自评,并对部分幼儿园教师进行访谈。结果表明,幼儿园教师观察能力平均得分为 2.42,总体水平处于水平二和水平三之间;在"把握年龄特征、具有观察意识、明确观察目的、熟悉观察内容、掌握观察方法"五个维度上的表现均达到评价标准的等级水平二和等级水平三之间,处于中等水平,其中,"具有观察意识"维度得分最高,为 2.54 分,在"掌握观察方法"维度得分最低,为 2.36 分;不同教龄、学历、职称的教师观察能力水平存在不同程度的差异,访谈结果在印证调查结果的基础上进一步表明,教师主体因素、幼儿园工作环境以及社会文化和政策因素是影响幼儿园教师观察能力的重要因素。

第三部分是综合讨论。本部分主要对三方面内容进行了讨论。

第一,对幼儿园教师观察能力结构模型进行讨论。科学哲学领域的"观察渗透理论"为建构幼儿园教师观察能力结构模型提供了指导思想,为理解和反思观察与理论的关系奠定了基础;对教师来说,结构模型的形成可以为幼儿园教师学习观察设置明确目标,让教师明确自己"要往哪里去";对幼儿园来说,为幼儿园从思想上重视教师观察、有目的地组织教师观察,并形成观察儿童的幼儿园组织文化提供了载体。

第二,对幼儿园教师观察能力评价标准进行了讨论。科学合理地划分四个等级水平是建构评价标准的重中之重,应该充分发挥理论逻辑和实践逻辑的互补作用;评价标准是教师开展自我评价、进行自我导向学习的工具,应该鼓励教师以此为依据加强对自身观察能力的水平诊断,明确自己"现在在哪里",在此基础上进行持续改进;评价标准作为幼儿园设计教师持续进阶成长活动的依据,应该减少将其用于考核与奖惩的负面影响,使评价标准发挥更为积极的作用。

第三,对幼儿园教师观察能力的结构模型和评价标准如何进一步应用于支持教师观察能力发展进行了讨论。本研究通过对幼儿园观察能力的"结构模型—评价标准—专业支持系统"进行三位一体设计，从理论上构想了幼儿园教师自我导向观察能力发展模型。其中，专业支持系统依赖于幼儿园教师观察能力的结构模型帮助幼儿园教师明确观察能力发展的理想目标，依赖于评价标准支持幼儿园教师对自身观察能力进行水平诊断，确定教师目前所处的等级水平和接下来可以达成的水平，发现教师的"最近发展区"，在此基础上，通过有区分的针对性地课程内容与课程实施方式，以满足不同水平教师的学习需要，支持教师的持续进阶。幼儿园教师依赖于专业支持系统，真正实施专业成长计划，进行个人导向的学习，持续朝向结构模型所描绘的理想目标努力和前进。

最后，对本研究的创新点与不足进行了讨论。本研究的创新点在于：研究问题的选择符合新时期幼儿园教师专业发展的创新要求；研究设计具有一定的系统性；综合使用了质性研究和量化研究方法，根据不同的研究问题运用不同的混合设计，对混合研究方法进行创新尝试；最后取得的研究成果在技术上具有一定的先进性，有利于补充我国幼儿园教师专业发展的现有理论和实践。本研究也存在一些不足：一方面，受取样地域和被试人数的限制，幼儿园教师观察能力结构模型和评价标准的解释力存在一定局限；另一方面，由于研究时间、精力有限，本研究只是从理论上构建了幼儿园教师观察能力自我导向发展模型，对其专业支持系统中的课程内容和课程实施方式进行了理论构建，但并没有将其应用于实践中，在未来研究中需要进一步细化专业支持系统的设计，开发可供不同水平教师学习观察的培训课程体系，切实服务于幼儿园教师观察能力的专业发展与持续进阶。

《清末民国都市戏曲人文生态研究》概要

赵丹荣[*]

  "戏曲生态"指戏曲生存与发展的自然和文化环境所构成的整体状态。以人对戏曲生态影响程度的深浅作为分类标准，戏曲生态可分为自然生态和人文生态，以人文生态为主。本书以"人文生态"为提挈，从内部和外部两方面对清末民国都市戏曲的生存环境进行研究，力求还原当时特定的戏曲人文环境，呈现出戏曲在这种人文环境下的生存状态，指出其生存状态与生存环境之间相互依存、相互促进乃至相互疏离的关系。

  清末民国，在戏曲活动与其外部生态环境之间的对话中，最为重要的一部分是文人、报人对戏曲活动的参与和对戏曲批评生态的介入。这一介入过程主要体现在文人与伶人的交游、互动活动中，而贯穿文伶交游活动始终的主线便是"捧角"。因着男风的盛行和以魏长生为代表的男旦艺术的崛起，清朝中晚期兴起了狎优之风。此风经由清末民初而发展到民国后，已骎骎然席卷全社会，升级成"捧角"这一全民狂欢的形式，其间演变递进的过程及其动因耐人寻味。随着近代报刊业的兴起与繁荣，数量众多的文人转变为报人，戏曲报刊也成为了文人评伶捧角活动的主要载体，它既是捧角的主

---

[*] 赵丹荣，山西师范大学艺术学博士，现就职于山西师范大学。

阵地，也是捧角团体之间互相竞争的主战场。本书以清末民初为时间节点，着重探讨其前后两个时期文人对于戏曲活动的参与和对戏曲批评生态、交往生态的介入。文人或以戏曲报刊为媒介发表剧评及捧角文章，或运用刊物本身发动捧角团体之间的争斗，其背后所反映出的诸如狎优、捧角、名旦关注、女伶关注等焦点问题，对当时戏曲人文生态的形成与嬗变产生了深远影响。文人的参与推动了民国后京剧的精致化和雅化，亦是促使京剧走向全面繁盛的重要因素。在戏曲发展的外部生态环境中，以官僚财阀等为主的都市群体对于戏曲的观演、批评等人文生态的参与情况同样值得注意。本书着重研究他们在"戏里戏外"参与戏曲实践的情况及他们与伶人之间包括捧角在内的或明或暗的关系。

  清末民国，尤其是20世纪20年代末30年代初，剧坛气象不凡，名角名段大量涌现，艺术技巧不断提升，流派纷呈、争奇斗艳，传统戏曲的发展进入全盛时期。但随着西洋戏剧的传入和本土新编戏、文明戏等新戏的产生，戏剧界呈现出新旧共存的局面。新剧派不眠不休的攻讦以及旧剧派困兽犹斗的反击，使得新旧剧的论争愈演愈烈。论争的焦点一方面在于旧剧的社会教化功能是否需要高扬，另一方面在于新旧剧"写实"与"写意"的特点孰优孰劣。因此，在20世纪的头三十年，戏曲界最值得注意的事件便是戏剧改良运动，戏剧改良既是贯穿当时戏曲发展的主题，同样也是戏曲生态学所关注的核心问题。多数戏曲报刊在这一改良大潮中保持了清醒和理性，对旧剧衰落的原因以及戏剧改良的原则、措施和目标不懈探索，形成了纷繁庞杂的理论体系。改良措施涉及演员、观众、评剧家、舞台剧场的建筑经营、编剧、曲师、教习师傅等方方面面，涵盖了戏曲活动的所有参与主体。而它们又分别对应着戏曲的观演生态、剧本生态、音乐生态及传承生态。本书对以上几方面进行重点研究，对当时刊载戏剧改良内容的主要报刊进行系统梳理，以期清晰整理并揭示出作为戏曲人文生态内在驱动力的戏剧改良在不同阶段的表现特点和演进脉络，从而为现时如何振兴传统戏曲提供借鉴。

相较于自然生态，人文生态更多受到人的干预和操纵。按照具体研究对象的不同，戏曲人文生态又可以分为内部生态和外部生态。其中，内部生态是戏曲生态的核心，着重在理论层面探讨戏曲扮演角色的本质与戏曲内部各要素的关系，包括观演生态、剧本生态、音乐生态、舞台生态、传承生态、服饰生态、理论生态等。内部生态为戏曲生态提供了发展与变革的可能性，是戏曲生态永葆生机的有力保障。外部生态是戏曲生态的外延，包括与戏曲艺术生存、发展相关的，以社会各界人士的参与和互动为主的外部环境生态场域，包括批评生态、交往生态等。其中，观演生态、剧本生态、批评生态是戏曲生态的核心。

长期以来，学界对清末民国戏曲的研究多偏重静态的专题研究，而忽视动态的综合研究，使得一些关键问题尚有讨论的空间。如戏曲生存与发展的机制是什么？戏曲与外部环境的互动情况如何？都市戏曲与文人（报人）的关系是什么？都市人群在戏曲变革中扮演的角色是什么？戏剧改良运动对戏曲生态的影响和贡献如何？若要尝试解决如许问题，就必须把戏曲生态环境系统作为一个整体来观照，即用戏曲生态学的方法来研究。从外部来讲，戏曲生态学关注戏曲在某一个时期的生存、发展状态如何，它自身的规律是否被遵守，平衡是否被打破；从内部来讲，戏曲生态学注重探求自身的发展规律，以戏曲改良为内驱，关注的核心问题是戏曲的出路与走向。

学界对清末民国这一社会变革时期的戏曲研究成果多如江鲫，但就其时戏曲活动与外部生态环境之间的关系进行考察的尚不多见。其中，最引人关注的是文人、报人对戏曲活动的参与和对戏曲批评生态的介入，而贯穿这一行为的主线便是文人与伶人的交游。从清朝中晚期兴起的狎优之风，到清末民初的捧角，再到民国后捧角发展为全民狂欢，这一发展过程及其缘由颇可探讨。随着近代报刊业的兴起与繁荣，数量众多的文人转变为报人。文人在戏曲报刊上发表评伶捧角文章的同时，文人组成的各捧角团体亦在戏曲报刊上掀起笔战，互相竞争。本书着重探讨戏曲及戏曲报刊的发展与其背后的文人活动之间的关系。

不只文人与报人，在戏曲发展的外部生态环境中，官僚财阀、帮会组织、青楼娼妓、票友票房、满清遗老、女性观众等都市各色人群对于戏曲人文生态，特别是批评生态与观演生态的参与和建构情况也需要注意。其中，票友票房、满清遗老和女性观众这三类群体尤其值得关注。本书对他们参与的戏曲活动及其影响进行探讨，着重研究他们与伶人的关系，对其中反映出的一些诸如捧角、狎优、名旦关注、女伶关注等焦点问题进行解读。

清末民国，戏曲内部生态的冲突演进集中体现为戏剧的改良。戏剧改良作为当时戏曲发展的最大历史特点，既是贯穿戏曲发展的主题，同时是戏曲生态学所关注的核心问题，亦是本书的研究重点。对戏曲报刊上登载的关于戏剧改良的文章进行梳理，可以看出当时戏剧界对于戏剧改良已形成了完整的理论体系，戏曲理论文章中提出的改良措施涉及戏曲活动的各个参与主体，涵盖了戏曲内部生态的主要方面。

文人对戏曲活动和戏曲人文生态的参与由来已久。明清两代，朝廷严禁文士，尤其是官吏狎妓，迫使他们将注意力转移到面容姣好、身材婉盈、状似女子的男优身上，他们在宴饮时会招男优入座，目的在于侑酒助兴。此举在客观上导致了男风的盛行。以魏长生为代表的色艺兼擅、妖冶美艳的表演风格创造了一种独特的审美趣味和表演范式，迎合了狎优这一社会审美心理，受到了观众的热捧，使京剧的表演格局发生重大变化，男旦艺术首次成为舞台演出的中心，男旦艺人数量激增，社会地位大大提高。此后不久，私寓应时而生，私寓的创设虽为培养男伶，然其中多为清丽妩媚的相公。豪客与文人作为经常光顾私寓的两大群体，促进了狎优之风的盛行。他们虽在狎优的心态与方式上或异或同，然占据主导地位的始终是对相公"色"的追求。相公与狎客之间除了唱戏观剧、侑酒佐欢的关系外，尚有无法言说的鄙陋行为在其中。私寓为了招揽狎客，不仅努力优化私寓环境，还对相公进行培训和包装，使其符合狎客的需求。此时文人仕宦的狎优活动是清末民国后捧角行为的滥觞。文人举子们科考后无事，为表达对相公的喜爱，常撰有花谱月旦其色艺。花谱在文士看来或为闲来风雅之举，然而由于其产生了深远的社会影响力，于伶人的演艺生涯颇有干系，因而广受伶人关注。花谱是民国后专刊、专集与特刊的雏形，其"褒多贬少"的编撰特点亦在专刊、专集与特刊中得到了更加典型的体现。

文人始终居于戏曲外部人文生态的主导地位。清末民初之际，狎优、狎旦之余绪未歇，观客依然保持重色轻艺的审美习惯。受此影响，伶人群体发生了颠覆性的变化，主要表现在三个方面：一是传统的"脚色制"的演剧体制渐趋衰落，"名角制"代之而兴，名角、名伶居于演剧的核心地位；二是生角彻底式微，旦角——尤其是男旦迅速崛起，执各脚色行当之牛耳，一跃而居舞台表演艺术的中心；三是女伶，特别是女旦异军突起，成为舞台上一支不可忽视的力量。这些改变作为京剧走向全面繁盛的重要表现，适应了京剧发展的潮流，有着不容置疑的积极意义，但也产生了一定的消极影响。在此基础上，依托于近代报刊传媒业的兴盛，文士墨客开始在报刊上发表评剧文章，近代意义上的剧评得以出现，新式的批评生态得以形成。这一批评模式针对当时的剧场演出，发表新鲜及时的评论，形成演出与评论同步互动的新景观，具有公开性、公众性、时效性、宣传性、监督性等特点，颠覆了清代以前依靠口耳相传的滞后闭塞的批评模式。这些文章名为剧评，实为伶评，且对伶人褒多贬少、寓贬于褒，具有强烈的捧角意味。文人以撰写评剧捧伶文章作为捧角的主要方式，除此之外，题赠诗文、鼓掌叫好、馈赏实物等捧角情形亦屡见不鲜。可以说，清末民初的戏曲批评、交往生态主要体现为文人的捧角活动。由此，文人对戏曲活动的干预空前深刻，文人与伶人的结合更加紧密，不仅改变了伶人的生存状态和演出模式，也改变了京剧的发展面貌。

清末民国的戏曲批评和戏曲交往生态集中显现为文人的捧角活动，作为捧角载体的戏剧报刊得到了文人的充分利用。诸多刊物的投资者或创办者即为捧角家，这些刊物的经营理念和出版策略被赋予了太多的捧角内涵。各捧角团体不仅通过"旗下"刊物为伶人摇旗呐喊，还常将捧伶人的诗文书画编辑成专刊、专集、特刊等形式出版，连篇累牍为伶人造势。各捧角团体之间互相倾轧，时常掀起笔战。伶人的色艺之较已退居其次，捧角家的竞争被附加了太多戏剧之外的因素，如个人恩怨、门户偏见等，甚至裹挟着政治和经济诉求。

清末民初之际风气大开，都市社会鱼龙混杂、犬牙交错。捧角行为不只是文人的专利，而是席卷全民的浪潮。在当时的外部戏曲人文生态环境中，以官僚财阀、帮会组织、青楼娼妓、票友票房、满清遗老、女性观众等为主的都市群体广泛参与了戏曲活动，深刻介入了戏曲的批评、观演、互动生态。他们以唱戏观剧为乐，以评伶捧角为业，捧角心态错综复杂、或明或暗；捧角之道千变万化、不一而足。民国票房空前繁荣，票友和女性观众急速增多，即使是在戏迷或女"粉丝"群体异乎发达的今日，票友或女性观众的规模、素质亦难以望民国项背。满清遗老这一群体仅见于其时，他们对于京剧繁荣所做出的贡献不可忽视。在都市各色人群中，尤以这三种群体最为特殊，他们共同构成了民国戏曲人文生态的独特景观。

清末民国，戏曲界最值得注意的事件便是戏剧改良运动。戏剧改良作为戏曲内部人文生态自我更新、自我调适、自我完善的手段，既是贯穿当时戏曲发展的主题，同样也是戏曲生态学关注的核心问题。尤其是20世纪20年代末30年代初，剧坛气象不凡，名角名段大量涌现，艺术技巧不断提升，流派纷呈、争奇斗艳，传统戏曲的发展进入全盛时期。但随着西洋戏剧的传入和本土新编戏、文明戏等新戏的产生，戏剧界呈现出新旧共存的局面。新剧派不眠不休的攻讦以及旧剧派困兽犹斗的反击，使得新旧剧的论争愈演愈烈，论争的焦点在于旧剧社会教化功能体现的程度及新旧剧"写实"与"写意"的特点孰优孰劣。有识之士纷纷呼吁对新旧剧进行改良，改良措施涉及演员、观众、评剧家、舞台剧场的建筑经营、编剧、曲师、教习师傅等方方面面，涵盖了戏曲活动的所有参与主体。而它们又分别对应着戏曲的观演生态、剧本生态、音乐生态及传承生态。然而，轰轰烈烈的戏剧改良运动实则收效甚微，未能实现改良家的既定目标。

《从外来杂耍到本土影业：中国电影发生史研究（1897—1921）》概要

张隽隽[*]

1921年之前的中国电影史至今尚未得到充分的研究。大多数版本的电影史著中，这二十多年时间往往都是仅用几页的篇幅一笔带过，所涉及的事件和阐释的方式，也多借助于权威的《中国电影发展史》，或者是添加一些后来发掘的史料，对既定的历史框架进行补充，而没有从根本上动摇这一阐述方式。原因不仅在于史料的零落，也在于方法的缺失。我们既无从寻觅文本，也无法对其从美学或者社会和政治的角度进行读解，很难将其纳入到线性、封闭、以生产为中心的论述框架中进行研究。

近年来，受到历史学和电影学两个学科新进展的影响，电影史的书写突破了优秀导演的传记和杰出作品的罗列的框架，将电影的制作、保存、传播、展示、消费、观看及电影与观看者日常生活的互动等方方面面的内容都纳入研究范围，由此生发了对电影的全新认识。在这样的基础上，本书将采用"发生史"的概念，不再拘泥于确定的初始点，而在尽力挖掘中国电影的全部现象和全部事实的基础上进入历史现场，寻找其历史联系，构建整体意义的历史语境，去探寻中国电影的丰富内涵。本书将从本土观众特定的视觉经验、

---

[*] 张隽隽，北京大学艺术学博士，现就职于上海师范大学。

政治诉求、文化认同出发，探寻电影作为多元文化交融和汇聚的节点，如何在都市生活的循环与变迁中，被观众有意无意地挪用和误读，逐渐从一种外来的新奇娱乐成为观看者共享的公共领域；本土影人又是如何利用电影进行创造性的表意实践，让中国电影从结构和功能方面获得自己的命名与形式。

由此，本书将分为六个部分，展现中国电影的发生过程。第一章以对"中国第一部电影是《定军山》"这一"常识性"说法的形成和流传为中心，考察这一话语是如何形成并服务于现实政治的需要。经考证发现，《定军山》是否存在、何时拍摄、究竟是一段模糊的影像还是体现出一定的美学意蕴，目前都难以确知。其之所以能够通过《中国电影发展史》这样的权威著作成为中国电影的起点，首先是意识形态的作用。第一部"中国电影"诞生于北京这一"事实"，让北京这个新的政治中心和文化中心在1949年之前的电影版图中占有了无可替代的重要位置，而作为资本主义腐败和堕落象征的上海则相应被边缘化和去中心化了。另一方面的影响因素则是晚清以来以建构现代民族国家为导向的民族主义思潮。民族主义作为一种情绪和意识形态，是20世纪以来政治、思想、学术的一股强劲潮流，不仅影响世界政治局势，也建构各种历史和文化的符号，使之成为民族共同感和归属感的来源。从电影史家开始有意识地记录和叙述相关事件开始，民族身份成为纳入或排除的标准，人物和事件则往往从民族的角度加以选择和重述，从而为中国电影史划定了边缘，输入了神圣的情感和意义。任庆泰这样的电影史的主角也成为了抵抗外国文化侵略的符号，被建构为本民族文化原型。因此我们需要分析民族主义情感与电影生产、电影研究/电影话语生产之间千丝万缕的联系，并指出这些话语的有效性和边界。但不可否认的是，在国家电影发生的过程中，民族主义往往起着至关重要的作用，中国亦不例外。因此，本章将对民族主义话语进行反思，并在此基础上辨析本土影业发生过程中民族主义的彰显和遮蔽作用。

第二章将对电影传入中国的初始情景进行还原。较为确凿的证据显示，1897年5月在礼查饭店的放映应该作为电影传入上海的开端。从当时的电影放映广告的文字可知，初次面对活动影像，不同社会地位和文化水平的观看者，或以经世济国的儒家理想加以舒缓，或以近似道家的游戏态度油滑地避开，或发出了颇有佛家万物皆空意味的感叹，艰难地解构了首次接触到作为现代技术的电影所带来的创伤性体验。但无论是欢欣、淡漠还是惊恐，几位作者似乎以不同的方式，从共同的文化传统中找到了庇护之所，在原有的感知方式和电影这一全新的视觉文化产品之间制造了一个得以栖身的缓冲地带。另外，中外观众之间也有着显著的不同。1898年5—6月，著名英国魔术师卡尔·赫兹在上海表演魔术并放映电影，他的表演过程和观众反响得到了中英文报纸的全方位报道。通过对他的中西观众进行对比，基于文化差异的不同的记忆、印象感受得以呈现。英文的《北华捷报》中的报道显示，了解电影内容的西方观众观看这些来自他们所熟悉的欧美文化圈的电影的时候，能够和他们的民族、文化、社会阶层的身份认同结合起来，获得一种融合了民族情感和优越地位的快感；中文的《申报》中的报道显示，对于中国观看者来说，电影及其所携带的文化因素是让人全然陌生的，他们的愉悦体验仅仅停留在纯粹的视觉感知层面上，但结合时局忧思和赏玩习惯，依然获得了丰富的情感体验。这样的差别是由国籍、文化、民族等因素造成的。在上海这样一个华洋杂处的社会中，则不无诡异地带上了阶层分化的色彩。

第三章则通过对1907年之前报纸上的电影放映广告的研究，分析这些由新型文人撰写、通过印刷媒介传播的文字材料如何在中国观众和外国电影、原有经验和新鲜视觉娱乐产品之间搭建桥梁，以原有的文化趣味、心理期待，结合特定时代的特殊关注点，为电影及其内容寻找理解的可能。简单来说，在《申报》等印刷媒体中，电影的译名同样花样繁多，提示着电影的"科学原理"和视觉特征，最大程度迎合了时人心态，也最能够唤起人们的观看欲望。为了让这种欲望具备更不容置疑的合法性，电影放映者还从这三个方面强调看电影的重要性——助游赏、广闻见和开民智。他们所发布的电影广告，将视觉经验、知识观念、文人传统和启蒙理想结合起来，让观看电影的行为更具合法性，也将电影与民族情感联系到一起。而"补助兴复海军社"的电影放映活动则是其中颇有意味的一个个案。留日学生王曾宪、朱增浚于1906年暑假期间购买了电影放映设备和一批影片，以"补助兴复海军社"的名义在上海周边面向妇女和儿童放映电影，希望将所得收益充作海军军费，并凭借影片普及军事知识，达到振兴海军的目的。他们的放映活动持续时间很短，范围也有限，却是对中日精英知识分子所创造的"国民性"话语的一次践行。"中华民族"这个共同体是清末民初之际，先进知识分子吸收西方学理并结合传统的民族意识资源，加以创造性发挥和动员的结果，其从"自在"到"自觉"的过程需要从少数人的阐述，到社会的广泛认同。正是像两位留日学生这样的中层知识分子，成为精英思想者和社会各阶层发生联系的渠道，甚至在大部分情况下被排除在民族国家宏大话语之外的妇女和儿童，也成为两位留日学生理想的启蒙对象。追溯这一次放映活动，我们勾画出了现代民族意识从精英到大众的运行轨迹；同时也更了解电影这一外来的杂耍如何在中国文化语境中产生意义的可能途径。

第四章对当时的电影放映场所进行考察。通过考察当时报纸上的放映广告可知，多种场所接纳了经济能力、社会地位、文化水平各不相同的上海市民，让电影成为他们日常生活的组成部分。本章将这些放映场所分为五类，并认为：兰心大戏院等西式场馆从种族和阶层上区隔了观看者并树立了观看电影的行为规范；张园等经营性私家园林的文化性和政治性赋予了电影民族国家的意涵；茶园、游乐场等综合性娱乐场所使得消费性和物质性成为电影的"本质"；新剧舞台将电影和新剧同台并置，使观众更容易从伦理建构的角度去理解；而规矩堂、青年会等基督教场所则使电影成为化育大众的工具。本章以中国基督教青年会的电影放映作为个案，更深入地考察电影在怎样的多元环境中传播及其效果。基督教青年会

（Y. M. C. A. ）是一个世界性的基督教外围组织，中国基督教青年会从 1907 年搬进北四川路会所便开始了电影放映活动，放映的方式和种类也是多种多样的。到 1937 年为止的 30 年时间里，青年会的电影放映与盈利、教育、公益、娱乐等不同的目的结合起来，除了带来一定的经济收益之外，还在青年会的教育和社会工作中发挥作用，同时也使自身更具世俗化色彩，减少民族主义情绪对自己的冲击。中国青年会这个移植自欧美的、建立在陌生人关系之上的半宗教性社会团体，通过和欧美青年会及其他基督教团体的密切关系，借助电影这一现代摄影技术的产物和大众社会的文化商品，成为向中国介绍西方最新科学知识和技术成果的窗口；共同观看电影的娱乐活动，也有效缓解了上海这个初兴的大都市中的青年学生和白领作为原子化个人的孤立状况。在这个过程中，电影成为个人、宗教、现代生活之间的粘合剂；而青年会对电影的利用，又在不经意间对中国本土电影文化的生成发挥了积极的作用。

第五章主要追踪电影院的出现过程。从发生学的视角下，探寻所谓"第一家"电影院出现于何时何地是没有意义的，因为电影院并不会在出现之前就获得了固定的形式和内涵。从中外电影史论著作及当时的史料可知，不晚于 1906 年，上海开始出现简陋的、非正规的"影戏场"，这些场所多系搭建而成，环境也堪称恶劣。本书认为，这类场所的产生原因在于资金、技术、法律法规的缺失，其游走在监管的边缘地带，为囊中羞涩和要求不高的观看者提供了一个廉价而新奇的去处。来此的观众，与其说是为了看电影，不如说是出于盲目好奇心的驱使，或是为了享受僭越社会性别秩序的快感。不晚于 1908 年，上海逐渐出现了舒适的、长期经营的"影戏园"。约从 1913 年开始，这些影戏将逐渐不再多种兼营，而将电影作为主要甚至唯一的长期经营项目。洋场文人、富家子弟和高等妓女却开始频频光顾，满足寻欢、猎奇、社交、炫耀等多方面的需求，并起到带动整体社会风气转变的作用。这样的过程和世界其他国家情况类似，可以说是电影产业整体升级的结果，同时，也是本地的管理者、经营者和观众互动的结果。雷玛斯、古藤倍、郝思倍和劳罗等外国经营者在这个过程中发挥了重要作用。另一方面，公共租界的工部局将电影院作为公共娱乐场所，全力保障其消防安全而对其放映的内容不多加干涉，并通过收取执照费用的方式增加财政收入；法租界的公董局则把影院视为公共文化设施，在营造宜居环境的整体规划下，着力将电影院打造成为享受文化熏陶、展示文化品位的场所；华界的自治机构则将影院视为展演"文明"的地方，更强调影院中的道德秩序。不同的市政机关的不同理念，也影响到了上海电影文化的生成。

第六章将追溯中外电影工作者的电影制片活动。从 19 世纪末期开始，外国摄影师就不断来华，摄制有关中国的奇观异景来满足西方观众的好奇心。从 1908 年起，一些长期在华的外国人开始拍摄电影，并在自己经营的影院中放映。雷玛斯、盈昃影片公司、布拉斯基、劳罗等都有作品问世。他们的作品大体上可以分为本地题材影片和重要政治人物影片两类。前者内容多是在沪西人的体育比赛和假日休闲，后者内容则是袁世凯、黎元洪等重要政治人物的重大活动。前者的娱乐功能，主要体现在社交方面。通过辨认影片中的自己和同伴，这些集拍摄对象和观看者于一体的西方人完成了镜头内外的我/我们的表演、审视和想象，他们的身份地位、社群归属得到确定，情感关系也得到了巩固。后者则嵌入了当时中国的政治权力、大众欲望和都市文化产业的复杂纠结之中，同时也承袭了外来的"吸引力电影"的一些特质而具有诱人市场前景和政治潜能。而随着提倡国货、振兴实业的口号逐渐深入人心，电影界的国家意识也在逐渐增强。美国人萨弗等创办的亚西亚公司号称拍摄"中国活动影戏"，虽然只是市场营销的口号，却让国家电影的观念由隐到显，而且和文明新剧形成了相互滋养的关系。与之相似的是，商务印书馆也从 1918 年开始有了"中国自制的活动影片"。如果说亚西亚公司仅仅将"中国"作为招牌和口号，作为中国文化机构的商务则更多了题材和主题上的自觉，拍摄了更加代表新的中国认同的《上海焚土》、梅兰芳京剧片段和远东国际运动会等影片。而顺应电影的叙事转向，中国影戏研究社开始尝试制作故事长片《阎瑞生》。中国影戏研究社在承认电影商业性的同时，也期待以"写实"的电影表现"真实"的中国人。这部电影获得不菲的商业收益，却因为未能呈现理想的中国人形象而长期处于争议之中。《阎瑞生》这一既失败又成功的案例表明，当"中国"成为"电影"的限定语的时候，电影在拥有了令人期待的前景的同时，也遭遇了种种禁忌。而在个人与集体、都市与乡土、日常与战争等各种力量、观念和潮流的博弈之下，中国电影或本土影业，此时已经是一个既成事实，但同时，也依然是一种不断得到修正、充实和转变的理念，并将继续以流变不居的形态，参与到民族国家的建构工程中来，也不断被民族国家所建构。

最后，本书得出结论，认为1897—1921年间，华洋杂陈的半殖民都市以混杂的空间、多元的媒介和无名的大众，为外来的电影提供了全新的时空语境。由此，作为外来杂耍的早期电影消除了自身的异质性特征，产生了新的意义，并与本土的社会期待、政治需求结合起来，获得独一无二的民族身份和产业地位。

《〈说文解字〉的设计解读》概要

王 璇[*]

《说文解字》是东汉经学家、文字学家许慎所撰写的一部影响深远的字典，在其收录和训诂古文字的过程中，"远取诸物，近取诸身"的造字方法巧妙而完整地保存了当时人们生活创造性活动和成果的基本面貌，亦成为承载遥远古代社会生活中宝贵造物设计信息的重要载体。本书把《说文解字》中涉及造物内容的相关汉字做系统性、多角度、定性定量分类考析，从文字的形音义方面考察《说文解字》字系中上古社会先民在"服饰、饮食、居住、交通、工具、农具、兵器、乐器"等生产生活方面的设计内容，并做有条理的梳理、归纳。以《说文解字》中的文字构形、字音和经史典籍的印证为基础，探讨造物产生的背景、形态的演化、工艺的制作、材料的拓展、功能的兼容，以及因经验积累、宗教信仰、等级礼法等因素影响而造成的造物设计的规范、禁忌与演进，以尽力还原上古社会与人们日常生活息息相关的造物内容的真实设计状况，试图透析出这种原生态设计中所渗透着的宝贵的造物思想与观念。

《说文解字》汇总的文字主要来源于秦代"书同文"后的整理，其所勾画的社会造物图景为上古时期，或者说最晚不超过汉代、最早更可追溯到原始社会。而在今天物质极大丰富、各种创造大爆炸

---

[*] 王璇，南京艺术学院设计学博士，现就职于常州大学。

的时代，久远年代的造物水平对当代人来说可能是不屑一顾的，或者说是粗糙的、原始的和难以理解的。但是，起源是一个值得所有人重视的问题，包括设计也是如此。"读史可以使人明智，鉴以往可以知未来"，如果我们不知道从哪里来，就不会知道应到哪里去，无论当今的科学技术有多么发达。如今，那些被时间掩埋的历史通过《说文解字》中语言和文字的传承奇迹般地延续下来，为上古时期造物生活提供更为扎实的佐证的同时，亦如一面镜子照射着未来造物设计前进的道路。

值得注意的是，从古至今《说文解字》一书都是被当作工具、字典使用，黄帝之史仓颉初造书契时，就曾明言文字是为了"宣教明化于王者朝廷，君子所以施禄及下，居德则忌也"，"文者，物象之本；字者，言孳乳而浸多也"（《说文解字·第十五上》）。后来文字的写法、形体式样虽也多有变化，自象形文字甲骨文、金文、篆书后又出现了隶书、草书、行书、楷书等字体，字音语调也有所调整，文义表述发生变化，但其竭力描绘物形、传递思想的基本功能一直延续至今。因此，自始至终，文字的创造都处于"形而下"的应用层面，受到多重因素影响。在相对封闭的字书文字平台中，字系的前后排序、具有规范性和体系化的相应文字归类、系部有序的结构演变、文字上的形义互证、象形表意的构形方式、以字音加注文字源始、文字在各部首分布的疏密不等……这些表现的最终呈现都不是单一一种条件就能造成的，当中交错着时代发展的先后顺序、先民认识世界的程度和方式、造物水平的逐级递进、整个社会发展的必然倾向、实际造物情况……全如文字仿象构形的对象——上古造物，亦有着与之相同的"器（形而下）"层面的特性，注重实践应用，其"道（形而上）"之形成，只能依赖其它学科的知识输入，就连设计面貌的更新升级似乎也遭受到来自各领域思潮的冲击。本书从《说文解字》提炼出来的古代诸多设计思维：象形仿生、人本思想、一物多用、和谐自然、系统规范等都显示出当时多元造物方法交叉介入的状态。用当代西方设计理论理解，其中杂糅了后现代主义、仿生设计、高技派、生态主义、地方主义等多样思潮，涉及工业设计的标准化理念，以及政治、经济、宗教、艺术、制度等多学科研究层面。

不过，从《说文解字》文字间流露出的中国传统设计又与由西方传来的设计，特别是造物设计的切入方式有很大不同。至今设计专业课堂上讲授的是全然西化的、主观思想主导一切的设计方法，即完全以设计者的设计意图或目的为宗旨，经过人为着意的，对形式、装饰纹样、材料等方面的精细修饰、处理，实现设计作品的个性或主题体现。在这里，个人的思想观念和主观能动性把控整个设计过程和成品最终形态。但在中国上古传统造物来看，除了开始时圣人模拟自然宇宙之象创造性制作"衣""裳""器""皿""巢""穴""舟""车"等物之原始形态外，其后的继承者们都会遵循着前人总结的规律、积累的经验，依据当时现有的造物条件顺天造物。这是一种与西方强调主观造物截然不同的被动式造物，虽然同样包含了思想与设计两部分，尤其在"思想"上都充满着人们的智慧与巧思，但中国上古传统设计在不断健全的造物规范中，始终顺应前人的知识与经验指导，从创意到制作，再到成品检验，都统一于"规""矩""权""衡"等标准的框架下有序运行。而且，在上古先民造物之初会首先考察需要用到的材料本身的特性、形态、质感、色彩等固有内容，并权衡现阶段能够达到的工艺技术，再通过巧妙的设计将所要制作的物品与原材料之间建立连接，以使物尽其用。如：许书中指向小鼎的文字"鼐—鎡"部首演化体现出受材料、技术影响而发生的造物形态上的拓展和突破；从原始测量工具人手"寸"部得到的，展现由造物制度化要素干预下的"冠""尊""射""寻""专"等；在象形"车"之形态，包含其基本构造"轮""舆""辕""轴"的基础上，衍生出"轩""辐""軿""辒""辌""辇"等因服务于不同人群、行业、功能而表现出的各色面貌。生活经验总结下的规范准则、原材料的形态特性、现阶段工艺水平、社会等级制度对人们用器的束缚、天人和谐的环境关怀……

都成为上古传统造物时极度依赖的设计前提,也反映出自古制器活动就受多元因素介入而呈现的被动性设计特征。

另外,《说文解字》中累积的文字是在前代不同地域、不同时期造字叠加、筛选的基础上,受当时社会生活造物影响形成的,所以许书中存在的大量同义词有相当一部分蕴含着礼制规范的内容,以"宣教明化于王者朝廷",反映着当时与等级、礼制紧密挂钩的造物设计思维。当然,指向生活用造物设计类的文字也占有一定比例,而随着社会的发展,这一比例大幅提升,现代富有强力生活气息的高频字的使用流露出当代造物自然属性发达的现状与趋向,即强调造物设计的实用性,而非品级制度。可见,上古传统造物设计发展的一个很重要的参考系数就是与当时所处社会的进化程度紧密挂钩的实用性,而且它的设计之道不是笔直的单行道,而是灵活交错的交叉变行道。如当时人们看到空木浮于水上,于是刀劈火烧、刳木为"俞",后併木为"泭(筏)",设计出制作更为简单高效的渡水工具。当经济、工艺上升到一定水平后,自"舟"义又分离出併船的"方"、方舟"斻"、江中大船"欚"、海中大船"艭"等体积更为庞大、安全、稳定的水上交通工具,为人们的日常生活提供便利。"山不转路转,路不转人转",随时随地都能巧妙地寻找到走下去的道路,不盲目固守传统、机变地解决现实问题,显然是《说文解字》反映出的又一个上古造物特征。

而当社会等级界限不断松动,原本服务于上层贵族阶级的衣、食、住、行、用各方面的严格造物等级设定,逐渐演变为世俗生活所需的丰富多彩,如原本单纯上衣下裳的服装制式随着生活经验的不断累积和技术的进步,变种出从《说文解字》解析的上下连缀的深衣、一通到底的袍服、分而设之的套装襦裙、绔装等多样衍生款式,并以其顺应社会发展的实用功能和博人眼球的优美剪裁,自下而上地扩展开来,日益赢得众人的认同与追捧。这似乎类似于今天主流设计与非主流设计之间的关系,开始官方认可的造物内容,包括各种规定的标准样式、制作工艺、最为繁琐耗时的材料色彩、具有深刻政治寓意的吉祥纹样等都成为统治阶级垄断的对象，而百姓平时所用物品无论在形式的设计、工艺技术的精巧、色彩的多样、纹样的装饰方面明显是无法与之匹敌的，虽多仿效上层阶级人们生活的模样，却又因为等级地位的限制而显得粗陋许多，又如贵者"冠"与庶人"巾"的差别。可是这种"上行下效"的关系并非一成不变，毕竟，一切造物的源头仍然肇始于普通生活中无意的创造。非官方、非主流的民间造物经过适当的加工、打磨会上升成为贵族追捧的目标，之前令人仰望的主流造物也会因时代的演进、观念的改变、技术的革新而"飞入寻常百姓家"。所谓的主流设计与非主流设计不过是相对而言的暂时性设计表现，二者的关系可以相互转换、流动，其变化的依据就是造物产生的社会背景，其中，有工艺材料的升级换代、有礼教等级的人为约束、有文化融合后的审美转变。通过对生活真实场景需要的研判和造物熟能生巧后的灵活变通，设计甚至能够在一定程度上作用、引导时人的生活、审美习惯，推动造物的损益与进化，以及时动态适配实际生活需要。

虽然《说文解字》是东汉时期编撰完成的，当中的文字仿象成形于更久年代，文中的载录释解难免会有一些不当之处，也受到后人的反复疏正、考辨，然而其间闪烁的、尊重现实环境、不拘一格做出有效变通的设计精神，即使跨越千年，在文明和造物技术高度发展的今天依然并不落伍。

当今世界众所周知的著名设计或产品，有法国的时装，有日本的相机、汽车，有美国的手机、电脑等各种高科技产品，也有欧美各国的瓷器、家具及房屋建筑等。但如张道一先生所说，与他们之间的距离不过是"五十步与一百步的关系"。由本书前面五章的《说文解字》古文字形、音、义中归纳出的实现造物艺术设计的几个基本要素来看，形式、功能、材料、工艺、规范等即使在高度发达的今天依然不可或缺。在这些相互交织作用着的影响因子中，除了我国因没有进行长达上百年的设计现代转型进程而在新材料、新技术的开拓，以及生产管理体制的系统化、规范化方面显得先天不足外，造物设计中所主要展现的丰富形式与各式功能，即当中透露着的设计思维的运行轨迹较之当代设计思维，实已不输什么了。而关于设计思维这一点，上古先民们的智慧即使放到今天复杂变幻的造物艺术生产大环境中，仍有许多值得借鉴之处。如此看来，尽管今天中国设计的声音还很小，甚至连原本引以为傲的传统瓷器、特色建筑等造物设计也在过去时间的流逝中被他国悄然赶超，抛诸身后；也有不时显现的"崇洋媚外"一词提醒着我们西方外来设计在一定程度上占据的绝对优势与先锋，但毋庸置疑我们的设计核心力量（思维、思想）并不落伍，更有无限潜力需要进一步开发，只是在外在的工艺技术进步、能源材料换代、程序步骤规范等方面仍有待加强。而面对当今的全球化，尤其是西方文化的剧烈冲击，如何才能在绚丽多彩的世界中建立起独属于自己的特色设计，这一直是一个值得每一个设计者认真思考的问题。

古代唐朝时极度开放，吸收了大量外来文化与造物形态，却没有被纷繁的景色迷花双眼，失去自己的方向，反而开创出中国历史上空前的盛世，无论在衣、食、住、行、用等各方面都攀升到一个崭新的高度。原因何在？关键在于对精华的提取和对糟粕的摒弃，在于对"道"与"器"、"汤"与"药"关系的精准把握，在于对美好生活的热切追求，在于紧随时代脚步的大胆变革，也在于对人、物、环境之间合理的统筹配置。如"天人合一"的概念对于艺术设计来讲或许太过宽泛和老生常谈，人们已听了太多遍而对此变得十分麻木，但它当中包含的对环境的关照、人的关怀直至今天仍具有进步意义。当房地产开发日益兴隆的时候、当盲目追求经济利益而忽视其它一切存在的时候，毫无地方特色的高层住宅楼、商品房光秃秃地平地而起，好似一个个烟囱般鳞次栉比地排列于城市之中，再加上LED灯五光十色的闪烁、装饰，表面上的确烘托出现代化的时尚气息，实际上却既没有对人文历史的谦卑、传承，也没有考虑到如何与自然环境和谐相处。"天人合一"的设计实质在于满足人们的需要，这种需要不仅仅是生理上的基本生存需要，还有更高层次上的精神需求。人文环境的文脉装饰和自然环境的植物景观，都是人们心理需要的重要组成部分，亦作用于人在空间设计中的满足度。又比如《说文解字》文字训诂中经常引用的《易经》内容，显示出文字的创造、应用，和其背后所代表的造物设计同先民对自然宇宙规律的认识间有着密切的关系。《易经》的生发始于人对自然万物的感悟，更难得的是，它不只是简单的宗教迷信，还广泛渗透于上古造物的方方面面，掺杂着朴素生活的经验总结，以及对顺应自然天道的"无为"观念的秉持。正因如此，当氏族部落一次次聚合、交融，外来文化、宗教信仰与本土思想相互碰撞时，造物设计的外在形式、功能等会产生似乎难以预测的拆解、突变、搅拌情况，实则始终围绕造物内在固有思维而规律运行，使之得以与时俱进地将这一极具民族文化特色的造物精神实质通过新造型、新材料、新功能的再重组、再包装，以新的面貌继续发扬光大。

《身体·空间·时间——
德勒兹艺术理论研究》概要

张　晨[*]

本书以法国哲学家吉尔·德勒兹（Gilles Deleuze，1925—1995）为研究对象，主要结合其理论著作，以及与德勒兹思想紧密相关的尼采（Friedrich Nietzsche）、福柯（Michel Foucault）等人的理论，尝试描摹德勒兹艺术理论的面貌，包括这一面貌的思想来源、现实意义与未来启示，并将其延伸至对于艺术史的思考，对于艺术理论的建构，以及对于具体作品的案例分析，如绘画、行为表演、影像艺术等。全书主要围绕德勒兹艺术理论中"身体"这一重要概念，借助相关文本研究与艺术作品实例分析，尝试论述"身体"的理论意涵，及其与"空间""时间"的相互关系。

在本书的第一部分，主要选取德勒兹论绘画的著作《弗兰西斯·培根：感觉的逻辑》，尝试对该书内容进行梳理与思考，并从中提取德勒兹对于培根艺术的理论解读，即认为培根的绘画，既跳出了现代主义艺术由具象走向抽象的宏大叙事与总体趋势，又不同于同时代的诸多抽象艺术流派，因而走出了有关绘画的"第三条路"。

概括而言，培根的绘画首先以其特有的创作手法，剥离了再现的功能，如此便已与传统的具象绘画拉开距离，同时又在充满力量

---

[*] 张晨，中央美术学院美术学博士，现就职于中央美术学院。

的绘画生成运动中，强调并凸显了身体的形象，因而也与抽象艺术迥异；另一方面，德勒兹指出，培根笔下的人物是一具"无器官的身体"（Body without Organs），它冲破了有机组织的束缚，实现了器官的连接与交融，焕发出感觉与生命的强度。而就培根同时代的几何抽象与抽象表现主义而言，则分别诉诸了视觉与触觉这两种泾渭分明的器官功能。因而他的绘画作品，无论是放在艺术史中考量，还是与同时代的流派比较，都称得上特立独行，展现了绘画创作的另一种可能。

基于对《感觉的逻辑》的阅读与研究，进一步需要追问的是，培根的绘画为什么区别于传统，或者说他为什么在创作中如此坚决地拒绝再现？在这里，"再现"（Representation）既是一个绘画或艺术术语，也作为哲学的概念而存在，因为"再现"指向的是等级的制度与稳定的秩序，来自一种西方肇始自柏拉图而至现代的总体性哲学，或如德里达（Jacques Derrida）所言的"逻各斯中心主义"（Logocentrism）。这在德勒兹以及被归为"后结构主义"或"后现代哲学家"的学者看来，是首先需要被打破的——它既是对思想的束缚，更是对艺术的束缚。在德勒兹的理论中，包括绘画、文学、影像在内的任何艺术门类，都应摆脱总体的想象与再现的制约，回归其本身的物质性、多样性与力量感，从而构成"差异与重复"的生成过程，而其它所有的问题，才能在此前提下得以继续讨论。

继而，在德勒兹看来，人们对于培根绘画的直观感受，或者说他的作品带给观众的最大冲击，在于其能够直接诉诸感官。在培根的画面中，感性的力量、身体的潜能，挣脱了再现的等级束缚，而这背后隐藏的，则是一段理性与感性相互交织的关系历史。从尼采挥舞着"酒神精神""权力意志"（The Will to Power）对柏拉图以来的传统形而上学展开攻击，到福柯梳理"疯癫与文明"的谱系，反思启蒙运动以来的现代文明，揭示人们习以为常的现实背后，权力关系的阴谋与运作，他们所共同针对的，既是以再现秩序为首要表现的总体哲学的桎梏，更是一副被凭空想象、人为塑造的理性主体。

尼采及其追随者的理论意义，便是在再现秩序、理性主体、总体想象的重重束缚中，解放鲜活而感性的身体力量，而另一方面，这一系列有关"感觉"诸问题的讨论，恰也构成了德勒兹围绕艺术的判断与思考。

德勒兹与福柯的思想同样受益于尼采，在福柯醉心权力分析、在历史的谱系中解剖"被规训的身体"（Disciplined Bodies）时，德勒兹则更大程度上追随了尼采的"权力意志"概念，追随了将世界还原成一个差异、变动、充满向上渴望的力之关系的愿景，并将尼采的"力"与"权力意志"更为明确地转换为身体的力量，概括为身体内部暗流涌动的"欲望"（Desire），进而将这一在生产领域不断运转、连接的欲望机器，投入到具体实践，投入到思想写作与政治领域，希望以此瓦解资本主义体制对于社会与思想、家庭及个人"辖域化"（Territorialization）的权力约束，最终构成德勒兹最具代表性、甚至被称作其思想最高成就的"资本主义与精神分裂"两部曲——《反俄狄浦斯》及《千高原》[与加塔利（Felix Guattari）合著]。

本书的第二部分就德勒兹的"身体"概念展开集中讨论，这一问题也涉及西方哲学史长久以来在身体与主体间的交战。在德勒兹的时代，尼采"要以身体为准绳"的呼声早已回荡了一个世纪，福柯也完成了对身体如何在历史的长河中，被权力、知识、道德等因素规训，成为丧失鲜活力量之主体的过程剖析。在此基础上，德勒兹得以真正高扬身体的强度。德勒兹与福柯作为学术上的伙伴与友人，其思想有着诸多共鸣与呼应之处。更重要的是，两人都在不同程度上是尼采的信徒，他们的思想与见解，时时萦绕着尼采的幽灵——从尼采到德勒兹，世界都是由力构成，而身体则是力的化身与载体，"每一种力的关系都构成一个身体"，这表现为身体原始的生命与旺盛的欲望。在哲学史中，这场被称作"身体转向"的思潮，不仅对理解德勒兹的艺术理论至关重要，而且至今仍是当代理论频繁交锋的平台，是艺术创作反复推敲的主题。

在由尼采发端的"身体转向"的理论背景下，在福柯以"被规训的身体"警醒了启蒙的美梦时，20世纪六七十年代的西方艺术家，最早在行为艺术的领域展开实践。而实际在西方艺术史中，"身体"也从未缺席，无论是古希腊罗马艺术中的男女裸体，还是文艺复兴时期乔托抑或丁托列托的绘画，都描摹了身体的运动轨迹，呈现了某种身体和权力辖域与解辖域的过程；在现代艺术的阶段，波洛克（Jackson Pollock）的行动绘画、伊夫·克莱因（Yves Klein）的蓝色裸体同样将身体与艺术创作相连，并直接指向此后的当代艺术与行为表演。伴随尼采以来身体理论的更新繁衍，搭乘福柯权力分析的广泛影响，艺术家也不断在身体与创作之间思考穿梭，与理论并行不悖。

"身体"在西方艺术与理论中完成了一次转向，在具体作品中不断展示自身，也同样显现在中国的当代艺术；至于中国传统艺术理论是否关涉身体，亦是本书的关注与思考点之一。本书试将学界已有的围绕中西方身体理论与艺术的比较研究加以梳理、思考与评析。

本书的后半部分，则在铺陈了"尼采—福柯—德勒兹"的身体理论之后，试析"身体"在这样的"力"的场域，与"空间""时间"两个概念的复杂关系，而这一关系，同样是德勒兹研究以及艺术理论界持久讨论的话题。德勒兹被誉为"20世纪最重要的空间哲学家"，他以"褶子"（Fold）对巴洛克艺术的空间关系进行了新的思考，并创造了"游牧空间"（Nomad Space）的概念。而就德勒兹的空间哲学而言，其在理论中对空间状态、功能与意义的把握，仍然依据置于其中的身体。

"关系美学"（Relational Aesthetics）的缔造者——法国理论家尼古拉斯·伯瑞奥德（Nicolas Bourriaud）在他的著作中专门阐述了其美学观点与加塔利的联系，探讨了他与加塔利和德勒兹共通、共享的"生产""连接"等概念。在20世纪90年代以来的当代艺术世界，新媒体艺术方兴未艾，艺术家将作品的内外空间与身体的交互关系、作者与观者的互动方式等问题摆上桌面，"关系美学"正是解读这一新兴艺术门类的努力,同时也让我们有机会再次回望德勒兹(与加塔利)的"身体—空间"理论。

最后,德勒兹对于艺术理论的专门论著,还有两本有关电影的作品——《电影Ⅰ:运动—影像》与《电影Ⅱ:时间—影像》。在这两本著作中,德勒兹潜心钻研了影像艺术的本体特征,及其与"时间"这一哲学概念的深刻关联。在德勒兹看来,所谓"运动—影像"是以运动的镜头语言,使观者看到时间的流逝,然而影像的运动往往是复杂多样,甚至杂乱无章的,这便打破了人们对于线性时间、进步历史的整一化认识;更进一步地,许多现代电影采取的"非理性剪辑"等手法,逐渐偏离并粉碎了传统叙事逻辑,将电影所再现的内容——如培根的绘画一般——隔离出影像的本体,而更为直接地呈现了时间之流及其作用于身体的感觉。德勒兹所言的"时间—影像"由此诞生,真正的时间也随之显现。

在德勒兹两卷本的《电影》中,从他对于"运动—影像"与"时间—影像"的阐释中,我们可以看到一种独特的德勒兹式时间观与历史观,即从柏格森的"绵延"(Duration)到尼采之"永恒轮回"(Eternal Return)的内在线索;同时,德勒兹对于尼采"永恒轮回"时间模式的理解,对于差异与重复所生成的"块茎"(Rhizome)生长的创造,也为我们思考艺术史、思考当代艺术与历史传统的关系,带来巨大启发。而这样一种异质的、差异的时间观,更在今日的艺术创作中,处处闪现着身影,因而也无怪乎福柯会称德勒兹的时代尚未到来。而我们生活的今天,已有可能成为"德勒兹的世纪"。

可以这样总结,德勒兹的艺术理论,不仅讨论了哲学理论与艺术创作的热门议题——"身体"的概念,同时连接了包括尼采、福柯在内的思想线索。他们共同以"权力""欲望""生成"的哲学话语,编织出"身体—空间—时间"的关系网络,为艺术史与当代艺术输送了可观的理论营养,同时可在中西方理论与作品的跨文化研究中,为中国艺术提供宝贵的借鉴,当然,也为身处数码之流的我们,为消费文化与虚拟文化盛行的今天,带来发人深省的现实意义。